VBA mit Excel - Der leichte Einstieg

Vom ersten Makro zur eigenen Eingabemaske

Inge Baumeister, Dieter Klein

Verlag:
BILDNER Verlag GmbH
Bahnhofstraße 8
94032 Passau

http://www.bildner-verlag.de
info@bildner-verlag.de

Tel.: +49 851-6700
Fax: +49 851-6624

ISBN: 978-3-8328-0303-2

Bestellnummer: RP-324

Covergestaltung:
Christian Dadlhuber

Autoren:
Inge Baumeister, Dieter Klein

Bildquelle Cover: © sepy - Fotolia.com
Kapitelbild: © Brad Pict - stock.adobe.com

Herausgeber:
Christian Bildner

© 2018 BILDNER Verlag GmbH Passau

Vorwort

Keine Lust auf stets wiederkehrende Routineaufgaben mit Excel oder die Eingabe ewig gleicher, endlos verschachtelter Formeln? Wollen oder müssen Sie Daten aus Fragebögen, Messprotokollen oder sonstigen Listen in eine Excel-Tabelle eintragen und sind es leid, sich am Bildschirm umständlich zwischen Zeilen und Spalten zu bewegen?

Dann sollten Sie sich mit Makros, VBA, benutzerdefinierten Funktionen und selbst gestalteten Formularen befassen. Makros sind eigentlich nur gespeicherte Befehlsfolgen, die jederzeit und beliebig oft auf „Knopfdruck" bzw. Mausklick ausgeführt werden. Sie werden entweder mit dem integrierten Makrorecorder von Excel aufgezeichnet oder in der Programmiersprache VBA (Visual Basic for Applications) geschrieben. Aufgezeichnete Makros können auch nachträglich mit VBA bearbeitet und z. B. um weitere Anweisungen ergänzt werden.

Mit diesem Buch wenden wir uns an Anwender, die bereits über Grundlagenkenntnisse im Umgang mit Microsoft Excel verfügen, Programmierkenntnisse werden hingegen nicht vorausgesetzt. Daher beginnen wir auch mit dem Aufzeichnen einfacher Makros mit Hilfe des Makrorecorders. Allerdings werden Sie schnell merken, dass solche Makros wenig flexibel und zudem oft mit unnötigem Programmcode überfrachtet sind. Zur gezielten Anpassung an individuelle Belange kommt VBA ins Spiel.

Neben der bekannten Arbeitsblattansicht verfügt Excel „backstage" über ein gesondertes Fenster zur Eingabe von Makroanweisungen, den VBA-Editor, der Sie außerdem mit verschiedenen Eingabehilfen unterstützt. Das Buch führt Sie Schritt für Schritt und mit vielen nachvollziehbaren Beispielen in die Grundlagen der VBA-Programmierung ein und zeigt Ihnen anschließend in einem weiteren Kapitel, wie Sie in VBA mit Excel-Objekten, z. B. Tabellenblätter, Zellen und Zellbereiche umgehen. Sie erfahren außerdem, wie Sie als Ergänzung zu den vorhandenen Excel-Berechnungsfunktionen (MITTELWERT, WENN, usw.) Ihre eigenen Funktionen in VBA schreiben, im Arbeitsblatt nutzen und bei Bedarf auch anderen Anwendern zur Verfügung stellen.

Der zweite Teil des Buches ist den benutzerdefinierten Formularen, den sogenannten UserForms gewidmet. Anhand zahlreicher Beispiele lernen Sie, wie Sie mit Steuerelementen, z. B. Schaltflächen und Auswahlfeldern, Formulare als komfortable Benutzeroberfläche auch für weniger geübte Excel-Anwender gestalten. In Form eines Workshops erstellen Sie zum Beispiel eine Eingabemaske, die nicht nur zur Eingabe in eine Excel-Tabelle dient, einschließlich aller notwendigen Kontrollfunktionen, sondern auch zur Anzeige der Tabellendaten genutzt werden kann.

Im abschließenden Kapitel zeigen wir Ihnen anhand einiger konkreter Beispiele, wie UserForms die alltägliche Arbeit mit Excel erleichtern können. Einige Steuerelemente lassen sich übrigens auch in Arbeitsblättern einsetzen, auch hierzu finden Sie im Buch einige Tipps.

Und noch ein Hinweis zum Buch

In zahlreichen Kursen und Seminaren haben wir die Erfahrung gemacht, dass der Einstieg in die Programmierung mit greifbaren Ergebnissen einfach mehr Spaß macht. Daher befasst sich dieses Buch auch relativ ausführlich mit benutzerdefinierten Formularen, den UserForms. Sie lernen in Form von Workshops deren vielfältige Einsatzmöglichkeiten im Alltag kennen und erhalten gleichzeitig in zahlreichen Beispielen die Möglichkeit, Ihre neu erworbenen Kenntnisse der VBA-Programmierung praktisch anzuwenden und spielerisch zu vertiefen.

Download der Beispieldateien

Sämtliche verwendeten Beispiele erhalten Sie auf unserer Homepage kostenlos zum Download. Rufen Sie dazu die folgende Seite auf:

www.bildner-verlag.de/00324

Viel Spaß und Erfolg mit dem Buch wünschen Ihnen
BILDNER Verlag und Autoren

Inhalt

3 Grundlagen der VBA-Programmierung 37

4 Arbeiten mit Excel-Objekten 85

5 Steuerelemente in Tabellenblättern 129

6 Grundlagen zu UserForms 143

9 Beispielformulare für besondere Aufgaben 271

Anhang:

1 Vorbereitungen

In diesem Kapitel lernen Sie...

- Allgemeine Begriffe
- Im Menüband das Register Entwicklertools anzeigen
- Arbeitsmappen mit Makros speichern und öffnen
- Sicherheitseinstellungen beim Umgang mit Makros

Das sollten Sie bereits wissen

- Dateien speichern und öffnen
- Grundkenntnisse Excel

1.1   Zum grundlegenden Verständnis von Makros und VBA

Wozu Makros und VBA?

Obwohl Microsoft Excel ein äußerst leistungsfähiges Programm mit zahlreichen Funktionen ist, werden häufig für spezielle Probleme Lösungen benötigt, die sich mit den Standardfunktionen von Excel nur mit einigem Aufwand oder überhaupt nicht realisieren lassen. Dazu zählen wiederkehrende Routinearbeiten wie z. B. Formatierung von Zellen oder Berechnungen, aber auch komfortable Dateneingabemöglichkeiten mittels eigens dafür erstellter Dialogfenster. Außerdem lassen sich mit Makros und VBA Arbeitsmappen und Tabellen zurechtbasteln, die auch für ungeübte Nutzer einfach und vor allem sicher zu bedienen sind, z. B. zur Dateneingabe.

Ein weiterer Einsatzschwerpunkt ist die Erstellung eigener Funktionen für häufig benötigte Formeln. So lassen sich beispielsweise bei mehrfach abzufragenden Bedingungen statt verschachtelter WENN-Funktionen alle Anweisungen komfortabel und wesentlich übersichtlicher als Programmanweisung schreiben und bei Bedarf auch in mehreren Arbeitsmappen nutzen.

Wichtige Begriffe

Makros

Bereits seit frühen Versionen von Excel besteht die Möglichkeit, Befehlsabläufe mit Hilfe des integrierten Makrorecorders aufzuzeichnen. Die aufgezeichnete Befehlsfolge wird als Makro bezeichnet, unter einem Namen gespeichert und jedes Mal ausgeführt, wenn Sie das Makro aufrufen. Zu den wichtigsten Einsatzmöglichkeiten von Makros gehört die Ausführung von Routinetätigkeiten, beispielsweise Aufbereitung und Auswertung von Tabellen mit gleichbleibendem Aufbau, aber wechselnden Daten.

Mit dem Makrorecorder aufgezeichnete Makros besitzen Vor- und Nachteile: Sie erfordern keinerlei Programmierkenntnisse, sind allerdings wenig flexibel und reagieren nicht auf Bedingungen.

Mit der Aufzeichnung eines Makros wird eigentlich ein Computerprogramm in der Programmiersprache VBA erstellt. Ein Makro kann jederzeit nachträglich bearbeitet und beispielsweise um weitere Anweisungen ergänzt werden, VBA-Kenntnisse vorausgesetzt.

Die Programmiersprache VBA

VBA = Visual Basic for Applications

Microsoft Office verfügt unter der Bezeichnung VBA (Visual Basic for Applications) über eine integrierte Programmiersprache mit beträchtlichem Sprachumfang. Diese ist in allen Office-Anwendungen, also z. B. auch in Word, Access oder PowerPoint verfügbar, wird aber hauptsächlich für Access und Excel genutzt. Zudem basieren die einzelnen Anwendungen auf unterschiedlichen Objekten, sodass sich mit Ausnahme grundlegender Sprachelemente VBA in Word durchaus von Excel-VBA unterscheidet.

Anstelle der Aufzeichnung mit dem Makrorecorder kann ein Makro auch komplett als Folge von Anweisungen geschrieben werden, diese werden in der Regel als Prozeduren bezeichnet. Allerdings ist VBA eine sehr komplexe Sprache und wie bei allen Programmiersprachen, gelten auch für die Programmierung mit VBA feste Regeln für den Aufbau der Befehle, die sogenannte Sprachsyntax. Im Gegenzug stehen Ihnen dafür mit VBA nahezu alle Möglichkeiten der Programmierung offen.

Programmanweisungen werden in der Regel in einer gesonderten Entwicklungsumgebung mit entsprechenden Eingabehilfen und Befehlen geschrieben. Microsoft Office verfügt zu diesem Zweck über den integrierten VBA-Editor, der in einem eigenen Fenster geöffnet wird.

Gibt es einen Unterschied zwischen Makros und Prozeduren?

Nein, sowohl bei aufgezeichneten Makros als auch bei selbst geschriebenen Prozeduren handelt es sich um VBA-Anweisungen, die im VBA-Editor jederzeit eingesehen und geändert werden können.

Tipp für Einsteiger und Gelegenheitsprogrammierer

Wenn Sie beispielsweise nicht genau wissen, wie in VBA ein bestimmtes Excel-Objekt angesprochen oder die gewünschte Aktion bezeichnet wird, dann zeichnen Sie ein einfaches Makro auf, in dem Sie genau diese Aktion ausführen. Diese Zeile kopieren Sie dann einfach über die Zwischenablage in Ihre Prozedur.

Bis auf wenige Ausnahmen, z. B. Formatierungen, entspricht jede Programmzeile einer Anweisung.

Was versteht man unter objektorientierter Programmierung?

Objektorientierte Programmiersprachen, dazu zählt auch VBA, behandeln alle Dinge der realen Welt als Objekte. Jedes Objekt verfügt über bestimmte Eigenschaften, z. B. Farbe, viele Objekte können auch Aktionen ausführen, diese werden als Methoden bezeichnet. Manche Objekte verfügen auch noch über sogenannte Ereignisse. Typische Excel-Objekte sind die Anwendung Excel selbst, eine Arbeitsmappe, ein Tabellenblatt, Zellbereiche oder Diagramme. Ereignisse sind dagegen z. B. das Öffnen oder Schließen einer Arbeitsmappe, zu dem Methoden zählen Aktionen wie Kopieren, Einfügen oder Löschen.

1.2   Das Register Entwicklertools anzeigen

Zum Umgang mit Makros und VBA benötigen Sie einige zusätzliche Befehle und Schaltflächen im Menüband. Zwar enthält das Register *Ansicht* ▶ *Makros* eine Schaltfläche mit Befehlen zum Aufzeichnen und Ausführen von Makros, wesentlich komfortabler arbeiten Sie allerdings mit dem Register *Entwicklertools*. Wenn Sie außerdem auch noch Steuerelemente in Tabellenblättern verwenden möchten, wie in diesem Buch in Kapitel 5 beschrieben, dann ist das Register *Entwicklertools* unverzichtbar.

Leider ist das Register *Entwicklertools* nicht standardmäßig sichtbar. Zum Anzeigen klicken Sie mit der rechten Maustaste an eine beliebige Stelle im Menüband und auf *Menüband anpassen...*. Der etwas umständlichere Weg führt über das Register *Datei*, den Befehl *Optionen* und die Auswahl *Menüband anpassen*.

Bild 1.1 Menüband anpassen

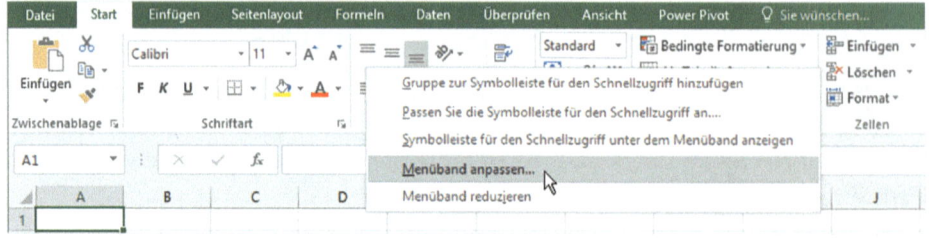

Das Dialogfenster *Excel-Optionen* mit der Auswahl *Menüband anpassen* öffnet sich. Aktivieren Sie hier in der rechten Liste unterhalb von *Menüband anpassen*, *Hauptregisterkarten* das Kontrollkästchen der Registerkarte *Entwicklertools* und übernehmen Sie die Einstellung mit *OK*.

Bild 1.2 Entwicklertools anzeigen

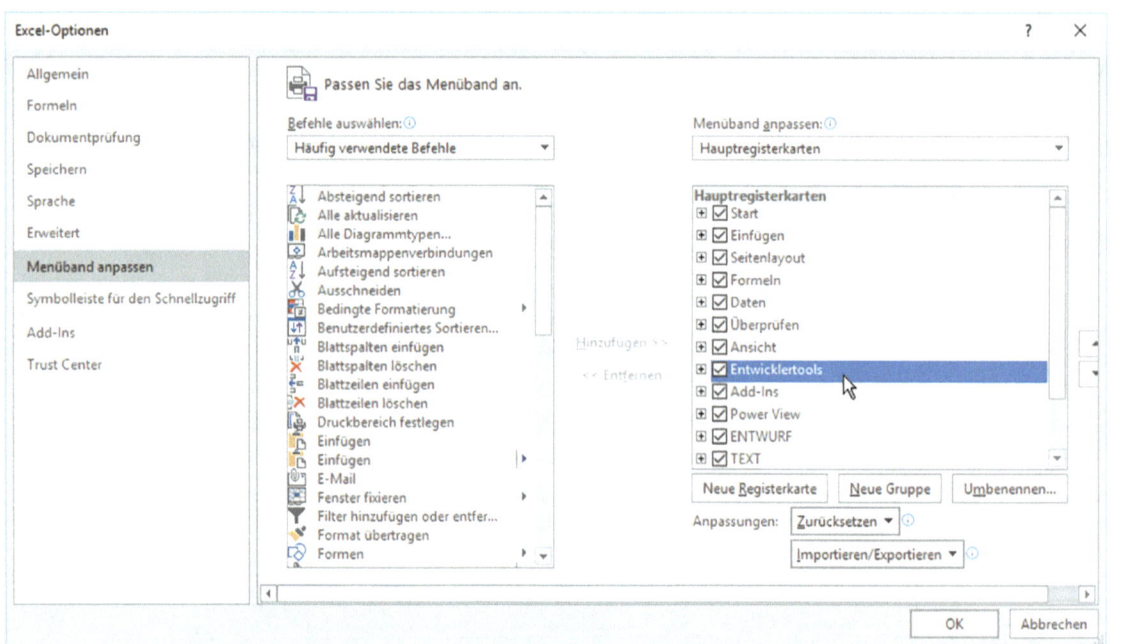

Bild 1.3 Das Register Entwicklertools

Die Registerkarte erscheint im Menüband rechts vom letzten Standardregister.

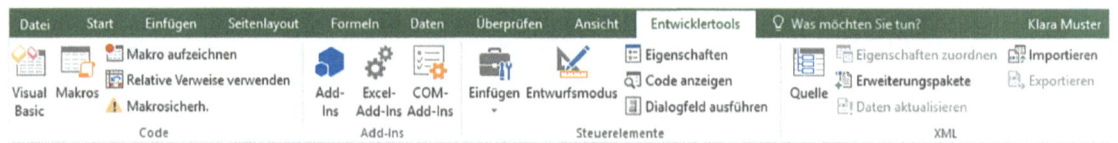

1.3 Arbeitsmappen mit Makros speichern

Der Dateityp Excel-Arbeitsmappe mit Makros (.xlsm)

Im Gegensatz zu früheren Versionen verwendet Excel seit der Version 2007 einen eigenen Dateityp zum Speichern von Arbeitsmappen, die Makros oder VBA-Prozeduren enthalten. Beim Speichern einer solchen Arbeitsmappe muss daher unbedingt der Dateityp *Excel-Arbeitsmappe mit Makros* (.xlsm) ausgewählt werden. Dazu verwenden Sie eine der beiden folgenden Möglichkeiten:

Dies gilt nicht, wenn die Arbeitsmappe im älteren Dateiformat Excel-97-2003-Arbeitsmappe (.xls) gespeichert wurde.

▷ Klicken Sie entweder im Fenster *Speichern unter* im Feld *Dateityp* auf den Dropdown-Pfeil und wählen Sie *Excel-Arbeitsmappe mit Makros* (Bild unten).

▷ Oder klicken Sie im Register *Datei* auf *Exportieren* und hier auf *Dateityp ändern*. Klicken Sie dann auf *Arbeitsmappe mit Makros*.

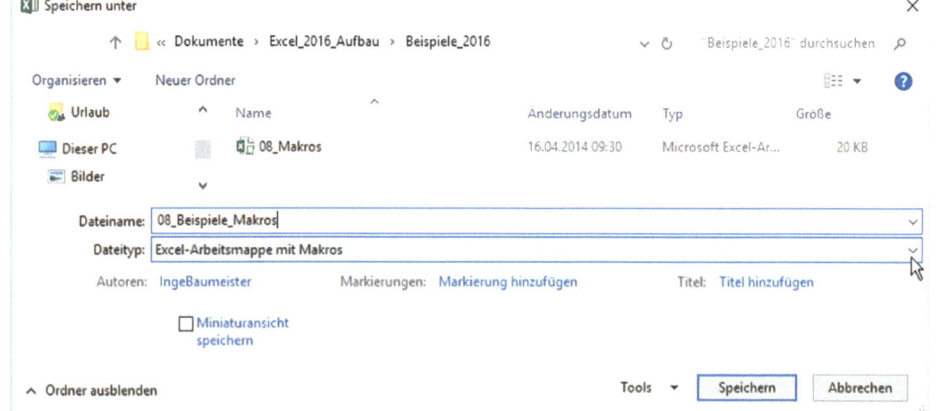

Bild 1.4 Speichern - Dateityp auswählen

Hinweis: Sollten Sie für eine Arbeitsmappe mit vorhandenen Makros versehentlich den Dateityp Excel-Arbeitsmappe (.xlsx) gewählt haben, so erhalten Sie beim Speichern eine Warnung, dass Ihre Makros nicht gespeichert werden. Klicken Sie auf *Nein* und wählen Sie den passenden Dateityp aus. Achtung: Wenn Sie dagegen auf *Ja* klicken, werden alle vorhandenen Makros aus der Mappe entfernt.

Bild 1.5 Klicken Sie auf Nein und wählen Sie den passenden Dateityp

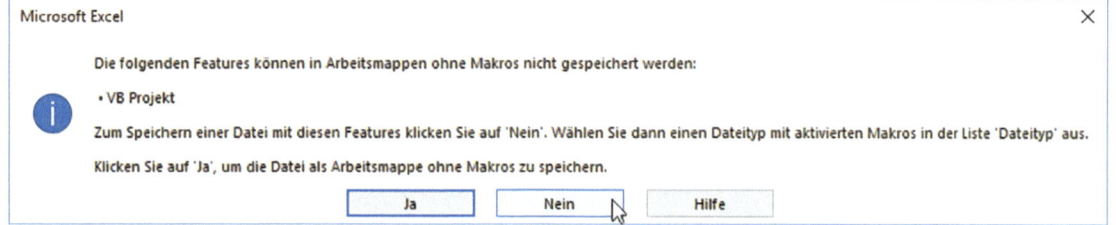

Die persönliche Makroarbeitsmappe

In der Regel werden Makros zusammen mit derjenigen Arbeitsmappe gespeichert, in der sie erstellt wurden und stehen somit nur hier zur Verfügung.

Ausnahme: Wenn Sie eine versehentlich erstellte Makroarbeitsmappe mit nicht benötigten Makros löschen möchten. Dies ist problemlos möglich.

Falls ein Makro in allen Excel-Arbeitsmappen verfügbar sein soll, kann es in einer gesonderten Datei, der Persönlichen Makroarbeitsmappe gespeichert werden. Diese befindet sich unter dem Namen *PERSONAL.xlsb* zusammen mit den übrigen Benutzereinstellungen im Ordner C:\Users\Benutzername\AppData\Roaming\Microsoft\ Excel\XLStart (Windows 10), der genaue Speicherort ist abhängig vom Betriebssystem. Ein Zugriff auf die Makroarbeitsmappe über den Datei-Explorer ist in der Regel nicht nötig, da Sie alle, in dieser Mappe enthaltenen Makros im VBA-Editor anzeigen, bearbeiten und bei Bedarf auch löschen können. Zudem ist der Ordner *AppData* standardmäßig ausgeblendet,

Beachten Sie außerdem: Wenn Sie als Speicherort die persönliche Makroarbeitsmappe gewählt haben, dann müssen Sie auch alle Änderungen an dieser Mappe speichern. Beim Beenden von Excel erscheint ein entsprechender Hinweis, siehe Bild unten. Enthält in einem solchen Fall die Arbeitsmappe selbst keine weiteren Makros, dann muss sie auch nicht mit dem Dateityp *Excel-Arbeitsmappe mit Makros* gespeichert werden.

Bild 1.6 Änderungen der persönlichen Makroarbeitsmappe speichern

1.4   Sicherheitseinstellungen

Ein Office-Dokument kann Schadsoftware in Form von Makros enthalten

Die Programmiersprache VBA ist in alle Microsoft Office-Anwendungen, also auch Word, PowerPoint oder Access integriert und stellt eine äußerst leistungsfähige Sprache dar, die auch auf wichtige Funktionen Ihres Systems, beispielsweise die Dateiverwaltung zugreifen kann. Makros können daher durchaus auch eine Bedrohung für die Sicherheit Ihres Computers darstellen, schädliche Makros sind unter der Bezeichnung Makroviren bekannt.

Sicherheitseinstellungen kontrollieren

Im Gegensatz zu anderer Schadsoftware werden Makroviren zusammen mit Office-Dokumenten gespeichert und verbreitet. Beim Öffnen eines infizierten Dokuments wird auch das Makrovirus aktiviert. Makroviren werden von gängigen Antivirenprogrammen nicht immer erkannt, daher verfügt Excel über eigene Sicherheitseinstellungen zum Umgang mit Makros.

Zur Kontrolle und ggf. zum Ändern der Sicherheitseinstellungen klicken Sie im Register *Entwicklertools*, Gruppe *Code*, auf die Schaltfläche *Makrosicherh.* und öffnen damit das *Trust Center* mit den Makroeinstellungen.

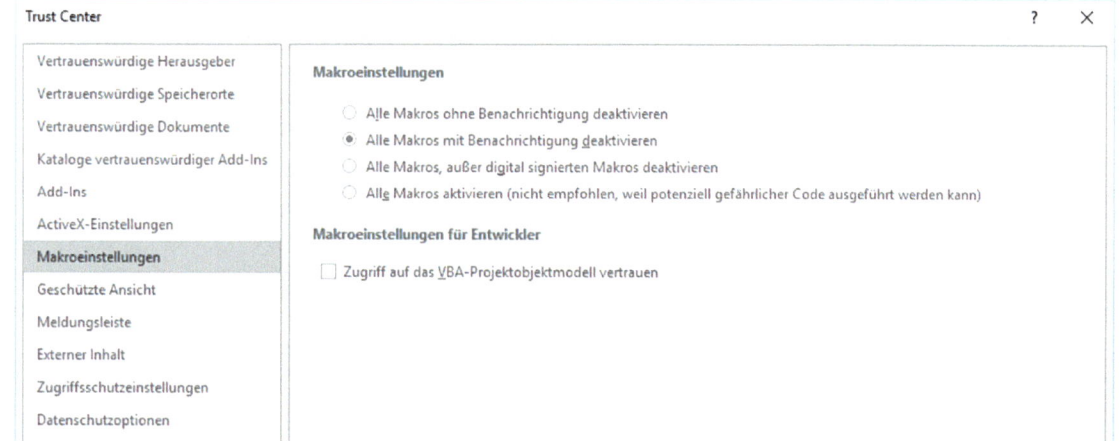

Als Alternative öffnen Sie das *Trust Center* über das Register *Datei* und die Excel *Optionen*. Klicken Sie hier auf *Trust Center* und auf die Schaltfläche *Einstellungen für das Trust Center*.

> Damit Makros bzw. VBA-Prozeduren später ausgeführt werden können, dürfen sie nicht komplett und ohne Hinweis deaktiviert werden, wählen Sie daher unter *Makroeinstellungen* die Option *Alle Makros mit Benachrichtigung deaktivieren*. Dies ist auch die empfohlene Standardeinstellung.

Bild 1.7 Trust Center - Makroeinstellungen

Arbeitsmappe mit Makros öffnen

Mit der Einstellung *Alle Makros mit Benachrichtigung deaktivieren* erhalten Sie beim Öffnen einer Arbeitsmappe, die Makros enthält, eine Sicherheitswarnung und können entscheiden, ob Sie die Makros aktivieren möchten. Klicken Sie dazu auf die Schaltfläche *Inhalt aktivieren*. Wenn Sie beim Öffnen die Inhalte bzw. Makros einer Arbeitsmappe aktiviert haben, dann wird diese Mappe künftig von Excel als vertrauenswürdiges Dokument eingestuft und die Inhalte werden beim nächsten Öffnen automatisch aktiviert. Ausnahme: wenn Sie die Mappe zwischenzeitlich an einen anderen Ort verschoben oder umbenannt haben, dann müssen Sie beim nächsten Öffnen den Inhalt erneut aktivieren.

Bild 1.8 Makros beim Öffnen aktivieren

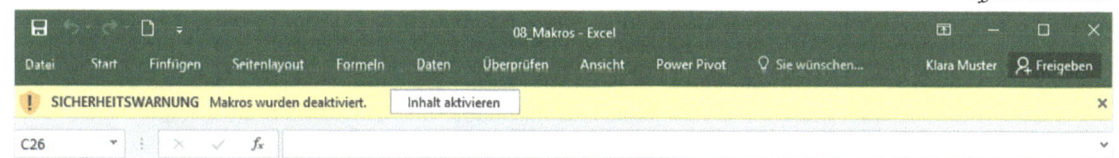

Makros digital signieren

Wenn Sie möchten, können Sie Makros mit Hilfe eines Zertifikats digital signieren. Ein solches digitales Zertifikat kann von einer kommerziellen Zertifizierungsstelle, in größeren Firmen auch vom internen Sicherheitsadministrator bezogen werden. Zu Testzwecken oder wenn nur Sie selbst mit Makros arbeiten, können Sie auch ein selbst signiertes Zertifikat erstellen. Dieses lässt sich allerdings nicht übertragen und besitzt somit nur auf dem Gerät Gültigkeit, auf dem es erstellt wurde. So gehen Sie vor:

1   Öffnen Sie im Datei-Explorer den Ordner C:\Programme (x86)\Microsoft Office\ root\ und starten Sie hier mit Doppelklick die Anwendung SELFCERT.EXE. Achtung: der genaue Speicherort kann auf Ihrem Gerät etwas abweichen, in diesem Fall durchsuchen Sie den Ordner Microsoft Office.

Bild 1.9 Datei suchen

Tipp: Über einen Link gelangen Sie zu einer Liste gewerblicher Zertifizierungsstellen.

Bild 1.10 Geben Sie einen Namen ein

2   Das Fenster *Digitales Zertifikat erstellen* öffnet sich. Geben Sie im Feld *Ihr Zertifikatsname* einen aussagefähigen Namen für Ihr Zertifikat ein und klicken Sie auf *OK*. Schließen Sie die Meldung, dass mit SelfCert erfolgreich ein neues Zertifikat erstellt wurde, mit Klick auf *OK*.

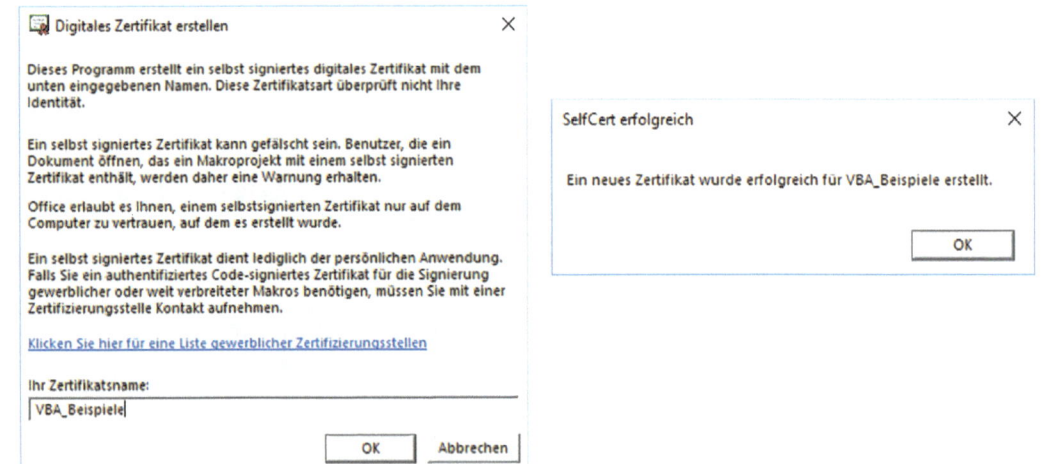

Das Zertifikat kann nun zum Signieren von Makros verwendet werden. Dazu klicken Sie im VBA-Editor (siehe Kapitel 3) auf das Menü *Extras ▶ Digitale Signatur....* und wählen mit Klick auf die Schaltfläche *Wählen...* die gewünschte Signatur aus.

2 Makros aufzeichnen und ausführen

In diesem Kapitel lernen Sie...

- Einfache Makros mit dem Makrorecorder aufzeichnen
- Speicherort von Makros wählen
- Zellbezüge in Makros
- Makros ausführen
- Die Diagrammanzeige per Makro steuern

Das sollten Sie bereits wissen

- Umgang mit Excel-Arbeitsmappen und Tabellenblättern
- Zellbezüge und Formeln

2.1　Hinweise zum Umgang mit aufgezeichneten Makros

Wie bereits erwähnt, erlaubt der Makrorecorder von Excel das Erstellen von Makros ohne Programmierkenntnisse. Er zeichnet alle Anweisungen und Eingaben in Form von VBA-Befehlen auf, die Sie später bei Bedarf im VBA-Editor ansehen und bearbeiten können.

Die Begriffe Makros und Prozedur meinen im Grunde immer dasselbe, nämlich ein VBA-Programm das bestimmte Aufgaben ausführt. Allerdings wird zur besseren Unterscheidung der Begriff Makros häufig nur für, mit dem Makrorecorder aufgezeichnete, Makros verwendet.

> Leider zeichnet der Makrorecoder alle Arbeitsschritte und Eingaben, also auch misslungene Versuche auf. Überlegen Sie daher vor der Aufzeichnung, welche Arbeitsschritte in welcher Reihenfolge erforderlich sind und testen Sie die Schritte eventuell vorher. Auch ein kurzes Notieren der richtigen Reihenfolge kann hilfreich sein.

Bevor wir mit dem ersten Makro beginnen, einige Hinweise zu Makrorecorder. Dieser ist auch für fortgeschrittene Anwender in VBA-Kenntnissen nicht ganz überflüssig. Besonders dann, wenn einzelne VBA-Anweisungen nicht bekannt sind, ist es manchmal schneller, einzelne Befehle aufzuzeichnen und diese dann im VBA-Editor zu bearbeiten oder in die eigene Prozedur einzufügen.

Allerdings ist der aufgezeichnete VBA-Code meist wesentlich umständlicher als selbst geschriebene Prozeduren und enthält häufig auch überflüssige Anweisungen.

Zuletzt noch ein Tipp: Durch ein Makro ausgeführte Schritte können nicht mehr rückgängig gemacht werden. Speichern Sie also beim Testen von Makros die Arbeitsmappe, bevor Sie ein Makro ausführen. Dadurch vermeiden Sie, dass zwischenzeitlich vorgenommene Änderungen verlorengehen. Außerdem kann ein fehlerhaftes Makro Excel zum Absturz bringen.

2.2　Ein einfaches Makro aufzeichnen

Die Aufzeichnung starten

Als Beispiel wollen wir ein Makro aufzeichnen, das den Text „Hallo" in eine zuvor markierte Zelle schreibt. So gehen Sie vor:

1　Markieren Sie eine Zelle, beispielsweise A1 und klicken Sie im Register *Entwicklertools*, Gruppe *Code*, auf *Makro aufzeichnen*.

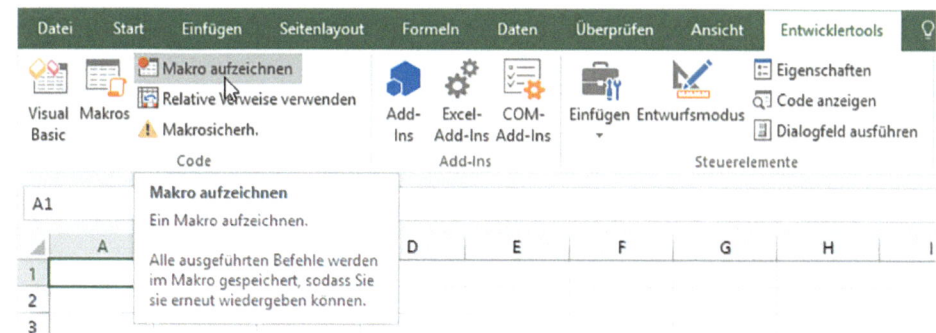

Bild 2.1 Klicken Sie auf Makro aufzeichnen

2 Das Dialogfenster *Makro aufzeichnen* wird geöffnet: Geben Sie einen Namen an, unter dem das Makro gespeichert und später aufgerufen werden soll.

Beachten Sie die Regeln für Makronamen: Ein Makroname muss mit einem Buchstaben beginnen, darf maximal 255 Zeichen lang sein und keine Leerzeichen und mit Ausnahme des Unterstrichs (_) auch keine Sonderzeichen enthalten, also auch keinen Bindestrich.

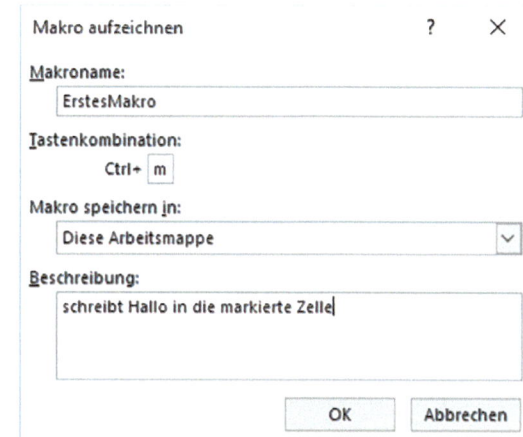

Bild 2.2 Makroaufzeichnung starten

3 **Tastenkombination zum Starten des Makros**
Falls Sie später das Makro über eine Tastenkombination starten möchten, so geben Sie die gewünschte Taste in Verbindung mit der Strg (Ctrl)-Taste an. Sie können ein Makro aber auch auf andere Weise starten oder dem Makro nachträglich eine Tastenkombination zuweisen.

Achtung: Die Tastenkombination unterscheidet zwischen Groß- und Kleinbuchstaben. Zudem sollten Sie eine Tastenkombination wählen, die nicht bereits anderweitig belegt ist, z. B. m, M, j, J.

4 **Speicherort festlegen**
Unter *Makro speichern in* wählen Sie den Speicherort des Makros. Hier haben Sie die Wahl zwischen der Persönlichen Makroarbeitsmappe und der aktuellen Ar-

beitsmappe. Die aktuelle Arbeitsmappe (*Diese Arbeitsmappe*) ist die Standardeinstellung und sollte im Normalfall beibehalten werden.

Diese Beschreibung erscheint später im VBA-Editor als Kommentar, siehe Kap. 3.

5 Im Feld *Beschreibung* können Sie optional eine kurze Beschreibung der Funktionsweise des Makros eingeben. Dies ist im Hinblick auf die spätere Nachvollziehbarkeit unbedingt zu empfehlen.

6 Mit der Schaltfläche *OK* starten Sie abschließend die Makroaufzeichnung.

7 Ab jetzt werden alle Ihre Befehle und Eingaben aufgezeichnet. Da in unserem Beispiel die Zelle A1 bereits vor der Makroaufzeichnung markiert wurde, tippen Sie das Wort „Hallo" in diese Zelle und drücken anschließend die Eingabe-Taste. Nun ist die Zelle A2 unterhalb markiert.

Bild 2.3 Aufzeichnung beenden

8 Zum Schluss müssen Sie die Makroaufzeichnung beenden: Klicken Sie dazu im Register *Entwicklertools*, Gruppe *Code*, auf *Aufzeichnung beenden*. Als Alternative können Sie auch die Schaltfläche in der Statusleiste verwenden, siehe Bild unten.

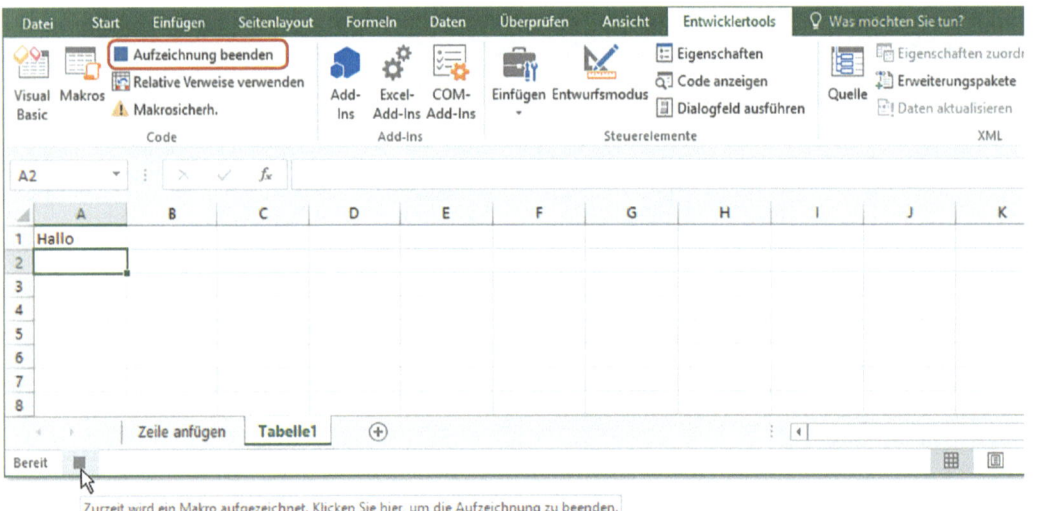

Makro ausführen

Um das soeben aufgezeichnete Makro zu testen, löschen Sie zuvor das Wort „Hallo" aus A1 und markieren dann eine beliebige andere Zelle des Tabellenblatts.

▶ Haben Sie dem Makro eine Tastenkombination zugewiesen, so verwenden Sie zum Starten des Makros diese Tastenkombination.

▶ Andernfalls klicken Sie im Register *Entwicklertools* ▶ *Code* auf die Schaltfläche *Makros*. Markieren Sie im Fenster *Makro* das Makro, das Sie ausführen möchten und klicken Sie auf die Schaltfläche *Ausführen*. Als Alternative öffnen Sie das Fenster *Makro* mit den Tasten Alt+F8.

Bild 2.4 Makros anzeigen

Bild 2.5 Ausführung starten

Das zuvor aufgezeichnete Makro schreibt nun das Wort „Hallo" in die aktuell markierte Zelle und markiert anschließend die Zelle A2.

Markieren Sie anschließend eine andere, beliebige Zelle und führen Sie das Makro nochmals aus. Haben Sie bemerkt, dass beim Ausführen dieses Makros zwar der Text in die aktuell markierte Zelle geschrieben, anschließend aber immer dieselbe Zelle, nämlich A2 markiert wird? Die Ursache liegt darin, dass bei der Makroaufzeichnung standardmäßig absolute Zellbezüge verwendet werden. Weiter unten erfahren Sie, wie Sie ein Makro mit relativen Zellbezügen aufzeichnen.

Das Makro verwendet absolute Zellbezüge!

Mögliche Probleme bei der Makro-Ausführung

Makros wurden deaktiviert
Möglicherweise erscheint beim Starten des Makros eine Meldung, die Sie darauf aufmerksam macht, dass Makros aufgrund der Sicherheitseinstellungen deaktiviert wurden, gleichzeitig ist der Entwurfsmodus aktiviert. In diesem Fall müssen Sie die Mappe schließen und erneut öffnen und dann die Inhalte aktivieren (siehe Kapitel 1.4).

Laufzeitfehler - Aufzeichnung wurde nicht beendet
Als weitere mögliche Fehlerquelle haben Sie vielleicht vergessen, die Aufzeichnung zu beenden, bevor Sie das Makro zum ersten Mal ausgeführt wurde. Dann erscheint entweder sofort oder beim nächsten Aufruf die Fehlermeldung *Laufzeitfehler*.

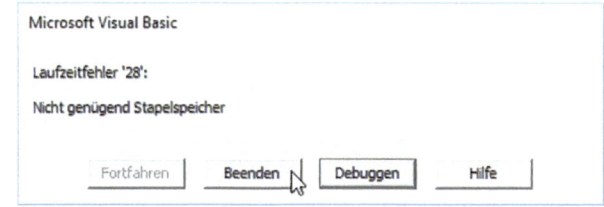

Bild 2.6 Laufzeitfehler

Sie haben bei Laufzeitfehlern folgende Möglichkeiten:

▶ *Debuggen* bedeutet, die Makroausführung wird unterbrochen und der VBA-Programmcode im VBA-Editor angezeigt, wobei die fehlerhafte Anweisung gelb hervorgehoben ist.

▶ Mit Klick auf die Schaltfläche *Beenden* wird die Makroausführung abgebrochen und Sie können anschließend das Makro neu aufzeichnen.

Kontrollieren Sie anschließend in jedem Fall, ob die Makroaufzeichnung noch läuft und beenden Sie diese, falls ja.

Makro löschen oder ersetzen

Zum Löschen eines fehlerhaften oder nicht mehr benötigten Makros, öffnen Sie über die Schaltfläche *Makros* das Dialogfenster *Makro*. Markieren Sie das Makro, das Sie löschen möchten und klicken Sie auf die Schaltfläche *Löschen*. Sie können aber auch ein fehlerhaftes Makro einfach neu aufzeichnen. Dazu geben Sie bei der Neuaufzeichnung als Namen einfach den Namen des zu ersetzenden Makros ein. Bestätigen Sie die nachfolgende Meldung, ob Sie das Makro ersetzen möchten, mit *OK*.

2.3   Zellbezüge in Makros

Wie Sie bei Ihrem ersten Makro gesehen haben, unterscheidet Excel nicht nur in Formeln, sondern auch bei der Makroaufzeichnung zwischen relativen und absoluten (festen) Zellbezügen. Im ersten Beispiel haben Sie ein Makro mit festen Zellbezügen aufgezeichnet. Feste Zellbezüge sind immer dann erforderlich, wenn eine Eingabe immer an derselben Position erfolgen soll. Soll dagegen die Eingabe beispielsweise am Ende einer Liste erfolgen, unabhängig davon, wie viele Zeilen die Liste umfasst, dann benötigen Sie bei der Aufzeichnung relative Zellbezüge.

Über die Schaltfläche *Relative Verweise verwenden* im Register *Entwicklertools* können Sie vor und während der Aufzeichnung zwischen festen und relativen Zellbezügen wechseln: Bei deaktivierter Schaltfläche werden alle Aktionen wie Markieren und Eingeben mit absoluten Zellbezügen aufgezeichnet. Ist hingegen die Schaltfläche aktiviert, erfolgt die Aufzeichnung mit relativen Zellbezügen.

Bild 2.7 Absolute und relative Zellbezüge

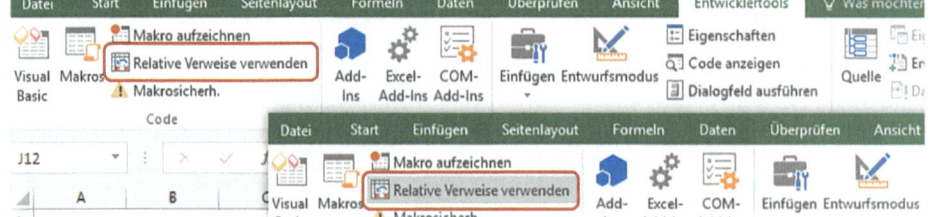

Beispiel: Makro mit unterschiedlichen Verweisen aufzeichnen

Als zweites Beispiel soll ein Makro aufgezeichnet werden, das für jeden neuen Rechnungsposten in der oberen Tabelle (*Neuer Rechnungsposten*) den Gesamtpreis in E3 berechnet, anschließend die Werte der Zellen A3 bis E3 ausschneidet und am Ende der unteren Liste *Vorhandene Rechnungsposten* anfügt.

Im ersten Schritt legen Sie die beiden Tabellen an, wie unten abgebildet. Nehmen Sie auch gleich alle gewünschten Formatierungen vor, insbesondere Zahlenformate.

	A	B	C	D	E	F	G
1	Neuer Rechnungsposten						
2	Artikel-Nr.	Bezeichnung	Kilopreis	Menge	Gesamtpreis		
3	1009	Bananen	5,00	2,00			
4							
5	Vorhandene Rechnungsposten						
6	Artikel-Nr.	Bezeichnung	Kilopreis	Menge	Gesamtpreis		
7	1008	Kartoffeln	3,50	10,00	35,00		
8	1006	Orangen	2,80	6,00	16,80		
9	1123	Äpfel	3,20	20,00	64,00		
10							
11							
12							
13							

Bild 2.8 Die beiden Tabellen Neuer Rechnungsposten und Rechnungsposten

So zeichnen Sie das Makro auf:

1 Markieren Sie im Tabellenblatt eine beliebige Zelle, nicht aber E3, da sonst das Markieren dieser Zelle nicht mit aufgezeichnet wird. Starten Sie dann die Makroaufzeichnung und speichern Sie das Makro unter dem Namen *ListeAnfügen*.

2 Für den ersten Schritt, die Berechnung der Formel, benötigen Sie absolute Zellbezüge. Achten Sie also darauf, dass die Schaltfläche *Relative Verweise verwenden* nicht aktiviert ist, markieren Sie die Zelle E3 und geben Sie die Formel =D3*C3 ein. Schließen Sie die Formeleingabe mit der Enter-Taste oder Klick auf das Symbol *Eingeben* in der Bearbeitungsleiste ab.

3 Markieren Sie anschließend den Bereich A3 bis E3 und schneiden Sie mit den Tasten Strg+X den Zellbereich aus.

4 Im nächsten Schritt müssen Sie zunächst das Ende der Liste ermitteln. Markieren Sie dazu die Zelle A6 in der ersten Zeile der Liste. Diese Zelladresse bildet den festen Bezugspunkt der Liste, daher benötigen Sie hier ebenfalls einen absoluten Zellbezug.

5 Ab jetzt benötigen Sie relative Bezüge, aktivieren Sie also die Schaltfläche *Relative Verweise verwenden*. Um in Spalte A in die letzte Zeile der Tabelle zu gelangen, verwenden Sie die Tastenkombination Strg+Pfeiltaste nach unten. Dann markieren Sie mit der Pfeiltaste die Zelle in der darunterliegenden Zeile und betätigen zum Einfügen aus der Zwischenablage die Tasten Strg+V.

Ab hier müssen relative Verweise aufgezeichnet werden!

6 Im letzten Schritt der Makroaufzeichnung deaktivieren Sie die relative Aufzeichnung wieder und markieren diejenige Zelle, in der Sie mit der Bearbeitung fortfahren möchten, beispielsweise die Zelle A3.

7 Beenden Sie die Makroaufzeichnung!

Bild 2.9 Nach dem Ende der Aufzeichnung

▲	A	B	C	D	E	F	G
1	Neuer Rechnungsposten						
2	Artikel-Nr.	Bezeichnung	Kilopreis	Menge	Gesamtpreis		
3							
4							
5	Vorhandene Rechnungsposten						
6	Artikel-Nr.	Bezeichnung	Kilopreis	Menge	Gesamtpreis		
7	1008	Kartoffeln	3,50	10,00	35,00		
8	1006	Orangen	2,80	6,00	16,80		
9	1123	Äpfel	3,20	20,00	64,00		
10	1009	Bananen	5,00	2,00	10,00		
11							
12							
13							

Testen Sie dann das Makro, indem Sie in Zeile 3 einen weiteren Artikel eingeben und die Ausführung starten. Falls nicht alles auf Anhieb klappt, zeichnen Sie das Makro unter demselben Namen erneut auf.

> **Tipp**: Bei längeren Makros kann es für Ungeübte nützlich sein, vor der Aufzeichnung die einzelnen Schritte testweise durchzugehen und eventuell auf einem Blatt Papier zu notieren.

2.4 Makroausführung starten

Wie Sie ein Makro über das Dialogfenster *Makro* starten, haben Sie bereits kennengelernt. Es gibt aber noch eine Reihe weiterer Möglichkeiten, mit denen Sie ein Makro schneller ausführen und vor allem den Start für ungeübte Excel-Nutzern vereinfachen. **Hinweis**: Die folgenden Möglichkeiten gelten nicht nur aufgezeichnete Makros, sondern auch für Prozeduren, die Sie mit VBA schreiben, siehe Kapitel 3 und 4.

Tastenkombination zuweisen

Falls Sie das Makro mit einer Tastenkombination starten möchten, können Sie diese dem Makro bereits vor der Aufzeichnung zuweisen. Über eine Tastenkombination kann ein Makro zwar sehr schnell aufgerufen werden, allerdings bringt diese Methode auch einige Nachteile mit sich.

▶ Benutzer, die das Makro verwenden möchten, müssen sich die entsprechenden Tasten merken, dies dürfte für ungeübte Benutzer problematisch sein.

Vorsicht bei bestehenden Tastenkombinationen

▶ Achten Sie bei der Wahl der Tasten darauf, dass die Tastenkombination nicht bereits anderweitig belegt ist. Wichtige Tastenkombinationen wie beispielsweise Strg+C (Kopieren) werden sonst überschrieben.

Falls Sie einem Makro nachträglich eine Tastenkombination zuweisen möchten, dann gehen Sie so vor:

1 Öffnen Sie das Dialogfenster *Makro*, markieren Sie das Makro, dem Sie eine Tastenkombination zuweisen wollen und klicken Sie auf die Schaltfläche *Optionen*.

2 Geben Sie die gewünschte Tastenkombination an, ggf. können Sie hier auch die Beschreibung ändern, und bestätigen Sie mit der Schaltfläche *OK*.

Achtung: Excel unterscheidet hier zwischen Groß- und Kleinbuchstaben!

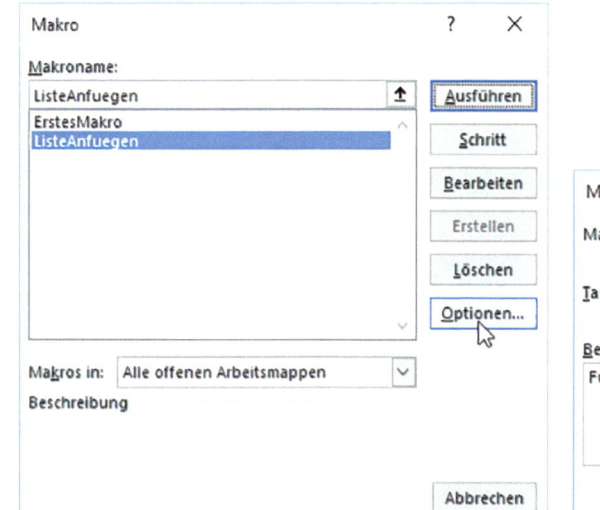

Bild 2.10 Tastenkombination zuweisen

Makro über die Symbolleiste für den Schnellzugriff starten

Als zweite Möglichkeit können Sie das Makro in Form eines Symbols der *Symbolleiste für den Schnellzugriff* hinzufügen und später per Mausklick starten. Klicken Sie dazu am Ende der Schnellstartleiste auf das Symbol *Symbolleiste für den Schnellzugriff anpassen* und hier auf *Weitere Befehle...*.

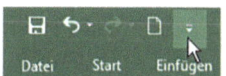

1 Das Fenster *Excel-Optionen* mit Anpassungsmöglichkeiten für den Schnellzugriff öffnet sich. Klicken Sie unter *Befehle auswählen* auf den Dropdown-Pfeil und auf *Makros* ❶.

2 Unterhalb erscheint eine Liste Ihrer aufgezeichneten Makros und in der rechten Liste sehen Sie die vorhandenen Symbole der Schnellzugriffsleiste: Mit einem Doppelklick fügen Sie das markierte Makro ❷ der Liste hinzu oder benutzen Sie die Schaltfläche *Hinzufügen* ❸. Mit der Schaltfläche *Entfernen* können nicht mehr benötigte Makros wieder aus der Schnellzugriffsleiste entfernt werden.

3 Legen Sie außerdem fest, ob das Makro bzw. das dazugehörige Symbol in allen Dokumenten sichtbar sein soll (Standardeinstellung *Für alle Dokumente*) oder nur in der aktuellen Arbeitsmappe. Da unser Makro zusammen mit der Arbeits-

Bild 2.11 Schnellzugriffs-leiste anpassen

mappe gespeichert wird, ist es sinnvoll, wenn das dazugehörige Symbol nur hier sichtbar ist. Klicken Sie also auf den Dropdown-Pfeil *Symbolleiste für den Schnell-zugriff anpassen* ❹ und wählen Sie die aktuelle Arbeitsmappe aus.

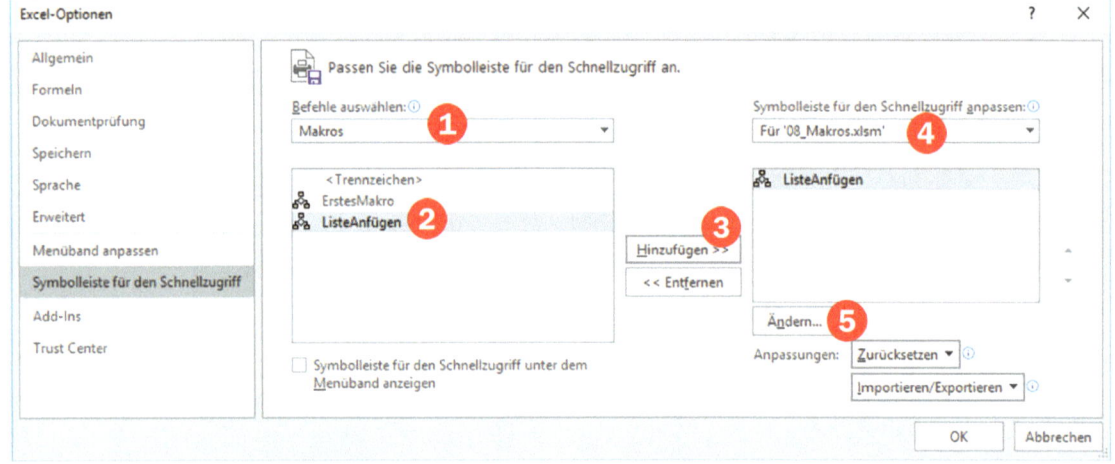

Anderes Symbol zuweisen

Makros erscheinen in der Symbolleiste für den Schnellzugriff mit ihrem Standardsymbol. Wenn Sie ein anderes Symbol zuweisen möchten, dann markieren Sie das soeben hinzugefügte Makro und klicken auf die Schaltfläche *Ändern...* ❺. Wählen Sie dann eines der Symbole, im Feld *Anzeigename* können Sie außerdem einen kurzen Infotext eingeben, der beim Zeigen auf das Symbol erscheint.

Bild 2.12 Anderes Symbol wählen

Bild 2.13 Anzeige mit Infotext

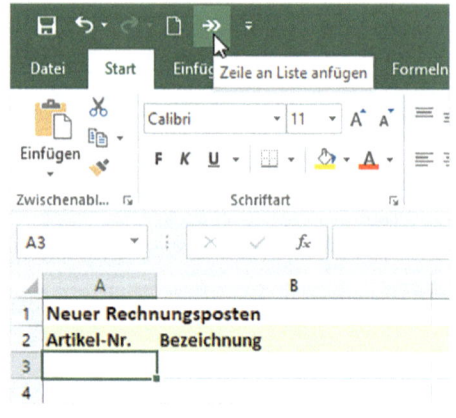

Makros im Menüband einfügen

Natürlich kann ein Makro auch über eine Schaltfläche im Menüband ausgeführt werden. Allerdings eignet sich dies nur für Makros, die in allen Excel-Arbeitsmappen verfügbar sind, da Sie beim Aufruf eine Fehlermeldung erhalten, sollte das Makro nicht vorhanden sein. Beachten Sie außerdem, dass Sie zuvor entweder ein neues Register erstellen oder einem der Standardregister eine neue Gruppe hinzufügen müssen, da die Standardgruppen nicht geändert werden können.

Um ein Makro dem Menüband hinzuzufügen, klicken Sie mit der rechten Maustaste an eine beliebige Stelle des Menübands und auf *Menüband anpassen….* Die *Excel-Optionen* mit Einstellungen für das Menüband werden geöffnet.

Registerkarte erstellen

1 Im ersten Schritt sollten Sie zu diesem Zweck eine zusätzliche Registerkarte erstellen, dazu klicken Sie auf *Neue Registerkarte* ❶. Die neue Registerkarte erscheint in der Liste der Hauptregisterkarten ❷ und ist mit dem Zusatz *(Benutzerdefiniert)* versehen. Markieren Sie die neue Registerkarte und klicken Sie auf *Umbenennen* ❸.

Bild 2.14 Neue Register-karte

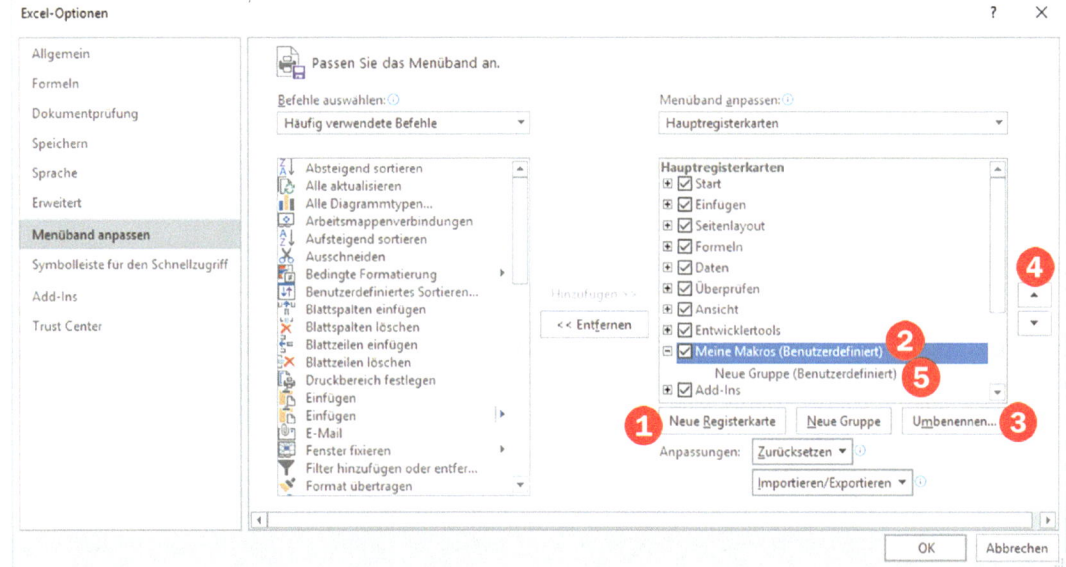

2 Geben Sie an, mit welchem Namen das Register im Menüband angezeigt werden soll (der Zusatz *Benutzerdefiniert* ist nur hier sichtbar) und klicken Sie auf *OK*. Um die Position der neuen Registerkarte im Menüband zu ändern, benutzen Sie die Pfeilschaltflächen nach oben bzw. nach unten ❹.

3 Da Registerkarten alle Schaltflächen in Gruppen zusammenfassen, wurde zusammen mit der neuen Registerkarte automatisch eine Gruppe ❺ erstellt. Markieren Sie diese Gruppe, klicken Sie auf *Umbenennen* und geben Sie einen Namen für die Gruppe ein. Hier können Sie bei Bedarf auch ein Gruppensymbol wählen, das anstelle der einzelnen Symbole angezeigt wird, falls die Breite des Excel-Fensters zur Anzeige nicht ausreicht.

4   Benötigen Sie noch weitere Gruppen, so markieren Sie die betreffende Registerkarte und klicken auf die Schaltfläche *Neue Gruppe*. Auf diese Weise können Sie
auch einer der Standardregisterkarten eine neue Gruppe hinzufügen.

5   Nun können Sie Ihre Makros der Gruppe hinzufügen. Dazu klicken Sie links oben
auf den Dropdown-Pfeil *Befehle auswählen* und wählen *Makros*. Ziehen Sie dann
mit der Maus Ihre Makros nacheinander in die gewünschte Gruppe oder markieren Sie die Gruppe und das Makro und klicken auf die Schaltfläche *Hinzufügen*.

*Bild 2.15 Makro der neuen
Gruppe hinzufügen*

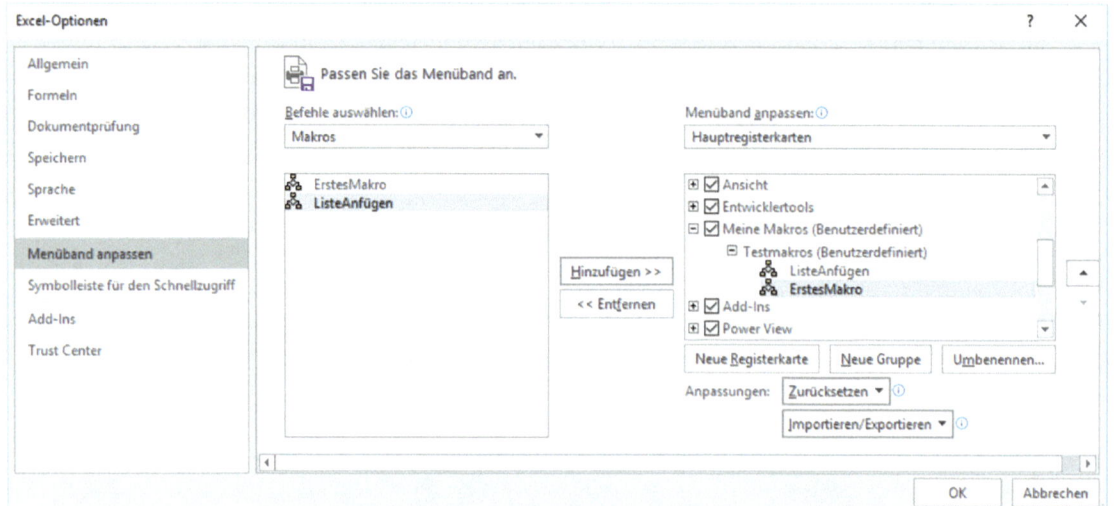

Makro über eine Befehlsschaltfläche im Tabellenblatt starten

Zeichnungsform oder Grafik als Befehlsschaltfläche verwenden

Sie können die Makroausführung auch per Mausklick auf ein beliebiges Formenob-
jekt, beispielsweise ein Rechteck oder auch eine Grafik, starten, das Sie direkt in das
Tabellenblatt einfügen. Dies ist vor allem dann eine gute Möglichkeit, wenn das Makro
zusammen mit der Arbeitsmappe gespeichert wurde und sich ausschließlich auf ein
bestimmtes Tabellenblatt bezieht.

1   Klicken Sie dazu im Register *Einfügen*, Gruppe *Illustrationen* auf die Schaltfläche
Formen und fügen Sie mit einem Mausklick die gewünschte Form an beliebiger
Stelle im Tabellenblatt ein. Zum Formatieren können Sie alle Befehle des Regis-
ters *Format* verwenden, zudem sollten Sie die Form noch mit einer passenden
Beschriftung versehen.

2   Im nächsten Schritt weisen Sie dem Zeichnungsobjekt das Makro zu: Klicken Sie
mit der rechten Maustaste auf das Objekt und wählen Sie *Makro zuweisen…*. Markieren Sie das gewünschte Makro und klicken Sie auf *OK*.

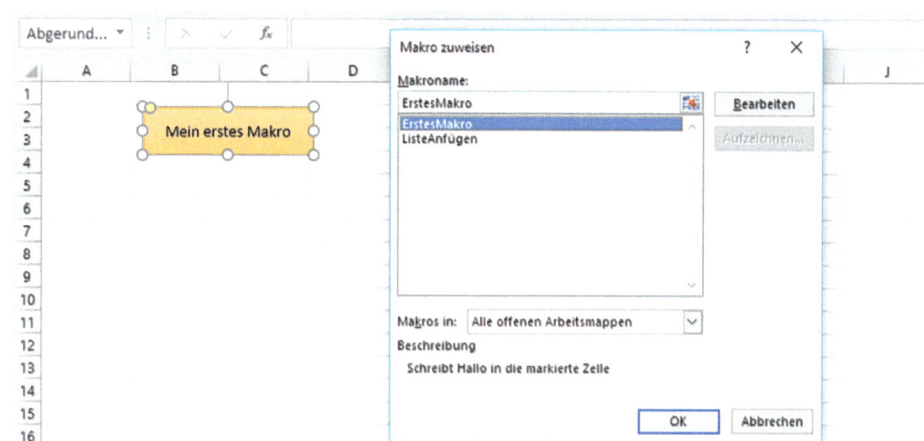

Bild 2.16 Makro zuweisen

Beachten Sie, dass ab jetzt das Makro ausgeführt wird, wenn Sie auf die Form klicken. Dies erkennen Sie auch am Mauszeiger: Er erscheint als Hand, wenn Sie auf die Form zeigen. Wenn Sie die Schaltfläche nachträglich formatieren oder beschriften möchten, dann müssen Sie sie zum Markieren mit der rechten Maustaste anklicken. Dies gilt auch, wenn Sie die Schaltfläche verschieben, vergrößern/verkleinern oder nachträglich formatieren möchten.

Formularsteuerelement einfügen

Als Alternative fügen Sie im Tabellenblatt das Formularsteuerelement *Schaltfläche* ein. Klicken Sie dazu im Register *Entwicklertools*, Gruppe *Steuerelemente*, auf die Schaltfläche *Einfügen* und unter *Formularsteuerelemente* auf das Symbol *Schaltfläche*.

Klicken Sie dann an der gewünschten Stelle in das Tabellenblatt oder zeichnen Sie ein Rechteck. Anschließend öffnet sich automatisch das Dialogfenster *Makro zuweisen* und Sie können nun ein Makro auswählen. Nachträgliche Änderungen nehmen Sie wieder über die rechte Maustaste vor, mit dem Befehl *Makro zuweisen* können Sie nachträglich auch ein anderes Makro auswählen.

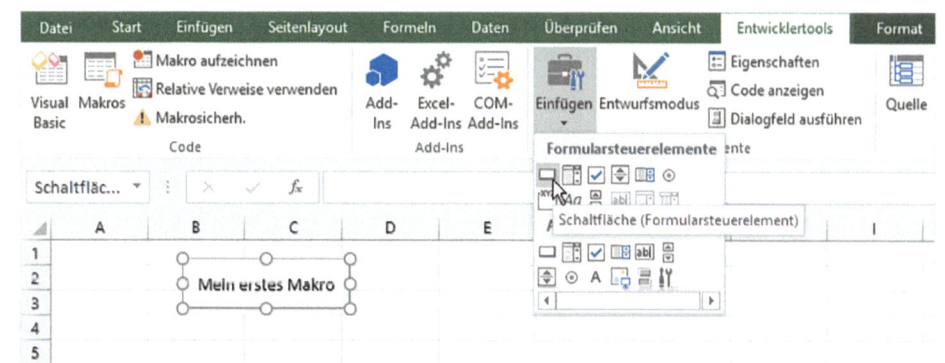

Bild 2.17 Formularsteuer-
element Schaltfläche

Eine andere Füllfarbe ist
im Gegensatz zu Formen
nicht möglich!

2.5   Beispiel: Diagramm mit Makros steuern

Zuletzt noch ein kleines Beispiel, wie Sie Diagramme, genauer gesagt die Anzeige von Daten in einem Diagramm mit einfachen Makros steuern können. Als Ausgangsbasis dient die unten abgebildete Tabelle. Die Einnahmen und Ausgaben sollen in einem Diagramm dargestellt werden und zwar so, dass ein Mausklick genügt, um zwischen Einnahmen und Ausgaben umzuschalten.

Im ersten Schritt markieren Sie die benötigten Daten und fügen ein einfaches Säulendiagramm mit gruppierten Säulen ein. Formatieren Sie dann die Säulenreihen mit unterschiedlichen Füllfarben, z. B. Einnahmen grün und Ausgaben rot.

Bild 2.18 Tabelle und Diagramm

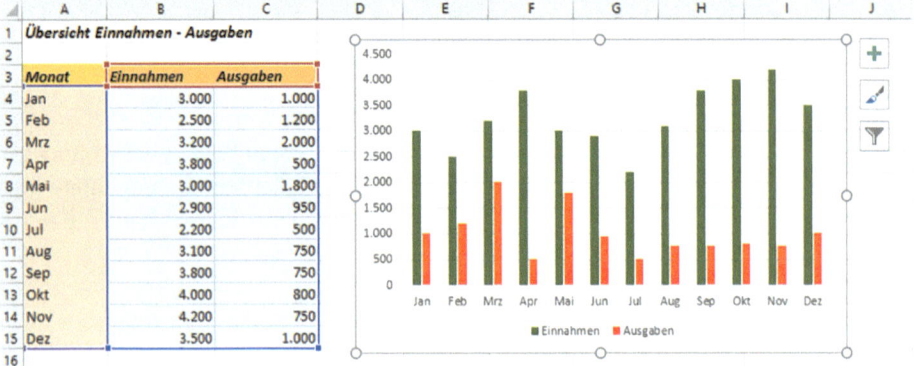

1   Im nächsten Schritt zeichnen Sie das erste Makro auf: markieren Sie eine beliebige Zelle im Tabellenblatt (das Diagramm sollte nicht markiert sein) und klicken Sie im Register *Entwicklertools* auf *Makro aufzeichnen*.

2   Das Makro erhält den Namen *Einnahmen*, eine Tastenkombination ist nicht erforderlich, da wir später das Makro über eine Schaltfläche im Tabellenblatt starten möchten.

Bild 2.19 Makro Einnahmen aufzeichnen

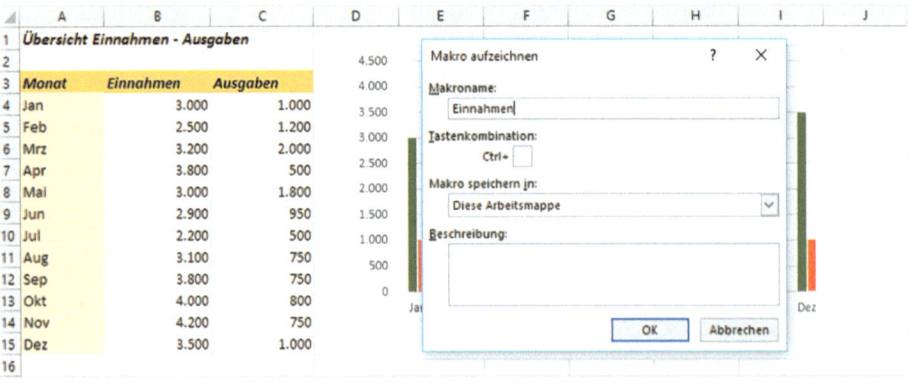

3   Klicken Sie nun in das Diagramm: in der Tabelle werden jetzt die verwendeten Datenreihen bzw. Spalten markiert. Verkleinern Sie anschließend durch Ziehen

mit der Maus den Datenbereich so, dass nur noch die Spalte Einnahmen verwendet wird.

4 Klicken Sie abschließend an eine beliebige Stelle des Tabellenblatts und beenden Sie die Makroaufzeichnung.

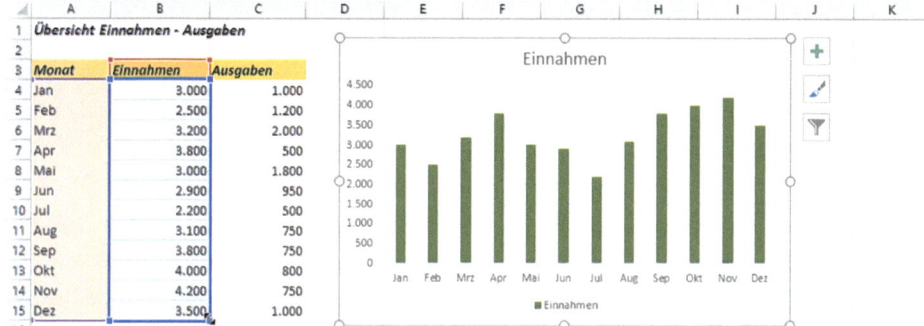

Bild 2.20 Datenbereich verkleinern

5 Starten Sie nun die Aufzeichnung des nächsten Makros. Dieses erhält den Namen *Ausgaben*.

6 Klicken Sie anschließend in das Diagramm und verschieben Sie mit der Maus den Datenbereich von der Spalte *Einnahmen* auf die Spalte *Ausgaben*. Dann klicken Sie wieder in das Tabellenblatt und beenden die Makroaufzeichnung.

7 Nun müssen noch Schaltflächen ins Tabellenblatt eingefügt werden, mit denen die Makros schnell gestartet werden können. Am einfachsten fügen Sie dazu Rechteckformen (*Einfügen - Formen*) ein und formatieren und beschriften diese nach Ihren Wünschen.

Bild 2.21 Formen einfügen und formatieren bzw. beschriften

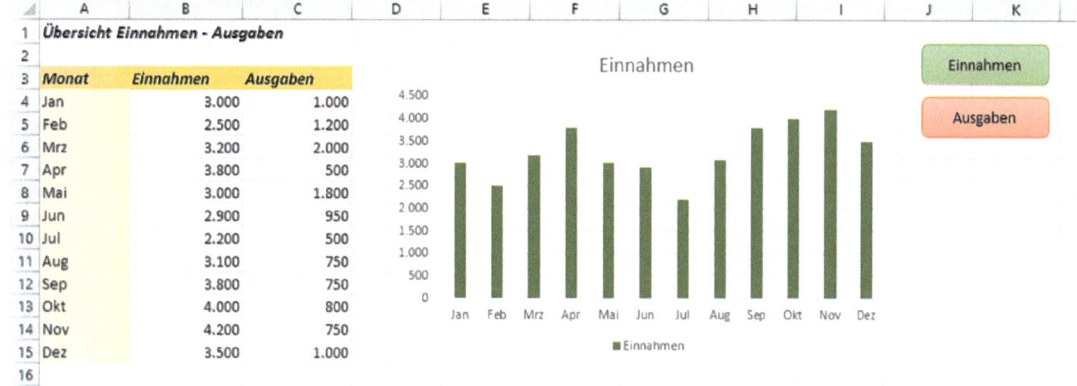

8 Zuletzt weisen Sie jeder Form das entsprechende Makro zu: Klicken Sie mit der rechten Maustaste auf das erste Rechteck, klicken Sie auf *Makro zuweisen...* und wählen Sie das erste Makro, *Einnahmen* aus. Anschließend weisen Sie der zweiten Form auf dieselbe Weise das Makro *Ausgaben* zu.

Testen Sie nun die Makros nacheinander. Sollte nicht alles auf Anhieb klappen, so zeichnen Sie das jeweilige Makro unter dem bisherigen Namen einfach neu auf und bestätigen den Hinweis, ob das bestehende Makro ersetzt werden soll mit *Ja*.

Hinweis: Falls die Datenreihen nicht mit den korrekten Farben angezeigt werden sollten, so können Sie die Formatierung auch während der Makroaufzeichnung vornehmen.

Bild 2.22 Das fertige Diagramm mit den beiden Schaltflächen

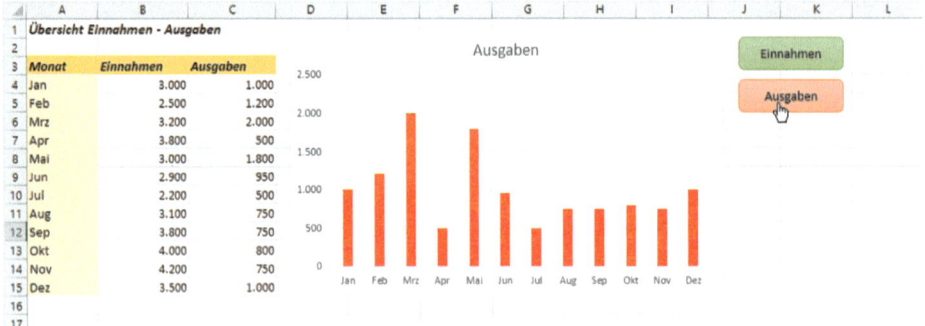

Mit diesem Makro stoßen Sie an die Grenzen dessen, was mit der Aufzeichnung von Makros und dem Makrorecorder machbar ist. Wesentlich besser lässt sich das Problem mit VBA lösen, insbesondere, wenn in einem weiteren Makro beide Datenreihen angezeigt werden sollen. In Kapitel 4.6 wird daher dieses Beispiel nochmals aufgegriffen und erweitert.

3 Grundlagen der VBA-Programmierung

In diesem Kapitel lernen Sie...

- VBA-Editor und VBA-Hilfe
- Prozeduren und Module erzeugen
- Anweisungen und Kommentare eingeben, Eingabehilfen nutzen
- Variablen, Konstanten und Datenfelder deklarieren und verwenden
- Einfache Dialogfenster nutzen
- Abfragen und Schleifen
- Fehlerbehandlung
- Routinen und Funktionen aufrufen und Übergabe von Parametern

Das sollten Sie bereits wissen

- Einfache Makros aufzeichnen
- Makroausführung starten
- Dateityp und Sicherheitseinstellungen

Das Schreiben eigener Programme erfordert grundlegende Kenntnisse des allgemeinen Aufbaus, der Sprachsyntax und der Entwicklungsumgebung von VBA. Ferner verfügt eine Programmiersprache über Möglichkeiten, bestimmte Anweisungen mehrfach oder abhängig von Bedingungen auszuführen. Dieses Kapitel widmet sich ganz den Grundlagen der VBA-Programmierung und den wichtigsten Sprachelementen und bildet die Grundlage für die weiteren Kapitel dieses Buches.

Die wichtigsten Vorbereitungen haben Sie bereits in Kapitel 1 kennengelernt. Achten Sie beim Speichern darauf, dass der Dateityp *Arbeitsmappe mit Makros* ausgewählt werden muss und kontrollieren Sie ggf. die Sicherheitseinstellungen.

3.1 Der VBA-Editor

VBA-Editor öffnen

Zum Schreiben und Bearbeiten der Programmanweisungen ist in allen Microsoft Office-Anwendungen eine eigene Entwicklungsumgebung, der VBA-Editor, integriert. Der VBA-Editor wird in einem gesonderten Fenster geöffnet und bildet eine eigenständige Anwendung mit einer Menüleiste und mehreren Symbolleisten.

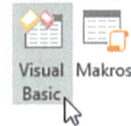

Am schnellsten öffnen Sie den VBA-Editor mit der Tastenkombination Alt+F11 und mit dieser Tastenkombination wechseln Sie auch schnell zwischen der Excel-Arbeitsmappe und dem VBA-Editor. Alternativ kann der VBA-Editor außerdem über das Menüband, Register *Entwicklertools ▶ Code* und die Schaltfläche *Visual Basic* geöffnet werden.

VBA-Editor öffnen: Alt + F11

> **Alt+F11 ist eine der wichtigsten Tastenkombinationen in der VBA-Programmierung**
> Da die VBA-Entwicklungsumgebung für gewöhnlich verborgen ist, wird sie mitunter auch als „Backstage"-Bereich bezeichnet. Wenn es in diesem Buch immer wieder mal heißt „Wir treffen uns dann Backstage..." oder vom „Treffpunkt Backstage" die Rede ist, dann ist damit der VBA-Editor gemeint.

Der VBA-Editor erscheint auch in der Taskleiste. Um zwischen der Excel-Arbeitsmappe und dem VBA-Editor zu wechseln, klicken Sie auf das entsprechende Symbol in der Taskleiste oder benutzen die Tastenkombination Alt+F11.

Bild 3.1 Zwischen Arbeitsmappe und VBA-Editor wechseln

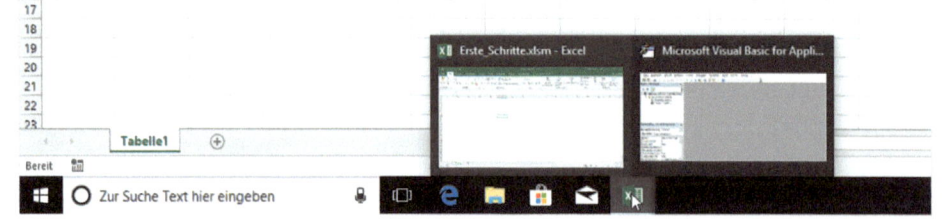

So finden Sie sich im VBA-Editor zurecht

Das Aussehen des VBA-Editors ist, im Gegensatz zur Excel-Benutzeroberfläche, unabhängig von der Excel-Version. Daher finden Sie im VBA-Editor auch anstelle des Menübands, Menüs und Symbolleisten ❶ vor.

Links sollten normalerweise die Bereiche bzw. Fenster *Projekt* ❷ und *Eigenschaften* ❸ sichtbar sein. Den größten Bereich des VBA-Fensters nimmt der Code-Bereich ein, dieser ist im Bild unten vorerst leer ❹. Zum Schließen des VBA-Editors klicken Sie auf die Schließen-Schaltfläche ❺ des Fensters.

Hinweis: Projekt- und Eigenschaftsfenster sind wichtige Informationsquellen und sollten daher nicht verschoben werden! Sie lassen sich sonst nur schwer wieder verankern.

Bild 3.2 Der VBA-Editor

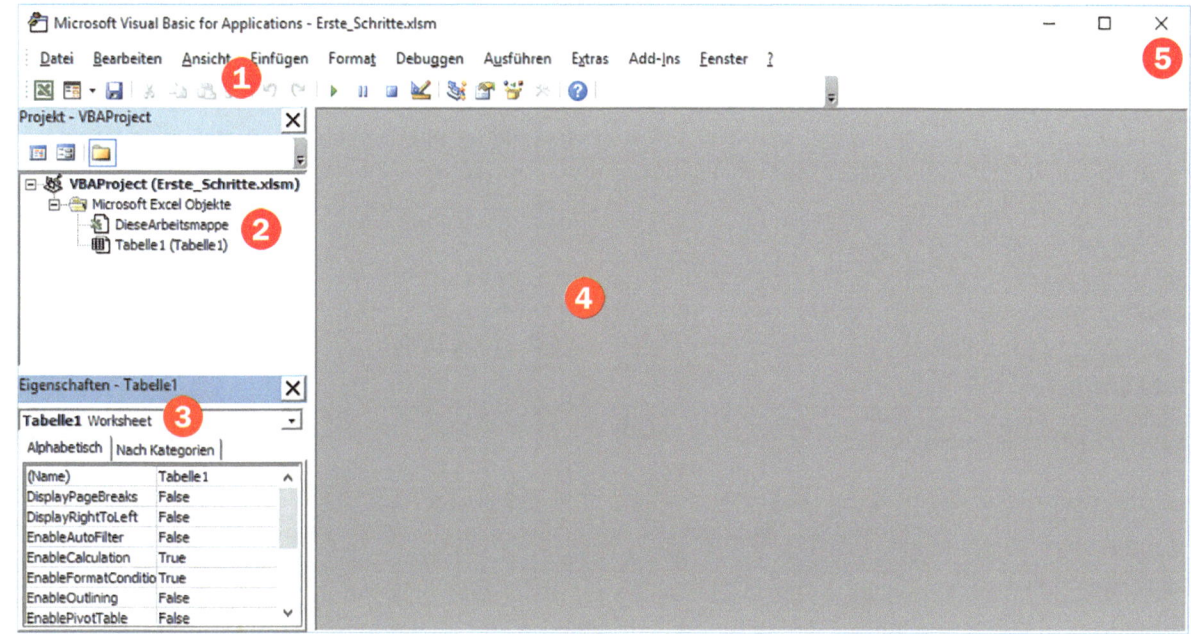

Fenster anzeigen

Sollten Projekt-Explorer und Eigenschaften nicht sichtbar sein, so klicken Sie auf das Menü *Ansicht* und hier auf *Projekt-Explorer* bzw. *Eigenschaftenfenster*.

Über das Menü *Ansicht* können Sie auch noch *Direktfenster*, *Lokal-Fenster* und ein Überwachungsfenster einblenden. Diese dienen zur Programmkontrolle und werden vorerst noch nicht benötigt, Näheres hierzu weiter unten.

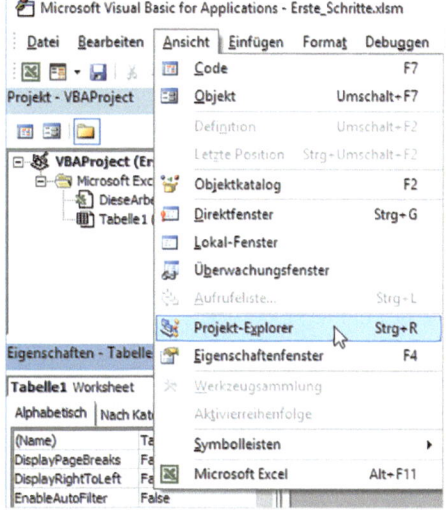

Bild 3.3 Fenster/Bereiche anzeigen

Prozedurcode anzeigen

Objekte im Projektfenster

Wenn Sie ein Makro aufgezeichnet und in der persönlichen Makroarbeitsmappe gespeichert haben, dann erscheint diese her ebenfalls.

Der Projekt-Explorer ist vergleichbar mit dem Windows-Explorer und listet alle aktuell geöffneten Office-Dokumente mit den dazugehörigen Objekten auf, die Anzeige kann sich auf Ihrem PC von der Abbildung unterscheiden. In jedem Fall finden Sie hier den Ordner *Microsoft Excel Objekte*, dieser umfasst die aktuelle Arbeitsmappe (*Diese Arbeitsmappe*) zusammen mit dem Objekt *Tabelle1*. Falls die Mappe mehrere Arbeitsblätter umfasst, finden Sie diese hier ebenfalls, die Namen stehen in Klammern dahinter. Wenn hier auch noch der Ordner *Module* vorhanden ist, dann enthält die Arbeitsmappe Makros bzw. VBA Prozeduren.

Sollten die Excel Objekte oder Module ausgeblendet sein, so benutzen Sie links davon die kleinen Kästchen mit den Plus- bzw. Minussymbolen zum Ein- oder Ausblenden. **Tipp**: Es sollte immer nur eine Mappe geöffnet sein, damit Prozeduren im richtigen Modul erstellt werden. Verwechslungen sind sonst leicht möglich.

Bild 3.4 Die Objekte der aktuellen Arbeitsmappe

Bild 3.5 Eine zweite geöffnete Arbeitsmappe im Projekt.Fenster

Bild 3.6 Der Ordner Module

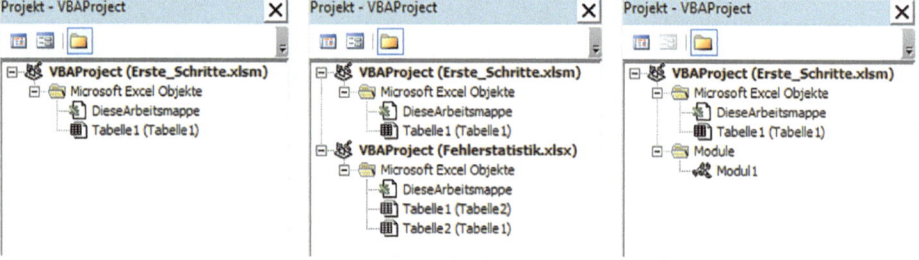

Programmcode öffnen/anzeigen

Jedes Excel-Objekt und Modul im Projektfenster kann Programmcode enthalten. Wenn Sie beispielsweise die Prozeduren zum Objekt *Tabelle1* anzeigen möchten, dann doppelklicken Sie einfach im Projektfenster auf das Objekt *Tabelle1* ❶. Rechts öffnet sich nun das dazugehörige Codefenster ❷, allerdings vorerst noch leer. Das aktuelle Objekt ist im Projektfenster hervorgehoben und auch die Titelleiste ❸ des Editor-Fensters zeigt an, zu welchem Objekt das aktuelle Code-Fenster gehört.

Programmcode anzeigen: F7

Alternativ können Sie das dazugehörige Codefenster anzeigen indem Sie im Projekt-Explorer auf ein Objekt klicken und die Taste F7 betätigen oder in der linken oberen Ecke des Projektfensters auf das Symbol *Code* ▦ klicken.

Bild 3.7 Codefenster anzeigen

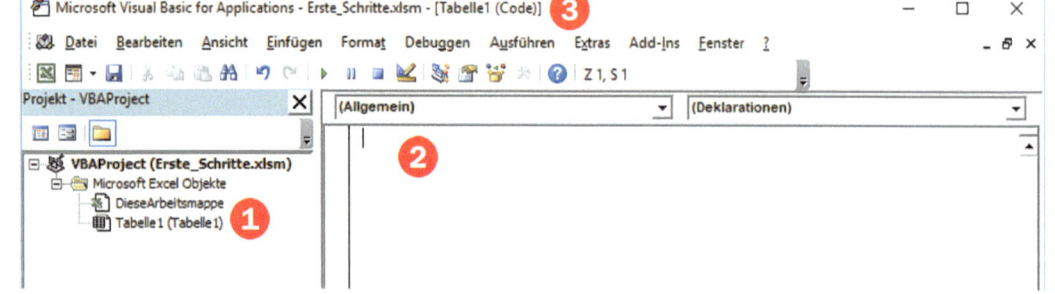

Das Codefenster mit den Programmanweisungen bildet den zentralen Teil des VBA-Editors.

Die Bedeutung der Symbole im Projektfenster

Oberhalb des Projektfensters finden Sie drei Symbole, ihre Bedeutung:

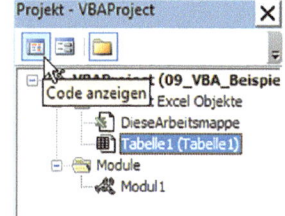 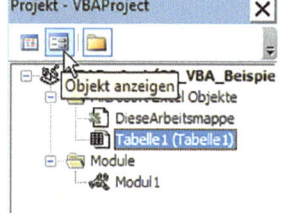 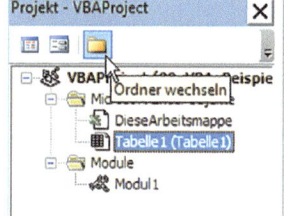

Bild 3.8 Projekt-Explorer

▷ *Code anzeigen* öffnet im Codebereich das Fenster mit den Programmanweisungen zum markierten Objekt, z. B. *Tabelle1*.

▷ *Objekt anzeigen* zeigt das markierte Objekt in der Excel-Arbeitsmappe an. Klicken Sie z. B. auf *Tabelle1* so wird das Excel-Tabellenblatt *Tabelle1* angezeigt.

▷ *Ordner wechseln* blendet die übergeordneten Ordner aus und wieder ein.

Objekteigenschaften im Eigenschaftenfenster

Unterhalb des Projektfensters befindet sich normalerweise das Eigenschaftenfenster. Hier können Sie die Eigenschaften eines Objekts einsehen und ändern. Um beispielsweise den Namen des Arbeitsblatts *Tabelle1* zu ändern, markieren Sie im Projekt-Fenster das Arbeitsblatt, klicken im Eigenschaftenfenster in die Zeile *(Name)*, überschreiben den bisherigen Namen *Tabelle1* und schließen mit der Enter-Taste ab. Das Projektfenster zeigt nun den neuen Namen an.

Bild 3.9 Das Eigenschaftenfenster

Bild 3.10 Eigenschaften Tabelle1

Bild 3.11 Objektnamen ändern

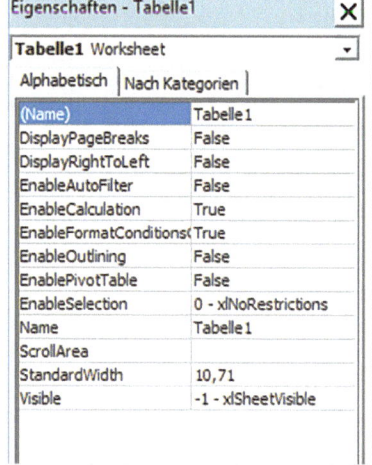 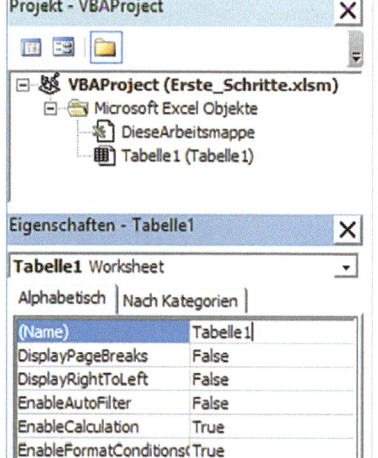 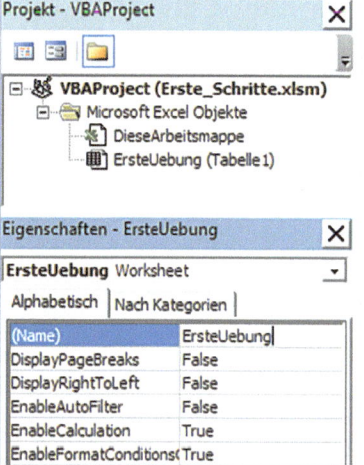

3.2   Module und Prozeduren

Programmanweisungen, in der Folge als Prozeduren bezeichnet, werden in der Regel in Modulen gespeichert, wobei ein Modul meist mehrere Prozeduren sinngemäß zusammenfasst. Auch bei der Aufzeichnung von Makros werden automatisch Module erzeugt, in denen die Makros gespeichert werden.

> **Beachten Sie die Regeln für Modul- und Prozedurnamen**
> Der Name darf maximal 255 Zeichen lang sein und mit Ausnahme des Unterstrichs keine Leerzeichen oder Sonderzeichen enthalten. Das erste Zeichen muss ein Buchstabe sein, ansonsten sind auch Ziffern erlaubt. Außerdem muss der Name eines Moduls oder einer Prozedur eindeutig sein, d. h. er darf nicht mehrmals vorkommen.

Beachten Sie außerdem bei der Erstellung von Prozeduren:

▸   Eine Prozedur kann im dazugehörigen Codefenster eines Objekts, z. B. Tabellenblatt erstellt werden, dann ist die Prozedur nur in diesem Objekt verfügbar bzw. kann nur aus diesem Objekt heraus aufgerufen werden.

▸   Wird dagegen eine Prozedur in einem Modul gespeichert, so steht sie im gesamten Projekt zur Verfügung, kann also von jedem Objekt aus aufgerufen werden.

Ein neues Modul einfügen

Bevor Sie Programmanweisungen eingeben können, müssen Sie also zunächst ein neues Modul erzeugen. Dazu klicken Sie auf das Menü *Einfügen* und auf *Modul*. Oder klicken Sie in der Symbolleiste auf den Dropdown-Pfeil des Symbols *Einfügen* (siehe Bild 3.13) und wählen Sie hier *Modul*.

Bild 3.12 Menü Einfügen

Bild 3.13 Symbol Einfügen

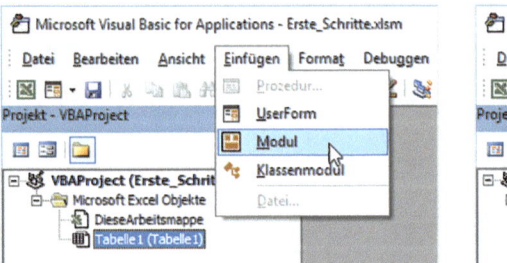 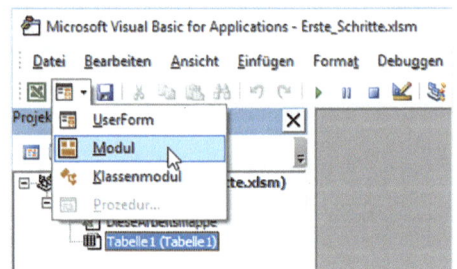

Das Modul wird mit dem Namen *Modul1* in den Ordner *Module* eingefügt. Falls noch kein Modul existiert, wird der dazugehörige Ordner *Module* automatisch erzeugt.

Modul umbenennen

Zur besseren Übersicht sollten Sie jedes Modul umbenennen und mit einem aussagefähigen Namen versehen. Dazu klicken Sie im Projektfenster auf das Modul und geben im Eigenschaftenfenster unter *Name* einen Namen ein, im Bild unten *Beispiele*. Sollte rechts das dazugehörige Codefenster nicht sichtbar sein, so genügt zum Anzeigen ein Doppelklick auf den Namen des Moduls im Projektfenster.

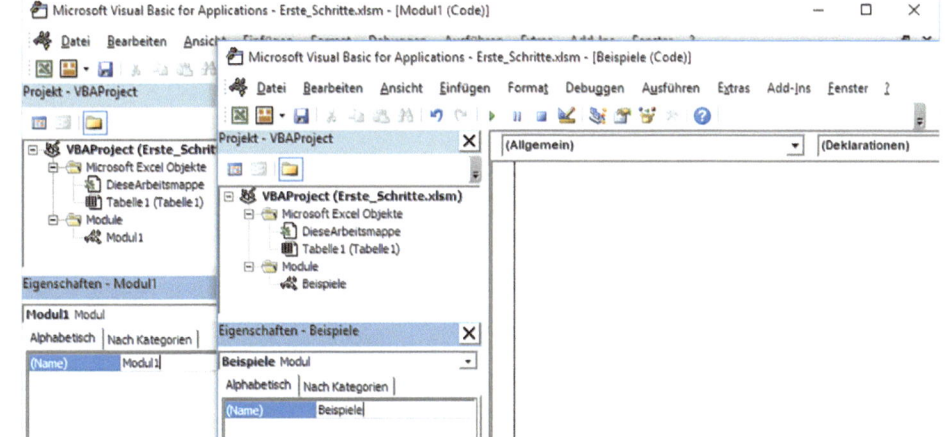

Bild 3.14 Das neue Modul mit Codefenster

Eine neue Prozedur erzeugen

Prozeduren sind kleine, eigenständige Programmeinheiten, sie benötigen einen eindeutigen Namen, unter dem Sie später aufgerufen werden. Eine Prozedur beginnt immer mit der Anweisung *Sub*, gefolgt vom eigentlichen Namen und endet mit *End Sub*. Die Argumentklammern sind in jedem Fall erforderlich und können auch nicht gelöscht werden. Beginn und Ende einer Prozedur mit dem Namen *Beispiel* sehen dann so aus und werden auch als Prozedurrumpf bezeichnet:

```
Sub Beispiel()
      Anweisung1
      Anweisung2
      ...
End Sub
```

Geltungsbereiche von Prozeduren
Links von der Anweisung *Sub* kann mit den Schlüsselwörtern *Public* oder *Private* der Geltungsbereich der Prozedur festgelegt werden:

▶   *Public* bedeutet, auf diese Prozedur können auch Prozeduren in anderen Modulen des Projekts zugreifen. Wird nichts angegeben, ist die Prozedur *Public*.

▶   *Private* bedeutet, dass auf diese Prozedur ausschließlich Prozeduren innerhalb desselben Moduls zugreifen können.

Eine Prozedur ist automatisch Public, wenn nichts anderes angegeben wird.

Prozedur einfügen
Die erste Prozedur soll in das oben erzeugte Modul *Beispiele* eingefügt werden. Achten Sie daher darauf, dass Sie das Codefenster des Moduls vor sich haben bzw. öffnen Sie es. Entweder, indem Sie im Projekt-Explorer auf das Modul doppelklicken oder es

hier mit einem einfachen Klick markieren und auf die Schaltfläche *Code anzeigen* 📰 klicken. Kontrollieren Sie außerdem den Namen des aktuellen Moduls in der Titelleiste des VBA-Editors.

Klicken Sie dann in das **Codefenster und auf das Menü** *Einfügen* ▸ *Prozedur...*, geben **Sie einen Namen ein und wählen Sie den Gültigkeitsbereich, im Bild unten** *Public*. Alternativ können Sie auch auf den Dropdown-Pfeil des Symbols *Einfügen* und hier auf *Prozedur...* klicken (siehe Modul einfügen).

Bild 3.15 Prozedur einfügen

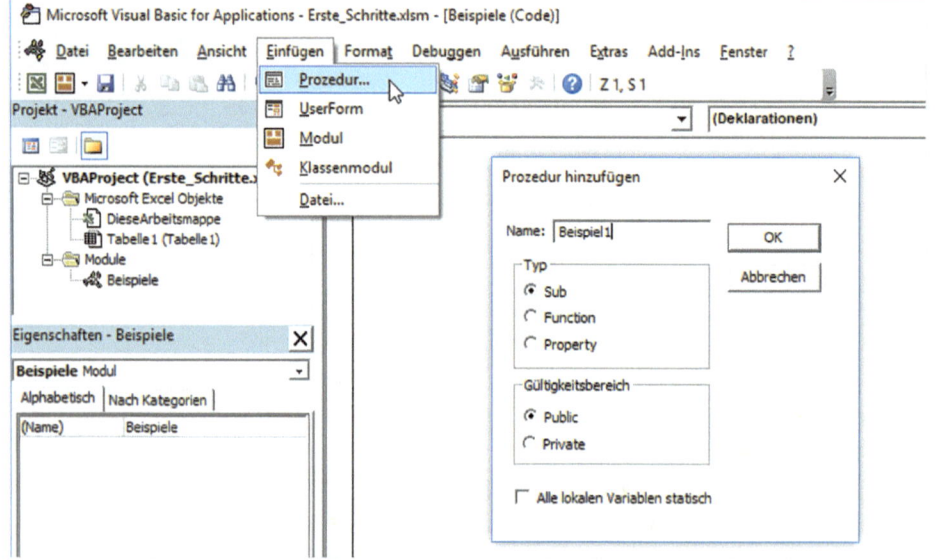

Nach dem Klick auf *OK* wird die erste Prozedur im Codefenster erzeugt. Diese besteht vorerst nur aus **Prozedurkopf- und -fuß, auch** als **Prozedurrumpf bezeichnet. Die An-weisungen werden später zwischen diesen Zeilen eingefügt.**

Bild 3.16 Die erste, noch leere Prozedur

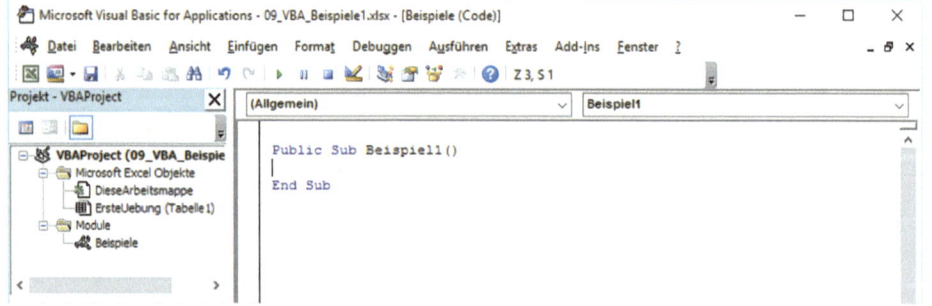

Hinweis: Als Alternative können Sie auch in den Codebereich klicken und hier die erste Anweisung *Sub* bzw. *Public Sub* gefolgt von einem Leerzeichen und anschließendem Prozedurnamen einfach über die Tastatur eintippen. *End Sub* und die Klammern werden nach dem Drücken der Enter-Taste automatisch ergänzt. Das Schlüsselwort *Public* kann auch weggelassen werden, die Prozedur ist dann automatisch *Public*.

Beispiel: Text in einem Meldungsfenster ausgeben

Als erstes Beispiel eine kleine Prozedur, die den Text „Hallo!" in einem Meldungsfenster ausgibt. Dazu klicken Sie in die leere Zeile zwischen Prozedurkopf- und-fuß und tippen hier die folgende Anweisung ein: `MsgBox "Hallo"`

MsgBox=Messagebox
(dt. Meldungsfenster)

Auf Groß- und Kleinschreibung brauchen Sie nicht achten, nach dem Beenden der Eingabezeile bzw. Drücken der Enter-Taste erfolgt eine automatische Überprüfung auf korrekte Schreibweise (Befehlssyntax) und die Anweisung wird automatisch umgewandelt. **Tipp:** Einrücken der Anweisungen innerhalb einer Prozedur macht den Code übersichtlicher und somit besser lesbar!

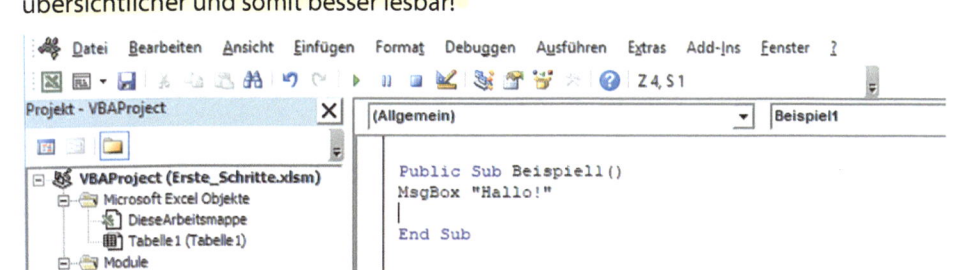

Bild 3.17 Die erste fertige
Prozedur

Prozedur ausführen

Wenn Sie zu Testzwecken aus dem VBA-Editor heraus eine Prozedur ausführen möchten, so klicken Sie an eine beliebige Stelle innerhalb der Prozedur und klicken in der Standardsymbolleiste des VBA-Editors auf das Symbol *Sub/UserForm ausführen* ▶ oder verwenden Sie die Funktionstaste F5.

Prozedur ausführen: F5

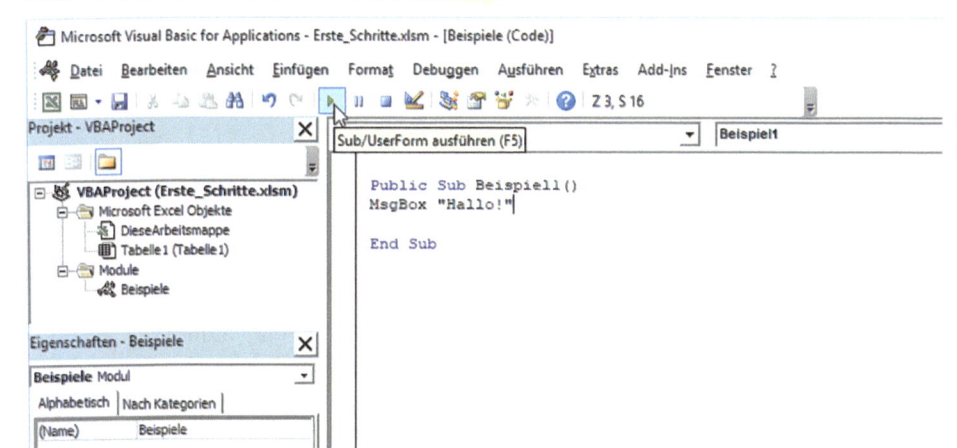

Bild 3.18 Prozedur ausführen

Der VBA-Editor erlaubt zum Testen einer Prozedur auch noch die schrittweise Ausführung, Näheres hierzu weiter unten.

Alternativ finden Sie im VBA-Editor den Befehl zum Ausführen der Prozedur auch im Menü *Ausführen*. Im Excel-Arbeitsblatt klicken Sie dagegen auf *Entwicklertools* ▶ *Code* auf *Makros*, markieren anschließend im Fenster *Makro* das gewünschte Makro und klicken auf die Schaltfläche *Ausführen*.

Im Excel-Arbeitsblatt erscheint die unten abgebildete Meldung, zum Schließen bzw. Beenden klicken Sie auf die Schaltfläche *OK*.

Bild 3.19 Das Ergebnis der ersten Prozedur

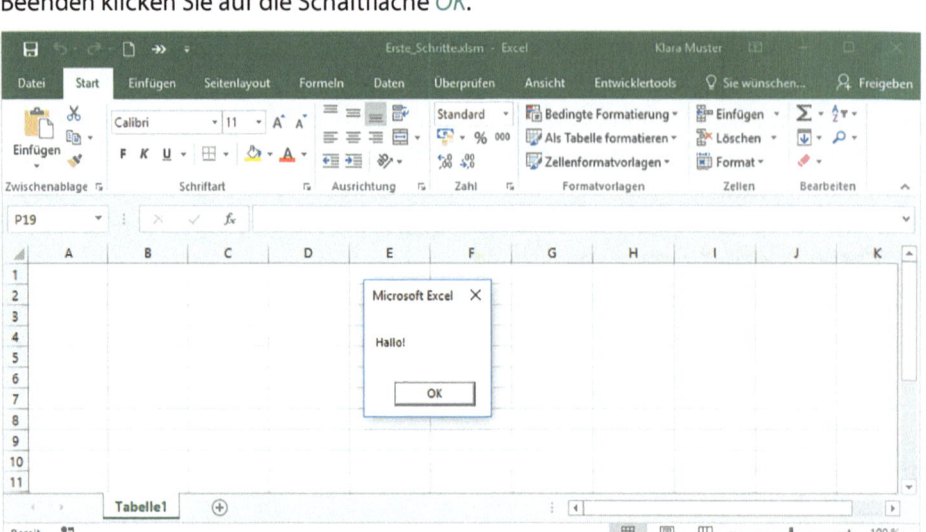

Weitere Symbole zum Steuern der Ausführung

Im VBA-Editor finden Sie neben dem Symbol *Ausführen* ▶ noch die Symbole *Ausführung unterbrechen* ‖ und *Zurücksetzen*, d. h. Ausführung beenden bzw. Abbrechen ■ .

> Zum Ausführen einer Prozedur aus dem Arbeitsblatt heraus können Sie alle, in Kapitel 2.4 beschriebenen, Möglichkeiten einsetzen.

3.3   Anweisungen eingeben

Einstellungen im VBA-Editor

Zur Eingabe der Anweisungen können Sie verschiedene Eingabehilfen des VBA-Editors nutzen. Dazu gehört die automatische Syntaxüberprüfung, die Sie bereits oben kennengelernt haben, aber auch während der Eingabe das Anzeigen von Elementen die Sie in die Anweisung übernehmen können (IntelliSense).

Anzeige und Verhalten der Eingabehilfen steuern Sie zusammen mit weiteren Einstellungen in den Optionen des VBA-Editors, die Sie über das Menü *Extras ▶ Optionen...* öffnen. Im Register *Editor* sollten alle Einstellungen, wie unten abgebildet, aktiviert sein. Unterhalb ein Überblick über die wichtigsten Code-Einstellungen und ihre Wirkung.

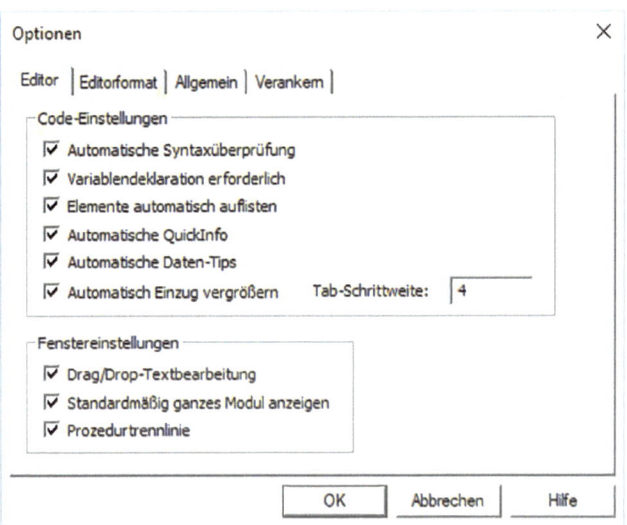

Bild 3.20 Optionen, Register Editor

▶ **Automatische Syntaxüberprüfung**

Sobald Sie eine Anweisungszeile verlassen oder beendet haben, erfolgt eine automatische Syntaxüberprüfung und fehlerhafte Anweisungszeilen werden mit roter Schrift gekennzeichnet. Dies ist allerdings auch der Fall, wenn eine Anweisung noch unvollständig ist und Sie versehentlich die Eingabe-Taste oder Pfeiltaste nach oben bzw. unten betätigt haben. Die Kennzeichnung verschwindet wieder, sobald die Anweisung korrekt fertig gestellt oder korrigiert wurde.

Falls Sie die ständigen Fehlermeldungen während der Eingabe als lästig empfinden, deaktivieren Sie die Syntaxprüfung. Dies erfolgt beim Ausführen der Prozedur ohnehin.

▶ **Variablendeklaration erforderlich**

Diese Einstellung fügt zu Beginn eines Moduls Anweisung *Option Explicit* ein und sorgt dafür, dass alle verwendeten Variablen deklariert werden müssen. Auf diese Weise lassen sich Laufzeitfehler verhindern und Tippfehler bei der Eingabe von Variablennamen werden schnell erkannt, da Sie bei Verwendung einer nicht deklarierten Variablen eine Fehlermeldung erhalten.

Näheres zur Verwendung und Deklaration von Variablen, siehe Seite 54.

```
(Allgemein)                                              ▼   (Deklarationen)

    Option Explicit

    |
```

Bild 3.21 Die Anweisung Option Explicit wird am Beginn eines neuen Moduls automatisch eingefügt

▶ **Automatische QuickInfo**

Nach Eingabe einer Anweisung bzw. des nachfolgenden Zeichens werden die erforderlichen oder optionalen Parameter angezeigt, als Beispiel im Bild unten zur Anweisung *MsgBox*, also Ausgabe eines Meldungsfensters.

Bild 3.22 QuickInfo zur Anweisung MsgBox

```
Public Sub Beispiel1()
MsgBox "Hallo!"|
    MsgBox(Prompt, [Buttons As VbMsgBoxStyle = vbOKOnly], [Title], [HelpFile], [Context]) As VbMsgBoxResult
End Sub
```

▶ **Elemente automatisch auflisten**

Bei der Eingabe von Parametern, z. B. zur Anweisung *MsgBox* erscheint nach Eingabe des Trennzeichens, in VBA ist dies ein Komma, eine Liste (IntelliSense) aus der Sie einen Parameter per Doppelklick übernehmen können. Alternativ verwenden Sie zur Auswahl den Pfeiltaste und zum Übernehmen die Tab-Taste.

Bild 3.23 Parameter auswählen und übernehmen

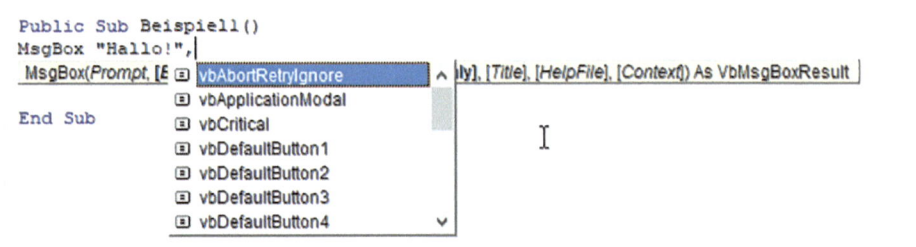

▶ **Automatisch Einzug vergrößern und Tab-Schrittweite**

Einzelne Anweisungszeilen können mit der Tab-Taste oder dem Symbol *Einzug vergrößern* (Symbolleiste *Bearbeiten*) eingerückt werden. Von dieser Möglichkeit sollten Sie reichlich Gebrauch machen, z. B. um die Anweisungen innerhalb von Wiederholungsschleifen optisch zu kennzeichnen. Standardmäßig erhalten eingerückte Zeilen einen Einzug von 4 Zeichen, bei Bedarf lässt sich dieser über die Schrittweite ändern.

Schrifteinstellungen

In Register *Editorformat* können Sie einige nützliche Einstellungen zu Schrift und Schriftfarbe vornehmen. Der VBA-Editor verwendet in der Standardeinstellung die Schriftart *Courier New*, diese sollte beibehalten werden.

Bild 3.24 Schriftfarbe für Codeelemente ändern

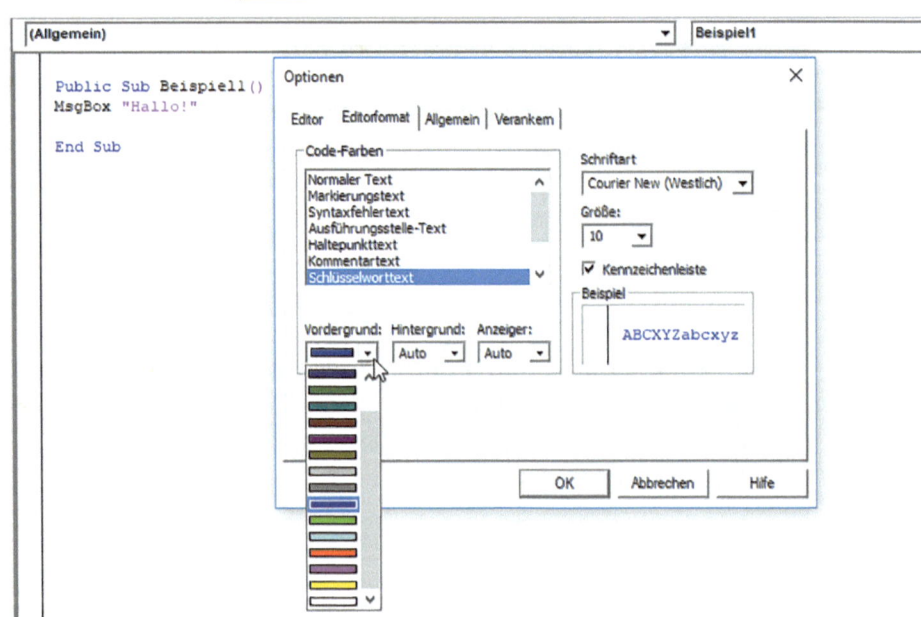

Wesentlich interessanter ist die Hervorhebung von Codeelementen in unterschiedlicher Schriftfarbe. So erkennen Sie beispielsweise Kommentare schnell an der grünen und Schlüsselwörter an der blauen Schriftfarbe. Damit auch normaler, von Ihnen eingegebener Text z. B. „Hallo", hervorgehoben wird, sollten Sie auf *Normaler Text* klicken und diesem im Feld *Vordergrund* ein kräftiges Pink als Schriftfarbe zuweisen. Auch die Farbe für *Schlüsselworttext* kann auf ein kräftiges Blau geändert werden (siehe Bild oben), falls Sie die Voreinstellung als zu dunkel empfinden.

Die Symbolleiste Bearbeiten

Gute Dienste leistet während der Eingabe die Symbolleiste *Bearbeiten*. Diese blenden Sie über das Menü *Ansicht ▶ Symbolleisten* und Klick auf *Bearbeiten* ein. Die Symbolleiste kann anschließend über den „Anfasser" auf der linken Seite mit der Maus beliebig platziert werden, z. B. unter oder rechts neben der Standardsymbolleiste.

Bild 3.25 Die Symbolleiste Bearbeiten

Hinweise zur Texteingabe

Allgemeine Texthilfen

Bei der Eingabe und Bearbeitung der Programmanweisungen können Sie alle, in Windows üblichen Befehle zur Textbearbeitung und Markierung verwenden. Sie können Textteile mit der Maus markieren, mittels Drag & Drop an beliebige Stelle verschieben oder in die Zwischenablage ausschneiden (Strg+X) bzw. kopieren (Strg+C) und an anderer Stelle wieder einfügen (Strg+V). Die Symbole dazu finden Sie außerdem in der Standardsymbolleiste des VBA-Editors und im Menü *Bearbeiten*.

Bild 3.26 Die Symbole zur Zwischenablage

Auch das Suchen und Ersetzen von Text leistet manchmal gute Dienste, z. B. beim Ersetzen von Variablen. Diesen Befehl finden Sie ebenfalls im Menü *Bearbeiten*.

Bild 3.27 Suchen und Ersetzen

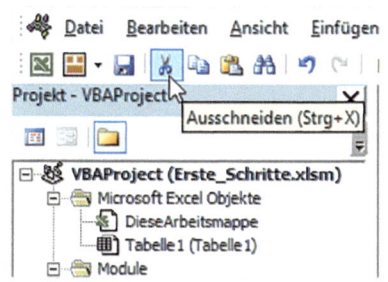

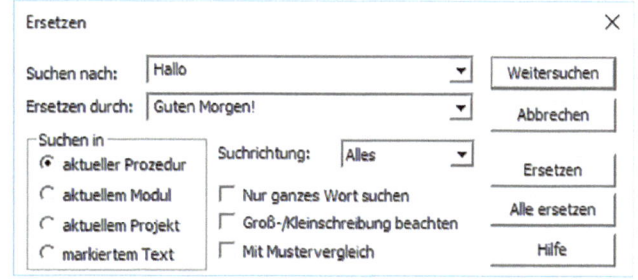

Zeilenumbruch in eine Anweisungszeile einfügen

Jede Anweisung umfasst eine Programmzeile und wird mit der Enter-Taste beendet. Im Gegensatz zu einer Textverarbeitung wie beispielsweise Microsoft Word erfolgt ein automatischer Zeilenumbruch erst nach 1024 Zeichen. Sehr lange Anweisungszeilen können jedoch zwecks besserer Lesbarkeit mit einem manuellen Zeilenumbruch unterbrochen werden. Dazu geben Sie am Ende der Zeile ein Leerzeichen, gefolgt von

Manueller Zeilenumbruch mit _

einem Unterstrich (_) ein. Sie dürfen auf diese Weise maximal 10 Zeilen Code trennen und die Trennung darf nicht innerhalb von Textteilen erfolgen.

Tipp: Rücken Sie zur besseren Übersicht Fortsetzungszeilen ein, entweder mit der Tab-Taste oder mit dem Symbol *Einzug vergrößern* in der *Bearbeiten*-Symbolleiste.

Eingabe von Parametern bzw. Argumenten

Viele Anweisungen werden durch Parameter näher spezifiziert. Diese müssen im Gegensatz zu den Argumenten einer Excel-Funktion im Tabellenblatt mit Komma (,) als Trennzeichen eingegeben werden. Als Beispiel wieder die Anzeige eines Meldungsfensters mit *MsgBox*.

Nachdem Sie die Anweisung *MsgBox* und dahinter ein Leerzeichen eingegeben haben, erscheint ein Infotext mit den dazugehörigen Parametern. Optionale, also nicht zwingend erforderliche, Parameter sind in eckige Klammern [ ] gesetzt und der aktuelle Parameter ist fett hervorgehoben. Im Bild unten ist dies *Prompt* für den anzuzeigenden Meldungstext.

Bild 3.28 Die Parameter der Anweisung MsgBox

```
Public Sub Beispiel1()
MsgBox |
    MsgBox(Prompt, [Buttons As VbMsgBoxStyle = vbOKOnly], [Title], [HelpFile], [Context]) As VbMsgBoxResult
End Sub
```

Nach Eingabe des Textes "Hallo!" in Anführungszeichen und des anschließenden Kommas wird der nächste Parameter fett hervorgehoben. *Buttons* legt fest, mit welchen Schaltflächen das Meldungsfenster versehen werden soll, *vbOKCancel* zeigt z. B. die Schaltflächen *OK* und *Abbrechen* an.

Bild 3.29 Der Parameter Buttons steuert die Anzeige der Schaltflächen

```
Public Sub Beispiel1()
MsgBox "Hallo!",
    MsgBox(Prompt, [B    vbInformation                          ly], [Title], [HelpFile], [Context]) As VbMsgBoxResult
End Sub                  vbMsgBoxHelpButton
                         vbMsgBoxRight
                         vbMsgBoxRtlReading
                         vbMsgBoxSetForeground
                         vbOKCancel
                         vbOKOnly
```

Mit dem nächsten Parameter *Title* können Sie einen Text in der Titelleiste des Meldungsfensters ausgeben lassen. Auch dieser muss in Anführungszeichen eingegeben werden.

Bild 3.30 Msgbox mit Meldung und Titel

Bild 3.31 Das Ergebnis

```
Public Sub Beispiel1()
MsgBox "Hallo!", vbOKCancel, "Erster Test"
|
End Sub
```

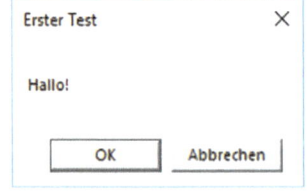

Beachten Sie bei der Eingabe von Parametern bzw. Argumenten

▷ Als Trennzeichen verwendet VBA das Komma (,).

▷ Optionale, also nicht zwingend erforderliche, Parameter sind im Infotext an den eckigen Klammern [ ] zu erkennen. Der aktuell an dieser Stelle einzugebende Parameter ist fett hervorgehoben.

▷ Text muss in Anführungszeichen stehen, z. B. "Hallo".

▷ Die Reihenfolge der Parameter ist unbedingt einzuhalten. Wenn ein optionaler Parameter nicht angegeben wird, so sind die Kommas trotzdem erforderlich. In der verkürzten Schreibweise können überflüssige Kommas entfallen, in diesem Fall muss der Name des Parameters mit angegeben werden, z. B. *Title:="Erste Meldung"*.

Eine Funktion verwenden

Die Anweisung *MsgBox* in der oben beschriebenen Form wird auch als Methode bezeichnet. *MsgBox* kann allerdings auch als Funktion eingesetzt werden und liefert dann einen Rückgabewert. Hierzu ein kleines Beispiel:

Buttons legt fest, welche Schaltflächen angezeigt werden sollen, im Beispiel oben *OK* und *Abbrechen* (*vbOKCancel*). Wenn Sie nun wissen möchten, welche Taste (*OK* oder *Abbrechen*) anschließend vom Benutzer gedrückt wurde und diese Information später auswerten möchten, dann müssen Sie *MsgBox* als Funktion verwenden und das Ergebnis am besten einer Variablen zuweisen. Im Bild unten ist dies die Variable *taste*.

In diesem Fall befindet sich die Funktion rechts vom Gleichheitszeichen und alle Funktionsargumente bzw. Parameter müssen in Klammern angegeben werden.

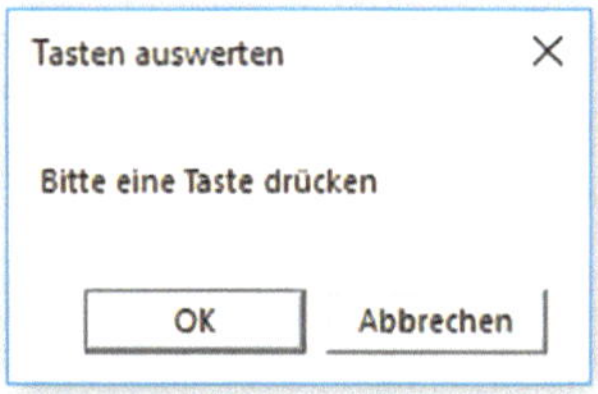

Bild 3.32 MsgBox als Funktion

```
Public Sub Beispiel2()
taste = MsgBox("Bitte eine Taste drücken", vbOKCancel, "Tasten auswerten")

End Sub
```

```
Tasten auswerten                    ✕

Bitte eine Taste drücken

       OK          Abbrechen
```

VBA unterscheidet zwischen Methoden und Funktionen

▷ Funktionen liefern immer einen Wert zurück, befinden sich also rechts vom Gleichheitszeichen. Alle Funktionen erfordern die Parameter in Klammern!

▷ Bei Methoden geben Sie die Parameter nach einem Leerzeichen und ohne Klammern ein.

Objekte, Methoden und Eigenschaften

Beim Umgang mit Excel-Objekten können Sie mit VBA diesen eine Methode zuweisen oder die Objekteigenschaften ändern.

Beispiel: Ein Excel Arbeitsblatt einfügen

Worksheets fassen alle Excel-Arbeitsblätter zusammen, wenn Sie beispielsweise ein weiteres Arbeitsblatt in die aktuelle Mappe einfügen möchten, geschieht dies mit der Anweisung *Worksheets.Add*.

Objekte und deren Methoden oder Eigenschaften werden mit einem Punkt (.) voneinander getrennt. Sobald Sie ein Objekt, im Bild unten *Worksheets*, gefolgt von einem Punkt, eingetippt haben, erscheint eine Liste mit allen, für das Objekt verfügbaren, Eigenschaften und Methoden, die Sie durch Markieren und Doppelklick oder Auswahl mit Pfeiltaste und anschließender Tab-Taste in die Anweisung übernehmen.

Bild 3.33 Eingabe von Methoden und Eigenschaften eines Objekts

Tipp: Die Liste der Eigenschaften und Methoden kann manchmal sehr umfangreich sein. In solchen Fällen gelangen Sie schneller zum Ziel, wenn Sie ein oder zwei Buchstaben eingeben.

Auch die Methode *Add* können Sie wieder durch die optionalen Parameter Einfügeposition, Anzahl und Typ näher spezifizieren. Wird hier nichts angegeben, so wird das neue Tabellenblatt links vom aktuellen Blatt eingefügt.

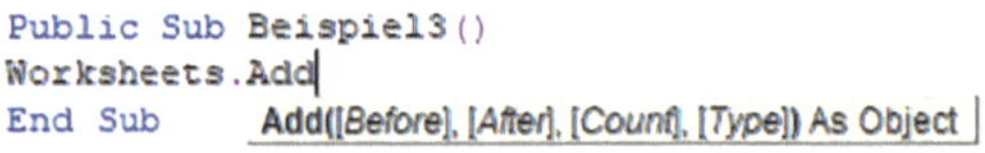

Bild 3.34 Parameter der Methode Add

```
Public Sub Beispiel3()
Worksheets.Add
End Sub       Add([Before], [After], [Count], [Type]) As Object
```

Kommentare

Erläuterungen in Prozeduren erleichtern Ihnen und anderen die spätere Bearbeitung, deshalb sollten Sie ausgiebig von der Möglichkeit, Kommentare einzufügen, Gebrauch machen. Kommentare beginnen mit einem Hochkomma (Apostroph) ' und können als gesonderte Zeile oder rechts am Ende einer Anweisungszeile eingegeben werden. Sie erscheinen automatisch in grüner Schrift, siehe Optionen.

Kommentare werden bei der Ausführung der Prozedur ignoriert, daher werden auch keine Anführungszeichen für den Kommentartext benötigt. Kommentare mit Erklärungen sollten grundsätzlich zu Beginn einer Prozedur und an wichtigen Punkten eingefügt werden.

Bild 3.35 Beispiele für Kommentare

```
Public Sub Beispiel1()
'Ein erstes Beispiel zur Programmierung mit VBA
'Erstellt von Inge Baumeister 2018
'*********************************
MsgBox "Hallo!", vbOKCancel, "Erster Test"  'Meldung ausgeben

End Sub
```

Tipp: Anweisungen in Kommentare umwandeln und umgekehrt

In der Symbolleiste finden Sie das Symbol *Block auskommentieren*. Mit diesem können Sie eine oder mehrere markierte Anweisungszeilen schnell in Kommentarzeilen umwandeln. Dies ist äußerst nützlich, wenn Sie eine Anweisung aus der Prozedur vorübergehend entfernen möchten, ohne diese zu löschen. Handelt es sich um eine einzige Zeile, so genügt es, wenn sich hier der Cursor befindet.

Mit dem Symbol *Auskommentierung des Block aufheben* wandeln Sie die markierten Kommentarzeilen wieder in normale Anweisungen um.

Bild 3.36 Anweisungszeilen in Kommentar umwandeln

Die VBA-Hilfe

Nützliche Dienste leistet die VBA-Hilfe. Sie rufen die allgemeine Hilfe mit einem Klick auf das Symbol ❷ der Symbolleiste oder über das Menü *?* und *Microsoft Visual Basic for Applications-Hilfe* auf. Hier ist vor allem die *Excel-VBA-Referenz* von Interesse. Neben einer allgemeinen Einführung in VBA in Excel finden Sie hier eine alphabetisch geordnete Übersicht über das Objektmodell von Excel sowie unter *Konzepte* verschiedene Themen und Tipps sowie komplette Lösungen zu häufigen Aufgabenstellungen.

Die Direkthilfe während der Eingabe nutzen

Sehr zu empfehlen, nicht nur für Einsteiger und Gelegenheitsprogrammierer, ist die Direkthilfe mit der Taste F1. Mit dieser erhalten Sie eine vollständige Beschreibung aller Parameter einschließlich kleiner Beispiele. Als Beispiel auch hierzu wieder *MsgBox*:

Direkthilfe: F1

Geben Sie *Msgbox* in eine Anweisungszeile ein, platzieren Sie den Cursor an beliebiger Stelle innerhalb des Wortes oder markieren Sie das Wort mit Doppelklick und betätigen Sie die Taste F1. Anschließend öffnet sich Ihr Standardbrowser mit einer detaillierten Beschreibung dieser Funktion. Hier finden Sie auch eine Übersicht über die Rückgabewerte der einzelnen Tasten, z. B. *OK*.

Achtung: Die Hilfe ist ausschließlich online verfügbar, d. h. nur wenn Sie mit dem Internet verbunden sind.

3.4 Variablen, Konstanten und Operatoren

In vielen Fällen müssen während der Ausführung einer Prozedur Zwischenergebnisse gespeichert werden oder werden mehrfach benötigt. In solchen Fällen benötigen Sie Variablen. Konstanten erfüllen im Prinzip denselben Zweck, mit dem einzigen Unterschied, dass Konstanten innerhalb der Prozedur ein fester Wert zugewiesen wird und dieser während der Laufzeit nicht geändert wird.

Variablen verwenden

Als Variablen werden in der Programmierung Platzhalter oder Behälter für Daten bezeichnet, denen erst während der Ausführung ein Wert zugewiesen wird. Vor der Verwendung sollte unbedingt jede Variable mit Name und Datentyp festgelegt werden, dies erfolgt mit der Anweisung *Dim*. Die Deklaration von Variablen sollte außerdem gleich am Beginn der Prozedur vor der ersten Anweisung erfolgen. Beispiele:

```
Dim Benutzername as String
Dim Alter as Integer
```

Variablennamen

Folgende Regeln sind bei Variablennamen zu beachten:

▶ Ein Variablenname muss mit einem Buchstaben beginnen und darf max. 255 Zeichen lang sein.

▶ Ein Variablenname muss innerhalb des Gültigkeitsbereichs eindeutig sein, darf also nicht mehrfach vorkommen.

▶ Ein Variablenname darf keine Leerzeichen, keine Sonder- oder Satzzeichen enthalten.

▶ Optional kann dem Variablennamen ein Präfix vorangestellt werden, das den Datentyp kennzeichnet, siehe Tabelle z. B. strName für die String-Variable Name.

Datentypen

Jede Variable sollte nicht nur mit Namen sondern auch mit ihrem Datentyp deklariert werden. VBA unterscheidet die folgenden Datentypen:

Typ	Bereich	Beispiel	Präfix
Byte	Ganze Zahlen von 0 bis 255	36	byt
Integer	Ganze Zahlen von -32.769 bis 32.768	12.345	int
Long	Ganze Zahlen von -2.147.483.648 bis 2.147.483.648	123.458	lng
Single	Dezimalzahlen mit 8 Stellen Genauigkeit	0,2234	sng
Double	Dezimalzahlen mit 16 Stellen Genauigkeit	0,1457003598112	dbl

Typ	Bereich	Beispiel	Präfix
Currency	Festkommazahl mit 15 Stellen vor und 8 Stellen hinter dem Komma	12,90	cur
Date	Datum und Uhrzeit	15.03.2016	dat
String	beliebige Zeichenfolge, alphanumerisch	"Feldweg 7a"	str
Variant	beliebige Zeichenfolge, Zext oder Zahlen	"Frieda" oder 999	var
Boolean	Wahr oder Falsch, True / False	True	bln
Object	alle Objektreferenzen	Worksheet	obj

Bei Deklaration von Variablen ist die Angabe des Datentyps nicht zwingend erforderlich. Allerdings sind solche Variablen automatisch vom Typ *Variant*. Das bedeutet, der Variablen kann jeder beliebige Inhalt, egal ob Text oder Zahl zugewiesen werden. Dies wiederum kann während der Ausführung zu Laufzeitfehlern führen, wenn z. B. statt des eingegebenen Textes eine Zahl zur Berechnung erwartet wird. **Beispiel:** *Dim GebDatum As Date* weist der Variablen den Typ *Datum* zu, mit der Anweisung *Dim GebDatum* dagegen ist die Variable vom Typ *Variant*.

Variablendeklaration erzwingen

Die Deklaration von Variablen ist in der Standardeinstellung des VBA-Editors nicht zwingend erforderlich, sollte aber unbedingt vorgenommen werden. Mit der Anweisung *Option Explicit* zu Beginn eines Moduls im sogenannten Deklarationsbereich, erzwingen Sie eine Deklaration aller verwendeten Variablen. Dadurch werden auch Tippfehler bei der Eingabe von Variablennamen in einer Prozedur schnell erkannt, da Sie bei Verwendung einer nicht deklarierten Variablen eine Fehlermeldung erhalten. In den Optionen (*Extras ▶ Optionen*) können Sie festlegen, dass diese Anweisung automatisch zu Beginn jedes neuen Moduls eingefügt wird.

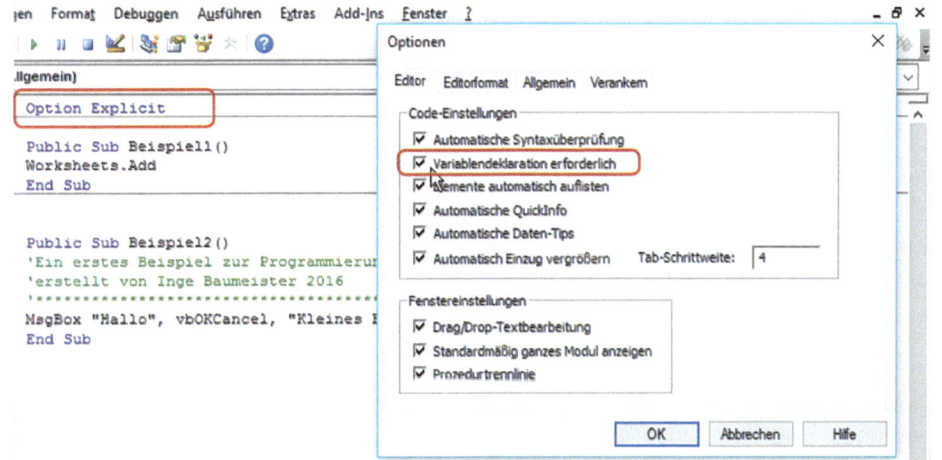

Bild 3.37 Variablendeklaration erzwingen

Auf diese Weise braucht diese Anweisung nicht jedes Mal manuell in ein neues Modul eingegeben werden.

Werte zuweisen

Punkt als Dezimalzeichen!

Mit dem Datentyp erhält jede Variable bereits bei der Deklaration automatisch einen Anfangswert. String-Variablen erhalten einen Leerstring "", numerische den Wert 0. Unten ein Beispiel, bei dem zuerst die Variablen deklariert werden und anschließend den Variablen ein Wert zugewiesen wird. Beachten Sie, dass in VBA-Anweisungen als Dezimaltrennzeichen ein Punkt anstelle des Kommas eingegeben werden muss!

```
Dim intAlter as integer
Dim dblBetrag as Double
Dim strVorname as String
intAlter = 21
strVorname = "Otto"
dblBetrag = 125.33
```

Wenn einer Objektvariablen ein Objekt zugewiesen werden soll, dann geschieht dies mit dem zusätzlichen Schlüsselwort *Set*. Das folgende Beispiel deklariert die Objektvariable *NeuesBlatt* und weist ihr mit der zweiten Anweisung ein neues Arbeitsblatt zu:

```
Dim objNeuesBlatt as Worksheet
Set objNeuesBlatt = Worksheets.Add
```

Geltungsbereich von Variablen

Auf Prozedurebene mit dem Schlüsselwort *Dim* deklarierte Variablen besitzen nur innerhalb der Prozedur, d. h. zwischen *Sub* und *End Sub*, Gültigkeit und werden deshalb auch als lokale Variablen bezeichnet.

Um den Geltungsbereich zu erweitern, können Variablen auch auf Modulebene deklariert werden. Die Deklaration muss dann zu Beginn des Moduls bzw. oberhalb der ersten Prozedur im Deklarationsbereich erfolgen. Mit dem Schlüsselwort *Private* besitzt eine Variable Gültigkeit innerhalb des Moduls, mit dem Schlüsselwort *Public* ist sie global, d. h. in allen Modulen eines Projekts gültig, zwei Beispiele:

```
Private Benutzer as String
Public Benutzer as String
```

Konstanten festlegen

Auch Konstanten sollten mit Angabe des Datentyps deklariert werden!

Konstanten sind feste Werte, die während der Ausführung nicht geändert werden. Die Deklaration und Wertzuweisung von Konstanten erfolgt, wie bei Variablen am Beginn einer Prozedur und beginnt dort mit dem Schlüsselwort *Const*. Soll eine Konstante auf Modulebene deklariert werden, so geschieht dies am Beginn des Moduls im Deklarationsbereich.

Auch für Konstanten wird der Geltungsbereich über Schlüsselwörter festgelegt, *Public* für globale Konstanten und *Private*, wenn die Konstanten nur innerhalb des Moduls verfügbar sind. Für Namen von Konstanten gelten die gleichen Regeln wie für Variablennamen, als Typ sind alle zulässigen VBA-Datentypen möglich. Beispiele:

```
Const BENUTZERNAME as String = "Klara"
Public Const MONATE as Byte = 12
```

VBA verfügt außerdem über einige integrierte Konstanten, die Sie auch ohne Deklaration verwenden können, an der Vorsilbe erkennen Sie die Herkunft, einige Beispiele:

Vorsilbe	Zugehörigkeit	Beispiel	
vb	VBA	vbRed	Farbe Rot
xl	Excel	xlNone	keine Farbe
Mso	MS Office	msoSortOrder	Sortierreihenfolge

Hinweise für die Vergabe von Namen

Namenskonventionen

In der Programmierung ist es üblich, bestimmte Namenskonventionen bei der Benennung von Variablen und anderen Objekten einzuhalten. Dies gilt auch für VBA. Die Einhaltung geschieht auf freiwilliger Basis und erleichtert es später anderen Programmierern und Ihnen selbst, sich im Programmcode besser zurechtzufinden.

In der einfachsten Form sollte zumindest der Variablentyp durch Verwendung eines Typkürzels gekennzeichnet werden, siehe Tabelle auf Seite 54. Dieses Typkürzel wird in Kleinbuchstaben dem Variablennamen vorangestellt, der eigentliche Name sollte dagegen zur besseren Lesbarkeit mit einem Großbuchstaben beginnen, beispielsweise *dblPreis* oder *datGeburtsdatum*.

Konstanten erhalten üblicherweise zur besseren Unterscheidung von Variablen Namen in Grossbuchstaben, z. B. *BENUTZERNAME* oder *ANZAHL_STUNDEN_PRO_TAG*.

Ein kleiner Hinweis zu den Namenskonventionen:

Die Verwendung von Präfixen ist nicht zwingend notwendig. Wer gerade als Einsteiger Präfixe als umständlich empfindet, kann also beruhigt darauf verzichten. Aus diesem Grund verwendet auch dieses Buch Präfixe nur in wenigen Beispielen.

Allerdings können Präfixe z. B. verhindern, dass ein Wert versehentlich der falschen Variablen zugewiesen wird.

Operatoren und Ausdrücke

Operatoren verknüpfen und vergleichen Variablen, Werte oder Ausdrücke. VBA unterscheidet die folgenden Operatoren, bzw. vier Grundtypen:

Typ	Beschreibung	Zeichen
Arithmetische Operatoren	Addition	+
	Subtraktion	-
	Division	/
	Multiplikation	*
	Ganzzahlige Division	\
	Potenz	^
	Modulo	Mod

Zur Info: Mod bzw. Modulo liefert den Rest einer Division. So kann man z. B. prüfen, ob die Zahl x eine gerade Zahl ist:

x mod 2 = 0

Typ	Beschreibung	Zeichen
Vergleichsoperatoren	Gleich	=
	Kleiner als	<
	Kleiner oder gleich	<=
	Größer als	>
	Größer oder gleich	>=
	Ungleich	<>
Vergleichsoperatoren für Text	Entspricht	LIKE
Vergleichsoperatoren für Objekte	Entspricht	IS
Logische Operatoren	Und	AND
	Oder	OR
	Nicht	NOT
Text verketten	Zeichenfolgen aneinanderfügen	&, +

Zeichenfolgen verketten

Verkettungsoperatoren werden häufig eingesetzt, um mehrere Zeichenfolgen miteinander zu verketten. Das folgende Beispiel gibt eine persönliche Begrüßung in einem Meldungsfenster aus, indem die Zeichenfolgen aus der Variablen *strName* und der Text *„Guten Morgen"* mit Leerzeichen dazwischen aneinandergefügt werden.

Bild 3.38 Zeichenfolgen verketten

```
Option Explicit

Sub Begruessung()
Dim strName As String
strName = "Klara"
MsgBox "Guten Morgen " & strName
End Sub
```

```
Microsoft Excel            ×

    Guten Morgen Klara

            OK
```

3.5   Einfache Dialoge

UserForms, siehe Kapitel 6 und nachfolgende Kapitel.

Während des Programmablaufs ist es häufig erforderlich, Meldungen an den Benutzer auszugeben oder Eingaben des Benutzers einzulesen. Dazu können entweder benutzerdefinierte Dialogfenster, sog. UserForms erstellt oder die Dialogfunktionen von VBA eingesetzt werden. Für einfache Dialoge benutzen Sie in VBA die Funktionen *MsgBox* und *InputBox*.

e Meldung ausgeben

sgBox haben Sie bereits in einigen Beispielen kennengelernt. Diese Funktion gibt e Meldung in einem Fenster aus und unterbricht den Programmablauf solange, bis uf eine Schaltfläche geklickt wird. Die Syntax:

```
MsgBox(prompt[,buttons] [,title] [,helpfile],[context])
```

In der einfachsten Form benötigen Sie nur den Parameter *Prompt* für die eigentliche Meldung, z. B. *MsgBox "Falsche Eingabe"*.

Alle weiteren Parameter sind optional und steuern das Aussehen des Fensters:

Argument	Beschreibung
Prompt	Der eigentlichen Meldungstext muss in Anführungszeichen eingegeben werden, maximale Länge 1024 Zeichen.
Buttons	Damit legen Sie fest, welche Schaltflächen das Dialogfenster enthalten soll, z. B. zeigt *vbOKCancel* die Schaltflächen *OK* und *Abbrechen* an.
Title	Legt den Titel des Meldungsfensters fest.
Helpfile/Context	Definiert die kontextbezogene Hilfedatei und das Hilfethema für das Dialogfenster.

Schaltflächen verwenden

Wird der Parameter *Buttons* nicht angegeben, so zeigt das Meldungsfenster nur die Schaltfläche *OK* an. Mit dem Parameter *Buttons* können Sie hingegen zwischen verschiedenen Schaltflächen wählen. Eine Liste der verfügbaren Möglichkeiten erscheint, sobald Sie nach *Prompt* das Komma eingegeben haben.

Jede Schaltfläche gibt beim Anklicken einen bestimmten Wert als ganze Zahl zurück. Die Bedeutung der Schaltflächen und die dazugehörigen Werte finden Sie in der VBA-Hilfe. Klicken Sie dazu in das Wort *MsgBox* und drücken Sie die Taste F1.

Die Rückgabewerte der Tasten erfahren Sie in der VBA-Hilfe mit F1.

Um auszuwerten, welche Taste angeklickt wurde, setzen Sie *MsgBox* als Funktion ein, daher auch die Parameter in Klammern, und weisen den Rückgabewert einer Variablen zu. Die unten abgebildete Anweisung erzeugt ein Meldungsfenster mit den Schaltflächen *Ja* und *Nein* und weist den Rückgabewert der Variablen *Taste* zu.

Bild 3.39 Auswahl Schaltflächen

```
Sub Taste()
    Dim Taste As Byte
    taste=msgbox("Möchten Sie fortfahren?", |
End Sub    MsgBox(Prompt, [Buttons As VbMsgBoxStyl  ext]) As VbMsgBoxResult |
                                          vbOKCancel
                                          vbOKOnly
                                          vbQuestion
                                          vbRetryCancel
                                          vbSystemModal
                                          vbYesNo
                                          vbYesNoCancel
```

Die Tasten liefern Rückgabewerte zwischen 1 und 7, sodass problemlos der Datentyp Byte verwendet werden kann.

Anschließend können Sie beispielsweise den Wert der gedrückten Taste mit einer weiteren *MsgBox*-Anweisung ausgeben lassen.

```
Sub Taste()
    Dim Taste As Byte
    Taste = MsgBox("Möchten Sie fortfahren?", vbYesNo)
    MsgBox "Sie haben " & Taste & " gedrückt!"
End Sub
```

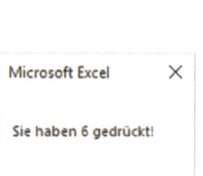

Bild 3.40 Wert der ge-drückten Taste anzeigen

In den meisten Fällen ist die weitere Vorgehensweise abhängig von der gedrückten Taste und wird beispielsweise in Form einer *If* Anweisung realisiert.

Statt der Konstanten vbYes, VBNo, usw. kann auch eine Zahl angegeben werden. Den Rückgabewert als Zahl erfahren Sie in der VBA-Hilfe.

```
If Taste = vbYes Then
      Anweisung1
      Anweisung2
      Anweisung...
Else
      Exit Sub      'Bei Nein wird die Prozedur verlassen
End If
```

Benutzereingaben mit InputBox

Für einfache Benutzereingaben stellt VBA mit der Funktion *InputBox* ein Standard-Dialogfenster mit einem Eingabefeld zur Verfügung. Die Syntax ist ähnlich der Funktion *MsgBox* und lautet:

```
InputBox(prompt[,title] [,default] [,xpos] [,ypos])
```

Die Parameter *Prompt* und *Title* werden wie in der Funktion *MsgBox* verwendet. Mit *Default* können Sie im Eingabefeld einen Standardwert vorgeben, ansonsten ist das Feld leer. Die beiden Argumente *xpos* und *ypos* legen, falls erforderlich, die X und Y-Position des Fensters im Verhältnis zur linken oberen Bildschirmecke fest. Wird nichts angegeben, erscheint das Fenster zentriert.

Die folgende Anweisung gibt das abgebildete Dialogfenster aus und weist den Eingabewert der Variablen *strVorname* zu.

```
strVorname = InputBox("Bitte geben Sie Ihren Vornamen ein")
```

Bild 3.41 Das Eingabefens-ter InputBox

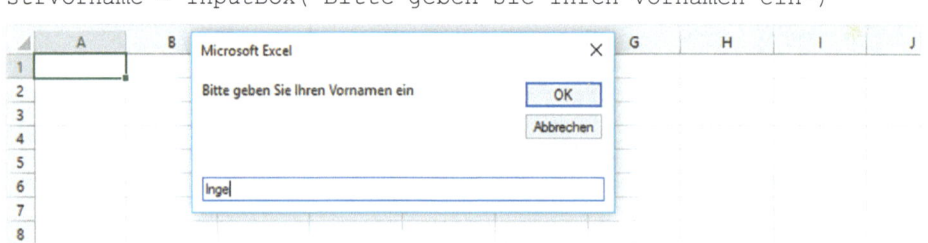

Eigentlich liefert InputBox zunächst eine Zeichenfolge, wenn diese nicht explizit einer Variablen vom Typ Zahl z. B. Integer oder Double zugewiesen wird.

Achtung: Die Funktion *InputBox* liefert einen Wert zurück, nämlich die Eingabe des Benutzers. Die Parameter müssen daher immer in Klammern gesetzt werden.

3.6 Abfragen und Schleifen

In der einfachsten Form enthält eine Prozedur Anweisungen, die der Reihe nach ausgeführt werden. Oft ist es jedoch erforderlich, Anweisungen entweder mehrmals zu wiederholen oder die Ausführung von einer Bedingung abhängig zu machen. Zur Steuerung des Programmablaufs verwendet man in der Programmierung Abfragen und Schleifen.

> **Hinweis**: Rücken Sie alle Anweisungen innerhalb von Abfragen und Schleifen mit der Tab-Taste oder dem Symbol *Einzug vergrößern* (Symbolleiste *Bearbeitung*) ein. Dies ist zwar nicht zwingend erforderlich, erhöht aber die Lesbarkeit und Übersichtlichkeit.

Abfragen oder Verzweigungen

Einseitige Abfrage

Abfragen oder Verzweigungen machen die Ausführung eines Anweisungsblocks davon abhängig, ob eine Bedingung erfüllt ist. Als Bedingung verwenden Sie einen Ausdruck, der als Ergebnis die Werte *True* oder *False* liefert, vergleichbar der WENN-Arbeitsblattfunktion von Excel. Die allgemeine Syntax lautet:

In der einzeiligen Version kann eine Bedingung auch so aussehen wobei *End* entfällt:

If *Bedingung* Then *Anweisung*

Nachteil: Nur eine Anweisung möglich.

```
If Bedingung = True Then
     Anweisung1
     Anweisung2
     Anweisung…
End If
```

Ist die Bedingung nicht erfüllt, so werden alle Anweisungen zwischen *If* und *End If* ignoriert und die Programmausführung mit den Anweisungen nach *End If* fortgesetzt. Als Beispiel berechnet die folgende Prozedur einen Rabatt von 5% nur dann, wenn der Rechnungsbetrag 100 Euro oder mehr beträgt und gibt diesen in einem Meldungsfenster aus.

Bild 3.42 Rabatt für Betrag ab 100 berechnen

```
Sub RabattBerechnen()
Dim dblRabatt As Double
Dim dblBetrag As Double

dblRabatt = 0.05
dblBetrag = 120

If dblBetrag >= 100 Then
    dblBetrag = dblBetrag - (dblBetrag * dblRabatt)
End If
MsgBox "Der endgültige Betrag lautet: " & dblBetrag
End Sub
```

Microsoft Excel

Der endgültige Betrag lautet: 114

OK

Zweiseitige Abfrage

Die zweiseitige Abfrage lässt zwei Alternativen zu: Der erste Anweisungsblock wird ausgeführt, wenn die Bedingung das Ergebnis *True* liefert, der zweite Block nach *Else* wird ausgeführt, wenn das Ergebnis *False* lautet. Der Aufbau sieht dann so aus:

```
If Bedingung = True Then
     Anweisung1
     Anweisung2
     Anweisung …
Else
     Anweisung3
     Anweisung…
End If
```

Mehrstufige Abfrage

Vergleichbar einer verschachtelten WENN Funktion, allerdings wesentlich übersichtlicher!

Sollen mehrere Bedingungen nacheinander geprüft werden, so verwenden Sie eine mehrstufige Abfrage mit folgendem Aufbau:

```
If Bedingung1 Then
     Anweisungsblock1
ElseIf Bedingung2 Then
     Anweisungsblock2
ElseIf Bedingung3 Then
     Anweisungsblock3
Else
     AnweisungsblockN
End If
```

Sobald eine Bedingung erfüllt ist, wird der darauffolgende Anweisungsblock ausgeführt und anschließend die Auswahl verlassen. Die letzte Stufe *Else* wird nur ausgeführt, wenn keine der zuvor definierten Bedingungen zutreffend war.

Bild 3.43 Beispiel Schulnoten

```
Sub Notenbeispiel()
Dim intNote As Integer
Dim strNotentext As String
intNote = InputBox("Bitte eine Note als Zahl eingeben!")
If intNote = 1 Then
    strNotentext = "Sehr gut"
ElseIf intNote = 2 Then
    strNotentext = "Gut"
ElseIf intNote = 3 Then
    strNotentext = "Befriedigend"
ElseIf intNote = 4 Then
    strNotentext = "Ausreichend"
ElseIf intNote = 5 Then
    strNotentext = "Mangelhaft"
ElseIf intNote = 6 Then
    strNotentext = "Nicht ausreichend"
Else
    strNotentext = "Keine gültige Note"
End If
MsgBox "Sie haben die Note " & strNotentext
End Sub
```

Fallauswahl

Soll eine Variable auf viele Werte überprüft werden, eignet sich auch die Fallauswahl. Das oben abgebildete Beispiel der Schulnoten könnte auch damit realisiert werden. Sie beginnt mit der Anweisung *Select Case* und endet mit *End Select*. Die Syntax lautet:

```
Select Case Variable
    Case Wert1
        Anweisungsblock1
    Case Wert2
        Anweisungsblock2
    Case Wert3
        Anweisungsblock3
    Case Wert...
        Anweisungsblock...
    Case Else
        AnweisungsblockN
End Select
```

Tipp: Die *Select Case*-Anweisung bietet noch weitere interessante Möglichkeiten der Abfragen wie:

```
Case 1 To 5
Case 6, 7, 8
Case 9 To 10
Case "Ja", "Nein"
```

Außerdem kann eine Anweisung nach dem Doppelpunkt in derselben Zeile eingegeben werden, z. B.

```
Case 1,2,3: MsgBox "gute Wahl"
```

Der Teil *Case Else* ist optional und wird nur dann ausgeführt, wenn zuvor keine der angegebenen Bedingungen zutreffend war. Als Beispiel prüft die unten abgebildete Prozedur ob die Eingabe bzw. die Variable *intZahl* zwischen 1 und 10 liegt und gibt eine entsprechende Meldung aus.

Bild 3.44 Eine Variable mit Select Case überprüfen

```
Sub ZahlenPruefen()
Dim intZahl As Integer
Dim strText As String
intZahl = InputBox("Bitte eine Zahl zwischen 1 und 10 eingeben")
Select Case intZahl
    Case Is < 1
        strText = "Die Zahl ist zu klein!"
    Case Is > 10
        strText = "Die Zahl ist zu groß!"
    Case Else
        strText = "Die Zahl ist korrekt!"
End Select
MsgBox strText
End Sub
```

Tipps für die Eingabe verschachtelter Bedingungen

Mehrere Abfragen können natürlich auch beliebig ineinander verschachtelt werden. Achten Sie in diesem Fall darauf, dass jede einzelne Abfrage mit *End If* auch wieder geschlossen werden muss. Hierzu einige Tipps:

▶   Einrücken der dazugehörigen Anweisungsblöcke hilft bei der Fehlersuche und verschafft Ihnen auch später einen besseren Überblick.

▶   Schreiben Sie nach dem Bedingungskopf, z. B. *If* sofort die *End If* Anweisung und fügen Sie erst danach dazwischen die übrigen Anweisungszeilen ein. Auf diese Weise vergessen Sie nicht, die Abfrage wieder zu schließen.

▶ In vielen Fällen kann eine Bedingung samt Anweisungsblock kopiert und nach dem Einfügen entsprechend angepasst werden. Dies reduziert den Eingabeumfang und hilft, Tippfehler bei der Eingabe zu vermeiden.

Wiederholungsschleifen

Bei zahlreichen Problemstellungen müssen Anweisungen mehrmals ausgeführt werden. Zu diesem Zweck kennt jede Programmiersprache Schleifen, die einen bestimmten Anweisungsteil mehrmals durchlaufen, auch als Wiederholungsschleifen bezeichnet. Eine Schleife besteht immer aus einer Schleifensteuerung, die festlegt, wie oft die Schleife durchlaufen wird und dem eigentlichen Anweisungsteil, dem Schleifenkörper.

VBA unterscheidet grundsätzlich zwischen zählergesteuerten Schleifen und Bedingungsschleifen.

Schleife während der Ausführung abbrechen: Strg+Pause

> Achten Sie unbedingt darauf, dass eine Schleife mit einer entsprechenden Anweisung oder Bedingung auch wieder verlassen werden kann. Eine Schleife wird sonst schnell zur Endlosschleife und die Prozedur kann dann nur noch über die Tastenkombination Strg+Alt+Entf oder Strg+Pause abgebrochen werden.

For ... Next Schleife (Zählergesteuert)

Zählervariable erforderlich

Bei der zählergesteuerten *For...Next* Schleife legt der Wert einer Variablen, der Zählervariablen, die Anzahl der Wiederholungen fest. Dazu ist eine Zählervariable vom Typ Zahl erforderlich, die bei jedem Schleifendurchlauf automatisch um die angegebene Schrittweite erhöht wird. Diese Variable muss selbstverständlich, wie alle Variablen, zuvor deklariert werden (*Byte*, *Integer* oder *Long*). Falls nötig, kann die Schleife mit einer Abbruchbedingung und der Anweisung *Exit For* vorzeitig verlassen werden.

Als Schrittweite sind auch negative Werte möglich.

```
For Zählervariable = Startwert To Endwert Step Schrittweite
        Anweisung1
        Anweisung2
        Anweisung…
Next
```

Das folgende Beispiel berechnet für alle geraden Zahlen von 2 bis 20 das Quadrat und gibt jeweils das Ergebnis als Meldung aus. Der Wert der Zählervariablen wird automatisch um die angegebene Schrittweite 2 erhöht.

Bild 3.15 Beispiel Quadratzahlen berechnen

```
Sub Quadratzahlen()
Dim N As Integer
Dim lngQuadrat As Long
For N = 2 To 20 Step 2
    lngQuadrat = N ^ 2
    MsgBox "Das Quadrat von " & N & " beträgt " & lngQuadrat
Next
End Sub
```

...ngs hat die oben abgebildete Prozedur einen Nachteil: Die Meldung wird für ...erechnete Zahl ausgegeben bis die vorgegebene Anzahl Wiederholungen er-...ist. Ein vorzeitiger Abbruch ist nur mit Strg+Pause möglich.

...ie eine Abbruchmöglichkeit hinzufügen möchten, können Sie beispielsweise ein Meldungsfenster mit den Schaltflächen *OK* und *Abbrechen* anzeigen und über eine Bedingung (*If... Then... Else*) beim Klick auf *Abbrechen* die Prozedur mit der Anweisung *Exit sub* verlassen.

Bild 3.46 Quadratzahlen berechnen mit Abbruchmöglichkeit

```
Sub Quadratzahlen2()
Dim N As Integer
Dim lngQuadrat As Long
Dim bytTaste As Byte
For N = 2 To 20 Step 2
    lngQuadrat = N ^ 2
    bytTaste = MsgBox("Das Quadrat von " & N & " beträgt " & lngQuadrat, vbOKCancel)
    If bytTaste = 2 Then      'Abbrechen gedrückt
        Exit Sub
    End If
Next
End Sub
```

> **Beachten Sie:** Bei der *For ... Next* Schleife wird der Wert der Zählervariablen mit jedem Schleifendurchlauf automatisch um die angegebene Schrittweite erhöht. Wird nichts angegeben, so gilt Schrittweite 1.

For Each Schleife

Für Objektauflistungen, also mehrere gleichartige Objekte wie z. B. die Tabellenblätter einer Arbeitsmappe, stellt VBA eine besondere Form einer Zählerschleife zur Verfügung, die *For Each ... Next* Schleife. Hier legt die vorhandene Anzahl der Objekte die Anzahl der Wiederholungen fest und der Anweisungsblock dazwischen wird nacheinander auf jedes Objekt angewandt. Damit kann z. B. jedem Objekt eine oder mehrere Eigenschaften zugewiesen werden, die Syntax lautet:

```
For Each Objekt
    Anweisungen
Next
```

Das folgende Beispiel benennt alle Tabellenblätter der aktiven Arbeitsmappe um in Beispiel-1, Beispiel-2, usw. und beendet die Schleife nach dem letzten Arbeitsblatt. Für das Verlassen wird daher keine Zählervariable benötigt, wohl aber zur Blattnummerierung. Dazu dient in diesem Beispiel die Variable *N*. Im Gegensatz zur *For...Next* Schleife muss dieser Zählervariablen vor Beginn der Schleife der Wert 1 zugewiesen werden und innerhalb der Schleife wird der Wert dieser Variablen bei jedem Durchlauf mit einer Anweisung um 1 erhöht.

Bild 3.47 Alle Arbeits-blätter der Arbeitsmappe umbenennen

```vba
Sub BlaetterUmbenennen()
Dim N As Long
Dim Blatt As Worksheet
N = 1
For Each Blatt In Worksheets
    Blatt.Name = "Beispiel-" & N
    N = N + 1
Next
End Sub
```

Mit einer Abbruchbedingung und der Anweisung *Exit For* kann die Schleife verlassen werden. Soll beispielsweise die Schleife nach dem Umbenennen der ersten drei Blätter verlassen werden, dann muss die Prozedur so lauten:

Bild 3.48 Schleife mit vorzeitigen Abbruch

```vba
Sub BlaetterUmbenennen2()
Dim N As Long
Dim Blatt As Worksheet
N = 1
For Each Blatt In Worksheets
    Blatt.Name = "Beispiel-" & N
    N = N + 1
    If N = 4 Then
        Exit For          'Schleife verlassen
    End If
Next
End Sub
```

Bedingungsschleifen

Bedingungsschleifen führen einen Anweisungsblock aus, abhängig davon ob eine Bedingung erfüllt ist. Die Schleife wird durchlaufen, solange die Bedingung den Wert *True* zurückgibt. Je nachdem, ob die Bedingung zu Beginn oder am Ende der Schleife geprüft wird, unterscheidet VBA zwischen „kopfgesteuerten" und „fußgesteuerten" Schleifen. Vorsicht bei fußgesteuerten Schleifen (siehe Seite 68): Diese können zu Problemen führen, da hier zuerst die Schleife durchlaufen und dann erst die Bedingung geprüft wird.

Die Zählervariable muss per Anweisung erhöht werden

> **Achtung**: Im Gegensatz zu Zählerschleifen müssen Sie bei Bedingungsschleifen den Wert einer Zählervariablen per Anweisung erhöhen.

While-Schleife

Viele Schleifenstrukturen basieren auf einer *While...Wend* Schleife. Bei dieser Methode wird die Bedingung am Beginn der Schleife geprüft und der Schleifenkörper nur dann ausgeführt, wenn die Bedingung das Ergebnis *True* liefert.

Beim Ergebnis *False* wird dagegen die Prozedur mit den Anweisungen nach *Wend* fortgesetzt. Der Aufbau einer solchen Schleife sieht wie folgt aus:

```
While Bedingung
     Anweisung1
     Anweisung2
     Anweisung...
Wend
```

Do...Loop Anweisung

Diese Art der Schleife existiert in verschiedenen Varianten und wird in der Praxis meist anstatt *While... Wend* eingesetzt. Mit einer weiteren Abbruchbedingung und der Anweisung *Exit Do* kann die Schleife vorzeitig verlassen werden. Die Bedingung wird zu Beginn der Schleife vor jedem Durchlauf überprüft und der Anweisungsblock ausgeführt, solange die Bedingung erfüllt ist. Die allgemeine Syntax lautet dann:

```
Do While Bedingung
     Anweisung1
     Anweisung2
     Anweisung...
Loop
```

Beispiel Schnecke: Vielleicht kennen Sie das folgende Rechenbeispiel in dieser oder einer ähnlichen Form: Eine Schnecke klettert eine Mauer hoch. Tagsüber klettert sie um 50 cm nach oben, in jeder Nacht rutscht sie 10 cm nach unten, die Mauer ist 4 m hoch. Nach wie vielen Tagen ist sie oben? Mit VBA programmieren Sie die Lösung dieser Frage wie folgt:

Bild 3.49 Beispiel Schnecke

```vba
Sub Schnecke()
Dim lngTage As Long
Dim dblMorgen As Double      'Morgenhöhe
Dim dblAbend As Double       'Abendhöhe
lngTage = 0
dblMorgen = 0
Do While dblAbend < 4
    lngTage = lngTage + 1
    dblAbend = dblMorgen + 0.5
    dblMorgen = dblAbend - 0.1
Loop
MsgBox "Die Schnecke benötigt " & lngTage & " Tage."
End Sub
```

Als Alternative kann die Bedingung für die Schleife anstelle von *While* auch mit *Until* formuliert werden. Dann werden die Anweisungen solange ausgeführt, bis die Bedingung erfüllt ist, die Syntax lautet dann:

```
Do Until Bedingung
     Anweisungen
Loop
```

Auf die Schneckenfrage angewendet, müsste die Schleife mit Anweisungsblock dann lauten:

```
Do Until dblAbend >= 4
    lngTage = intTage + 1
    dblAbend = dblMorgen + 0.5
    dblMorgen = dblAbend - 0.1
Loop
```

Fußgesteuerte Schleifen

Schleife wird mindestens ein Mal durchlaufen

Eine weitere Möglichkeit besteht darin, die Bedingung erst am Ende der Schleife zu prüfen. Dies bedeutet allerdings, dass die Schleife in jedem Fall mindestens einmal durchlaufen wird, dann würde die Bedingung lauten:

```
Do
    intTage = intTage + 1
    dblAbend = dblMorgen + 0.5
    dblMorgen = dblAbend - 0.1
Loop Until dblAbend >= 4
```

Die Formulierung `While` ist ebenfalls am Schleifenende zulässig und würde lauten:

```
Loop While dblAbend < 4
```

> **Achtung**: von fußgesteuerten Schleifen ist dringend abzuraten. Zudem besteht hier schnell die Gefahr von Endlosschleifen.

Die With-Anweisung

Weist einem Objekt nacheinander mehrere Eigenschaften zu

Diese Anweisung ist eigentlich keine Schleife, da sie nur einmal durchlaufen wird. Sie ist aber trotzdem sehr nützlich, da sie es erlaubt, gleich mehrere Eingenschaften eines Objekts in einer verkürzten Schreibweise nacheinander zu bearbeiten. Der Objektname muss nur ein einziges Mal angegeben werden. Die Syntax:

```
With Objekt
    Anweisungen
End With
```

Beispiel: Sie möchten eine Zelle gleich mit mehreren Schriftformaten versehen. Das Beispiel im Bild unten weist im aktuellen Tabellenblatt der zuvor ausgewählten Zelle A5 (*Selection*) nacheinander gleich mehrere Schriftattribute (*Font*) zu, die Schriftart Arial (*Name*), fett (*Bold = True*), rot (*Color = vbRed*) sowie Schriftgröße 14 (*Size*).

Bild 3.50 Prozedur und Ergebnis im Tabellenblatt

```
Sub Formatieren()
Range("A5").Select
With Selection.Font
    .Name = "Arial"
    .Bold = True
    .Color = vbRed
    .Size = 14
End With
End Sub
```

◢	A	B
1	Amberg	
2	Meier	
3	Schmidt	
4	Kunz	
5	**Rübezahl**	
6	Werner	
7	Gärtner	
8		

7 Fehlersuche und Fehlerbehandlung

...er Arbeit mit VBA werden Sie früher oder später auch auf das Thema Fehler, Fehlersuche und Fehlerbehandlung stoßen. Mit zunehmend komplexeren Programmcodes nehmen erfahrungsgemäß auch die Fehlermöglichkeiten zu.

Auf Syntaxfehler werden Sie in der Regel bereits während der Eingabe hingewiesen und nicht deklarierte Variablen erkennt VBA spätestens beim ersten Ausführen, vorausgesetzt die Anweisung *Option Explicit* befindet sich am Modulbeginn. Schwieriger wird das Aufspüren logischer Fehler, z. B. wenn wiederholt Laufzeitfehler ausgegeben werden oder eine Prozedur nicht das gewünschte Ergebnis liefert. Zudem sollten Sie immer auch mögliche Fehler eines vielleicht ungeübten Benutzers einkalkulieren und mit entsprechenden Fehlerbehandlungsroutinen eine aussagekräftige Fehlermeldung ausgeben statt einer automatisch generierten, mit der Benutzer meist nichts anfangen können.

Zur Fehlersuche verfügt der VBA-Editor über verschiedene Hilfen und mögliche auftretende Laufzeitfehler lassen sich mit VBA-Anweisungen behandeln.

Einzelschritte ausführen

Zur Fehlersuche oder zum Testen können Sie eine Prozedur schrittweise ausführen. Dazu klicken Sie im VBA-Editor in die jeweilige Prozedur, klicken auf das Menü *Debuggen* und auf *Einzelschritt*. Die erste Anweisungszeile bzw. der Beginn der Prozedur wird gelb hinterlegt und ist links mit einem gelben Pfeil versehen.

Einzelschritte: Taste F8

Mit dem nächsten Befehl *Einzelschritt* wird diese Anweisung ausgeführt und die nächste markiert. **Tipp**: Schneller geht es, wenn Sie jeden Einzelschritt mit der Funktionstaste F8 ausführen.

Bild 3.51 Prozedur schrittweise ausführen

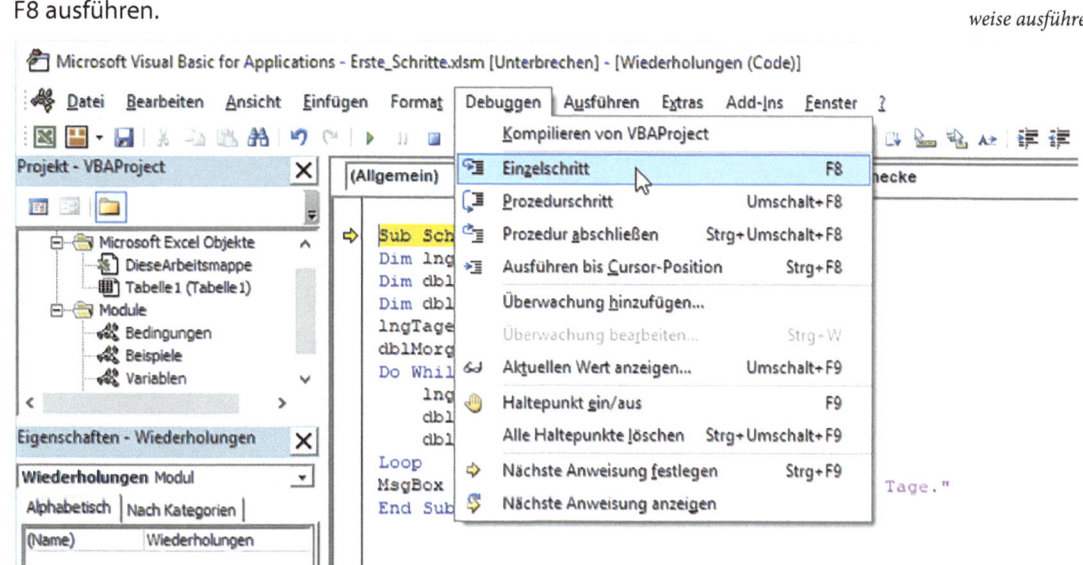

Mit der Schaltfläche *Zurücksetzen* können Sie die schrittweise Ausführung jederzeit abbrechen. Um einzelne Anweisungen zu überspringen, bzw. zu wiederholen, ziehen Sie mit der Maus den Pfeil in der Spalte links neben der Anweisungszeile einfach an die gewünschte Stelle und setzen hier die Ausführung fort.

Variablen überwachen

Eine wichtige Möglichkeit zur Fehlersuche ist die Überwachung von Variablen während der Laufzeit. Hierzu bietet der VBA-Editor verschiedene Möglichkeiten an.

Wert anzeigen

Während der schrittweisen Ausführung einer Prozedur lassen sich auch die Inhalte von Variablen überwachen: Im einfachsten Fall zeigen Sie einfach mit der Maus auf eine Variable, um den Inhalt kurz einzublenden. Diese muss sich nicht zwingend in der aktuell markierten Zeile befinden, siehe Bild unten.

Bild 3.52 Aktuellen Variablenwert anzeigen

```
Sub Schnecke()
Dim lngTage As Long
Dim dblMorgen As Double      'Morgenhöhe
Dim dblAbend As Double       'Abendhöhe
lngTage = 0
dblMorgen = 0
Do While dblAbend < 4
    lngTage = lngTage + 1
    dblAbend = dblMorgen + 0.5
    dblMorgen = dblAbend - 0.1
Loop  dblMorgen = 0,8
MsgBox "Die Schnecke benötigt " & lngTage & " Tage."
End Sub
```

Inhalte von Variablen im Überwachungsfenster anzeigen

Wenn Sie den Inhalt oder die Veränderung einer Variablen ständig im Auge behalten möchten, z. B. während mehrerer Schleifendurchläufe, dann lassen Sie den Inhalt der Variablen im Überwachungsfenster ausgeben. Dieses Fenster blenden Sie über das Menü *Ansicht* ▸ *Überwachungsfenster* ein.

Den Befehl Überwachung hinzufügen *finden Sie auch im Menü* Debuggen. *Dann genügt es, wenn sich der Cursor im Variablennamen befindet.*

Das Überwachungsfenster zeigt nur Variablen an, für die zuvor die Überwachung explizit festgelegt wurde. Klicken Sie dazu mit der rechten Maustaste auf die Variable und wählen Sie den Befehl *Überwachung hinzufügen*. Die ausgewählte Variable erscheint im Fenster *Überwachung hinzufügen* im Feld *Ausdruck* ❶, schließen Sie das Fenster mit *OK*. Über die rechte Maustaste können Sie für eine Variable ggf. die Überwachung auch wieder entfernen.

Beachten Sie, dass das Überwachungsfenster stets den aktuellen Wert einer Variablen ausgibt. Beim Beenden der Prozedur werden alle Variablen geleert bzw. auf ihren Anfangswert zurückgesetzt und erscheinen entsprechend im Überwachungsfenster ❷. Diese Methode eignet sich daher nur in Verbindung mit der schrittweisen Ausführung.

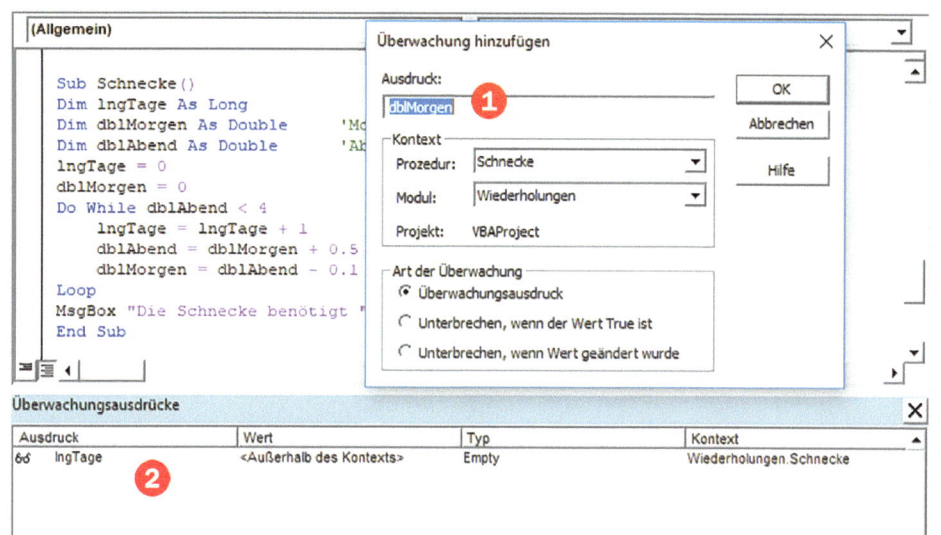

Bild 3.53 Überwachung für die Variable dblMorgen hinzufügen

Im Bild unten die überwachte Variable im Überwachungsfenster während der schrittweisen Ausführung.

```
Sub Schnecke()
Dim lngTage As Long
Dim dblMorgen As Double       'Morgenhöhe
Dim dblAbend As Double        'Abendhöhe
lngTage = 0
dblMorgen = 0
Do While dblAbend < 4
    lngTage = lngTage + 1
    dblAbend = dblMorgen + 0.5
    dblMorgen = dblAbend - 0.1
Loop
MsgBox "Die Schnecke benötigt " & lngTage & " Tage."
End Sub
```

Bild 3.54 Die überwachte Variable während der Ausführung

Überwachungsausdrücke

Ausdruck	Wert	Typ	Kontext
6ठ dblMorgen	1,2	Double	Wiederholungen.Schnecke
6ठ lngTage	3	Long	Wiederholungen.Schnecke

Inhalte im Direktfenster ausgeben

Eine zweite Möglichkeit der Ausgabe von Variableninhalten stellt das Direktfenster dar, das Sie ebenfalls über das Menü *Ansicht* einblenden. Mit der Anweisung

`Debug.Print` Variablenname

wird der Inhalt der Variablen in das Direktfenster geschrieben und verbleibt dort auch nach Beenden der Prozedur solange, bis Sie den Inhalt der Fensters löschen. Im Gegensatz zum Überwachungsfenster kann diese Möglichkeit also auch ohne schrittweise Ausführung eingesetzt werden.

Als Beispiel im Bild unten die Ausgabe der Variablen *dblAbend* im Direktbereich. Da sich die Anweisung *Debug.Print dblAbend* innerhalb des Schleifenkörpers befindet, wird auch der Inhalt der Variablen bei jedem Schleifendurchlauf ausgegeben.

Bild 3.55 Ausgabe der Variablen dblAbend im Direktfenster

```
(Allgemein)                               ▼   Schnecke

    Sub Schnecke()|
    Dim lngTage As Long
    Dim dblMorgen As Double       'Morgenhöhe
    Dim dblAbend As Double        'Abendhöhe
    lngTage = 0
    dblMorgen = 0
    Do While dblAbend < 4
        lngTage = lngTage + 1
        dblAbend = dblMorgen + 0.5
        dblMorgen = dblAbend - 0.1
        Debug.Print dblAbend
    Loop
    MsgBox "Die Schnecke benötigt " & lngTage & " Tage."
```

```
Direktbereich

    0,5
    0,9
    1,3
    1,7
    2,1
```

Achtung: Bei einem erneuten Ausführen der Prozedur wird das Direktfenster nicht automatisch geleert, Sie sollten daher vor einem erneuten Test den Inhalt des Fensters mit Strg+A markieren und mit der Entf-Taste löschen. Außerdem sollten Sie nicht vergessen, die Anweisung *Debug.Print* aus der Prozedur zu entfernen, wenn sie nicht mehr benötigt wird oder zumindest in Kommentar umzuwandeln.

Ausführung an Haltepunkten unterbrechen

Insbesondere bei längeren Prozeduren können Sie Haltepunkte setzen und so an dieser Stelle die Prozedurausführung unterbrechen. Anschließend kann beispielsweise die weitere Ausführung schrittweise erfolgen. Die Anweisungszeile ist an Haltepunkten braun hinterlegt und in der Spalte links erscheint ein Punkt in derselben Farbe.

Bild 3.56 Beispiel Haltepunkt

```
    Sub BlaetterUmbenennen2()
    Dim N As Long
    Dim Blatt As Worksheet
    N = 1
●   For Each Blatt In Worksheets
        Blatt.Name = "Beispiel-" & N
        N = N + 1
        If N = 4 Then
            Exit For            'Schleife verlassen
        End If
    Next
    End Sub
```

Haltepunkt setzen/entfernen

Um einen Haltepunkt zu setzen, klicken Sie mit der Maus in die graue Spalte links neben der entsprechenden Anweisung. Zum Entfernen nicht mehr benötigter Haltepunkte klicken Sie einfach erneut auf den Haltepunkt. Alternativ klicken Sie in die Anweisungszeile und im Menü *Debuggen* auf *Haltepunkt ein/aus* oder betätigen die Taste F9.

Haltepunkt ein/aus: F9

Anweisungszeilen auskommentieren

Eine andere Möglichkeit der Fehlersuche besteht darin, einzelne Anweisungszeilen oder ganze Blöcke durch Voranstellen eines Hochkommas vorübergehend in Kommentarzeilen umzuwandeln. Diese Zeilen erscheinen in grüner Schriftfarbe und werden während der Ausführung ignoriert. Der Vorteil: Die Zeilen brauchen nicht gelöscht werden, sondern können später bei Bedarf schnell wieder in Anweisungszeilen zurückgewandelt werden.

Dazu markieren Sie die betreffenden Anweisungszeilen und verwenden in der Symbolleiste *Bearbeiten* das Symbol *Block auskommentieren*. Mit dem Symbol *Auskommentierung des Blocks aufheben* entfernen Sie schnell wieder die Hochkommata vor den Anweisungen.

Bild 3.57 Markierte Zeilen auskommentieren

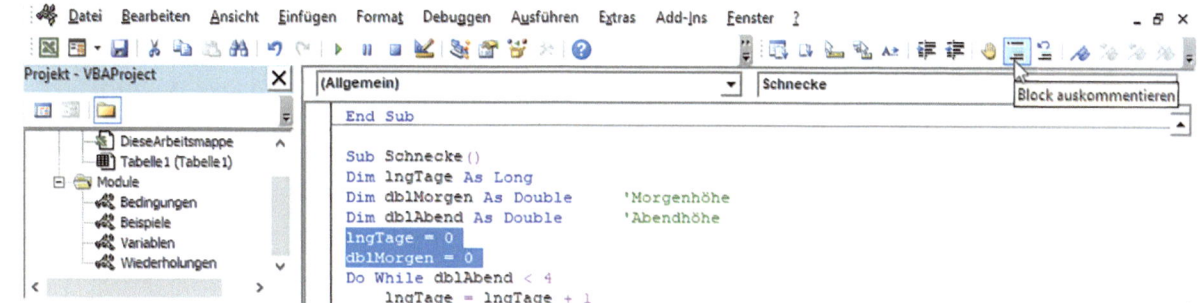

Fehlerbehandlung

Häufige Fehlerursachen während der Programmausführung sind falsche oder fehlende Benutzereingaben. Haben Sie beispielsweise eine Variable vom Typ *Integer* deklariert und weisen über *InputBox* dieser Variablen einen Wert zu, so erhalten Sie einen Laufzeitfehler, wenn statt einer Zahl versehentlich Text eingegeben wird. Bei Laufzeitfehlern wird die Programmausführung unterbrochen und es erscheint das unten abgebildete Fenster mit dieser oder einer ähnlichen Fehlermeldung.

Sie können nun mit *Beenden* die Ausführung abbrechen oder mit der Schaltfläche *Debuggen* den VBA-Editor öffnen. Da mit *Debuggen* die Ausführung nur angehalten wird, ist die fehlerhafte Anweisungszeile gelb markiert. Sie können an dieser Stelle die Anweisung korrigieren und danach die Ausführung fortsetzen.

Bild 3.58 Laufzeitfehler aufgrund falscher Datentypen

Achtung: Solange nach dem Debuggen eine Zeile gelb markiert ist, ist die Ausführung nur unterbrochen. Sie können erst weiterarbeiten, z. B. im Tabellenblatt, nachdem Sie die Ausführung mit Klick auf das Symbol *Zurücksetzen* ▣ abgebrochen haben.

Für unerfahrene Benutzer sind solche Fehlermeldungen erfahrungsgemäß eher verwirrend. Daher sollten Sie zur Vermeidung solcher Fehler in VBA jede Eingabe entsprechend prüfen. Einige Methoden finden Sie in Verbindung mit UserForms in Kapitel 8.3 dieses Buches. Trotzdem lassen sich Laufzeitfehler nicht ganz verhindern, für solche Fälle werden in VBA sogenannte Fehlerbehandlungsroutinen eingesetzt.

> Als Fehlerbehandlungsroutine bezeichnet man Programmanweisungen, die ausgeführt werden, wenn ein Laufzeitfehler auftaucht.

Beispiel Division durch 0

Die unten abgebildete Prozedur dividiert 1 durch jede Zahl zwischen -5 und 5. Leider schließt der angegebene Zahlenbereich auch 0 ein, eine Division durch 0 ist jedoch mathematisch nicht zulässig und erzeugt einen Laufzeitfehler.

Bild 3.59 Laufzeitfehler bei Division durch 0

Fehler ignorieren

Die einfachste, aber nicht immer auch die beste Methode ist es, den Fehler einfach zu ignorieren. Dazu geben Sie innerhalb der Prozedur und natürlich oberhalb bzw. vor der fehlerhaften Zeile die folgende Anweisung ein:

```
On Error Resume Next
```

```
Sub DivisionDurchNull()
'Beispiel Laufzeitfehler ignorieren
On Error Resume Next
Dim Zahl As Long
For Zahl = -5 To 5
    Debug.Print 1 / Zahl
Next
End Sub
```

Bild 3.60 Laufzeitfehler
(Division / 0) ignorieren

Im oben abgebildeten Beispiel mit der problematischen Division durch 0 bewirkt diese Anweisung, dass die Schleife von -5 bis -1 abgearbeitet wird. Anschließend wird der Fehler, die Division durch 0, übersprungen und die Ausführung mit den nächsten Werten 1 bis 5 fortgesetzt.

In anderen Fällen kann diese Anweisung allerdings auch logische Fehler und Folgefehler nach sich ziehen und sollte daher nur in begründeten Ausnahmefällen zum Einsatz kommen.

Verweis auf Sprungmarke

Die übliche Methode der Fehlerbehandlung besteht darin, mit der Anweisung

`On Error GoTo` Sprungmarke

beim Auftreten eines Fehlers das Programm ab einer bestimmten Zeile fortzusetzen, die durch eine Sprungmarke definiert wird. Allerdings muss dann auch dafür gesorgt werden, dass die Prozedur oberhalb der Sprungmarke mit *Exit Sub* beendet wird, wenn kein Fehler aufgetreten ist. Sonst würde auch bei einem normalen Programmablauf die Fehlerbehandlung, z. B. eine entsprechende Meldung ausgeführt. Bei einer Sprungmarke handelt es sich um beliebiges Wort, gefolgt von einem Doppelpunkt, diese muss innerhalb der Prozedur eindeutig sein.

Das unten abgebildete Beispiel fordert den Benutzer auf, eine Zahl einzugeben, dividiert anschließend 1 durch die angegebene Zahl und beendet die Prozedur. Gibt allerdings der Benutzer 0 oder beliebigen Text ein, so erzeugt dies einen Laufzeitfehler und die Ausführung wird ab der Sprungmarke *Eingabefehler* fortgesetzt. In diesem Fall wird ein entsprechender Hinweis an den Benutzer ausgegeben.

Bild 3.61 Meldung bei
Laufzeitfehler ausgeben

```
Sub Fehlertest()
'Laufzeitfehler mit Sprungmarke vermeiden
    On Error GoTo Eingabefehler

    Dim Zahl As Long
    Dim Ergebnis As Double

    Zahl = InputBox("Bitte eine Zahl eingeben!")
    Ergebnis = 1 / Zahl
    MsgBox "Das Ergebnis lautet: " & Ergebnis
    Exit Sub        'Prozedur beenden

    'Ab hier beginnen Anweisungen, die im Fall eines Fehlers ausgeführt werden
Eingabefehler:
    MsgBox "Sie haben 0 oder keine gültige Zahl eingegeben!"
End Sub
```

3.8 Routinen und Funktionen einsetzen

Wozu Routinen benötigt werden

Umfangreicher Programmcode lässt sich in vielen Fällen in mehrere kleine Prozeduren aufteilen, diese werden in der Programmierung auch als Routinen bezeichnet. Routinen sind ein wichtiger Bestandteil von VBA; sie können von jeder Prozedur an beliebiger Stelle aufgerufen werden und zerlegen so komplexe Programme in kleine übersichtliche Bestandteile. Die Vorteile liegen also auf der Hand:

▶ Routinen teilen umfangreiche Prozeduren auf und vereinfachen den Code, da jede Routine eine bestimmte Aktion ausführt, die im Idealfall bereits aus ihrem Namen hervorgeht.

▶ Routinen sind meist wiederverwendbar. Dies erleichtert nicht nur das Schreiben erheblich sondern auch die Wartung, da nachträgliche Änderungen oder Erweiterungen nur an einer einzigen Stelle vorgenommen werden müssen.

Routinen können als Prozedur (*Sub*) oder Funktion (*Function*) definiert werden, der einzige Unterschied: Funktionen liefern einen Rückgabewert, können also nicht für Aufgaben wie z. B. Formatieren eingesetzt werden.

> Zweckmäßigerweise sollten Routinen in einem gesonderten Modul mit einem entsprechenden Namen, z. B. Funktionen gespeichert werden. Wählen Sie außerdem, insbesondere für Funktionen, einen aussagekräftigen Namen der Rückschlüsse auf die Aufgabe zulässt.

Funktion erstellen und aufrufen

Als Public deklarierte Funktionen sind automatisch auch im Arbeitsblatt verfügbar. Nicht aber wenn sie als Private deklariert wurden.

Funktionen beginnen immer mit dem Schlüsselwort *Function* und genau wie bei Prozeduren legt *Public* oder *Private* den Geltungsbereich der Funktion fest. Wird nichts angegeben, ist eine Funktion automatisch *Public*. Fast jede Funktion benötigt außerdem Parameter, diese legen Sie in Klammern dahinter samt Datentyp fest. Außerdem sollten Sie noch den Datentyp des Wertes angeben, den die Funktion zurückliefert, da dieser sonst als *Variant* angenommen wird.

```
Function Funktionsname (Param1 As Datentyp, Param2 As Datentyp, …) As Datentyp
    Anweisungen...
End Function
```

Genau wie bei Prozeduren tippen Sie den Funktionskopf am einfachsten ein, die *End*-Anweisung wird automatisch erzeugt. Sie können zum Einfügen aber auch den Menübefehl *Einfügen* ▶ *Prozedur...* aufrufen oder auf das Symbol *Prozedur einfügen* klicken. In diesem Fall müssen Sie neben der Eingabe des Namens den Typ *Function* wählen, siehe Bild unten.

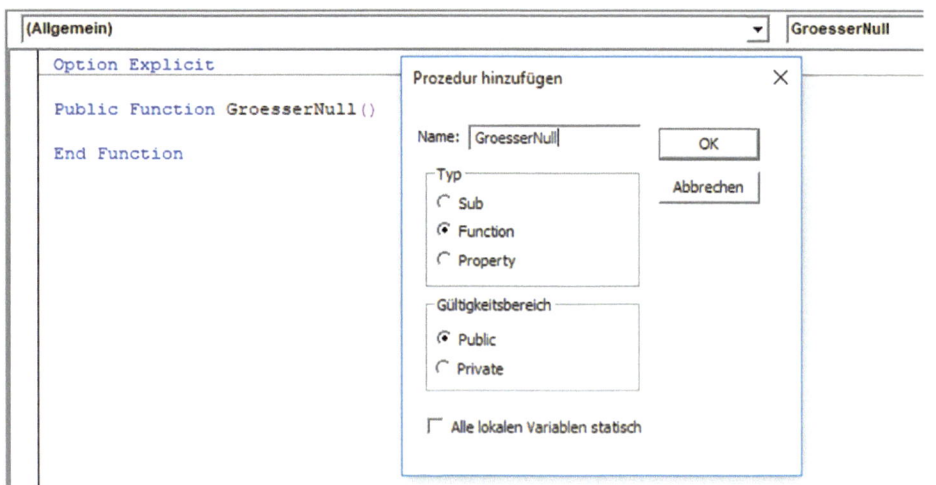

Bild 3.62 Funktion einfügen

Die nachfolgende Funktion *GroesserNull* prüft, ob der Parameter *Zahl* größer ist als 0 und liefert *True* oder *False* als Rückgabewert (Boolean).

Bild 3.63 Die Funktion prüft, ob eine Zahl größer als 0 ist

```vb
Public Function GroesserNull(Zahl As Long) As Boolean
    If Zahl > 0 Then
        GroesserNull = True
    Else
        GroesserNull = False
    End If
End Function
```

Funktionsaufruf und Übergabe der Parameter

Zum Aufruf der Funktion geben Sie den Funktionsnamen und dahinter in Klammern den oder die erforderlichen Parameter an. Wie bei jeder Funktion erscheinen während der Eingabe Parameter und Datentyp als Infotext. Im Bild unten wird das Ergebnis der Funktion der Variablen *Ergebnis* zugewiesen.

Bild 3.64 Parameter und Datentyp

```vb
Ergebnis=groessernull(
          GroesserNull(Zahl As Long) As Boolean
```

Bild 3.65 Die vollständige Prozedur

```vb
Sub Funktionstest()
'Testet die Funktion GroesserNull
    Dim EingabeZahl As Long
    Dim Ergebnis As Boolean

    EingabeZahl = InputBox("Bitte geben Sie eine Zahl ein:")
    Ergebnis = GroesserNull(EingabeZahl)
    MsgBox "Das Ergebnis lautet: " & Ergebnis
End Sub
```

> Achten Sie bei Funktionen nicht nur beim Namen sondern auch bei der Benennung der Parameter auf aussagekräftige Bezeichnungen.

Mehrere Parameter übergeben

Bild 3.66 Mehrere Parameter definieren

Wenn mehrere Parameter erforderlich sind, müssen diese einzeln, mit Komma getrennt, mit Name und Datentyp festgelegt werden, z. B.:

```
Public Function ParameterPeispiel(strNachname As String, intAlter As Integer) As String
```

Funktion ausführen/testen

Zum Testen von Funktionen und Routinen eignet sich das *Ausführen*-Symbol nicht. Sie sollten daher zu Testzwecken eine kleine Prozedur schreiben, mit der Sie die Funktion aufrufen, siehe oben.

Ausnahme: Funktionen die als Private deklariert wurden, stehen im Arbeitsblatt nicht zur Verfügung!

> **Funktionen im Arbeitsblatt verwenden**
>
> Mit VBA erstellte Funktionen sind auch im Arbeitsblatt verfügbar und erscheinen, sobald Sie in einer Zelle nach dem Gleichheitszeichen die ersten Zeichen der Funktion eingegeben haben, siehe Bild 3.67. Wie Sie Funktionen für den Einsatz in Tabellen mit einer Beschreibung benutzerfreundlicher gestalten und als Add-In speichern, wird detailliert in Kapitel 4.7 beschrieben.

Bild 3.67 Funktion im Arbeitsblatt verwenden

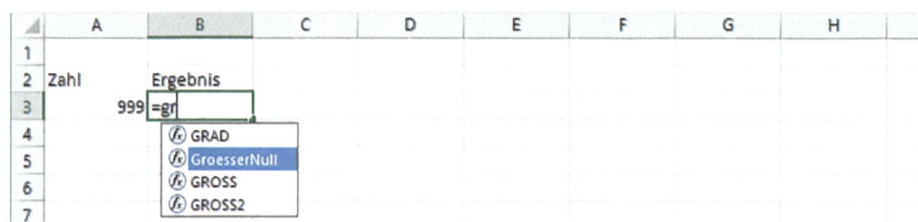

Prozeduren als Routine

Prozeduren liefern im Gegensatz zu Funktionen keinen Rückgabewert. Sie dienen in erster Linie zum Ausführen kleiner Aufgaben, z. B. Einfügen von Arbeitsblättern oder Formatieren von Zellbereichen. Auch an Prozeduren können Parameter übergeben werden, diese werden genau wie bei Funktionen im Prozedurkopf mit Name und Datentyp festgelegt. Mehrere Parameter werden mit Komma getrennt, wobei für jeden Parameter der Datentyp festgelegt werden muss, siehe oben.

Als Beispiel eine kleine Prozedur mit dem Namen *BlaetterEinfügen* zum Einfügen von Arbeitsblättern, die gewünschte Anzahl wird mit dem Parameter *intAnzahlBlaetter* übergeben.

Bild 3.68 Beispiel Prozedur als Routine

```
Public Sub BlaetterEinfügen(intAnzahlBlaetter As Integer)
'Fügr die gewünschte Anzahl Arbeitsblätter
'links vom aktuellen Blatt ein
    Worksheets.Add Count:=intAnzahlBlaetter
    MsgBox intAnzahlBlaetter & " Tabellenblätter erfolgreich eingefügt!"
End Sub
```

Prozedur ausführen

Prozeduren, denen als Routinen Parameter übergeben werden, können Sie nur testen, indem Sie zum Aufrufen eine kleine Prozedur schreiben. Es genügt, wenn Sie in die Anweisungszeile einfach nur den Prozedurnamen eingeben, im Gegensatz zu Funktionen folgen dahinter nach einem Leerzeichen die Parameter ohne Klammern.

```
Sub TestBlattEinfügen()
'Test der Routine BlaetterEinfügen
    Dim intAnzahl As Integer
    intAnzahl = InputBox("Wieviele Blatter mochten Sie einfügen?")

    BlaetterEinfügen intAnzahl
End Sub
```

Bild 3.69 Prozeduraufruf und Übergabe der Parameter

3.9   Mit Datenfeldern arbeiten

Datenfelder oder Arrays, wie sie in der Programmierung allgemein bezeichnet werden, stellen eine Sonderform der Variablen dar. Sie können gleich mehrere Variablen aufnehmen und die einzelnen Elemente des Arrays werden über ihren Index adressiert. Deklarationsanweisung und Gültigkeitsbereich von Arrays entspricht normalen Variablen mit einem Unterschied: Die Anzahl der Elemente muss mit einem Indexwert für Ober- und Untergrenze angegeben werden. Ist keine Untergrenze definiert, so erhält das erste Element den Indexwert 0 (Nullbasierte Indizierung). VBA unterscheidet außerdem zwischen ein- und mehrdimensionalen Datenfeldern.

Beachten Sie eine wichtige Bedingung: Alle Elemente eines Datenfeldes müssen vom gleichen Typ sein, ausgenommen beim Datentyp Variant.

Eindimensionale Datenfelder

Deklaration und Wertezuweisung

Die Deklaration von Datenfeldern erfolgt mit der Anweisung `Dim` zusammen mit Name und Datentyp, wobei dem Namen in Klammern die Anzahl der aufzunehmenden Elemente hinzugefügt wird.

`Dim arrFeld(`AnzahlElemente`) As` Datentyp

Als Beispiel soll ein Datenfeld deklariert werden, das später 5 Namen aufnehmen soll. Folgende Anweisungen sind möglich, wobei mit der ersten Anweisung das erste Element den Indexwert 0 erhält und mit der zweiten Anweisung den Index 1.

```
Dim arrName(4) As string
Dim arrName(1 To 5) As string
```

Die Wertezuweisung erfolgt über den Index, wie im Bild unten. Elemente, denen kein expliziter Wert zugewiesen wurde, bleiben leer (Nullwerte).

Bild 3.70 Wertezuweisung an ein eindimensionales Datenfeld

```vba
Sub eindimensionalesDatenfeld()
'Namen einem Datenfeld zuweisen

Dim strName(1 To 5) As String

strName(1) = "Otto"
strName(2) = "Frieda"
strName(3) = "Theodor"
strName(4) = "Emil"
strName(5) = "Sabine"

End Sub
```

Diese Möglichkeit wird in diesem Buch nicht verwendet!

> **Beachten Sie bei der Adressierung über den Index**
>
> Ein Index beginnt in VBA standardmäßig mit 0. Wird keine Untergrenze angegeben sondern nur die Anzahl der Elemente, z. B. *Dim strName(4)*, dann erhält das erste Element den Index 0. Damit das erste Element eines Datenfeldes den Index 1 erhält, muss 1 als Untergrenze angegeben werden, z. B. *Dim StrName(1 To 5)*.
>
> **Tipp**: Wenn Sie am Anfang eines Moduls die Anweisung *Option Base 1* eingeben, dann beginnt innerhalb dieses Moduls automatisch jeder Index mit 1. Die explizite Angabe von 1 als Untergrenze ist dann nicht mehr erforderlich.

Bild 3.71 Untergrenze 1 im Modul festlegen

```
(Allgemein)                                                    ▼

    Option Explicit
    Option Base 1
```

Die Verwendung von LBound und UBound

Bild 3.72 Werte über Index auslesen

Bild 3.73 Werte mit LBound und UBound auslesen

Zum Auslesen der Werte des Datenfeldes, z. B. um sie in die Zellen eines Arbeitsblattes zu schreiben oder einfach nur über *Debug.Print* im Direktfenster auszugeben, muss jedes Element über seinen Index adressiert werden. Es bietet sich eine *For...Next*-Schleife an, in der einfachsten Form wie in Bild 3.72 abgebildet.

```vba
Sub EindimensionalesDatenfeld()
'Namen einem Datenfeld zuweisen

Dim strName(1 To 5) As String
Dim z As Integer

strName(1) = "Otto"
strName(2) = "Frieda"
strName(3) = "Theodor"
strName(4) = "Emil"
strName(5) = "Sabine"

'Werte im Direktfenster ausgeben
For z = 1 To 5
    Debug.Print strName(z)
Next

End Sub
```

```vba
Sub EindimensionalesDatenfeld2()
'Namen einem Datenfeld zuweisen

Dim strName(1 To 5) As String
Dim z As Integer

strName(1) = "Otto"
strName(2) = "Frieda"
strName(3) = "Theodor"
strName(4) = "Emil"
strName(5) = "Sabine"

'Werte im Direktfenster ausgeben
For z = LBound(strName) To UBound(strName)
    Debug.Print strName(z)
Next

End Sub
```

Stattdessen können Sie auch die Funktionen *LBound* und *UBound* einsetzen. *LBound* liefert die untere (Lower) und *UBound* die obere (Upper) Grenze eines Datenfeldes als ganze Zahl. Um also alle Elemente eines Datenfeldes abzuarbeiten, können Sie für die *For...Next*-Schleife die Anzahl der Durchläufe auch mit diesen beiden Funktionen festlegen, wie in Bild 3.73.

Dynamische Datenfelder

Nicht immer steht die Größe eines Datenfeldes von Anfang an bereits fest, häufig wird sie erst innerhalb der Prozedur zur Laufzeit ermittelt. In solchen Fällen verwenden Sie sogenannte dynamische Datenfelder, indem Sie in der Deklarationsanweisung die Größe vorerst leer lassen. Die Definition könnte dann z. B. lauten:

```
Dim Datenfeld() As Datentyp
```

Beispiel Zeichenfolgen in ein Datenfeld einlesen

Als Beispiel eine Prozedur, die eine Zeichenfolge in einzelne Elemente aufteilt und in ein Datenfeld einliest. Das Ergebnis wird wieder im Direktfenster ausgegeben. Die Elemente innerhalb der Zeichenfolge, im Bild 3.74 die Variable *strZeichenfolge* sind mit Komma getrennt. Hierzu werden zwei weitere nützliche Funktionen benötigt:

▶ **Split**

Die Funktion *Split* teilt eine Zeichenfolge anhand eines vorgegeben Trennzeichens auf und liefert das Ergebnis in Form eines eindimensionalen Datenfeldes, hier *strName*. Da die Anzahl der Elemente noch nicht feststeht, wird im abgebildeten Beispiel dieses Datenfeld als dynamisches Datenfeld deklariert.

▶ **Trim**

Die Funktion *Trim* dient dazu, eventuell vorhandene überflüssige Leerzeichen vor und nach der Zeichenfolge zu entfernen.

▶ **LBound und UBound**

Die endgültige Anzahl der Elemente wird wieder mit *LBound* und *UBound* ermittelt.

```
Sub AufteilenZeichenfolge()
'Teilt eine Zeichenfolge in Einzelelemente auf
'Die Elemente sind mit Komma (,) getrennt

Dim strZeichenfolge As String
Dim strName() As String
Dim intZaehler As Integer

strZeichenfolge = "Franz, Rosa, Klara, Sabine, Sven, Max"
strName = Split(strZeichenfolge, ",")

For intZaehler = LBound(strName) To UBound(strName)
    Debug.Print Trim(strName(intZaehler))
Next

End Sub
```

Bild 3.74 Zeichenfolge aufteilen

Größe des Datenfeldes nachträglich festlegen

Dynamische Datenfelder benötigen viel Speicherplatz. Wenn die endgültige Anzahl der Elemente feststeht, sollte daher das Datenfeld innerhalb der Prozedur mit der Anweisung *ReDim* neu deklariert werden, um den Speicherbedarf zu reduzieren. Wurden z. B. 20 Elemente ermittelt, so kann die dazugehörige Anweisung lauten:

```
ReDim varWerte(19) As Long     oder
ReDim varWerte(1 To 20) As Long
```

> **Achtung**: Die *ReDim*-Anweisung setzt alle Elemente des Datenfeldes zurück und eventuell bereits eingelesene Daten gehen verloren. Wenn die eingelesenen Werte erhalten bleiben sollen, dann muss zusätzlich das Schlüsselwort *Preserve* verwendet werden. Die Anweisung lautet dann:
>
> ```
> ReDim Preserve arrFeld (Untergrenze To Obergrenze) As Datentyp
> ```

Ergänzt um die *ReDim*-Anweisung lautet der Prozedurcode des Beispiels von Bild 3.74 wie unten abgebildet. Zusätzlich wird die Anzahl der Elemente des Datenfeldes per *MsgBox* ausgegeben.

Bild 3.75 Datenfeld innerhalb der Prozedur neu deklarieren

```
Sub AufteilenZeichenfolge()
'Teilt eine Zeichenfolge in Einzelelemente auf
'Die Elemente sind mit Komma (,) getrennt

Dim strZeichenfolge As String
Dim strName() As String
Dim intZaehler As Integer

strZeichenfolge = "Franz, Rosa, Klara, Sabine, Sven, Max"
strName = Split(strZeichenfolge, ",")

For intZaehler = LBound(strName) To UBound(strName)
    Debug.Print Trim(strName(intZaehler))
Next

MsgBox "Das Datenfeld umfasst " & intZaehler & " Elemente"
ReDim strName(1 To intZaehler) As String

End Sub
```

Zweidimensionale Datenfelder

Theoretisch sind max. 60 Dimensionen möglich, wir wollen uns hier auf die wichtigste Form, nämlich zweidimensionale Datenfelder beschränken.

Neben eindimensionalen Datenfeldern können auch zwei- und mehrdimensionale Datenfelder definiert werden. Bei zweidimensionalen Datenfeldern entspricht der erste Indexwert der Zeile und der zweite der Spalte, sie werden daher häufig für Excel bzw. den Datenaustausch mit Excel-Tabellen eingesetzt. Die Deklaration eines zweidimensionalen Datenfeldes erfolgt in der Form

```
Dim Feld(n To m, i To j) As Datentyp
z. B. Dim strFeld(1 To 5, 1 To 3) As String
```

Die einzelnen Elemente werden wieder über den Index adressiert.

Beispiel: Die Teilnehmer eines Kurses und deren erzielte Punktezahl sollen einem Datenfeld zugewiesen werden. Da die Daten der Teilnehmer nicht nur in mehreren Zeilen, sondern auch noch in Spalten vorhanden sind, ergibt sich ein zweidimensionales Datenfeld. Die Zahl der Teilnehmer steht fest, zu Beispielzwecken genügen auch drei Teilnehmer. Zur Verdeutlichung in Bild 3.76 die Daten in Tabellenform im Arbeitsblatt. Die Zuweisung der Werte erfolgt, wie in Bild 3.77.

Bild 3.76 Teilnehmer und Punktzahl als Tabelle

Bild 3.77 Teilnehmer und Punktzahl einem Datenfeld zuweisen

⊿	A	B	C
1	Baumann	95	
2	Müller	66	
3	Wanninger	51	
4			
5			
6			
7			
8			
9			
10			
11			
12			

```
Sub ZweidimensionalesDatenfeld()
'Teilnehmer mit Name und Punktzahl einem Datenfeld zuweisen

Dim varTeilnehmer(1 To 3, 1 To 2) As Variant

varTeilnehmer(1, 1) = "Baumann"
varTeilnehmer(1, 2) = 95
varTeilnehmer(2, 1) = "Müller"
varTeilnehmer(2, 2) = 66
varTeilnehmer(3, 1) = "Wanninger"
varTeilnehmer(3, 2) = 51

End Sub
```

Elemente aus zweidimensionalen Datenfeldern auslesen

Wenn Sie auf den Inhalt des oben abgebildeten zweidimensionalen Datenfeldes zugreifen möchten, dann benötigen Sie zwei Wiederholungsschleifen. Die dazugehörigen Zählervariablen wurden in diesem Beispiel mit *z* (Zeile) und *s* (Spalte) benannt.

Achtung: Bei Verwendung der Funktionen *LBound* und *UBound* müssen Sie bei mehrdimensionalen Datenfeldern zusätzlich angeben, auf welche Dimension sich die Funktion bezieht. Wenn hier nichts angegeben ist, wird standardmäßig die erste Dimension, in diesem Beispiel der Name des Teilnehmers genommen. Für die erste Dimension lautet die Funktion *LBound(varTeilnehmer, 1)* und für die zweite Dimension, die Punktzahl *LBound(varTeilnehmer, 2)*.

Bild 3.78 Zugriff auf ein zweidimensionales Datenfeld

```
Sub ZweidimensionalesDatenfeld()
'Teilnehmer mit Name und Punktzahl einem Datenfeld zuweisen

Dim varTeilnehmer(1 To 3, 1 To 2) As Variant
Dim z As Integer
Dim s As Integer

varTeilnehmer(1, 1) = "Baumann"
varTeilnehmer(1, 2) = 95
varTeilnehmer(2, 1) = "Müller"
varTeilnehmer(2, 2) = 66
varTeilnehmer(3, 1) = "Wanninger"
varTeilnehmer(3, 2) = 51

'Elemente im Direktfenster ausgeben

For z = LBound(varTeilnehmer, 1) To UBound(varTeilnehmer, 1)
    For s = LBound(varTeilnehmer, 2) To UBound(varTeilnehmer, 2)
        Debug.Print varTeilnehmer(z, s)
    Next
Next

End Sub
```

Beispiel: Werte aus einer Excel-Tabelle in ein Datenfeld einlesen

Weitere Methoden zur Ermittlung des verwendeten Zellbereichs finden Sie mit einer ausführlichen Gegenüberstellung in Kapitel 4.5.

Als zweites Beispiel eine kleine Prozedur, die alle Werte aus der ersten Spalte einer Excel-Tabelle in ein Datenfeld einliest. Diese Tabelle befindet sich im Arbeitsblatt *Werte einlesen*. Der Einfachheit halber wird hier die verwendete Anzahl der Zeilen und Spalten über die Eigenschaft *UsedRange* ermittelt.

Die Inhalte werden eingelesen und anschließend mit *Debug.Print* im Direktfenster ausgegeben.

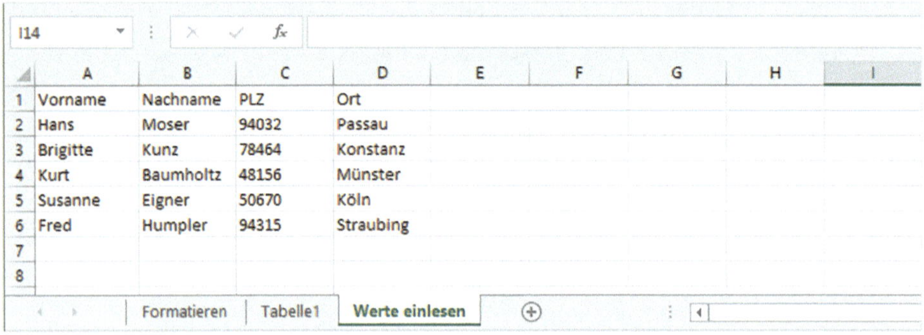

	A	B	C	D	E	F	G	H	I
1	Vorname	Nachname	PLZ	Ort					
2	Hans	Moser	94032	Passau					
3	Brigitte	Kunz	78464	Konstanz					
4	Kurt	Baumholtz	48156	Münster					
5	Susanne	Eigner	50670	Köln					
6	Fred	Humpler	94315	Straubing					
7									
8									

Formatieren | Tabelle1 | **Werte einlesen** | ⊕

Bild 3.79 Die Tabelle im Arbeitsblatt Werte einlesen

Achtung: In Zeile 1 befinden sich die Überschriften. Wenn diese nicht mit eingelesen werden dürfen, dann muss das Einlesen in Zeile 2 beginnen. Daher erhält die Zählervariable *z* zu Beginn der Schleife den Wert 2.

Bild 3.80 Die Prozedur zum Einlesen der Tabelle

```vba
Sub ExcelTabelleEinlesen()
'Liest die Tabellenwerte im Blatt "Werte einlesen"
'in ein zweidimensionales Datenfeld ein

Dim Zeilen As Long
Dim z As Long
Dim Spalten As Long
Dim s As Long
Dim varInhalt() As Variant

Worksheets("Werte einlesen").Activate
Zeilen = ActiveSheet.UsedRange.Rows.Count
Spalten = ActiveSheet.UsedRange.Columns.Count
ReDim varInhalt(1 To Zeilen, 1 To Spalten) As Variant

For z = 2 To Zeilen          'beginnt in Zeile 2 - Überschriften!
    For s = 1 To Spalten
        varInhalt(z, s) = Cells(z, s)
        Debug.Print varInhalt(z, s)
    Next
Next

End Sub
```

4 Arbeiten mit Excel-Objekten

In diesem Kapitel lernen Sie...

- Umgang mit Excel-Objekten
- Zelladressierung in VBA
- Formeln und Funktionen per VBA-Anweisung in Zellen eintragen
- Diagrammsteuerung
- Benutzerdefinierte Funktionen im Arbeitsblatt verwenden

Das sollten Sie bereits wissen

- Makros aufzeichnen und ausführen
- Im VBA-Editor arbeiten
- Grundlegende VBA-Sprachelemente

4.1   Die Excel-Objekte

Die Objekthierarchie

Siehe Kapitel 3.1, die
VBA-Hilfe

Microsoft Excel kennt mehr als 200 verschiedene Objekte, das gesamte Excel-Objektmodell mit allen Objekten finden Sie in der VBA-Hilfe. Betrachten wir zunächst nur die wichtigsten und am häufigsten benötigten Objekte genauer.

Objekt	Beschreibung
Application	Die Anwendung Excel selbst bzw. das Excel-Fenster
Workbook	Excel Arbeitsmappe
Worksheet	Arbeitsblatt
Range	Zellbereich, bzw. eine einzelne Zelle

Die Objekte stehen in hierarchischer Abhängigkeit zueinander: die oberste Ebene bildet das Application-Objekt, also die Anwendung Excel. Das Bild unten zeigt die Hierarchie der oben genannten Objekte. Diese bildet allerdings nur einen sehr kleinen Ausschnitt, die gesamte Objekthierarchie ist wesentlich umfangreicher.

*Bild 4.1 Hierarchie der
Excel Objekte*

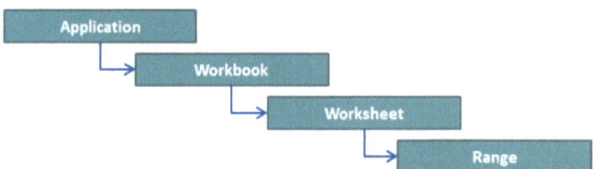

Die Objekthierarchie regelt auch den Zugriff auf Objekte, bezogen auf die oben abgebildeten Objekte in der Form Anwendung ▶ Arbeitsmappe ▶ Arbeitsblatt ▶ Zellbereich. Um beispielsweise in die Zelle A1 der aktuellen Arbeitsmappe das Wort "Hallo" zu schreiben, können Sie folgende VBA-Anweisung verwenden. *ThisWorkbook* stellt die aktuelle Arbeitsmappe und *ActiveSheet* das aktuelle Arbeitsblatt dar.

*Bild 4.2 Objektzugriff über
die Hierarchie*

```
Sub TestObjekthierarchie()
Application.ThisWorkbook.ActiveSheet.Range("A1") = "Hallo"

End Sub
```

Die Objekte *Application*, *Workbook* und *Worksheet* können auch weggelassen werden, dann bezieht sich die Anweisung automatisch auf die aktuelle Arbeitsmappe und das aktuell ausgewählte Arbeitsblatt und die Anweisung lautet kurz und knapp:

```
Range("A1") = "Hallo"
```

Auflistungen

Eine besondere Form von Objekten bilden die Auflistungen (collections). Sie fassen mehrere gleichartige Objekte zusammen, so umfasst beispielsweise die Auflistung *Worksheets* alle Tabellenblätter einer Arbeitsmappe. In diesem Fall geben Sie in Klammern dahinter den Namen eines bestimmten Objekts ein, z. B. *Worksheets("Tabelle1")*.

Folgende Anweisung fügt im Arbeitsblatt *Tabelle1* in die Zelle A3 den Text „Test" ein:

```
Worksheets("Tabelle1").Range("A3") = "Test"
```

Eine Gegenüberstellung der beiden Objekte bzw. Auflistungen finden Sie auf Seite 91.

Statt *Worksheets* kann auch die Auflistung *Sheets* verwendet werden, dann lautet die Anweisung:

```
Sheets("Tabelle1").Range("A3") = "Test"
```

Eigenschaften, Methoden und Ereignisse von Objekten

Jedes Objekt verfügt über bestimmte Eigenschaften, Methoden und Ereignisse. Betrachten wir als Beispiel ein Arbeitsblatt wie im Bild unten genauer.

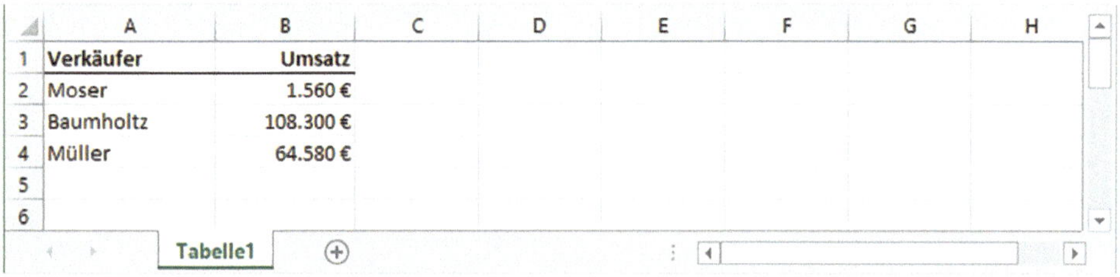

Bild 4.3 Beispiel Excel-Arbeitsblatt

Hier einige Eigenschaften, Methoden und Ereignisse eines Arbeitsblatts (Worksheet).

Eigenschaften	Methoden	Ereignisse
Name (z. B. Tabelle1)	Select (Auswählen)	Activate (Auswahl)
Cells (Zellen)	Delete (Löschen)	Calculate (Neuberechnung)
Rows (Zeilen)	Add (Hinzufügen)	Change (Änderung)
Columns (Spalten)	Copy (Kopieren)	SelectionChange (Markierung)

Eigenschaften

Eigenschaften sind Attribute, die Aussehen und Zustand eines Objekts festlegen, die verfügbaren Eigenschaften sind abhängig vom jeweiligen Objekt. Eigenschaften können in Prozeduren abgefragt werden, einige lassen sich auch per Programmanweisung ändern. Eine der wichtigsten Eigenschaften eines Objekts ist sein Name, da es in VBA auch über den Namen adressiert wird. Hier einige Beispiele:

Aktuelles Arbeitsblatt umbenennen
```
ActiveSheet.Name = "Testblatt"
```

Namen des aktuellen Arbeitsblatts einer Variablen (strBlattName) zuweisen:
```
strBlattName = ActiveSheet.Name
```

Eine wichtige Eigenschaft des Range-Objekts ist die Eigenschaft *Value* (Wert). Auch diese kann mit einer VBA-Anweisung abgefragt oder geändert werden. **Hinweis**: Da *Value* die Standardeigenschaft des Range-Objekts darstellt, kann sie auch weggelassen werden, es sind also beide nachfolgenden Anweisungen zulässig.

```
ActiveSheet.Range("A5").Value = 999
ActiveSheet.Range("A5")= 999
```

Methoden

Aktionen, die an einem Objekt ausgeführt werden

Neben den Eigenschaften verfügen Objekte auch über Methoden. Darunter versteht VBA Aktionen, die an oder mit einem Objekt ausgeführt werden können. So verfügt beispielsweise ein Arbeitsblatt über die Methoden Auswählen (*Activate* oder *Select*) Hinzufügen, Verschieben, Kopieren oder Löschen. Die Tabelle enthält einige Beispiele für häufig benötigte Methoden.

Methode und Beispiel	Beschreibung Beispiel
`Worksheets("Tabelle1").Select`	Wählt das Objekt Tabelle1 aus
`Worksheets("Tabelle1").Activate`	Aktiviert das Objekt Tabelle1
`Worksheets.Add`	Fügt ein neues Tabellenblatt in die aktuelle Mappe ein
`Worksheets.Move`	Verschiebt das aktuelle Tabellenblatt
`Worksheets("Tabelle1").Delete`	Löscht das Objekt Tabelle1
`Range("A1:D5").ClearContents`	Löscht den Inhalt des Zellbereichs A1:D5, die Formate bleiben erhalten
`Range("A1:D10").Clear`	Löscht Inhalte und Formatierungen
`ThisWorkbook.Close`	Schließt die aktuelle Arbeitsmappe

Ereignisse

Beispiele für das Ereignis Öffnen finden Sie in Kapitel 5.4 in Zusammenhang mit ActiveX-Steuerelementen sowie im Workshop UserForms in Kapitel 8.

Ereignisse von Objekten spielen dann eine Rolle, wenn eine Prozedur bei einer bestimmten Aktion ausgeführt werden soll, z. B. beim Öffnen einer Arbeitsmappe (*Open*) oder wenn die Arbeitsmappe gespeichert wird. Dazu erstellen Sie eine sogenannte Ereignisprozedur, Näheres hierzu auf Seite 93. Typische Ereignisse eines Arbeitsblatts sind *Activate*, wenn das Blatt ausgewählt wird oder *Calculate* das auftritt, nachdem das Arbeitsblatt neu berechnet wurde.

Der Objektkatalog

Objektkatalog anzeigen: F2

Eine Übersicht über die verfügbaren Objekte, deren Eigenschaften und Methoden erhalten Sie im VBA-Editor im Objektkatalog. Sie öffnen den Objektkatalog entweder mit der Taste F2, per Mausklick auf das Symbol *Objektkatalog* ❶ (Bild unten) oder über den Menübefehl *Ansicht* ▶ *Objektkatalog*. Mit der *Schließen*-Schaltfläche ❷ des Objektkatalogs kehren Sie zurück in die VBA-Entwicklungsumgebung.

Bild 4.4 Objektkatalog anzeigen

Zur Suche nach einem bestimmten Objekt wählen Sie die gewünschte Bibliothek, in unserem Fall *Excel* ❶ und geben im Feld darunter ❷ einen Begriff ein, z. B. „worksheet" (auch unvollständige Angaben sind möglich). Klicken Sie dann auf das Symbol *Suchen* ❸.

Bild 4.5 Beispiel Worksheet

Das Suchergebnis erscheint unterhalb in einem weiteren Teilfenster ❶ (Bild 4.6 unten), hier sehen Sie auch die Zugehörigkeit zur jeweiligen Bibliothek. Klicken Sie auf ein Objekt, im Bild *Worksheets*, so wird unterhalb im Fenster *Klassen* ❷ automatisch diese Objektklasse ausgewählt und im Fenster *Elemente von "Worksheets"* ❸ erscheinen alphabetisch geordnet alle dazugehörigen Eigenschaften, Methoden und Ereignisse. Klicken Sie auf ein Element der Liste, z. B. *Add*, so erhalten Sie darunter die Syntax ❹.

Bild 4.6 Beispiel Worksheets: Suchergebnisse

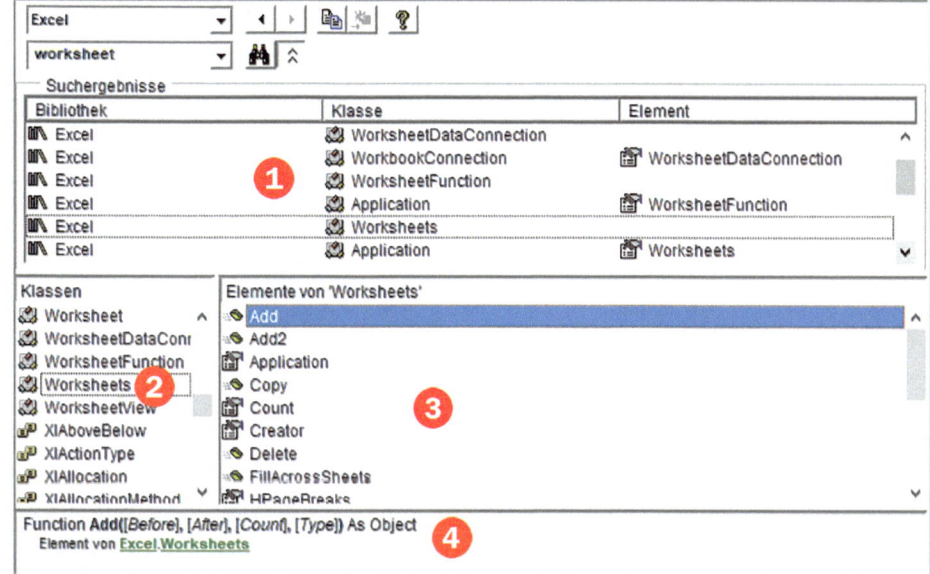

An den Symbolen können Sie erkennen, ob es sich um eine Eigenschaft (Property), eine Methode (Function) oder ein Ereignis (Event) handelt.

Symbol	Typ	Beispiel	
🖼	Objekt	`Worksheet`	(Arbeitsblatt)
🖼	Eigenschaft	`Name`	(Name)
🖋	Methode/Funktion	`Delete`	(Löschen)
⚡	Ereignis	`Activate`	(Aktivieren)

Objektvariablen

Deklaration und Datentyp

Auch für Objekte können mit der Anweisung *Dim* Variablen deklariert werden, als Datentyp muss der jeweilige Objekttyp gewählt werden, z. B. *Worksheet*. Damit verfügt die Objektvariable automatisch über alle Eigenschaften, Methoden und Ereignisse dieses Objekttyps. Mit der Anweisung *Set* wird der Objektvariablen ein Objekt zugewiesen. Als Beispiel wurde im Bild unten die Objektvariable *objBlatt* vom Typ *Worksheet* deklariert und dieser anschließend das Arbeitsblatt *Tabelle1* zugewiesen. Die Variable *objZellbereich* ist vom Typ *Range* und erhält einen Verweis auf den Zellbereich A1:B5.

Bild 4.7 Deklaration und Zuweisung von Objektvariablen

```
Sub Objektvariablen()
'Beispiel für die Deklaration von Objektvariablen
    Dim objBlatt As Worksheet                           'Deklaration
    Dim objZellbereich As Range

    Set objBlatt = ThisWorkbook.Sheets("Tabelle1")      'Objekte zuweisen
    Set objZellbereich = Range("A1:B5")

    Set objBlatt = Nothing                              'Objektvariablen zurücksetzen
    Set objZellbereich = Nothing

End Sub
```

Objektvariable zurücksetzen

Um nicht benötigten Speicherplatz freizugeben, sollten Sie anschließend Objektvariablen wieder zurücksetzen, dies geschieht dies mit: `Set Objektvariable = Nothing`

Beispiel Arbeitsblatt einfügen und umbenennen

Als Beispiel für die Verwendung einer Objektvariablen das Einfügen und anschließende Umbenennen eines neuen Arbeitsblatts in der aktuellen Arbeitsmappe. Da der Name des neuen Arbeitsblatts nicht im voraus bekannt ist (neue Arbeitsblätter erhalten der Reihe nach die Namen *Tabelle1*, *Tabelle2*, *Tabelle*...), lösen Sie das Problem mit Hilfe einer Objektvariablen vom Typ *Worksheet*. Weisen Sie das neue Arbeitsblatt einer Objektvariablen zu und benennen Sie anschließend diese um.

```
Sub BlattEinfügenUmbenennen()
'Ein neues Blatt einfügen und anschließend umbenennen

    Dim objNeuesBlatt As Worksheet
    Set objNeuesBlatt = Worksheets.Add
    objNeuesBlatt.Name = InputBox("Welchen Namen soll das Blatt erhalten?")
    Set objNeuesBlatt = Nothing
End Sub
```

Bild 4.8 Ein neues Arbeitsblatt einer Objektvariablen zuweisen und umbenennen

4.2 Arbeitsmappen und Arbeitsblätter

Arbeitsblätter

Bei der Adressierung von Arbeitsblättern müssen die übergeordneten Objekte *Application* und *Workbook* nicht vorangestellt werden, wenn es sich um Arbeitsblätter der aktuellen Arbeitsmappe handelt. Es gibt verschiedene Möglichkeiten, wie Sie mit VBA auf die Arbeitsblätter einer Mappe zugreifen.

▸ Als Element der Auflistung *Worksheets*. Diese umfasst alle Arbeitsblätter der Arbeitsmappe in Tabellenform.

▸ Als Element der Auflistung *Sheets*. Dazu gehören nicht nur Arbeitsblätter mit Tabellen sondern auch Diagrammblätter (*Charts*).

▸ Über die Auflistung *Charts*, diese umfasst ausschließlich Diagrammblätter.

▸ *ActiveSheet* stellt einen Verweis auf das aktuelle Arbeitsblatt dar.

Name oder Indexwert?

Der Zugriff auf ein bestimmtes Blatt einer Auflistung (*Worksheets* oder *Sheets*) kann über den Namen oder die Position (Indexwert) erfolgen. Eine Auswahl über den Index ist allerdings nicht empfehlenswert, da dieser abhängig ist von der relativen Position innerhalb der Arbeitsmappe und somit auch veränderbar. In der Tabelle einige Beispiele zum Auswählen eines Arbeitsblattes, die Methoden *Select* und *Activate* unterscheiden sich kaum voneinander. Da das aktuelle Arbeitsblatt bereits ausgewählt ist, kann diesem mit einer einfachen Anweisung z. B. ein Name zugewiesen werden.

Zugriff über...	Anweisung/en
Name	`Worksheets("Tabelle1").Select` `Sheets("Tabelle1").Activate`
Indexwert	`Worksheets(1).Select` `Sheets(5).Select`
Aktuelles Blatt	`ActiveSheet.Name = "Januar"`

91

Ausgewählte Eigenschaften und Methoden

In der Tabelle unten einige Methoden und Eigenschaften von Arbeitsblättern. Statt der Auflistung *Worksheets* kann in den meisten Fällen auch *Sheets* verwendet werden (siehe vorherige Seite).

Sie möchten...	Anweisung
Ein neues Arbeitsblatt einfügen	`Worksheets.Add`
Ein Arbeitsblatt auswählen	`Worksheets("Tabelle1").Select` `Worksheets("Tabelle1").Activate`
Ein Arbeitsblatt löschen	`Worksheets("Tabelle1").Delete` `ActiveSheet.Delete`
Die Anzahl aller Arbeitsblätter der Mappe ermitteln	`Worksheets.Count`
Einem Arbeitsblatt einen Namen zuweisen	`Worksheets("Tabelle1").Name = "Test"` `ActiveSheet.Name = "Test"`

Beispiel Arbeitsblatt umbenennen

Zum Ändern von Eigenschaften muss ein Arbeitsblatt nicht zwingend zuvor ausgewählt werden. Zum Beispiel benennen Sie mit der folgenden Anweisung das Blatt *Tabelle2* um in *Februar*, auch wenn es sich nicht um das aktuelle Blatt handelt.

```
WorkSheets("Tabelle2").Name = "Februar"
```

Arbeitsblätter an einer bestimmten Stelle einfügen

Über zusätzliche optionale Parameter können Sie bei der Methode `Worksheets.Add` bzw. `Sheets.Add` auch die Anzahl der Blätter und die genaue Stelle definieren, an der die Arbeitsblätter eingefügt werden sollen. Die Syntax mit einigen Beispielen:

```
Worksheets.Add [Before],[After],[Count]
```

Ein Arbeitsblatt links von Tabelle1 einfügen
```
Worksheets.Add Worksheets("Tabelle1")
```

Zwei Arbeitsblätter vor dem letzten Blatt einfügen
```
Worksheets.Add Before:=Worksheets(Worksheets.Count), Count:=2
```

Zugriff auf Arbeitsmappen

Zwischen geöffneten Arbeitsmappen wechseln

In der Regel beziehen sich Anweisungen auf die aktuelle Arbeitsmappe, dann kann das übergeordnete Arbeitsmappen-Objekt *ThisWorkbook* auch weggelassen werden. Sind mehrere Arbeitsmappen geöffnet, dann verwenden Sie die Auflistung *Workbooks*, um zwischen den Arbeitsmappen zu wechseln. Die Adressierung einer bestimmten Mappe kann ebenfalls über den Namen oder den Indexwert vorgenommen werden.

Achtung: der Indexwert entspricht der Reihenfolge, in der die Arbeitsmappen geöffnet wurden und dürfte daher nicht immer identisch sein. Verwenden Sie also besser den Namen der Arbeitsmappe in der Form:

```
Workbooks("Mappe1.xlsx").Activate
Workbooks("Mappe1.xlsx").Worksheets("Tabelle2").Activate
```

Arbeitsmappe öffnen

Zum Öffnen einer Excel-Arbeitsmappe muss der vollständige Dateipfad einschließlich der Dateinamenerweiterung angegeben werden, z. B.

```
Workbooks.Open "D:\Daten\Uebung.xlsx"
```

Neue Arbeitsmappe erstellen

Eine neue Arbeitsmappe erstellen Sie mit der Anweisung:

```
Workbooks.Add
```

Ereignisprozeduren für Arbeitsmappen und Arbeitsblätter erstellen

Als Ereignisprozeduren bezeichnet man Prozeduren, die bei einem bestimmten Ereignis, z. B. Öffnen der Arbeitsmappe, automatisch ausgeführt werden. Im Gegensatz zu den bisher erstellen Prozeduren werden Ereignisprozeduren nicht in einem Modul, sondern im dazugehörigen Codefenster des entsprechenden Objekts abgelegt.

Die aktuelle Arbeitsmappe, jedes Arbeitsblatt sowie benutzerdefinierte Formulare (UserForms) verfügen über jeweils ein eigenes Codefenster. Hier befindliche VBA-Prozeduren besitzen nur im dazugehörigen Objekt Gültigkeit. Man bezeichnet daher den hier enthaltenen Code auch als „behind form", d. h. nur zum Objekt gehörig.

> Im Codefenster eines Objekts sollten nur Ereignisprozeduren abgelegt werden, aber keine allgemein benötigten Prozeduren.

Das Codefenster eines Objekts öffnen Sie über das Projektfenster des VBA-Editors. Entweder per Doppelklick auf das Objekt, z. B. *DieseArbeitsmappe* oder Rechtsklick auf das Objekt und den Befehl *Code anzeigen*.

Bild 4.9 Codefenster zum Objekt Diese Arbeitsmappe öffnen

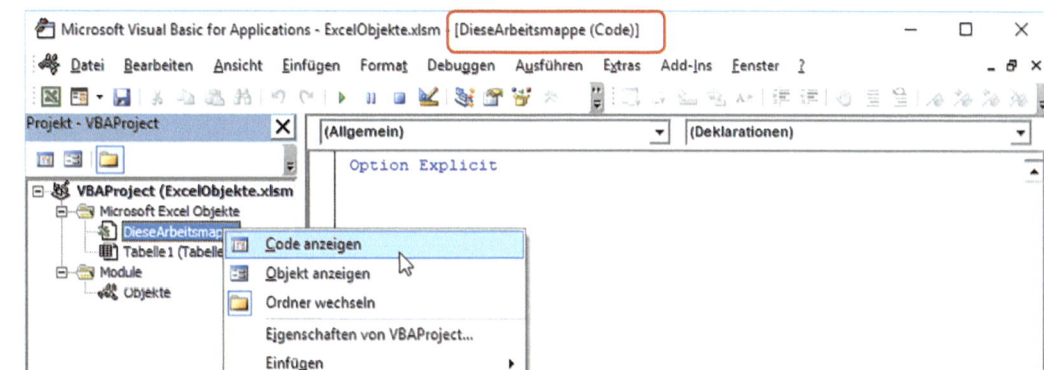

Code des markierten
Objekts anzeigen: F7

Alternativ markieren Sie das Objekt im Projektfenster und klicken auf das Symbol *Code anzeigen* 🗔 oder betätigen die Taste F7. **Tipp**: Im Titel des VBA-Editors ist ersichtlich, welches Codefenster Sie gerade vor sich haben, siehe Bild 4.9.

Beispiel: Beim Öffnen der Arbeitsmappe eine Begrüßung ausgeben

Als Beispiel eine einfache Prozedur, die beim Öffnen der Arbeitsmappe ein Begrüßung in einem Meldungsfenster (*MsgBox*) anzeigt.

1   Doppelklicken Sie in ersten Schritt im Projektfenster auf *Diese Arbeitsmappe*, um das Codefenster der Arbeitsmappe zu öffnen.

2   Wählen Sie dann oberhalb des eigentlichen Codebereichs mit Klick auf den Dropdown-Pfeil das Objekt *Workbook* aus.

Bild 4.10 Die Ereignisprozedur Workbook_Open erzeugen

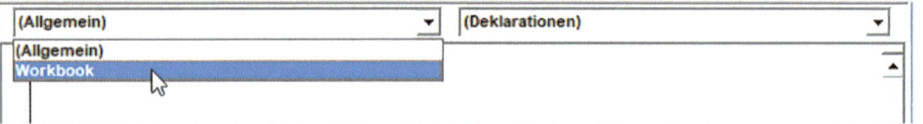

3   Die Ereignisprozedur *Workbook_Open* mit dem Zusatz *Private* wird erzeugt. Ergänzen Sie die Prozedur um die Anweisung zum Aufruf des Meldungsfensters, z. B. mit dem unten abgebildeten Text:

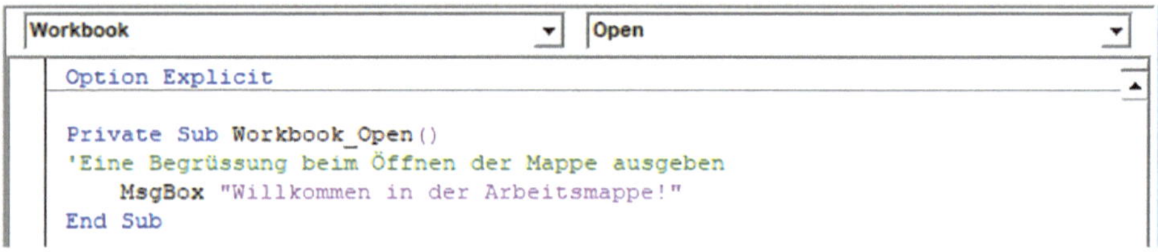

Bild 4.11 Begrüßung anzeigen

```
Option Explicit

Private Sub Workbook_Open()
'Eine Begrüssung beim Öffnen der Mappe ausgeben
    MsgBox "Willkommen in der Arbeitsmappe!"
End Sub
```

4   Zum Testen dieser Prozedur speichern Sie alle Änderungen, schließen die Arbeitsmappe und öffnen sie erneut. Nach dem Öffnen erscheint nun die Meldung.

Bild 4.12 Die Meldung beim Öffnen der Mappe

Tipp: Komplexe Prozeduren sollten Sie besser in einem Modul speichern und aus der Ereignisprozedur heraus aufrufen. Dies hat den Vorteil, dass die Prozedur auch in anderen Bereichen der Arbeitsmappe zur Verfügung steht.

Andere Ereignisse

Das Ereignis *Open* bildet das Standardereignis einer Arbeitsmappe und eine entsprechende Ereignisprozedur automatisch erstellt, sobald das Objekt *Workbook* ausgewählt wird, siehe Bild 4.10.

Das Standardereignis für Arbeitsblätter ist das Ereignis *SelectionChange*, das auftritt, wenn in einem Arbeitsblatt die Markierung geändert wird, also eigentlich immer, wenn auf eine Zelle geklickt wird. Sie können das testen, indem Sie das Codefenster für ein beliebiges Tabellenblatt, z. B. *Tabelle1* öffnen, das Objekt *Worksheet* auswählen und in die so erzeugte Ereignisprozedur eine beliebige Meldung einfügen (Bild 4.13).

Wechseln Sie dann zu diesem Tabellenblatt. Die Meldung erscheint jedes Mal, wenn Sie auf eine beliebige Zelle klicken oder diese mit den Pfeiltasten auswählen oder einen Zellbereich mit der Maus markieren. Vergessen Sie also nicht, diese Prozedur wieder zu löschen oder zumindest in Kommentar umzuwandeln!

```
Worksheet                          ▼    SelectionChange                  ▼

    Option Explicit                                                       ▲

    Private Sub Worksheet_SelectionChange(ByVal Target As Range)
    'Meldung beim Markieren anzeigen
        MsgBox "Markierung geändert"
    End Sub
```

Bild 4.13 Das Ereignis SelectionChange

Beispiel Änderungen im Arbeitsblatt

Um auf Änderungen in Zellen zu reagieren, verfügen Arbeitsblätter über das Ereignis *Change*. Es tritt auf, wenn eine Zelle oder ein Zellbereich im Arbeitsblatt geändert wurde. Allerdings erzeugt die Auswahl des Objekts *Worksheet* zunächst immer eine Prozedur zum Ereignis *SelectionChange*. Ignorieren Sie den erzeugten Prozedurrumpf, klicken Sie im Feld *Ereignis* auf den Dropdown-Pfeil und wählen Sie *Change* aus.

```
Worksheet                          ▼    SelectionChange                  ▼

    Option Explicit                       Change                          ∧
                                          Deactivate
                                          FollowHyperlink
    Private Sub Worksheet_SelectionChange LensGalleryRenderComplete
                                          PivotTableAfterValueChange
    End Sub                               PivotTableBeforeAllocateChanges
                                          PivotTableBeforeCommitChanges
                                          PivotTableBeforeDiscardChanges
                                          PivotTableChangeSync
                                          PivotTableUpdate
                                          SelectionChange
                                          TableUpdate                     ∨
```

Bild 4.14 Wählen Sie für das Objekt Worksheet ein Ereignis aus

Die vorhandene Prozedur wird dadurch nicht geändert, sondern eine neue Prozedur erzeugt. Die überflüssige Prozedur können Sie später einfach löschen.

```
Private Sub Worksheet_Change(ByVal Target As Range)

End Sub
```

Bild 4.15 Das Ereignis Change

Das Ereignis *Change* liefert unter dem Namen *Target* einen Rückgabewert vom Typ *Range*. Als Beispiel gibt die folgende Ereignisprozedur eine Meldung aus, in welcher Zeile (*Target.Row*) der Zellinhalt geändert wurde.

Bild 4.16 Meldung bei Änderung einer Zelle

```
Private Sub Worksheet_Change(ByVal Target As Range)
'Zeile, in der ein Zellinhalt geändert wurde
    MsgBox "Eine Zelle in Zeile " & Target.Row & " wurde geändert"
End Sub
```

Achtung: Das *Change* Ereignis tritt nicht auf bei einer Neuberechnung des Arbeitsblatts. Für diesen Fall verwenden Sie das Ereignis *Calculate*.

4.3   Das Range Objekt (Zellen und Zellbereiche)

Kommen wir zu einem der wesentlichen Punkte für VBA in Excel, nämlich wie Sie die Zellen und Zellbereiche adressieren, da hier die Auswahl einer Zelle oder eines Zellbereichs per Mausklick nicht funktioniert. Zur Adressierung einer Zelle oder eines Zellbereichs wird das Objekt *Range* verwendet. Das übergeordnete Objekt *Worksheet* muss nur vorangestellt werden, wenn sich die Zelle in einem anderen Arbeitsblatt befindet.

```
Worksheets(Tabelle).Range
```

Zell- und Bereichsadresse als Text

In der einfachsten Form geben Sie die Adresse in der Schreibweise A1 als Text an. Die folgende Anweisung schreibt im Arbeitsblatt *Tabelle1* das Wort „Test" in die Zelle A3.

Bild 4.17 Text in eine Zelle schreiben

```
Sub TextinZelle()
'Ein Wort in eine Zelle schreiben
    Worksheets("Tabelle1").Range("A3").Value = "Test"
End Sub
```

Auswählen bzw. markieren

Range kann sowohl eine einzelne Zelle als auch einen Zellbereich umfassen. Zum Auswählen bzw. Markieren einer einzelnen Zelle können die Methoden *Activate* oder *Select* verwendet werden. Die Auswahl eines Zellbereichs geschieht dagegen mit *Select*.

Einzelne Zelle: Activate oder Select

Zelle auswählen
```
Range("A5").Select
Range("D4").Activate
```

Zellbereich: Select

Zellbereich auswählen
```
Range("A2", "B10").Select
Range("A2:B10").Select
```

Befindet sich allerdings die gewünschte Zelle in einem anderen Arbeitsblatt, so muss zuerst dieses Arbeitsblatt mit *Select* oder *Activate* ausgewählt werden, sonst erhalten Sie einen Laufzeitfehler, da sich der Index außerhalb des gültigen Bereichs befindet. Um z. B. im Arbeitsblatt *Tabelle3* die Zelle D10 zu markieren, benötigen Sie die beiden folgenden Anweisungen:

```
Worksheets("Tabelle3").Select
Range("D10").Select
```

Werte in Zellen eintragen

Zellinhalte können über die *Value* Eigenschaft sowohl zugewiesen als auch ausgelesen werden. Da diese Eigenschaft die Standardeigenschaft von Zellen ist, kann sie auch weggelassen werden. Es ist auch nicht notwendig, dass die Zelle zuvor mit *Select* oder *Activate* ausgewählt wird. Dies gilt auch, wenn sich die Zelle in einem anderen Arbeitsblatt befindet.

```
Range("D5").Value = 125
Range("D7") = "Musterbeispiel"
Worksheets("Tabelle1").Range("E1") = 99
```

Beispiel: Das aktuelle Arbeitsblatt erhält als Name den Inhalt der Zelle A1:

```
Sub BlattName()
'Inhalt der Zelle A1 als Blattname
    Worksheets("Tabelle3").Select
    ActiveSheet.Name = Range("A1").Value
End Sub
```

Bild 4.18 Zellinhalt auslesen

Zellinhalte und Formatierungen löschen

Die Methode *Clear* löscht Inhalte und Formatierungen einer Zelle oder eines Zellbereichs und entspricht dem Befehl *Alle löschen*. *ClearContents* löscht dagegen nur die Inhalte, Formatierungen bleiben erhalten, diese Methode entspricht der Taste Entf.

```
Worksheets("Tabelle1").Range("A1:D10").Clear
```

Adressierung über Cells

Mit *Cells* können ebenfalls Zellen und Zellbereiche adressiert werden. *Cells* ist eine Eigenschaft des *Worksheet* Objekts die ein *Range* Objekt zurückgibt. Die Adressierung erfolgt in der Form

```
Worksheets(Tabelle).Cells(Zeile, Spalte)
```

Beachten Sie die Schreibweise bzw. Reihenfolge:

Zeile, Spalte

oder Z1S1

Der Unterschied zur oben beschriebenen Adressierung mittels Text: Zeile und Spalte werden über ihren Index bzw. als Zahl angegeben, also z. B. *Cells(1,2)* statt "B1". Auf diese Weise lassen sich auch Variablen zu Adressierung von Zellen und Zellbereichen einsetzen, z. B. innerhalb einer Schleife. In der Praxis erfolgt daher die Zelladressierung meist in dieser Form statt als Text in der Schreibweise A1. Beachten Sie aber die Reihenfolge Zeile, Spalte, hier einige Beispiele:

In Zelle B7 eine Zahl schreiben
```
Worksheets("Tabelle1").Cells(7, 2).value = 777
```

Ohne Angabe des Arbeitsblatts bezieht sich *Cells* auf das aktuelle Blatt. Beispiel: In A5 des aktuellen Arbeitsblatts das Wort „Test" schreiben
```
Cells(5,1).Value = "Test"
```

Die Angabe eines Zellbereichs erfordert zusätzlich *Range*. Beispiel: A1 bis C5 markieren
```
Range(Cells(1, 1), Cells(5, 3)).Select
```

Beispiel: Zellen nacheinander mittels Schleife adressieren

Das folgende Beispiel fügt am Ende ein neues Tabellenblatt ein und füllt hier die Zellen A1 bis A50 mit den Zahlen von 1 bis 50 aus. Die Zählervariable kann daher gleichzeitig als Zellinhalt zugewiesen werden.

Bild 4.19 Zellen mittels Schleife ausfüllen

```
Sub ZahlenAusfuellen()
'Fügt am Ende ein neues Blatt ein
'und füllt A1:A50 mit den Zahlen von 1 bis 50 aus

    Dim objNeuesBlatt As Worksheet
    Dim z As Long                          'Zählervariable
    Set objNeuesBlatt = Worksheets.Add(after:=Worksheets(Worksheets.Count))

    objNeuesBlatt.Select
    For z = 1 To 50
        Cells(z, 1).Value = z
    Next
End Sub
```

> Der Vorteil der Eigenschaft *Cells*: Zeile und/oder Spalte können mit Variablen vom Typ Long angegeben werden.

Arbeiten mit der aktiven Zelle bzw. dem markierten Zellbereich

Die aktive bzw. markierte Zelle

Activate und Select entspricht dem Markieren von Zellen

Wenn zuvor mit der Methode *Activate* oder *Select* eine Zelle ausgewählt wurde, stellt diese die aktive Zelle dar und kann über *ActiveCell* angesprochen werden. *ActiveCell* gibt ein Range-Objekt zurück, daher sind auch für *ActiveCell* alle Eigenschaften und Methoden des Range-Objekts verfügbar, z. B. einen Wert zuweisen oder Inhalte löschen.

```
ActiveCell.Value = 777
ActiveCell.ClearContent
```

Wurde ein Zellbereich markiert, so kann trotzdem nur eine Zelle die *ActiveCell* sein, in diesem Fall immer die Zelle in der linken oberen Ecke des Zellbereichs.

Beachten Sie: *ActiveCell* kann sich nur im aktuell ausgewählten Arbeitsblatt befinden. Eventuell muss daher zuvor mit *Worksheets(Tabelle).Select* das Tabellenblatt ausge-

wählt werden, bevor Sie mit *Range* oder *Cells* eine Zelle oder einen Zellbereich auswählen.

*Bild 4.20 ActiveCell muss
sich im aktuellen Blatt
befinden*

```
Sub AktuelleZelle()
' Zelle C3 im Blatt Tabelle1 mit
' roter Hintergrundfarbe formatieren

    Worksheets("Tabelle1").Select
    Range("C3").Activate
    ActiveCell.Interior.Color = vbRed

End Sub
```

Der gesamte aktive Zellbereich

Wenn ein Zellbereich markiert wurde und die Anweisung den gesamten Zellbereich
einbeziehen soll, dann verwenden Sie *Selection* statt *ActiveCell*. Die folgende Anweisung wählt das Arbeitsblatt Tabelle1 aus, markiert hier den Bereich A1 bis C10 und
löscht anschließend alle Inhalte und Formate des markierten Bereichs.

*Bild 4.21 Inhalte eines
Bereichs löschen*

```
Sub InhalteLoeschen()
' Betreich A1:C10 im Blatt Tabelle1 markieren
' und Inhalte löschen

    Worksheets("Tabelle1").Select
    Range("A1:C10").Activate
    Selection.Clear

End Sub
```

Markierung mit der Offset Methode verschieben

Die *Offset* Methode bezieht sich auf die aktive Zelle (*ActiveCell*) und verschiebt die Markierung um die angegebene Zeilen- und Spaltenzahl. Die Syntax:

```
ActiveCell.Offset(Zeilen, Spalten)
```

Beispiel: Die folgenden Anweisungen markieren im aktuellen Tabellenblatt zuerst die
Zelle B10 und verschieben anschließend die Markierung in derselben Spalte um 5 Zeilen nach unten. Dadurch wird die Zelle B15 markiert.

```
Range("B10").Select
ActiveCell.Offset(5, 0).Select
```

Auch negative Angaben sind möglich, dann wird die Markierung nach links bzw. oben
verschoben. Die folgende Anweisung verschiebt die Markierung um 1 Zeile nach oben
und 3 Spalten nach links.

```
ActiveCell.Offset(-1, -3).Select
```

Position der aktuellen Zelle ermitteln

Um die aktuelle Position, beispielsweise der markierten Zelle oder das aktive Arbeitsblatt zu ermitteln, können die folgenden Anweisungen verwendet werden:

Beschreibung	Anweisung
Die Adresse der aktuell markierten/ aktiven Zelle des aktuellen Arbeitsblattes in der Form $A$1	`ActiveCell.Adress`
Die Zeilennummer der aktiven Zelle	`ActiveCell.Row`
Die Spaltennummer der aktiven Zelle	`ActiveCell.Column`
Name der aktuellen Tabelle	`ActiveSheet.Name` `ActiveCell.Parent.Name`
Name der Arbeitsmappe	`ActiveSheet.Parent.Name`

Hinweis: Die Eigenschaft *Parent* steht für das jeweils übergeordnete Objekt. Bei einem Zellbereich ist dies das Arbeitsblatt, in einem Arbeitsblatt die Arbeitsmappe.

Beispiele

▷   Die Adresse der aktuell markierten Zelle in der Schreibweise $A$1 ermitteln und in einem Meldungsfenster ausgeben. Wenn ein Zellbereich markiert ist, dann liefert die Prozedur die Adresse der Zelle in der linken oberen Ecke des Bereichs.

Bild 4.22 Adresse der markierten Zelle in der Schreibweise $A$1

```
Sub AdresseZelle()
'Adresse der aktuell markierten Zelle
'in der Schreinweise $A$1

    Dim adresse As String
    adresse = ActiveCell.Address
    MsgBox "Zelle " & adresse & " ist markiert!"
End Sub
```

Bild 4.23 Das Ergebnis

▷   Die Adresse der markierten Zelle in der Schreibweise Zeile, Spalte ermitteln. Dies entspricht *Cells(*Zeile, Spalte*)*.

Bild 4.24 Zeile und Spalte ermitteln

Die dazugehörige Prozedur:

```vba
Sub AdresseZeileSpalte()
'Adresse der aktuell markierten Zelle
'in der Schreibweise Zeile, Spalte

    Dim Zeile As Long
    Dim Spalte As Long
    Zeile = ActiveCell.Row
    Spalte = ActiveCell.Column
    MsgBox "Zelle in Zeile " & Zeile & " und Spalte " & Spalte & " ist markiert!"
End Sub
```

➤ Die unten abgebildete Prozedur ermittelt den Namen des aktuellen Tabellenblatts. Statt *ActiveCell.Parent.Name* könnte auch *ActiveSheet.Name* verwendet werden, da sich die aktive Zelle in jedem Fall im aktuellen Blatt befindet.

```vba
Sub NameTabellenblatt()
'Tabellenblatt anzeigen in dem sich die mrkierte Zelle befindet

    Dim BlattName As String
    BlattName = ActiveCell.Parent.Name
    MsgBox "Der Name des aktuellen Arbeitsblatts: " & BlattName
End Sub
```

Umfang eines Zellbereichs ermitteln

Auch in VBA ist Excel in der Lage, zusammenhängende Tabellenbereiche zu erkennen. Häufig geht es ja darum, einen Zellbereich auszuwerten, dessen genauer Umfang nicht bekannt oder veränderbar ist. Hierzu verwenden Sie die Eigenschaft *CurrentRegion*, die ebenfalls ein *Range* Objekt zurückgibt. So markiert beispielsweise die folgende Anweisung den Zellbereich, der die aktuell markierte Zelle umgibt.

```vba
ActiveCell.CurrentRegion.Select
```

Als Beispiel das Markieren eines Zellbereichs im Tabellenblatt Namensliste. Da A1 einen festen Bezugspunkt für die angegebene Tabelle (siehe Bild 4.28) bildet, wird diese Zelle zuvor ausgewählt.

```vba
Sub BereichMarkieren()
'Zellbereich ab A1 markieren
    Worksheets("Namensliste").Select
    ActiveSheet.Range("A1").Select
    ActiveCell.CurrentRegion.Select
End Sub
```

	A	B	C	D	E	F	G	H	I
1	Nachname	Vorname	Geburtsdatum						
2	Müller	Sabine	01.06.1981						
3	Brösel	Werner	15.01.1972						
4	Kabelschacht	Alfred	03.08.1985						
5	Fröhlich	Frieda	11.10.1965						
6	Waldbach	Horst	24.05.1970						
7									
8									

Beispiel Zellbereich formatieren

Die Eigenschaft *CurrentRegion* kann beispielsweise zum Formatieren eines Zellbereichs eingesetzt werden, dessen Umfang nicht bekannt ist. Hier ein Beispiel:

Die Zellen der unten abgebildeten Tabelle sollen Schriftgröße 8 und rote Schrift erhalten. Unabhängig von der Anzahl der Zeilen und Spalten beginnt die Tabelle A1, daher wird zuerst diese Zelle aktiviert.

Bild 4.29 Beispiel

	A	B	C	D	E	F	G	H
1	Nachname	Vorname	Geburtsdatum					
2	Müller	Sabine	01.06.1981					
3	Brösel	Werner	15.01.1972					
4	Kabelschacht	Alfred	03.08.1985					
5	Fröhlich	Frieda	11.10.1965					
6	Waldbach	Horst	24.05.1970					
7								
8								

Bild 4.30 Die dazugehörige Prozedur

```
Sub BereichFormatieren()
'Zellbereich in Schriftgröße 8 und roter Schrift formatieren

    Worksheets("Namensliste").Select
    ActiveSheet.Range("A1").Select
    ActiveCell.CurrentRegion.Select
    With Selection.Font
        .Size = 8
        .Color = vbRed
    End With
End Sub
```

Anzahl der Zeilen und Spalten ermitteln

Mit *CurrentRegion* lässt sich auch die Anzahl der Zeilen und Spalten eines Zellbereichs ermitteln, um so beispielsweise nur Zeilen oder Spalten zu durchlaufen. Verwenden Sie dazu die folgenden Anweisungen

```
ActiveCell.CurrentRegion.Rows.Count
ActiveCell.CurrentRegion.Columns.Count
```

Die folgende Prozedur ermittelt für die Tabelle im Blatt Namensliste (siehe Bild 4.29) die Anzahl der Zeilen und Spalten und gibt diese in einem Meldungsfenster aus.

Bild 4.31 Anzahl der Zeilen und Spalten eines Zellbereichs

```
Sub AnzahlZeilenSpalten()
'Anzahl der Zeilen und Spalten im Blatt Namensliste ermitteln

    Dim Zeilen As Long
    Dim Spalten As Long

    Worksheets("Namensliste").Select
    ActiveSheet.Range("A1").Select
    Zeilen = ActiveCell.CurrentRegion.Rows.Count
    Spalten = ActiveCell.CurrentRegion.Columns.Count

    MsgBox "Die Tabelle umfasst " & Zeilen & " Zeilen und " & Spalten & " Spalten"
End Sub
```

Beispiel: Jede zweite Zeile mit einer Füllfarbe formatieren

An dieser Stelle ein Beispiel, das in zahlreichen Varianten existiert. In dieser Prozedur geht es darum, jede zweite Zeile eines Zellbereichs mit einer Füllfarbe zu formatieren, in diesem Beispiel hellgelb. Damit diese Prozedur auch auf beliebige Zellbereiche in jedem beliebigen Blatt angewendet werden kann, muss in diesem Fall zuvor der zu formatierende Bereich mit Ausnahme der Überschrift markiert werden, siehe Bild 4.32.

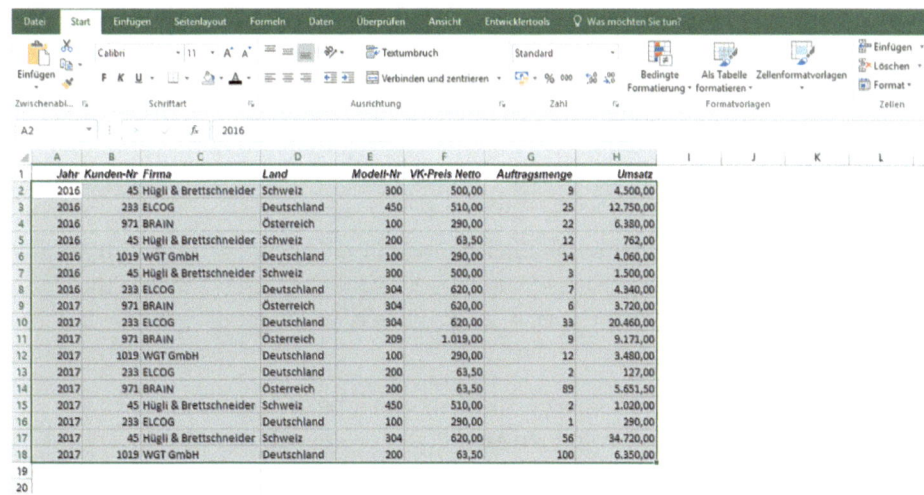

Bild 4.32 Jede zweite Zeile formatieren

Beispieldatei: ExcelObjekte.xlsm

Die dazugehörige Prozedur:

Bild 4.33 Die dazugehörigen Anweisungen

```
Sub ZeilenFuellen()
'Formatiert jede zweite Zeile des markierten Zellbereichs
'in einer anderen Farbe

    Dim ErsteZeile As Integer
    Dim ErsteSpalte As Integer
    Dim AnzZeilen As Integer
    Dim AnzSpalten As Integer
    Dim N As Integer

    ErsteZeile = Selection.Row
    ErsteSpalte = Selection.Column

    AnzZeilen = Selection.Rows.Count - 1
    AnzSpalten = Selection.Columns.Count - 1
    For N = 0 To AnzZeilen
        With Range(Cells(ErsteZeile + N, ErsteSpalte), _
            Cells(ErsteZeile + AnzZeilen, ErsteSpalte + AnzSpalten))
            If N Mod 2 = 0 Then
                .Interior.Color = RGB(255, 255, 200)
            Else
                .Interior.ColorIndex = xlNone
            End If
        End With
    Next
End Sub
```

▶ Mit den Eigenschaften *Selection.Row* und *Selection.Column* ermitteln Sie die linke obere Ecke des markierten Zellbereichs. Alternativ könnten dazu auch die bereits erwähnten Eigenschaften *ActiveCell.Row* und *ActiveCell.column* verwendet werden.

▶   Über *Selection.Columns.Count* wird anschließend die Anzahl der markierten Spalten (in diesem Beipiel 8) ermittelt. Wenn Sie nun die erste Spalte und die Anzahl der Spalten addieren, um die letzte markierte Spalte zu berechnen, dann erhalten Sie nicht das korrekte Ergebnis, da die erste Spalte doppelt einbezogen wird. Daher müssen den Wert korrigieren, indem Sie 1 subtrahieren. Dasselbe gilt auch für die Zeilen. Der zu formatierende Zellbereich ist somit Z2, S1 bis Z18, S8.

▶   Da mit der Anzahl der Zeilen auch die Anzahl der Wiederholungen feststeht, kann im nächsten Schritt eine Zählerschleife verwendet werden (*For … Next*).

▶   Um die nächste Zeile zu adressieren, wird innerhalb der Wiederholungsschleife einfach die Zählervariable zur Zeile addiert.

▶   Nun muss nur noch mit einer einfachen Bedingung (*If … Then … Else*) überprüft werden, ob die Zählervariable eine gerade Zahl, also durch 2 teilbar ist. *Mod 2* (Modulo) liefert den Rest der Division durch 2; ist dieser 0, so handelt es sich um eine gerade Zahl.

▶   Zuletzt braucht nur noch die gewünschte Füllfarbe angegeben werden. Mit der Eigenschaft *Interior.color* können Sie entweder eine VBA-Konstante, z. B. *vbRed* oder mit der Funktion *RGB* einen Farbwert zuweisen. Benötigen Sie keine Farbe, dann verwenden Sie am besten *xlNone* = keine Füllung.

Farbe als RGB Wert

Um einem Objekt eine bestimmte Farbe zuzuweisen, können Sie auf die interierten VBA Konstanten zurückgreifen, z. B. *vbRed* oder *vbBlack*. Um eine beliebige andere Farbe zu verwenden, können Sie die Farbe auch als RGB-Farbwert angeben mit der Funktion *RGB*. Die Schreibweise: RGB (Red, Green, Blue)

Bild 4.34 RGB-Wert einer Farbe ermitteln

Tipp: Wie finden Sie den gewünschten RGB-Farbwert? Dies ist ganz einfach: Formatieren Sie im Tabellenblatt eine beliebige Zelle mit der gewünschten Farbe, markieren Sie diese und klicken Sie auf den Dropdown-Pfeil der Schaltfläche *Füllfarbe*. Wählen Sie *Weitere Farben…* und klicken Sie im Dialogfenster *Farben* auf das Register *Benutzerdefiniert*. Hier können Sie den RGB-Farbwert ablesen.

Zellbereiche ausschneiden, kopieren und einfügen

Die Zwischenablage zum Ausschneiden, Kopieren und Einfügen von Zellen und Zellbereichen kann auch in VBA-Prozeduren verwendet werden, spielt aber hier eine un-
tergeordnete Rolle, da die meisten derartigen Aufgaben mittels Wiederholungsschleifen erledigt werden.

> Beachten Sie außerdem, dass in VBA der Inhalt der Zwischenablage nach dem
> Einfügen leer ist, zum mehrmaligen Einfügen müssen Sie also Wiederholungs-
> schleifen verwenden.

Sollten Sie dennoch die Zwischenablage in VBA benötigen, so verwenden Sie dafür
die Methoden *Cut*, *Copy* und *Paste*.

Sie möchten...	Beispiel
Ausschneiden	`Range("A5").Cut`
Kopieren	`Range("A5").Copy`
Einfügen	`Range("B10").PasteSpecial` oder `ActiveSheet.Paste Destination:=Range("B25")`

Sollen Ausschneiden bzw. Kopieren und Einfügen in einer einzigen Anweisung erfolgen, dann wird die Angabe *Destination* benutzt. In der verkürzten Schreibweise kann
Destination auch weggelassen werden. Die folgenden Beispiele kopieren den Inhalt
der Zelle A1 bzw. des Zellbereichs A1:B8 nach C10:

```
Range("A1").Copy Destination:=Range("C10")
Range("A1").Copy Range("C10")
Range("A1:B8").Copy Range("C10")
```

Beim Einfügen von Zellbereichen wird die obere linke Ecke als Ziel angegeben. Eventuell vorhandene Inhalte der Zielzellen werden, wie auch bei manuellen Kopiervor-
gängen überschrieben.

4.4 Berechnungen mit Formeln und Funktionen

> Formeln beginnen auch in VBA mit einem Gleichheitszeichen, beachten Sie aber, dass Formeln als Ausdruck, d. h. in Anführungszeichen eingegeben werden müssen. Bei Zellbezügen in Formeln unterscheidet VBA ebenfalls zwischen relativen und absoluten Verweisen.

Das Schreiben von Formeln in eine Zelle per VBA-Anweisung erfolgt mit den Eigenschaften *Formula* und *FormulaR1C1*. Welche davon eingesetzt wird, hängt von der Schreibweise der Zellbezüge in der Formel ab.

Bezüge in der A1-Schreibweise

In der einfachsten Form geben Sie auch per VBA-Anweisung eine Formel und die Zellbezüge in der gewohnten Schreibweise A1 ein. Der einzige Unterschied besteht darin, dass die Formel als Zeichenfolge bzw. Ausdruck und damit in Anführungszeichen eingegeben werden muss. Die Formel weisen Sie der Ergebniszelle über die Eigenschaft *Formula* zu. Im Bild unten ein einfaches Beispiel, das die Inhalte der Zellen B1 und B2 in B3 addiert.

Bild 4.35 Zwei Zahlen addieren

	A	B	C
1	Zahl 1	500	
2	Zahl 2	600	
3	Ergebnis		
4			

```
Sub ZahlenAddieren()
    Worksheets("Tabelle1").Range("B3").Formula = "=B1+B2"
End Sub
```

Auch absolute Zellbezüge in der Schreibweise $A$1 sind zulässig, hier einige Beispiele:

```
Worksheets("Tabelle2").Range("A5").Formula = "= A3/A4"
Worksheets("Tabelle1").Range("B5").Formula = "= $A$1+$A$2"
Range("B5").Formula = "= B3+B4"
Cells(1, 3).Formula = "= A1*B1"
```

Hinweis: Statt der Eigenschaft *Formula* kann beim Schreiben einer Formel auch *Value* verwendet werden. Enthält die Zelle, deren Inhalt Sie auslesen und z. B. einer Variablen zuweisen möchten, eine Formel, dann gibt es einen Unterschied. *Formula* gibt die Formel zurück, während *Value* das Formelergebnis liefert. Bezogen auf Bild 4.35 bedeutet dies:

```
MsgBox Range("B3").Formula   liefert die Formel: =B1+B2
MsgBox Tange("B3").Value     liefert das Formelergebnis: 1100
```

Achtung: Formeln, die mit dieser Bezugsart eingegeben werden, können im Arbeitsblatt anschließend wie gewohnt in angrenzende Zellen kopiert werden, relative Zellbezüge werden automatisch angepasst. Wenn allerdings eine Formel mit einer VBA-Anweisung in mehrere Zeilen oder Spalten eingetragen werden soll, dann ist dies mit Kopieren nicht möglich, da hier kein automatisches Anpassen der Zellbezüge erfolgt und

Sie somit die Zellbezüge der Formel jedes Mal ebenfalls ändern müssten. Für solche Fälle erfolgt in VBA die Zuweisung der Formel über die Eigenschaft *FormulaR1C1*.

Bezüge als Zeilen- und Spaltenindex (R1C1)

Wesentlich flexibler sind Formeln mit Zellbezügen als Zeilen- und Spaltenindex in der Schreibweise R (*Row* = Zeile) C (*Column* = Spalte). Eine solche Formel wird der Ergebniszelle über die Eigenschaft *FormulaR1C1* zugewiesen, auch hier muss die Formel als Ausdruck und damit in Anführungszeichen eingegeben werden.

Siehe Adressierung mit Cells auf Seite 97.

```
ActiveCell.FormulaR1C1 = "=R5C2"
```

Beachten Sie die Reihenfolge RC: z. B. entspricht R5C2 der Adresse B5. Das Beispiel im Bild unten addiert in B3 die Zahlen in B1 und B2, die Formel erscheint im Tabellenblatt mit festen (absoluten) Zellbezügen, wie am $-Zeichen zu erkennen ist.

Bild 4.36 Zwei Zahlen in der Schreibweise R1C1 addieren

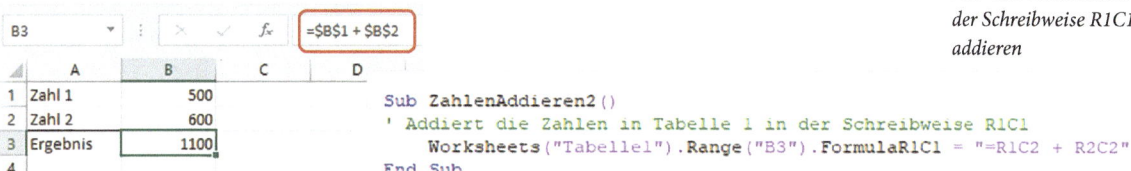

```
Sub ZahlenAddieren2()
' Addiert die Zahlen in Tabelle 1 in der Schreibweise R1C1
    Worksheets("Tabelle1").Range("B3").FormulaR1C1 = "=R1C2 + R2C2"
End Sub
```

Relative Bezüge in der Schreibweise R1C1

Wenn dieselbe Formel mit relativen Zellbezügen eingegeben werden soll, dann geben Sie in eckigen Klammern, ausgehend von der aktuellen Zelle an, um wie viele Zellen der Bezug verschoben werden soll. Als Beispiel verweist der folgende Ausdruck auf die Zelle, die sich in derselben Zeile in der Spalte unmittelbar links (-1) von der aktuellen Zelle befindet:

```
ActiveCell.FormulaR1C1 = "=RC[-1]"
```

> **Achten Sie auf die Schreibweise**: Die Differenz muss in eckigen Klammern angegeben werden. Eine negative Zahl verweist auf Zellen links oder oberhalb der aktuellen Zelle. Bei einem Verweis auf Zellen in derselben Zeile wie die Formel genügt R ohne weitere Angabe. Dasselbe gilt für Spalten, dann reicht C.

Wenn die Formel aus Bild 4.36 mit relativen Bezügen eingegeben werden soll, dann verwenden Sie die folgende Schreibweise:

Bild 4.37 Die Formel mit relativen Zellbezügen

	A	B	C	D
		B3		=B1+B2
1	Zahl 1	500		
2	Zahl 2	600		
3	Ergebnis	1100		
4				

```
Sub ZahlenAddieren3()
' Addiert die Zahlen in Tabelle 1 mit relativen Bezügen
    Worksheets("Tabelle1").Range("B3").Select
    ActiveCell.FormulaR1C1 = "=R[-2]C+R[-1]C"
End Sub
```

Formeln in einen Zellbereich schreiben

Vermutlich kennen Sie die Methode, im Arbeitsblatt mittels AutoAusfüllen eine Formel schnell in angrenzende Zellen zu kopieren, relative Zellbezüge werden dabei automatisch angepasst. Diese Möglichkeit existiert in VBA nicht, stattdessen wird die Formel nacheinander in einer Wiederholungsschleife in die Ergebniszellen geschrieben. Für die Zellbezüge muss die Schreibweise R1C1 verwendet werden.

Beispiel Spalten multiplizieren

Hier ein einfaches Beispiel, das in Spalte C die Werte aus den Spalten A und B multipliziert. Die Adressierung der Zellen und Berechnung der Formel erfolgt in einer Wiederholungsschleife.

Bild 4.38 Ausgangstabelle und Ergebnis

Datei Formeln.xlsm, Modul Zellbezuege

M22

	A	B	C	D
1	Zahl 1	Zahl 2	Ergebnis	
2	100	4		
3	200	1		
4	500	10		
5	95	23		
6	176	17		
7	333	6		
8				
9				

C4 =A4*B4

	A	B	C	D
1	Zahl 1	Zahl 2	Ergebnis	
2	100	4	400	
3	200	1	200	
4	500	10	5000	
5	95	23	2185	
6	176	17	2992	
7	333	6	1998	
8				
9				

Bild 4.39 Die dazugehörige Prozedur

```
Sub ZellenMultiplizieren()
'Multipliziert im Blatt Tabelle2 die Werte  der Spalte Zahl1 mit Zahl2

    Dim z As Long       'Zählerariable
    Sheets("Tabelle2").Select
    For z = 2 To 7
        Cells(z, 3).FormulaR1C1 = "=RC[-2]*RC[-1]"
    Next
End Sub
```

Anzahl der Zeilen ermitteln

Das Beispiel oben setzt voraus, dass die Anzahl der zu multiplizierenden Werte feststeht. Wenn dagegen die genaue Anzahl der Zeilen nicht bekannt ist, dann verwenden Sie die Eigenschaft *CurrentRegion* und passen die Prozedur entsprechend an.

Bild 4.40 Die Anzahl der Zeilen ist nicht bekannt

```
Sub ZellenMultiplizieren2()
'Multipliziert im Blatt Tabelle2 die Werte  der Spalte Zahl1 mit Zahl2
'Die genaue Anzahl Zeilen ist nicht bekannt

    Dim z As Long       'Zählerariable
    Sheets("Tabelle2").Select
    Range("A1").Select
    For z = 2 To ActiveCell.CurrentRegion.Rows.Count
        Cells(z, 3).FormulaR1C1 = "=RC[-2]*RC[-1]"
    Next
End Sub
```

Tabellenfunktionen verwenden

Die meisten Excel-Tabellenfunktionen können auch in VBA-Prozeduren für Berechnungen eingesetzt werden. Allerdings werden in VBA Funktionen mit ihrer englischen Bezeichnung angesprochen, also z. B. *Sum* statt *Summe.* Wie bei Formeln erfolgt das Schreiben in die Ergebniszelle über die Eigenschaften *Formula* oder *FormulaR1C1* unter Verwendung der entsprechenden Zellbezüge, hier ein Beispiel:

```
ActiveSheet.Range("A7").Formula = "= Sum(A1:A6)"
```

Das unten abgebildete Beispiel berechnet in B5 die Summe über B1:B4. Einmal mit Bezügen in der Schreibweise A1 (*Formula*) und darunter in der Form R1C1 (*FormulaR1C1*). Beide liefern dasselbe Ergebnis.

Bild 4.41 Summe berechnen

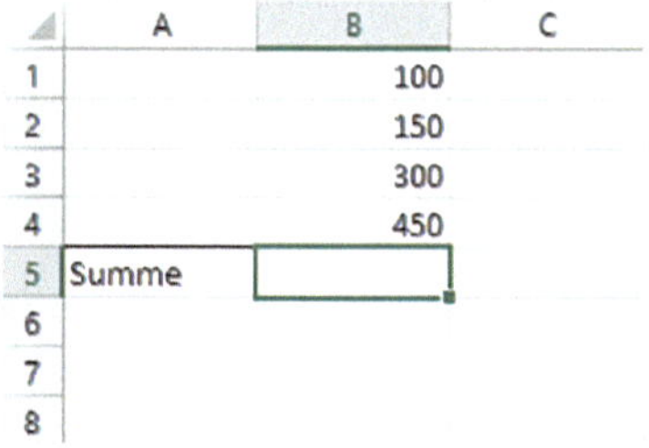

```
Sub Summe1()
'Summe mit A1 Bezügen berechnen

    Sheets("Funktionen").Select
    ActiveSheet.Range("B5").Formula = "=sum(B1:B4)"
End Sub

Sub Summe2()
'Summe mit R1C1 Bezügen berechnen

    Sheets("Funktionen").Select
    ActiveSheet.Range("B5").FormulaR1C1 = "=sum(R[-4]C:R[-1]C)"
End Sub
```

Tipp: Über die Eigenschaft *FormulaLocal* können Sie eine Funktion auch mit ihrem deutschen Namen wie im Arbeitsblatt eingeben, z. B.

```
ActiveSheet.Range("B5").FormulaLocal  = "=Summe(B1:B4)"
```

Die nachfolgende Tabelle enthält eine kleine Zusammenstellung der wichtigsten Funktionen.

Excel-Arbeitsblattfunktion	VBA-Funktion	Beschreibung
Summe	Sum	Summe berechnen
Mittelwert	Average	Durchschnitt (Mittelwert)
Anzahl	Count	Anzahl der Werte
Min	Min	Niedrigster Wert
Max	Max	Höchster Wert
Rnd	Rnd	Zufallszahl (Random)
Heute	Date	Aktuelles Datum

Tipp: Die integrierte Datei VBALISTE.xls enthält eine Gegenüberstellung aller deutschen und englischen Bezeichnungen von Funktionen und Schlüsselwörtern. Die Datei finden Sie am einfachsten im Explorer über die Suche.

Tipp: Wenn Sie eine bestimmte Funktion benötigen und deren englische Bezeichnung nicht kennen, dann verwenden Sie entweder die Eigenschaft *FormulaLocal* und die deutsche Schreibweise oder zeichnen Sie ein kurzes Makro auf, in dem Sie diese Funktion einfügen. Diese Anweisung brauchen Sie dann nur kopieren und in Ihre Prozedur einfügen, eventuell mit entsprechender Anpassung der Zellbezüge.

Beispiel Datum in Zelle eintragen

Um das aktuelle Datum in eine Zelle zu schreiben, weisen Sie der Zelle einfach über die Eigenschaft *Value* das Ergebnis der VB-Funktion *Date* zu. Im Gegensatz zum Tabellenblatt sind keine Klammern erforderlich und die Anweisung lautet dann:

```
ActiveSheet.Range("A10").Value = Date
```

Wird dagegen in der Zelle ein aktualisierbares Datum benötigt, das der Funktion *Heute()* entspricht, dann muss die Funktion *Today()* verwendet und als Formel eingegeben werden.

```
ActiveSheet.Range("A10").Formula = "=Today()"
```

Summe über eine unbekannte Anzahl Zeilen berechnen

Wenn die genaue Anzahl Zeilen nicht bekannt ist, sondern erst ermittelt und dann einer Variablen zugewiesen wird, dann benötigen Sie zur Angabe des Zellbereichs die Eigenschaft *Cells*(Zeile, Spalte), da hier auch die Verwendung von Variablen zulässig ist.

Bild 4.42 Summe mit WorksheetFunction berechnen

Dann verwenden Sie statt *Sum* besser *WorksheetFunktion.Sum*. Diese erlaubt auch die Angabe eines Zellbereichs unter Verwendung von Cells.

```
Sub Summe4()
'Summe mit WorksheetFunction.Sum berechnen

    Dim z As Long
    Sheets("Funktionen").Select
    Range("B1").Select
    z = ActiveCell.CurrentRegion.Rows.Count - 1
    ActiveSheet.Cells(z + 1, 2).Value = WorksheetFunction.Sum(Range(Cells(1, 2), Cells(z, 2)))
End Sub
```

Allerdings hat dieser Weg einen Nachteil: Statt der Formel wird das Formelergebnis in die Zelle eingefügt und das bedeutet, bei einer eventuellen Änderung der Zahlen erfolgt keine automatische Neuberechnung im Arbeitsblatt.

Daher noch eine zweite Möglichkeit über die Zelladressierung mit A1, bei der die Zelladresse als Zeichenfolgenausdruck verkettet wird.

Bild 4.43 Zelladresse als Zeichenfolgenausdruck verketten

```
Sub Summe5()
'Summe berechnen, die Zelladresse wird aus einem Ausdruck gebildet

    Dim z As Long
    Sheets("Funktionen-2").Select
    Range("B1").Select
    z = ActiveCell.CurrentRegion.Rows.Count - 1
    ActiveSheet.Cells(z + 1, 2).Formula = "=sum(B1:B" & z & ")"

End Sub
```

Hinweis: Bei beiden Prozeduren wurde mithilfe der Eigenschaft *CurrentRegion* die Anzahl der verwendeten Zellen und daraus die nächste freie Zeile ermittelt. Diese Methode funktioniert nicht immer zuverlässig. VBA kennt daher noch weitere Möglichkeiten, die letzte benutzte Zeile einer Tabelle bzw. die nächste freie Zeile zu ermitteln, daher im nächsten Punkt eine Zusammenstellung.

4.5   Letzte benutzte Zeile einer Tabelle bestimmen

Ein häufiges Problem in der VBA-Programmierung besteht darin, den Umfang einer bestehenden Tabelle zu ermitteln. Entweder weil dieser die Anzahl der Wiederholungen einer Schleife festlegt oder wenn am Ende der Tabelle in der nächsten freien Zeile weitere Werte angefügt werden sollen. Daher an dieser Stelle eine Übersicht über die verschiedenen Möglichkeiten. Testen und vergleichen Sie, welche sich für Ihre Zwecke am besten eignet.

Datei:
Tabellenumfang.xlsm

Für alle Methoden wurde die unten abgebildete Tabelle *Kunden* verwendet und die jeweils letzte Zeile und Spalte mit *Debug.Print* im Direktfenster ausgegeben.

Bild 4.44 Die Ausgangstabelle

	A	B	C	D	E	F	G	H	I	J
1	KD-Nr.	Nachname	Vorname	Anrede	Strasse	Land	PLZ	Ort	Umsatz	
2	100	Nordhoff	Silke	Frau	Uferstrasse 85 b	DE	93055	Regensburg	150,00 €	
3	101	Knogel	Frank	Herr	Pfarrer-Heinrich-Weg 4	DE	22040	Hamburg	23,00 €	
4	112	Moser	Thomas	Herr	Wiesenweg 17	DE	94342	Straßkirchen	960,00 €	
5	113	Weidenkraut	Sabine	Frau	Kirchenplatz 1	DE	82024	Taufkirchen	1.280,00 €	
6	114	Kabelschacht	Alfred	Herr	Amselweg 55	DE	18320	Todenhagen	11.300,00 €	
7	115	Brösel	Sandra	Frau	Feldweg 1	DE	04259	Leipzig	5.600,00 €	
8	116	Bruckbach	Horst	Herr	Donaustraße 15	DE	94315	Straubing	- €	
9	117	Hintermoser	Xaver	Herr	Schrebergarten 66	DE	95032	Hof	- €	
10	118	Fischbach	Josefa	Frau	Seestraße 22	DE	78465	Konstanz	179,00 €	
11	119	Hinterleitner	Susi	Frau	Mühlgasse 2	AT	4780	Schärding	200,00 €	
12	110	Knöterich	Liane	Frau	Isarstr. 55	DE	94056	Regensburg	198,30 €	
13	111	Baumholtz	Philipp	Herr	Bremsweg 4	DE	78464	Konstanz	15.000,00 €	
14										
15										

Kunden   ⊕

Grundsätzlich kann das Problem auf zwei Wegen gelöst werden:

▷   Die erste Methode geht vom verwendeten Zellbereich (= nichtleere Zellen bzw. zusammenhängender Zellbereich) aus und liefert die jeweils letzte verwendete Spalte und Zeile.

▷   Die zweite Methode beginnt mit der letzten Zeile des Arbeitsblatts und durchsucht dieses nach oben bis zur ersten nichtleeren Zeile.

Verwendeten Zellbereich ermitteln

Die SpecialCells-Methode

Die Methode *Range.SpecialCells* gibt alle Zellen vom angegebenen Typ zurück, z. B. alle leeren Zellen oder die letzte verwendete Zelle eines Bereichs. Da diese Methode alle Zellen durchsucht, ist es nicht notwendig, vorher eine Zelle des Tabellenbereichs auszuwählen.

Bild 4.45 Die Methode SpecialCells

```
Sub Tabellenumfang1()
'Letzte Zeile und Spalte eines verwendeten Bereichs
'mit der Methode SpecialCells

    Dim LetzteSpalte As Long
    Dim LetzteZeile As Long

    Sheets("Kunden").Select
    LetzteSpalte = ActiveSheet.Cells.SpecialCells(xlCellTypeLastCell).Column
    LetzteZeile = ActiveSheet.Cells.SpecialCells(xlCellTypeLastCell).Row

    Debug.Print LetzteSpalte
    Debug.Print LetzteZeile
End Sub
```

> **Achtung diese Methode hat einen Nachteil!**
> Diese Methode bezieht auch Zellen ein, die zwar leer sind, denen aber versehentlich oder mit Absicht eine Formatierung zugewiesen wurde, z. B. das Zahlenformat *Währung*. Sie erhalten also nicht immer das gewünschte Resultat.

Die UsedRange-Eigenschaft

Eine zweite Möglichkeit, im Tabellenblatt einen Zellbereich und damit dessen letzte Zeile und Spalte zu ermitteln, stellt die Eigenschaft *UsedRange* dar. Auch diese Eigenschaft berücksichtigt leere Zellen mit Formatierungen und liefert daher ebenfalls möglicherweise zu viele Zeilen und/oder Spalten.

Bild 4.46 Die Eigenschaft UsedRange

```
Sub Tabellenumfang2()
'Letzte Zeile und Spalte eines verwendeten Bereichs
'mit der Eigenschaft UsedRange

    Dim LetzteSpalte As Long
    Dim LetzteZeile As Long

    Sheets("Kunden").Select
    LetzteSpalte = ActiveSheet.UsedRange.Columns.Count
    LetzteZeile = ActiveSheet.UsedRange.Rows.Count

    Debug.Print LetzteSpalte
    Debug.Print LetzteZeile

End Sub
```

Die Eigenschaft CurrentRegion

Die Eigenschaft *CurrentRegion* haben Sie bereits in einem der vorhergehenden Beispiele kennengelernt. Da *CurrentRegion* eine Eigenschaft von *ActiveCell* darstellt, muss in diesem Fall zuerst eine Zelle des Zellbereichs aktiviert werden. Im Normalfall ist dies die obere linke Zelle, in unserem Beispiel A1. *CurrentRegion* geht von nichtleeren Zellen aus und ignoriert formatierte leere Zellen.

Bild 4.47 Die Eigenschaft CurrentRegion

```
Sub Tabellenumfang3()
'Letzte Zeile und Spalte eines verwendeten Bereichs
'mit der Eigenschaft CurrentRegion
'Achtung: zuerst muss eine Zelle des Bereichs aktiviert werden!

    Dim LetzteSpalte As Long
    Dim LetzteZeile As Long

    Sheets("Kunden").Select
    Range("A1").Activate
    LetzteSpalte = ActiveCell.CurrentRegion.Columns.Count
    LetzteZeile = ActiveCell.CurrentRegion.Rows.Count

    Debug.Print LetzteSpalte
    Debug.Print LetzteZeile

End Sub
```

Die Rückwärtssuche ab der letzten Tabellenzeile und Spalte

Die nachfolgende Möglichkeit beginnt in der letzten Zeile des Tabellenblatts in Spalte 1 (*Cells(Rows.Count,1)*) und durchsucht über die Eigenschaft *.End(xlUp)* die erste Spalte rückwärts bzw. nach oben bis zur ersten nichtleeren Zelle. Entsprechend beginnt die Suche nach der ersten nichtleeren Spalte in der letzten Spalte und durchsucht die erste Zeile nach links. Diese Vorgehensweise entspricht dem Ende-Modus im Arbeitsblatt (Ende-Taste und Pfeiltaste nach oben bzw. unten oder nach rechts/links). Idealerweise sollte bei dieser Methode die erste Zeile und Spalte der Tabelle keine Lücken aufweisen. Am besten eignet sich eine Spalte, die garantiert für jede Zeile einen Wert enthält, z. B. die Kundennummer.

Bild 4.48 Tabellenblatt rückwärts nach oben bzw. links bis durchsuchen

```
Sub Tabellenumfang4()
'Sucht in der ersten Spalte rückwärts nach oben

    Dim LetzteSpalte As Long
    Dim LetzteZeile As Long

    LetzteZeile = Worksheets("Kunden").Cells(Rows.Count, 1).End(xlUp).Row
    LetzteSpalte = Worksheets("Kunden").Cells(1, Columns.Count).End(xlToLeft).Column
    Debug.Print LetzteZeile
    Debug.Print LetzteSpalte

End Sub
```

Hinweis: Theoretisch existiert analog dazu auch die Möglichkeit der Vorwärtssuche, beginnend ab A1 und unter Verwendung von *xlDown*. Auch diese Suche erfordert eine

Spalte ohne Lücken, da diese das vorzeitige Ende der Tabelle bedeuten würden. Ein ähnlicher Effekt lässt sich im Tabellenblatt beim Kopieren einer Formel per Doppelklick in das Ausfüllkästchen beobachten. Auch dann endet das Kopieren, wenn eine Zelle rechts davon leer ist.

4.6 Diagramme steuern

Datenreihen anzeigen, Fortsetzung aus Kapitel 2.5

Bild 4.49 Das Diagramm mit dem aufgezeichneten Makro

In Kapitel 2.5 haben wir zwei Makros aufgezeichnet, die im Diagramm per Mausklick die Anzeige zwischen Einnahmen und Ausgaben umschalten (Bild unten).

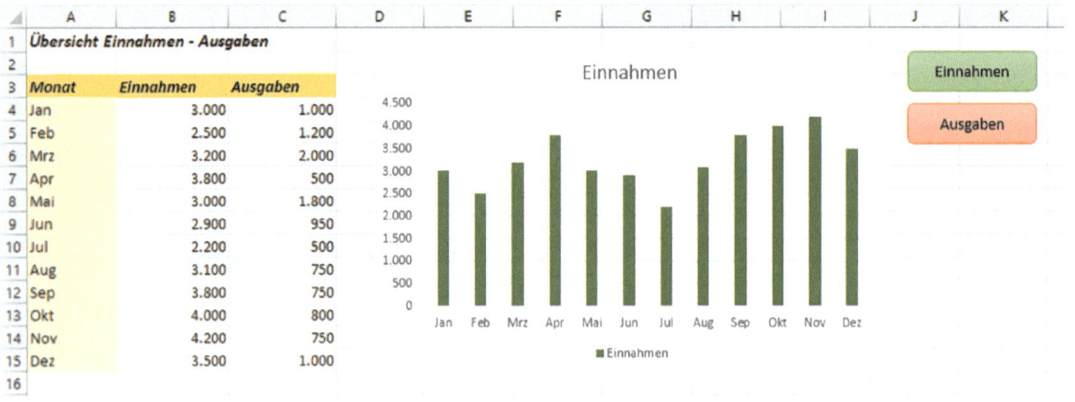

Datei: Diagramme.xlsm

Vielleicht haben Sie auch versucht, mit Hilfe eines weiteren Makros beide Datenreihen gleichzeitig anzuzeigen und dabei bemerkt, dass dies nicht so einfach ist. Mit kleinen Änderungen in der VBA-Prozedur lassen sich etwaige Fehler schnell beseitigen. Öffnen Sie also die Mappe mit dem aufgezeichneten Makro und sehen Sie sich mit Alt+F11 den dazugehörigen VBA-Code genauer an.

Bild 4.50 So oder ähnlich sieht der VBA-Code des aufgezeichneten Makros aus

```
Sub Einnahmen()
' Das aufgezeichnete Makro zum Umschalten zwischen Einnahmen und Ausgaben

    ActiveSheet.ChartObjects("Diagramm 4").Activate
    ActiveChart.Axes(xlValue).MajorGridlines.Select
    ActiveChart.ChartArea.Select
    ActiveChart.SetSourceData Source:=Range("Tabelle1!$A$3:$B$15")
    ActiveChart.FullSeriesCollection(1).Select
    With Selection.Format.Fill
        .Visible = msoTrue
        .ForeColor.ObjectThemeColor = msoThemeColorAccent6
        .ForeColor.TintAndShade = 0
        .ForeColor.Brightness = -0.25
        .Transparency = 0
        .Solid
    End With
    Range("L10").Select
End Sub
```

Leider zeichnet fast jedes Makro einige überflüssige Befehle auf, so auch hier. Der Code lässt sich auf die folgenden Befehle verkürzen, hier die Prozedur *EinnahmenNeu*.

```
Sub EinnahmenNeu()
'Geänderter VBA Code
'enthält nur die wichtigsten Anweisungen

    Worksheets("Beispiel Diagramm").Activate
    ActiveSheet.ChartObjects(1).Activate
    ActiveChart.SetSourceData Source:=Range("A3:B15")
    With ActiveChart.SeriesCollection(1)
        .Name = Range("B3")
        .Values = Range("B4:B15")
        .Interior.Color = RGB(84, 130, 53)
    End With
End Sub
```

Bild 4.51 Das geänderte Makro

Diagrammobjekte

Diagramm

Das gesamte Diagramm wird über die Auflistung *ChartObjects* mit seinem Indexwert 1 angesprochen, dies stellt hier kein ausnahmsweise Problem dar, da es sich um das einzige Diagramm in der Mappe handelt. Als Alternative könnten Sie auch den Namen des Diagramms verwenden; dieser ist im Namenfeld der Bearbeitungsleiste ersichtlich, wenn Sie in das Diagramm klicken. Dann würde die entsprechende Anweisung beispielsweise lauten:

```
ActiveSheet.ChartObjects("Diagramm 2"). Activate.
```

Datenquelle des Diagramms

Die Datenquelle wird dem Diagramm mit der Anweisung *ActiveChart.SetSourceData* zugewiesen. Wenn im Diagramm die Monate in Spalte A als Beschriftung der X-Achse erscheinen sollen, dann muss die Datenquelle auch diesen Zellbereich einschließen, also in diesem Beispiel A3:B15.

Datenreihe

Die Adressierung und Formatierung einer Datenreihe erfolgt über die Auflistung *SeriesCollection* und den Indexwert der Datenreihe, im Bild oben 1. Eine zweite, eventuell vorhandene Datenreihe würde dann den Index 2 erhalten.

Das Makro AusgabenNeu

Für das zweite Makro *AusgabenNeu* brauchen Sie eigentlich nur die Prozedur *EinnahmenNeu* kopieren, den Namen der Prozedur ändern, als Name den Inhalt von C3 und als dazugehörige Datenreihe (*Values*) C4:C15 festlegen. Ebenfalls geändert werden muss außerdem die Datenquelle für das gesamte Diagramm in der Anweisung *ActiveChart.SetSourceData*. Hier muss als Datenquelle der Zellbereich A3:A15 (enthält die Monate bzw. Beschriftungen der X-Achse) und C3:C15 angegeben werden. Zusätzlich wählen Sie noch eine andere Farbe, z. B. rot. Diese kann entweder über die Funktion RGB oder als VBA-Konstante mit *vbRed* angegeben werden.

Bild 4.52 Die Prozedur AusgabenNeu

```
Sub AusgabenNeu()
'Geänderter VBA Code

    Worksheets("Beispiel Diagramm").Activate
    ActiveSheet.ChartObjects(1).Activate
    ActiveChart.SetSourceData Source:=Range("A3:A15,C3:C15")
    With ActiveChart.SeriesCollection(1)
        .Name = Range("C3")
        .Values = Range("C4:C15")
        .Interior.Color = RGB(255, 0, 0)
    End With
End Sub
```

Beide Datenreihen gleichzeitig im Diagramm anzeigen

Wenn als dritte Möglichkeit das Diagramm auch noch beide Datenreihen gleichzeitig anzeigen soll, dann brauchen Sie zum Formatieren der zweiten Datenreihe eigentlich nur den With-Anweisungsblock kopieren und für diese Datenreihe anpassen (*Series-Collection (2)*). Die gesamte Prozedur lautet dann:

Bild 4.53 Zwei Daten-reihen gleichzeitig in unterschiedlichen Farben anzeigen

```
Sub Beide()
'Zeigt beide Datenreihen an

    Worksheets("Beispiel Diagramm").Activate
    ActiveSheet.ChartObjects(1).Activate
    ActiveChart.SetSourceData Source:=Range("A3:C15")
    With ActiveChart.SeriesCollection(1)      'Erste Datenreihe
        .Name = Range("B3")
        .Values = Range("B4:B15")
        .Interior.Color = RGB(84, 130, 53)
    End With
    With ActiveChart.SeriesCollection(2)      'Zweite Datenreihe
        .Name = Range("C3")
        .Values = Range("C4:C15")
        .Interior.Color = RGB(255, 0, 0)
    End With
End Sub
```

Bild 4.54 Beide Datenrei-hen anzeigen

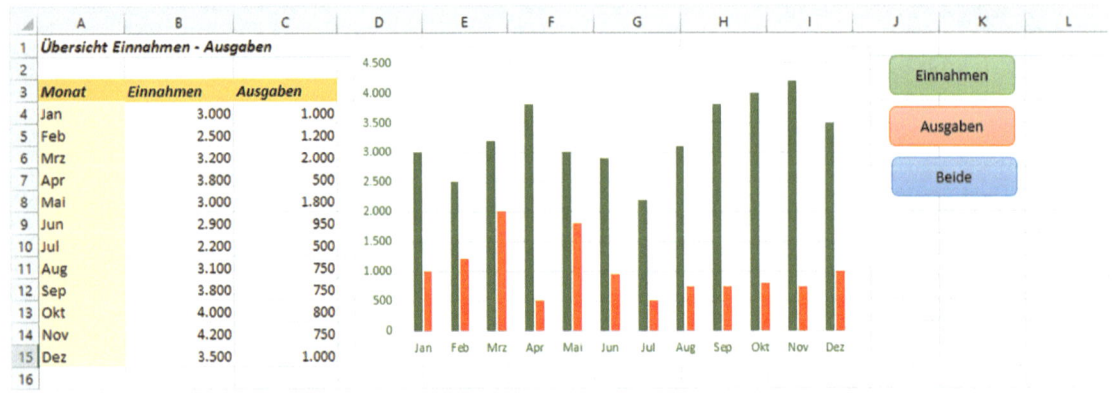

Diagrammelemente hinzufügen

Einen Diagrammtitel hinzufügen

Die beiden Makros *EinnahmenNeu* und *AusgabenNeu* verwenden automatisch den Namen der jeweiligen Datenreihe als Diagrammtitel. Dies ist beim dritten Makro, Einnahmen und Ausgaben gleichzeitig anzeigen, nicht möglich.

Weitere Diagrammelemente fügen Sie mit *SetElement* und dem entsprechenden Parameter hinzu, z. B. Titel, Legende und weitere Elemente. Wenn Sie einen Diagrammtitel benötigen, dann geschieht dies mit beiden Anweisungen:

```
ActiveChart.SetElement(msoElementChartTitleAboveChart)
ActiveChart.ChartTitle.Text = "Einnahmen und Ausgaben"
```

Die Anweisung *SetElement* legt Typ und Position des Elements fest, die nachfolgende Anweisung den Text des Diagrammtitels. Allerdings sollte diese Anweisung zusammen mit dem jeweiligen Titel dann auch in die Prozeduren *EinnahmenNeu* und *AusgabenNeu* eingefügt werden.

Legende anzeigen

Mit *ActiveChart.SetElement* und dem entsprechenden Parameter können Sie auch eine Legende hinzufügen. Die folgende Anweisung fügt z. B. eine Legende rechts ein.

```
ActiveChart.SetElement(msoElementLegendeRight)
```

In den Diagrammen mit einer einzelnen Datenreihe entfernen Sie dagegen die Legende mit der Anweisung

```
ActiveChart.SetElement(msoElementLegendeNone)
```

```
Sub Beide()
'Zeigt beide Datenreihen an
'Diesmal mit Diagrammtitel und Legende

    Worksheets("Beispiel Diagramm").Activate
    ActiveSheet.ChartObjects(1).Activate
    ActiveChart.SetSourceData Source:=Range("A3:C15")
    ActiveChart.SetElement (msoElementChartTitleAboveChart)
    ActiveChart.ChartTitle.Text = "Einnahmen und Ausgaben"
    ActiveChart.SetElement (msoElementLegendRight)
    With ActiveChart.SeriesCollection(1)    'Erste Datenreihe
        .Name = Range("B3")
        .Values = Range("B4:B15")
        .Interior.Color = RGB(84, 130, 53)
    End With
    With ActiveChart.SeriesCollection(2)    'Zweite Datenreihe
        .Name = Range("C3")
        .Values = Range("C4:C15")
        .Interior.Color = RGB(255, 0, 0)
    End With
    Range("A1").Select
End Sub
```

Bild 4.55 Diagrammtitel hinzufügen

117

4.7   Benutzerdefinierte Funktionen im Arbeitsblatt einsetzen

Mit VBA erstellte Funktionen können auch im Arbeitsblatt zur Berechnung eingesetzt werden. Sie können beispielsweise häufig benötigte Formeln, für die Excel keine integrierte Funktion zur Verfügung stellt, mit VBA als Funktion erstellen.

Vielleicht kennen Sie im Arbeitsblatt das Problem mehrfach verschachtelter WENN-Funktionen mit zahlreichen Bedingungen. Solche Funktionen werden sehr schnell unübersichtlich und die Suche nach logischen Fehlern gestaltet sich entsprechend schwierig. Wesentlich übersichtlicher und besser nachvollziehbar kann in solchen Fällen eine VBA-Funktion unter Verwendung z. B. von Bedingungen wie *Select Case* oder *IF ... Then ... Else* sein.

Auch ohne mehrfache Bedingungen können benutzerdefinierte Funktionen für wiederkehrende Berechnungen im Arbeitsblatt eine wesentliche Arbeitserleichterung sein. Der einzige Nachteil: die dazugehörige Formel ist im Arbeitsblatt nicht ersichtlich.

Funktion erstellen

Siehe auch Kapitel 3.8.

Als einfaches Beispiel erstellen wir eine benutzerdefinierte Funktion zur Prozentrechnung, die aus einem angegebenen Betrag die enthaltene Umsatzsteuer herausrechnet. Zur Berechnung sind die Parameter *Bruttobetrag* und *Steuersatz* erforderlich.

Bild 4.56 Die VBA-Funktion zur Berechnung der enthaltenen Umsatzsteuer

Funktionen sollten in einem gesonderten Modul erfasst werden, daher fügen Sie im ersten Schritt ein neues Modul ein, das den Namen *Funktionen* erhält. Hier geben Sie dann den unten abgebildeten Prozedurcode ein.

```
Public Function EnthalteneSteuer(Bruttobetrag As Double, Steuersatz As Double) As Double
'Rechnet aus dem Bruttobetrag die enthaltene Umsatzsteuer heraus

EnthalteneSteuer = Bruttobetrag / (1 + Steuersatz) * Steuersatz

End Function
```

> **Achtung:** Eine Funktion ist automatisch im Arbeitsblatt verfügbar, sofern der Funktion nicht explizit das Schlüsselwort *Private* vorangestellt wird! *Public* kann also auch entfallen.

Tipp: Für ungeübte Nutzer dieser Funktion sollten Sie die Parameter möglichst so benennen, dass aus dem Namen die erforderliche Eingabe ersichtlich ist.

Die Funktion verwenden

Die oben abgebildete Funktion kann, wie jede Routine, aus einer VBA-Prozedur heraus aufgerufen werden. Bei der Verwendung im Arbeitsblatt verhält sich diese Funktion wie die integrierten Excel-Funktion. Sie erscheint in der Vorschlagsliste, sobald Sie nach Eingabe des Gleichheitszeichens die ersten Zeichen der Funktion eingegeben haben. Im Funktionsassistent bzw. wenn Sie auf *Funktion einfügen* klicken, finden Sie Ihre Funktionen in der Kategorie *Benutzerdefiniert*. Leider vorerst noch ohne Beschreibung der Funktion und der erforderlichen Argumente. Als Argumente erscheinen nur die Parameter der Funktion, siehe Bild 4.56.

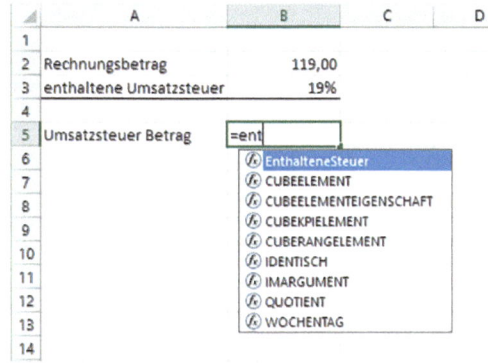 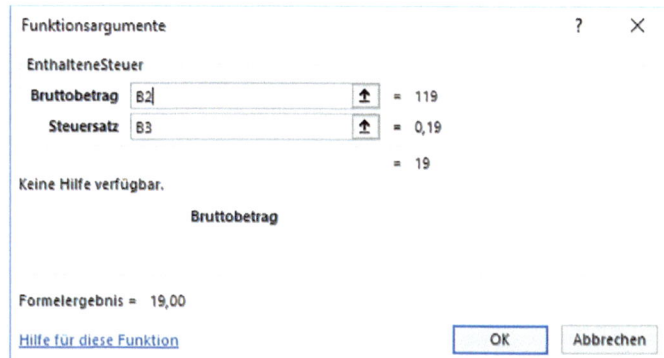

Bild 4.57 Benutzerdefinierte Funktion im Tabellenblatt verwenden

Funktionsbeschreibung hinzufügen

Bei der Eingabe einer integrierten Arbeitsblattfunktion über die Tastatur erhalten Sie während der Eingabe Hinweise auf die erforderlichen Parameter, wie z. B. im Bild unten bei der Eingabe der Funktion WENN. Bei der Eingabe einer benutzerdefinierten Funktion dagegen sind im Tabellenblatt keinerlei derartigen Hinweise verfügbar.

Bild 4.58 Hinweis auf erforderliche Parameter

Tipptext lässt sich bei den Excel-Versionen ab 2007 leider nur auf sehr umständlichem Weg hinzufügen. Wesentlich einfacher ist es, wenn Sie über die Makrooptionen eine Beschreibung der gesamten Funktion sowie der einzelnen Argumente hinterlegen. Diese werden dann im Fenster *Funktionsargumente* angezeigt, siehe Bild unten. Allerdings nur, wenn die Funktion über das Symbol *Funktion einfügen* aufgerufen wird.

Bild 4.59 Beschreibung der Funktion und der Parameter

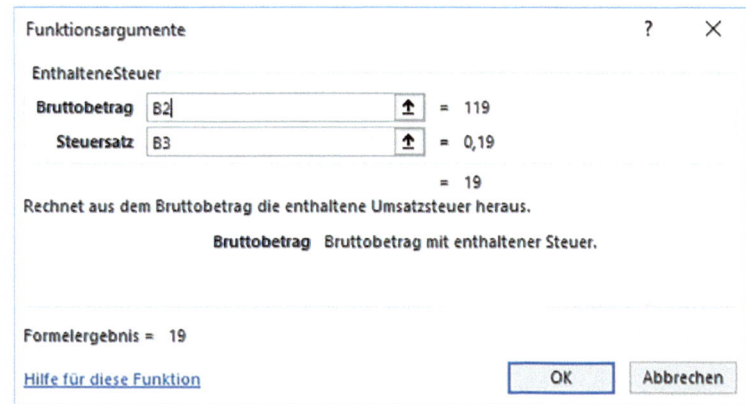

So gehen Sie vor:

Mit der Methode *Application.MacroOptions* können Sie einer Prozedur oder Funktion eine Beschreibung hinzufügen und bei Bedarf eine benutzerdefinierte Funktion einer Kategorie zuordnen. Der Aufbau der Methode:

```
Application.MacroOptions( Macro, Description, HasMenu, MenuText,
HasShortcutKey, ShortcutKey, Category, StatusBar, HelpContextID,
HelpFile, ArgumentDescriptions )
```

Die wichtigsten Parameter

Parameter	Beschreibung
Macro	Name des Makros oder der benutzerdefinierten Funktion
Description	Eine Beschreibung des Makros oder der Funktion
Category	In welcher Kategorie soll die Funktion erscheinen? Wird nichts angegeben, so ist eine benutzerdefinierte Kategorie der Kategorie Benutzerdefiniert zugeordnet. Sie können entweder einen vorhandenen Namen angeben, z. B. "Text" oder einen neuen Kategorienamen angeben.
ArgumentDescriptions	Die Beschreibungen der einzelnen Funktionsargumente. Diese müssen in Form eines eindimensionalen Datenfeldes (Array) angegeben werden.

Zur Beschreibung der Funktion erstellen Sie zunächst im Modul *Funktionen* eine zweite Prozedur. Zur besseren Übersicht wurden im Bild unten für die Parameter zunächst Variablen deklariert.

Die Funktion, auf die sich die Beschreibung bezieht, wird der Variablen *FunktionsName* zugewiesen und die Variable *FunktionText* enthält eine Beschreibung der gesamten Funktion. Außerdem wird eine neue Kategorie mit der Bezeichnung *Prozentrechnen* angelegt, in der die Funktion erscheinen soll. Eine Beschreibung der einzelnen Funktionsargumente erfolgt über das Datenfeld *ArgBeschreibung* das mit der entsprechenden Anzahl von Argumenten deklariert wird.

Bild 4.60 Prozedur mit Funktionsbeschreibung

```
Sub FunktionsbeschreibungEnthalteneSteuer()
' Zeigt zur Funktion EnthalteneSteuer eine kurze Beschreibung
' der Funktion und der erforderlichen Argumente an

    Dim FunktionsName As String
    Dim FunktionText As String
    Dim Kategorie As String
    Dim ArgBeschreibung(1 To 2) As String

    FunktionsName = "EnthalteneSteuer"
    FunktionText = "Rechnet aus dem Bruttobetrag die enthaltene Umsatzsteuer heraus"
    Kategorie = "Prozentrechnen"
    ArgBeschreibung(1) = "Bruttobetrag mit enthaltener Steuer"
    ArgBeschreibung(2) = "Verwendeter Steuersatz"

    Application.MacroOptions FunktionsName, FunktionText, Category:=Kategorie, _
        Argumentdescriptions:=ArgBeschreibung
End Sub
```

Wichtig: Damit die Makrooptionen in der Arbeitsmappe wirksam werden, muss diese Prozedur anschließend ausgeführt werden! Die Beschreibung wird dann automatisch zusammen mit der Arbeitsmappe (oder dem Add-In) gespeichert, sie muss also nur ein einziges Mal ausgeführt werden.

Als Ergebnis erscheint die neue Kategorie Prozentrechnen bei der Auswahl der Funktion sowie die Beschreibung der Funktion zusammen mit den Argumenten.

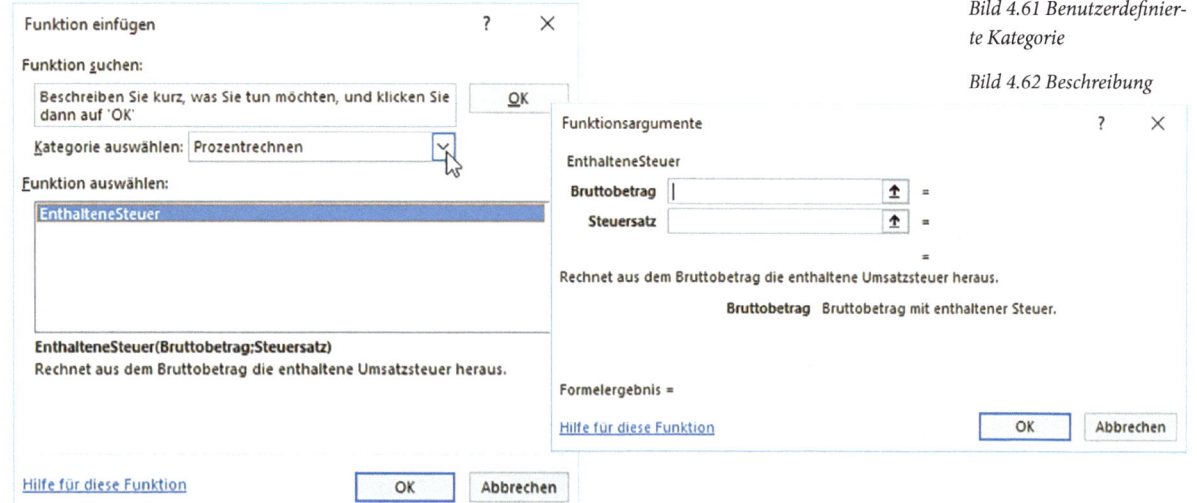

Bild 4.61 Benutzerdefinierte Kategorie

Bild 4.62 Beschreibung

Genau wie VBA-Prozeduren werden auch benutzerdefinierte Funktionen normalerweise zusammen mit der Arbeitsmappe gespeichert. Wenn Makros und/oder benutzerdefinierte Funktionen in allen Arbeitsmappen verfügbar sein sollen, dann gibt es zwei Möglichkeiten:

▸ Speichern in der persönlichen Makroarbeitsmappe, siehe Kapitel 1, Seite 18.

▸ Speichern der Arbeitsmappe als Excel-Add-In.

Funktion in der persönlichen Makroarbeitsmappe speichern

Wenn die Funktionen ausschließlich auf dem verwendeten PC verfügbar sein sollen, dann speichern Sie am einfachsten die Makros und Funktionen in der, in Kapitel 1 und 2 bereits angesprochenen persönlichen Makroarbeitsmappe. Diese erscheint im Projektfenster mit dem Namen PERSONAL.XLSB samt den darin enthaltenen Modulen.

Hinweis: Die persönliche Makroarbeitsmappe ist standardmäßig nicht vorhanden, sondern wird erst erzeugt, wenn sie bei der Aufzeichnung eines Makros als Speicherort ausgewählt wird. Sollte sie also im Projektfenster nicht sichtbar sein, so klicken Sie im Arbeitsblatt, Register *Entwicklertools* auf *Makro aufzeichnen*, geben dem Makro einen beliebigen Namen und wählen im Feld *Speichern in* die *Persönliche Makroarbeitsmappe* aus. Klicken Sie dann einfach auf eine Zelle und beenden Sie die Makroaufzeichnung wieder. Wenn Sie anschließend den VBA-Editor aufrufen, sehen Sie die Arbeitsmappe im Projektfenster und das dazugehörige *Modul1* mit dem Makro. Das Makro bzw. die erzeugte Prozedur selbst wird nicht mehr benötigt und kann gelöscht werden.

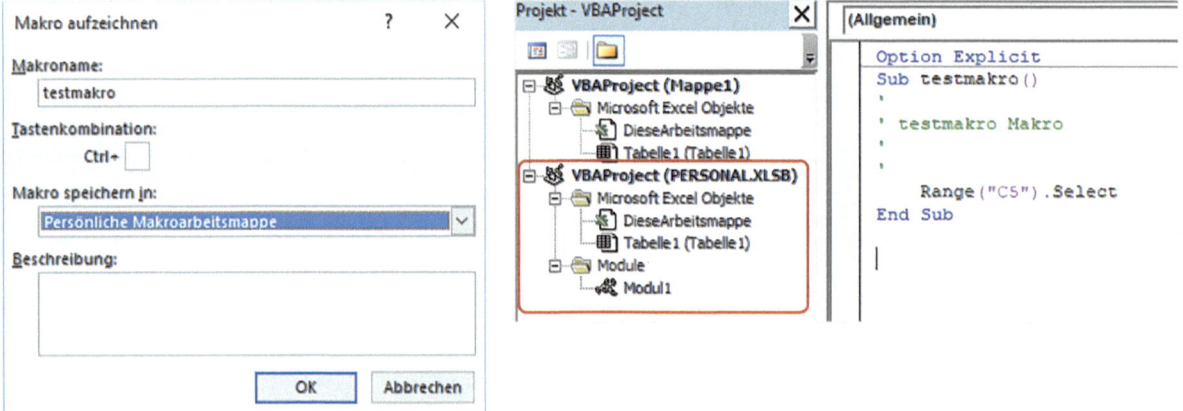

Bild 4.63 Persönliche Makroarbeitsmappe wählen

Bild 4.64 Die Persönliche Makroarbeitsmappe im Projektfenster

Anschließend können Sie in der persönlichen Makroarbeitsmappe das Modul umbenennen, weitere Module einfügen und Prozeduren sowie Funktionen samt Beschreibung erstellen.

> **Achtung**: Beim Schließen der Arbeitsmappe müssen auch Änderungen der persönlichen Makroarbeitsmappe gespeichert werden!

So löschen Sie die persönliche Makroarbeitsmappe wieder

Achtung: Der Ordner App-Data ist standardmäßig ausgeblendet!

Falls Sie die persönliche Makroarbeitsmappe nur ausprobiert haben, aber eigentlich gar nicht nutzen möchten, können Sie diese problemlos löschen. Sie befindet sich unter dem Namen *PERSONAL.xlsb* zusammen mit den übrigen Benutzereinstellungen im Ordner C:\Users\Benutzername\AppData\Roaming\Microsoft\Excel\XLStart (Windows 10), der genaue Speicherort ist abhängig vom Betriebssystem.

Modul kopieren

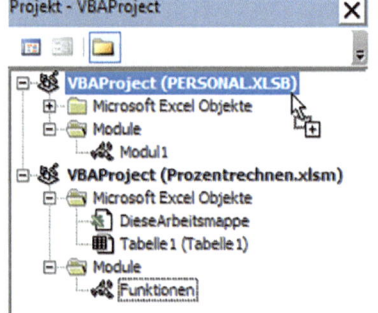

Sie können jederzeit vorhandene Prozeduren und Funktionen aus einer Arbeitsmappe in die persönliche Makroarbeitsmappe kopieren. Am einfachsten geschieht dies auf dem Weg über die Zwischenablage indem Sie den Prozedurcode markieren, mit Strg+C kopieren und in einem Modul der persönlichen Makroarbeitsmappe mit Strg+V wieder einfügen.

Wenn ein komplettes Modul kopiert werden soll, dann öffnen Sie die Arbeitsmappe mit dem zu kopierenden Modul und ziehen im Projektfenster dieses Modul mit gedrückter Maustaste auf die Mappe PERSONAL.XLSB.

Modul exportieren/importieren

Der Export in eine Basic-Datei mit der Dateinamenerweiterung .bas bietet eine weitere Möglichkeit, ein Modul einschließlich aller enthaltenen Prozeduren und/oder Funktionen zu kopieren. Diese Methode eignet sich auch für die Weitergabe, da es sich bei der exportierten Datei eigentlich um eine Textdatei handelt, die z. B. mit dem Editor geöffnet werden kann. Dazu markieren Sie im Projektfenster das betreffende Modul und klicken im Menü *Datei* auf *Datei exportieren...*. Anschließend wählen Sie den Speicherort, als Dateiname wird automatisch der Name des Moduls vorgeschlagen.

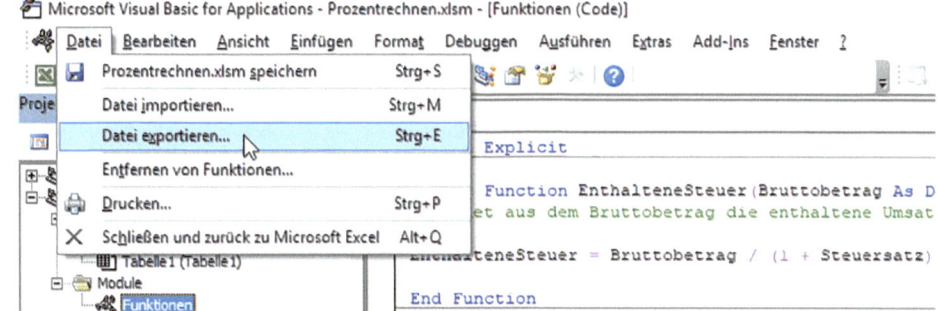

Bild 4.66 Modul in eine Textdatei exportieren

Im VBA-Editor können Sie anschließend über *Datei* und *Datei importieren...* die Basic-Datei in eine andere Mappe als Modul wieder importieren.

Arbeitsmappe als Add-In speichern

Eine Arbeitsmappe als Add-In speichern ist eine weitere Möglichkeit, Funktionen allgemein zur Verfügung zu stellen.

Excel-Add-Ins sind ein eigener Excel-Dateityp mit der Erweiterung .xlam und können mehrere Prozeduren und Funktionen enthalten. Der Vorteil gegenüber der persönlichen Makroarbeitsmappe liegt darin, dass Add-Ins zur Weitergabe an andere Nutzer als gesonderte Datei an einem beliebigen Ort gespeichert werden und bei Bedarf problemlos wieder deaktiviert werden können.

Im Prinzip können Sie jede Arbeitsmappe in ein Add-In umwandeln, am besten legen Sie jedoch zu diesem Zweck eine extra Arbeitsmappe an. Erstellen Sie dann hier die Funktionen und Prozeduren, die das Add-In später enthalten soll oder kopieren Sie hierher die gewünschten Module/Prozeduren. Arbeitsblätter von Add-Ins sind dagegen standardmäßig nicht sichtbar, hier erübrigt sich also eine Eingabe.

Achtung: Enthält die Arbeitsmappe Funktionsbeschreibungen bzw. Prozeduren mit Makrooptionen, dann müssen diese zuvor ausgeführt werden, damit sie wirksam werden!

Add-In im Projektfenster ausblenden

Nur erforderlich, wenn die Prozeduren für Dritte nicht sichtbar sein sollen!

Wenn das Add-In später im Projektfenster nicht sichtbar sein soll, z. B. um ein Verändern des Codes zu verhindern, dann können Sie es ausblenden. Dazu klicken Sie im VBA-Editor auf das Menü *Extras* ▶ *Eigenschaften von VBAProjekt...*. Klicken Sie in Fenster Projekteigenschaften auf das Register *Schutz* und aktivieren Sie das Kontrollkästchen *Projekt für die Anzeige sperren*. Unterhalb vereinbaren Sie ein Kennwort zum Anzeigen der Projekteigenschaften.

Bild 4.67 Projekteigenschaften öffnen

Bild 4.68 Projekt für die Anzeige sperren und Kennwort vereinbaren

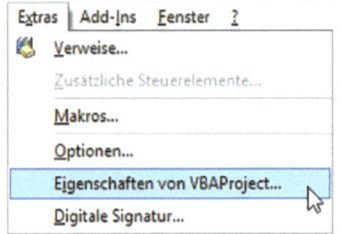

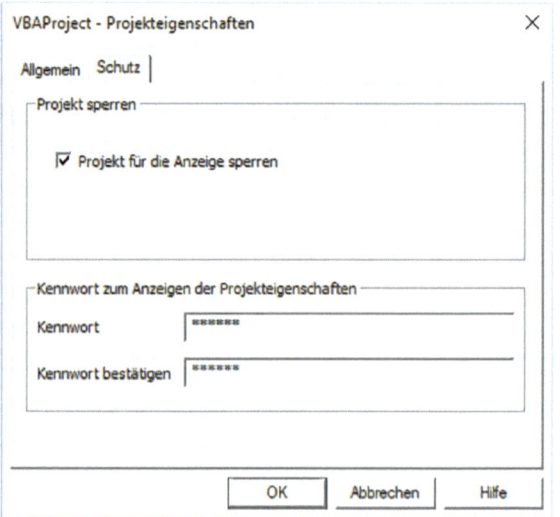

Beschreibung des Add-Ins hinzufügen

Anschließend sollten Sie eine Beschreibung des Add-Ins hinzufügen, die später beim Aktivieren erscheint. Dies geschieht über die Dateieigenschaften: Klicken Sie aus dem Arbeitsblatt heraus auf das Register *Datei* und hier auf *Informationen*. Hier finden Sie rechts die Dateieigenschaften. Geben Sie einen aussagekräftigen Titel ein und unter *Kommentare* eine kurze Beschreibung.

Bild 4.69 Beschreibung über die Dateieigenschaften hinzufügen

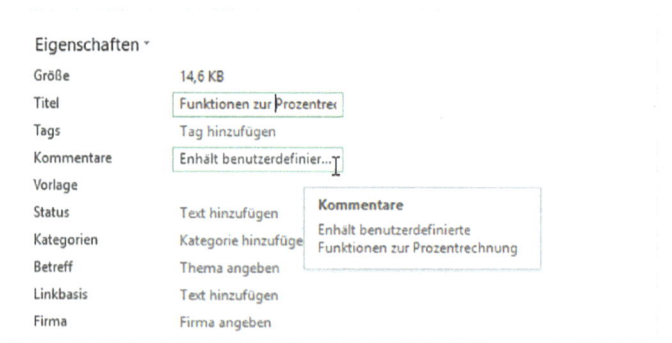

Add-In speichern

Zum Speichern des Add-Ins öffnen Sie aus dem Arbeitsblatt heraus über das Register *Datei* das *Speichern*-Dialogfenster. Wählen Sie als Dateityp *Excel-Add-In* (*.xlam) und geben Sie einen Dateinamen ein. Standardmäßig wird das Add-In im Ordner *AddIns* gespeichert, der genaue Suchpfad hängt vom verwendeten Betriebssystem ab, unter Windows 10 ist dies beispielsweise der Ordner C:\Users\Benutzer\AppData\Roaming\ Microsoft\AddIns. Sie können jedoch auch einen anderen Ordner, z. B. auf einem Netz-laufwerk wählen.

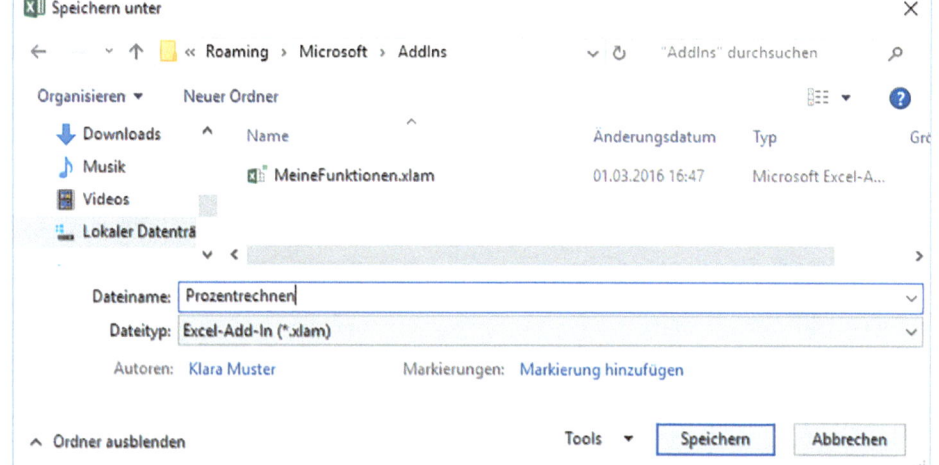

Bild 4.70 Add-In speichern

Mit Klick auf auf die Schaltfläche *Speichern* wird eine Kopie der Arbeitsmappe als Add-In gespeichert, die ursprüngliche Arbeitsmappe bleibt geöffnet. Schließen Sie die Ar-beitsmappe und speichern Sie alle Änderungen. **Hinweis**: Eine xlam-Datei kann nicht geöffnet werden. Sichern Sie daher die Originaldatei, falls Sie später Änderungen vor-nehmen möchten.

Add-In laden

Anschließend können Sie das Add-In laden. Klicken Sie im Register *Datei* auf *Optionen* und hier auf die Kategorie *Add-Ins*. Wählen Sie unter *Verwalten* die *Excel-Add-Ins* und klicken Sie auf *Los...*.

Bild 4.71 Add-In laden

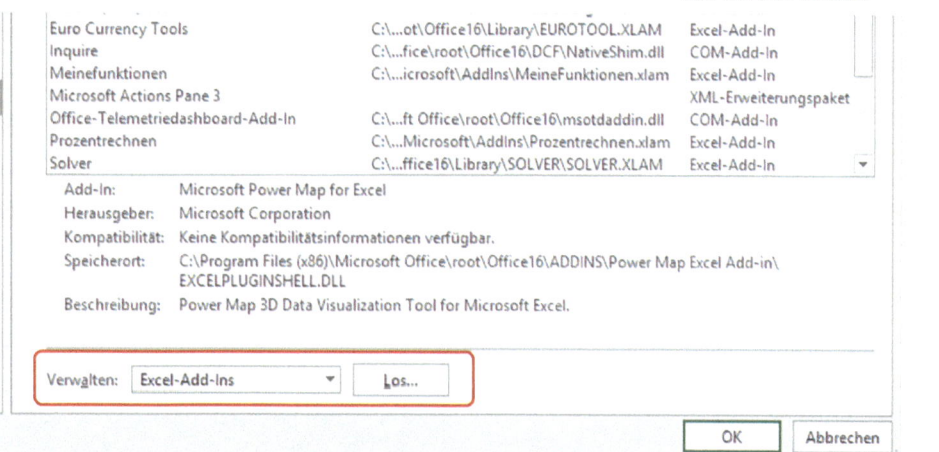

Ihr Add-In, im Bild unten *Funktionen Prozentrechnung*, erscheint mit dem Titel, den Sie über die Dateieigenschaften zugewiesen haben, der Kommentar wird unterhalb sichtbar, wenn das Add-In markiert ist. Aktivieren Sie das Add-In über das Kontrollkästchen und klicken Sie auf *OK*. Sollte ein Add-In hier nicht aufgeführt sein, dann wurde es an einem anderen Ort gespeichert. Klicken Sie in diesem Fall auf die Schaltfläche *Durchsuchen*.

Auf demselben Weg können Sie ein nicht mehr benötigtes Add-In auch schnell wieder deaktivieren.

Bild 4.72 Add-In aktivieren

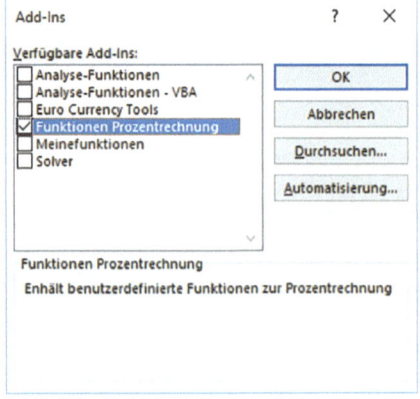

Kleine Beispiele für benutzerdefinierte Funktionen

Namen des aktuellen Arbeitsblatts einfügen

Nicht alle Funktionen erfordern Parameter. Als Beispiel die benutzerdefinierte Funktion *BlattName*, die den Namen des aktuellen Arbeitsblatts als Zeichenfolge liefert. Wie bei allen Arbeitsblattfunktionen, sind die Klammern auch ohne Parameter erforderlich.

Bild 4.73 Funktion Blatt-Name

```
Function BlattName() As String
'Fügt den Namen des Tabellenblatts in die markierte Zelle ein
    BlattName = ActiveSheet.Name
End Function
```

Funktionen_Beispiele.xlsm

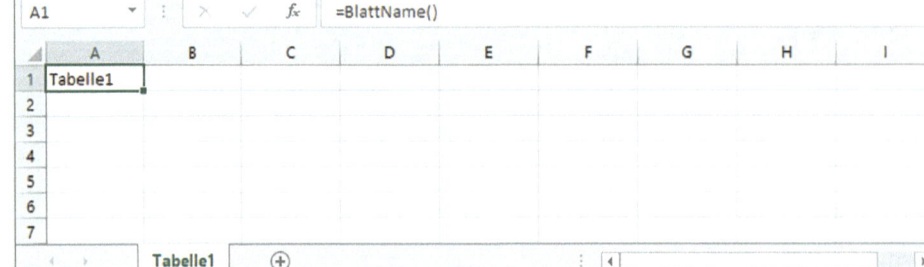

Das Quartal eines Datums berechnen

Als weiteres Beispiel eine benutzerdefinierte Funktion, die aus einem Datum das Quartal des Jahres berechnet.

Bild 4.74 Quartal eines Datums berechnen

```
Function Quartal(Datum As Date) As Byte
'Berechnet das Quartal eines Datums
    Dim Monat As Byte
    Monat = Month(Datum)
    Select Case Monat
        Case 1, 2, 3
            Quartal = 1
        Case 4, 5, 6
            Quartal = 2
        Case 7, 8, 9
            Quartal = 3
        Case 10, 11, 12
            Quartal = 4
        Case Else
            MsgBox "Kein gültiges Datum"
            Exit Function
    End Select
End Function
```

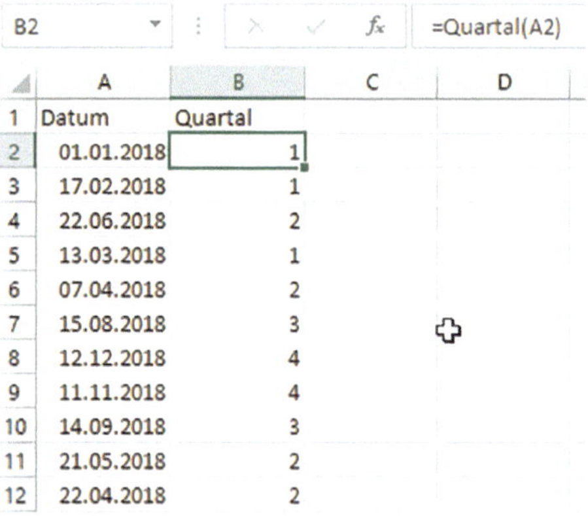

| B2 | ▼ | : | × | ✓ | fx | =Quartal(A2) |

◢	A	B	C	D
1	Datum	Quartal		
2	01.01.2018	1		
3	17.02.2018	1		
4	22.06.2018	2		
5	13.03.2018	1		
6	07.04.2018	2		
7	15.08.2018	3		
8	12.12.2018	4		
9	11.11.2018	4		
10	14.09.2018	3		
11	21.05.2018	2		
12	22.04.2018	2		

Statt mit *Select Case* lässt sich das Quartal auch kürzer berechnen indem man den Monat durch die Zahl 3 dividiert und das Ergebnis auf die nächsthöhere ganze Zahl aufrundet. Die unten abgebildete Funktion *Quartal2* liefert außerdem das Quartal als Zeichenfolge in der Schreibweise Quartal 1, Quartal 2, usw..

```
Function Quartal2(Datum As Date) As String
'Berechnet das Quartal eines Datums
'Kürzere Version mit Aufrunden
    Dim Monat As Byte
    Monat = Month(Datum)
    Quartal2 = "Quartal " & Application.WorksheetFunction.RoundUp(Monat / 3, 0)
End Function
```

Bild 4.75 Quartal durch Aufrunden des Monats berechnen und als String ausgeben

Schaltjahr ermitteln

Auch die Frage, ob es sich bei einem Jahr um ein Schaltjahr handelt, lässt sich mit einer benutzerdefinierten Funktion beantworten. Zur Erinnerung kurz die Regeln:

- Ohne Rest durch 4 teilbare Jahre sind Schaltjahre

- Jahre, die ohne Rest durch 100 teilbar sind, also z. B. 1800, 1900, ... sind keine Schaltjahre

- Ausnahme: ohne Rest durch 400 teilbare Jahre sind doch Schaltjahre

Aus diesen Regeln lässt sich ein Schaltjahr in mehreren Varianten ermitteln, z. B. mit Hilfe von If-Abfragen. In allen Fällen verwenden Sie am einfachsten Mod (Modulo), um den Rest der Division zu erhalten. Hier eine Variante, die einfach die einzelnen Bedingungen mit Und/Oder miteinander verknüpft. Ein Jahr ist ein Schaltjahr, wenn die Jahreszahl...

- durch 4 ohne Rest   **Und**

- durch 100 mit Rest oder durch 400 ohne Rest teilbar ist

Bild 4.76 Funktion zur
Berechnung des Schaltjahrs

```
Function Schaltjahr(Jahr As Long) As Boolean
'Ermittelt, ob das Jahr ein Schaltjahr ist
    If (Jahr Mod 4 = 0) And ((Jahr Mod 100 <> 0) Or (Jahr Mod 400 = 0)) Then
        Schaltjahr = True
    Else
        Schaltjahr = False
    End If
End Function
```

Body Mass Index (BMI) berechnen

Als weiteres Beispiel eine Funktion zur Berechnung des Body Mass Index, kurz BMI. Benötigt werden die Parameter Gewicht (in kg) und Größe (hier in cm). Die Formel:

$$BMI = Gewicht / Größe^2$$

Bild 4.77 BMI berechnen

```
Function BMI(Gewicht As Double, Groesse As Double) As Double
'BMI Body Mass Index berechnen
    BMI = Gewicht / (Groesse * Groesse / 10000)  ' in Zentimeter: 100*100
End Function
```

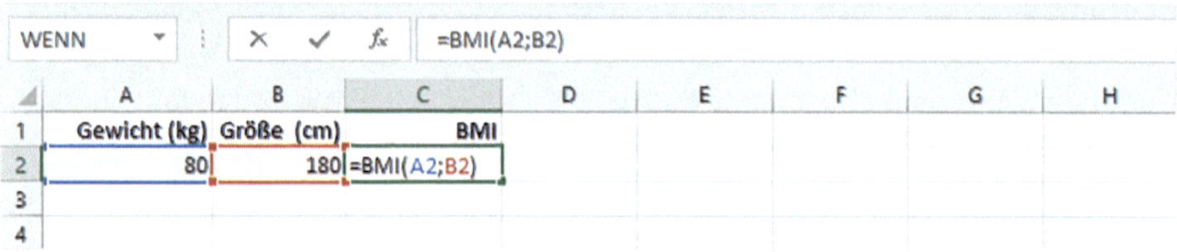

WENN	▾	:	✕ ✓	fx	=BMI(A2;B2)		

◢	A	B	C	D	E	F	G	H
1	Gewicht (kg)	Größe (cm)	BMI					
2	80	180	=BMI(A2;B2)					
3								
4								

5 Steuerelemente in Tabellenblättern

In diesem Kapitel lernen Sie...

- Arbeitsblätter mit Steuerelementen gestalten
- einfache Formularsteuerelemente
- ActiveX-Steuerelemente in Arbeitsblättern nutzen

Das sollten Sie bereits wissen

- Grundlagen der VBA-Programmierung
- Ereignisprozeduren erstellen
- Adressierung von Excel-Objekten

5.1   Wozu Steuerelemente?

Nicht zu verwechseln mit UserForms, siehe Kapitel 6.

Mit Hilfe von Steuerelementen lassen sich in Excel Arbeitsblätter als Formulare zur automatisierten Eingabe und Bearbeitung optisch und funktional aufwerten. Steuerelemente sind Objekte, die Daten anzeigen, die Dateneingabe und -bearbeitung vereinfachen oder eine Auswahl zur Verfügung stellen. Steuerelemente können auch Makros ausführen oder auf bestimmte Ereignisse reagieren. Excel verfügt über zwei Kategorien von Steuerelementen:

▶ Formularsteuerelemente stellen die ursprünglichen Steuerelemente dar und waren bereits in älteren Versionen von Excel verfügbar. Mit ihnen können Sie z. B. auf Zellinhalte verweisen oder Makros ausführen. VBA-Kenntnisse sind zu ihrer Verwendung nicht unbedingt erforderlich, sie werden der Vollständigkeit halber in diesem Kapitel trotzdem vorgestellt.

Wie Sie ActiveX-Steuerelemente in benutzerdefinierten Formularen einsetzen, erfahren Sie in den nachfolgenden Kapiteln.

▶ ActiveX-Steuerelemente sind gegenüber Formularsteuerelementen wesentlich flexibler, erfordern aber aufgrund ihrer umfangreichen Eigenschaften VBA-Kenntnisse, sowie einen höheren Aufwand bei ihrer Gestaltung. Allerdings können nicht alle ActiveX-Steuerelemente in einem Excel-Arbeitsblatt verwendet werden.

5.2   Grundlagen Formularsteuerelemente

Wo finden Sie die Formularsteuerelemente?

Bild 5.1 Formularsteuerelemente

Die Formularsteuerelemente finden Sie im Register *Entwicklertools* zusammen mit den ActiveX-Steuerelementen über die Schaltfläche *Einfügen*. Wie Sie das Register *Entwicklertools* anzeigen, wurde in Kapitel 1 bereits erklärt.

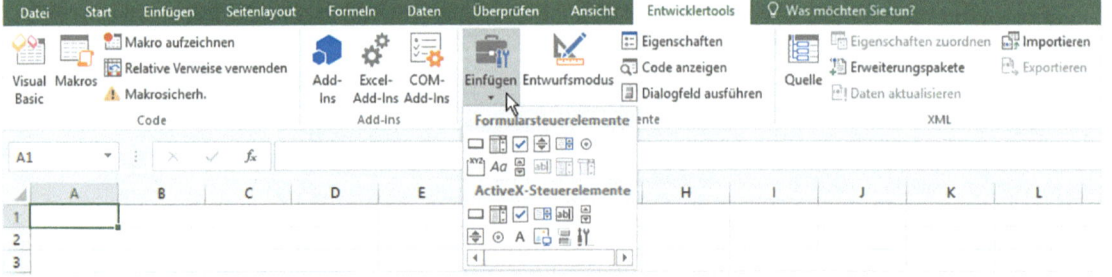

Die nachfolgende Tabelle liefert Ihnen einen Überblick über die wichtigsten Formularsteuerelemente. Aussehen und Verwendung dürften Ihnen bereits aus Windows-Dialogfenstern bekannt sein.

Steuerelement	Beschreibung	Beispiel
Schaltfläche	Führt eine Aktion, bzw. ein Makro aus, wenn darauf geklickt wird	Starten
Kombinationsfeld	Öffnet beim Klick auf den Dropdown-Pfeil eine Liste mit mehreren Auswahlmöglichkeiten.	April
Listenfeld	Funktioniert wie ein Kombinationsfeld, mit dem Unterschied, dass ein Listenfeld immer geöffnet ist und daher mehr Platz benötigt. Der ausgewählte Wert ist markiert.	Jaunar, Februar, März, April, Mai, Juni, Juli, August, September
Drehfeld	Erhöht oder verringert einen Wert per Mausklick auf die kleinen Pfeile nach oben bzw. unten. Der Wert kann auch direkt eingegeben werden.	Monat: 5
Bildlaufleiste	Führt einen Bildlauf durch einen festgelegten Wertebereich durch.	25
Kontrollkästchen	Liefert nur zwei Werte: WAHR (aktiviert) oder FALSCH (deaktiviert).	☑ Verheiratet
Gruppenfeld	Erlaubt unter mehreren Möglichkeiten nur die Auswahl einer einzigen Option	Altersgruppe: ○ Jugendliche unter 18 ◉ Erwachsene ○ Senioren

Formularsteuerelement einfügen

Klicken Sie im Register *Entwicklertools* auf *Einfügen* und auf das gewünschte Formularsteuerelement. Zum Einfügen im Tabellenblatt gibt es verschiedene Möglichkeiten:

Achtung: Aus dem Menüband in das Tabellenblatt ziehen, funktioniert nicht!

▷ Ziehen Sie im Tabellenblatt mit gedrückter Maustaste das Element auf die gewünschte Größe.

▷ Wenn Sie während des Ziehens gleichzeitig die Alt-Taste gedrückt halten, so passt sich das Steuerelement der Größe der Zelle bzw. des Zellbereichs an. Um dies beizubehalten, müssen Sie auch bei nachträglichen Größenänderungen mit der Maus die Alt-Taste verwenden (siehe Bild).

▷ Wenn Sie zum Einfügen nicht ziehen, sondern nur an die gewünschte Stelle klicken, so erhalten Sie das Steuerelement in der Standardform. Um diese Form beizubehalten, müssen Sie dann bei nachträglichen Größenänderungen mit der Maus die Umschalt-Taste gedrückt halten.

Bild 5.2 Beispiel: Das Kombinationsfeld wurde exakt in den Zellbereich B2:C2 eingefügt

Formularsteuerelement bearbeiten

Markieren

Die Bearbeitung ist für alle Steuerelemente gleich: Vor der Bearbeitung müssen Sie es markieren und dies ist gar nicht so einfach: Wenn Sie einfach mit der Maus darauf klicken, wird eine Aktion ausgeführt. Verwenden Sie daher zum Markieren eine der folgenden Möglichkeiten:

- Klicken Sie mit der rechten Maustaste, dann erscheint auch gleichzeitig das Kontextmenü.

- Oder klicken Sie es mit gleichzeitig gedrückter Strg-Taste an.

Ein zuvor markiertes Steuerelement können Sie mit der Entf-Taste jederzeit wieder aus dem Arbeitsblatt entfernen.

Beschriftung ändern

Bei Befehlsschaltflächen, Kontrollkästchen und Optionsfeldern (Gruppen) können Sie die Beschriftung ändern: Klicken Sie mit der rechten Maustaste auf das Steuerelement und auf *Text bearbeiten*.

Steuerelement formatieren

Die weitere Bearbeitung eines Steuerelements erfolgt über den Befehl *Steuerelement formatieren...*, dieser erscheint, wenn Sie mit der rechten Maustaste auf das Element klicken. Mit Ausnahme der Befehlsschaltfläche legen Sie alle Steuerungsparameter über diesen Befehl fest.

Bild 5.3 Text bearbeiten

Bild 5.4 Steuerelement formatieren

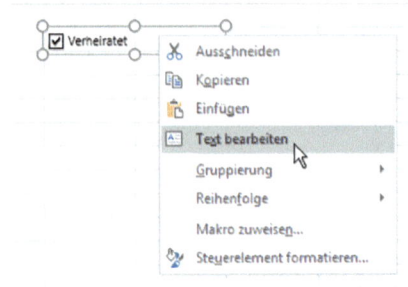 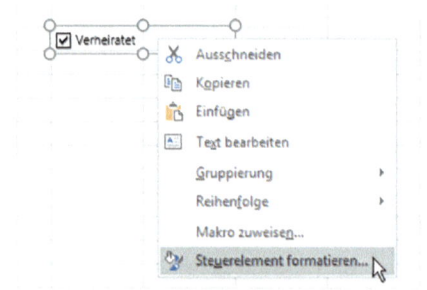

5.3 Beispiele für Formularsteuerelemente

Makro einer Befehlsschaltfläche zuweisen

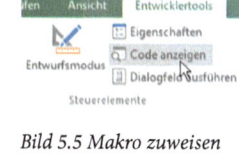

▷ Unmittelbar nach dem Einfügen einer Befehlsschaltfläche öffnet sich automatisch das Fenster *Makro zuweisen*. Markieren Sie das gewünschte Makro und klicken Sie zum Übernehmen auf *OK*.

▷ Falls das Makro noch nicht vorhanden ist, können Sie mit einem Klick auf die Schaltfläche *Aufzeichnen...* die Aufzeichnung starten. In diesem Fall sollten Sie dem Makro einen aussagekräftigeren Namen geben, da das Makro sonst den Namen *Schaltfläche_Klicken* erhält, siehe Bild unten.

Bei Bedarf können Sie über die rechte Maustaste und den Befehl *Makro zuweisen* dieses Fenster jederzeit wieder öffnen und der Schaltfläche ein anderes Makro zuweisen. Über die Schaltfläche *Code anzeigen* (Register *Entwicklertools*) wird der VBA-Editor mit dem dazugehörigen Programmcode geöffnet.

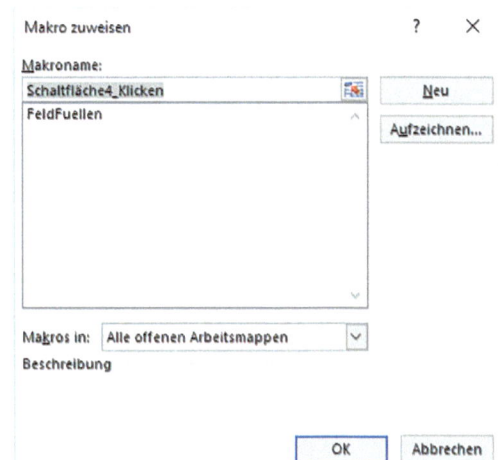

Bild 5.5 Makro zuweisen

Kombinationsfeld und Listenfeld zur Auswahl nutzen

Kombinations- und Listenfelder zeigen eine Auswahlliste an und geben den markierten Wert in eine zuvor festgelegte Zelle aus. Allerdings liefern beide Felder nur den Zeilenindex, d. h. der wievielte Wert der Liste wurde ausgewählt, Sie benötigen daher in den meisten Fällen zusätzlich eine Funktion, z. B. INDEX, um den dazugehörigen Zellinhalt zu ermitteln.

Beispiel: Sie möchten über ein Kombinationsfeld einen Artikel auswählen und der Preis dieses Artikels soll anschließend im Arbeitsblatt angezeigt werden.

1 Im ersten Schritt fügen Sie in das Tabellenblatt ein Kombinationsfeld zusammen mit den erforderlichen Beschriftungen ein (Bild unten).

2   Dann benötigen Sie noch eine Liste mit Werten, die im Kombinationsfeld angezeigt werden sollen, in unserem Beispiel die Preisliste. Diese kann sich entweder im selben oder einem anderen Arbeitsblatt befinden. In diesem Beispiel befindet sich die Liste im Blatt *Preisliste*.

Bild 5.6 Kombinationsfeld und Datenherkunft

	A	B	C	D	E	F	G	H	I
3	Artikel-Nr.	Bezeichnung	Einzelpreis						
4	WA307001	Kopierpapier weiss A4, Standardqualität 500 Blatt	3,99						
5	WA307002	Kopierpapier weiss A3, Standardqualität, 500 Blatt	4,99						
6	WA307003	Kopierpapier gelb A4, Standardqualität, 500 Blatt	4,23						
7	WA308001	Kopierpapier A4, Recyclinqualität, 500 Blatt	3,21						
8	WA308002	Kopierpapier A3, Recyclinqualität, 500 Blatt	5,60						
9	WA411100	IQ Premium Kopierpapier A4, 500 Blatt	8,20						
10	WA420000	Ultimate Profi-Laser Papier, A4, 500 Blatt	9,02						
11	WA430000	JUMPER Allround Papier, A4, 1000 Blatt	12,50						
12	WG278901	Klebestift, Sparkleber extrastark 10,0 g	0,35						
13	WG278902	Klebestift, Sparkleber extrastark 20,0 g	0,41						
14	WG278903	Klebestift, Sparkleber extrastark 35,0 g	58,00						
15	WR120300	PROFI Kugelschreiber, farbig sortiert, 100 St.	13,00						
16	WR123301	IQ Kugelschreiber, Oberfläche metallic 10 St.	4,33						
17	WR123302	IQ Kugelschreiber, Oberfläche alu-Design 10 St.	5,20						
18	WR123303	Q Kugelschreiber, Oberfläche weiß 10 St.	4,88						
19	WS100900	Bleistifte, extra hart, 100 St.	6,23						
20									

	A	B	C	D	E
1					
2	Artikel auswählen			▾	
3					
4	Einzelpreis				
5					

Tabelle2   Kombinationsfeld   **Preisliste**   Drehfeld   ActiveX-Komb

3   Im nächsten Schritt klicken Sie mit der rechten Maustaste auf das Kombinationsfeld und auf *Steuerelement formatieren….* Im Register *Steuerung* legen Sie nun die Steuerungsparameter fest

Eingabebereich

Hinweis: Befindet sich der Eingabebereich in einem anderen Tabellenblatt, so ist in älteren Excel-Versionen hierfür ein Bereichsname erforderlich!

Woher stammen die Werte des Kombinationsfeldes? Klicken Sie in das Feld *Eingabebereich* und markieren Sie anschließend im Tabellenblatt den gewünschten Bereich. Beachten Sie, dass das Formularsteuerelement Kombinationsfeld immer nur eine einzige Spalte anzeigen kann, Sie können daher in unserem Beispiel entweder die Spalte *Artikelnummer* oder *Bezeichnung* angeben. In unserem Fall verwenden wir die Bezeichnung, also den Bereich B4:B19.

Zellverknüpfung

Im Feld *Zellverknüpfung* geben Sie an, welche Zelle den ausgewählten Wert anzeigen soll, in unserem Beispiel C4. Unter *Dropdownzeilen* können Sie ggf. noch angeben, wie viele Zeilen das geöffnete Kombinationsfeld gleichzeitig anzeigen soll.

Bild 5.7 Steuerungsparameter festlegen

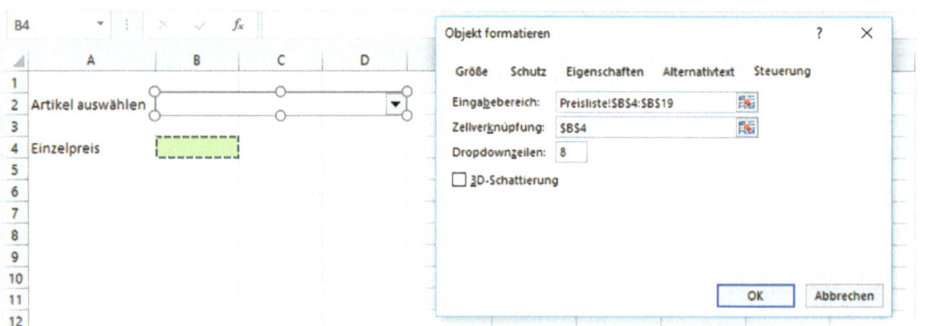

Vor dem Testen müssen Sie die Markierung mit einem Klick an eine beliebige Stelle des Arbeitsblattes aufheben. Klicken Sie dann auf den Dropdown-Pfeil des Kombinationsfeldes und auf eine Bezeichnung, sofort erscheint in der verknüpften Zelle der Zeilenindex des ausgewählten Wertes.

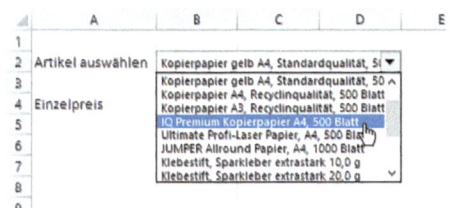 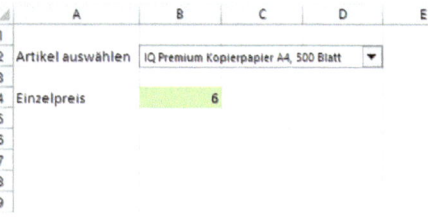

Bild 5.8 Das fertige Kombinationsfeld

Jetzt benötigen Sie noch in der Zelle rechts daneben (C4) die Funktion INDEX, um hier den Einzelpreis zu ermitteln, diese muss lauten:

=INDEX(Preisliste!B4:C19;B4;2)

Der Zeilenindex in B4 dient eigentlich nur als Zwischenergebnis und kann durch Formatieren mit entsprechender Schriftfarbe unsichtbar gemacht werden.

> Bei einem Listenfeld unterscheidet sich die Vorgehensweise nicht, so dass Sie dieses Beispiel auch mit einem Listenfeld testen können.

Kontrollkästchen

Fügen Sie das Formularsteuerelement Kontrollkästchen in ein Arbeitsblatt ein und ändern Sie die Beschriftung. Öffnen Sie dann das Fenster *Steuerelement formatieren* und legen Sie die folgenden Steuerungsparameter fest:

- ▸ **Zellverknüpfung:** In welche Zelle soll der Wert WAHR oder FALSCH ausgegeben werden? Im Bild unten in Zelle A2.

- ▸ **Wert:** Hier legen Sie die Standardeinstellung des Kontrollkästchens fest.

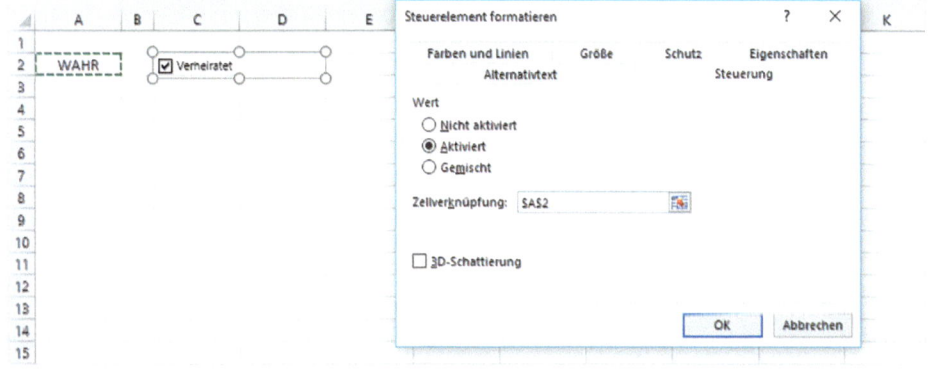

Bild 5.9 Steuerungsparameter Kontrollkästchen

Die Werte WAHR/FALSCH können anschließend in weiteren Formeln ausgewertet werden, z. B. in Verbindung mit der Funktion WENN.

Drehfeld und Bildlaufleiste

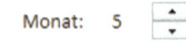

Die Steuerelemente Drehfeld und Bildlaufleiste eignen sich zur Eingabe bzw. Auswahl von Zahlen. Als Beispiel fügen Sie ein Drehfeld in das Arbeitsblatt ein und öffnen das Fenster *Steuerelement formatieren*. Als Steuerungsparameter werden benötigt: Minimal- und Maximalwert, sowie die Schrittweite um die mit jedem Mausklick hochgezählt wird. Unter *Aktueller Wert* geben Sie den Ausgangswert des Steuerelements an. Im Feld *Zellverknüpfung* geben Sie wieder an, welche Zelle den ausgewählten Wert erhalten soll.

Bild 5.10 Steuerungspara-
meter Drehfeld

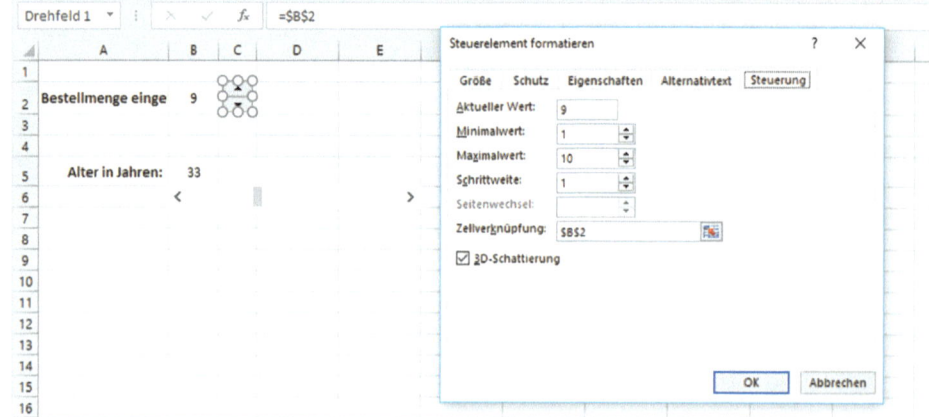

Ähnlich verhält sich auch eine Bildlaufleiste, diese kann waagrecht oder senkrecht eingefügt werden. Sie benötigt dieselben Steuerungsparameter und unterscheidet sich vom Drehfeld nur dadurch, dass hier die Auswahl eines Wertes durch Verschieben mit gedrückter Maustaste erfolgt. Oder klicken Sie auf die kleinen Pfeile rechts und links bzw. oben und unten. In beiden Fällen kann in die verknüpfte Zelle auch einfach eine Zahl eingetippt werden.

Weitere Steuerelementeigenschaften

Namen zuweisen

Wenn Sie sich später z. B. in einem Makro auf ein Steuerelement beziehen möchten, dann sollten Sie ihm einen Namen zuweisen, da Namen wie *Drehfeld5* auf Dauer wenig aussagekräftig sind. Dazu markieren Sie das Steuerelement, klicken dann in das Namenfeld der Bearbeitungsleiste und geben hier den Namen ein. Schließen Sie durch Drücken der Eingabe-Taste ab.

Über den Namensmanager im Register *Formeln* können Sie ebenfalls Steuerelementen einen Namen geben. Markieren Sie zuvor das Steuerelement, klicken Sie auf *Namensmanager* und anschließend auf die Schaltfläche *Neu.....*

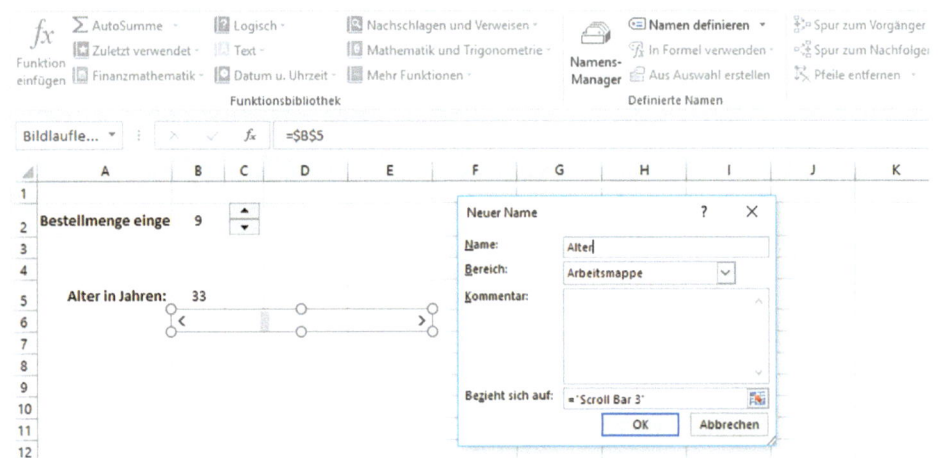

*Bild 5.11 Namen für Steu-
erelemente*

Blattschutz

Falls Sie später das Arbeitsblatt schützen und nur noch eine Eingabe über die Formu-
larfelder zulassen möchten, dürfen Sie nicht vergessen, für die verknüpften Felder und
die Steuerelemente die Sperrung aufzuheben. Öffnen Sie dazu das Fenster *Steuerelement formatieren* und klicken Sie hier auf das Register *Schutz*. Deaktivieren Sie dann
das Kontrollkästchen *Gesperrt*.

Steuerelemente nicht drucken

Standardmäßig werden beim Drucken auch die Steuerelemente gedruckt. Um dies zu
verhindern, klicken Sie im Fenster *Steuerelement formatieren* auf das Register *Eigenschaften* und deaktivieren das Kontrollkästchen *Objekt drucken*.

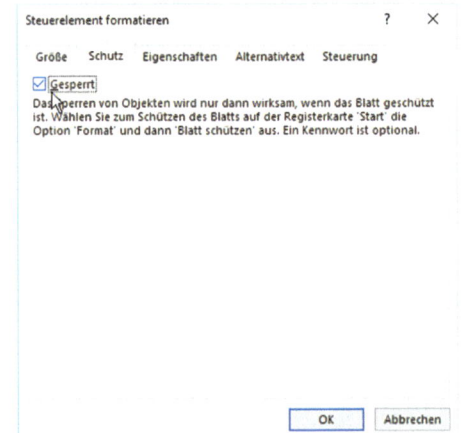
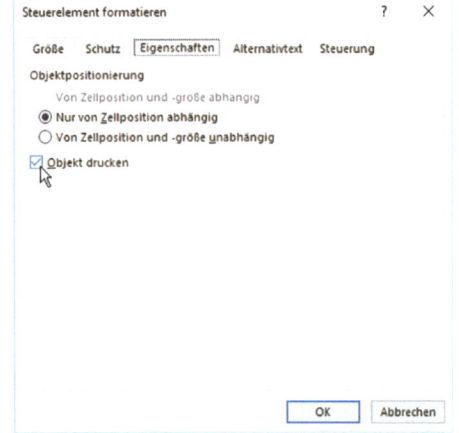

*Bild 5.12 Sperrung
aufheben*

*Bild 5.13 Element nicht
drucken*

Makros zuweisen

Nicht nur Befehlsschaltflächen, sondern auch allen anderen Formularsteuerelementen
kann über den Befehl der rechten Maustaste ein Makro zugewiesen werden. Wichtig

zu wissen: Dann startet das Makro nicht beim Klicken, sondern wenn eine Änderung über das Steuerelement vorgenommen, z. B. ein Wert ausgewählt wurde.

5.4   ActiveX-Steuerelemente

ActiveX-Steuerelemente besitzen gegenüber Formularsteuerelementen den Vorteil, dass Sie über erheblich mehr Eigenschaften und damit mehr Flexibilität verfügen. Die Platzierung im Arbeitsblatt unterscheidet sich nicht von Formularsteuerelementen, sehr wohl dagegen die weitere Bearbeitung. Hier nur ein kleines Beispiel, wie Sie ActixeX-Steuerelemente im Arbeitsblatt einsetzen können, eine ausführliche Beschreibung aller ActiveX-Steuerelemente finden Sie in den nachfolgenden Kapiteln in Verbindung mit benutzerdefinierten Formularen, den UserForms.

Entwurfsmodus

ActiveX-Steuerelemente können im Arbeitsblatt ausschließlich im Entwurfsmodus markiert und bearbeitet werden, Anklicken mit der rechten Maustaste ist also nicht erforderlich. Die Ausführung von Makros ist dagegen nur möglich, wenn der Entwurfsmodus nicht aktiv ist. Den Entwurfsmodus aktivieren und deaktivieren Sie über die gleichnamige Schaltfläche im Register *Entwicklertools*.

Wenn Sie also ein ActiveX-Steuerelement bearbeiten möchten, brauchen Sie nur den Entwurfsmodus aktivieren und anschließend wieder deaktivieren.

Bild 5.14 Entwurfsmodus

Einige Eigenschaften des ActiveX-Kombinationsfeldes

Am Beispiel eines Kombinationsfeldes soll die Funktionsweise von ActiveX-Steuerelementen im Arbeitsblatt vorgestellt werden. So gehen Sie vor:

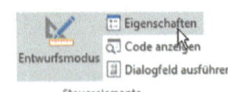

1   Klicken Sie im Register *Entwicklertools* auf *Einfügen* und fügen Sie das ActiveX-Steuerelement *Kombinationsfeld* in das Arbeitsblatt ein. Damit ist der Entwurfsmodus automatisch aktiv und Sie können das Steuerelement bearbeiten.

2   Im ersten Schritt blenden Sie zur weiteren Bearbeitung das Eigenschaftenfenster ein. Klicken Sie dazu im Menüband in der Gruppe *Steuerelemente* (*Entwick-*

lertools) auf *Eigenschaften*. Hier können Sie nun den Namen ändern: Klicken Sie in die Zeile *Name* und geben Sie anstelle von *ComboBox1* einen Namen ein. Für Namen von Steuerelementen gelten dieselben Regeln wie für Prozedurnamen.

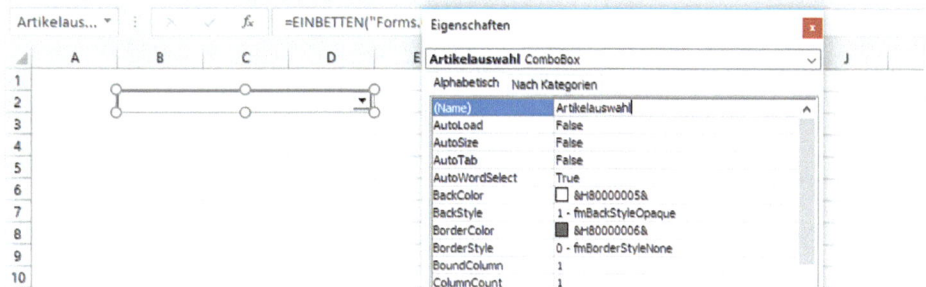

Bild 5.15 Eigenschaften-fenster: Name

3   Die Eigenschaft *ListFillRange* legt fest, woher das Kombinationsfeld die Werte beziehen soll. Leider können Sie hier die Zellbezüge nicht durch Markieren mit der Maus einfügen, sondern müssen den Zellbereich per Tastatur eintippen. Dafür kann ein ActiveX-Kombinationsfeld auch mehrere Spalten anzeigen, im Beispiel unten den Bereich G2:I6. In diesem Fall müssen Sie mit der Eigenschaft *Column-Count* außerdem die Anzahl der Spalten (3) angeben.

4   Mit der Eigenschaft *LinkedCell* legen Sie die verknüpfte Zelle fest, im unten abgebildete Beispiel ist dies B4.

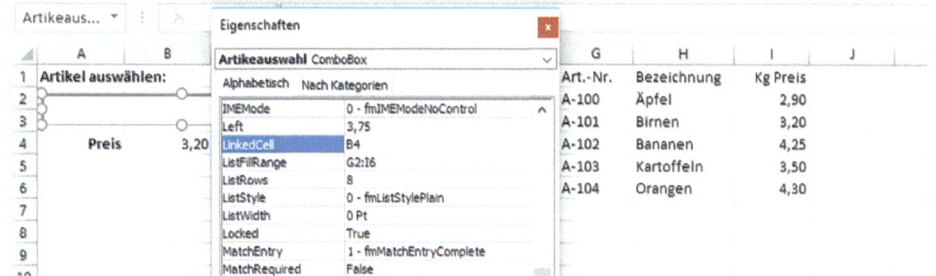

Bild 5.16 Wertebereich und verknüpfte Zelle

5   Enthält das Kombinationsfeld mehrere Spalten, so ist mit *BoundColumn* eine Angabe erforderlich, welche Spalte den benötigten Wert enthält. In unserem Beispiel ist dies der Preis in Spalte 3. Der Einsatz der Funktion INDEX erübrigt sich damit. Sollen die Spaltenüberschriften mit angezeigt werden, so brauchen Sie nur die Eigenschaft *ColumnHeads* auf *True* setzen.

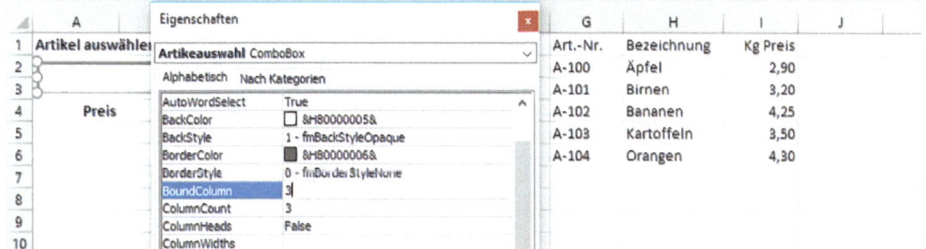

Bild 5.17 Bound Column und ColumnCount

Als Ergebnis liefert das Kombinationsfeld in B4 den Preis des ausgewählten Artikels. Achtung: Entwurfsmodus vorher deaktivieren!

Tipp: Mit der Eigenschaft *ColumnWidths* können Sie im Kombinationsfeld jeder Spalte eine bestimmte Breite zuweisen und mit Breite 0 ein Feld ausblenden. So können Sie für das Beispiel oben als Spaltenbreite die Werte 1,5cm;3cm;0cm angeben, das Ergebnis sehen Sie im Bild unten. Achtung: Ohne die Maßangabe cm werden die Werte als Punkt (pt.) interpretiert!

Bild 5.18 Kombinationsfeld mit 3 Spalten

Bild 5.19 Kombinationsfeld mit 2 Spalten

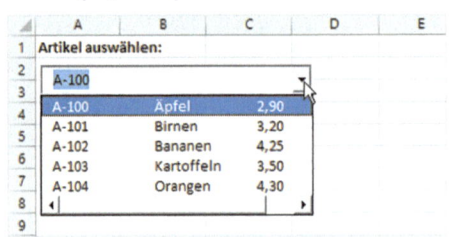
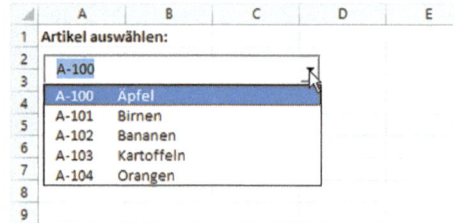

Ein ActiveX-Kombinationsfeld per VBA füllen

Als zweites Beispiel soll in der Arbeitsmappe ein Arbeitsblatt als Startseite gestaltet werden und hier soll, wie im Bild 5.21, ein Kombinationsfeld die Navigation zu Tabellenblättern erleichtern. Da Anzahl und Namen der Tabellenblätter vorher nicht bekannt sind und sich möglicherweise ändern, werden diese über eine VBA-Prozedur eingelesen.

Zunächst fügen Sie im Arbeitsblatt ein ActiveX-Kombinationsfeld ein und benennen es im Eigenschaftenfenster um, es erhält den Namen *Blattauswahl*. Das Arbeitsblatt selbst erhält den Namen *Start*.

Arbeitsblätter in das Kombinationsfeld einlesen

Im ersten Schritt schreiben Sie eine kleine VBA-Prozedur, die die Namen der Arbeitsblätter in der Mappe in das Kombinationsfeld einliest.

1   Öffnen Sie mit Alt+F11 den VBA-Editor. Achtung, verwenden Sie dazu nicht die Schaltfläche *Code anzeigen*, da sonst die falsche Prozedur erzeugt wird.

2   Fügen Sie ein neues Modul ein und geben Sie hier folgenden Code ein:

Bild 5.20 Tabellenblätter in Kombinationsfeld einlesen

```
Sub FeldFuellen()
'Die Namen aller Tabellenblätter in das Kombinationsfeld einlesen

    Dim Blattname As String
    Dim intBlaetter As Long
    Dim N As Long

    intBlaetter = ActiveWorkbook.Worksheets.Count
    Worksheets("Start").Activate
    ActiveSheet.Blattauswahl.Clear
    For N = 1 To intBlaetter
        ActiveSheet.Blattauswahl.AddItem Worksheets(N).Name
    Next
End Sub
```

Anschließend starten Sie zum Testen die Prozedur aus dem VBA-Editor heraus und überprüfen das Ergebnis im Excel-Arbeitsblatt.

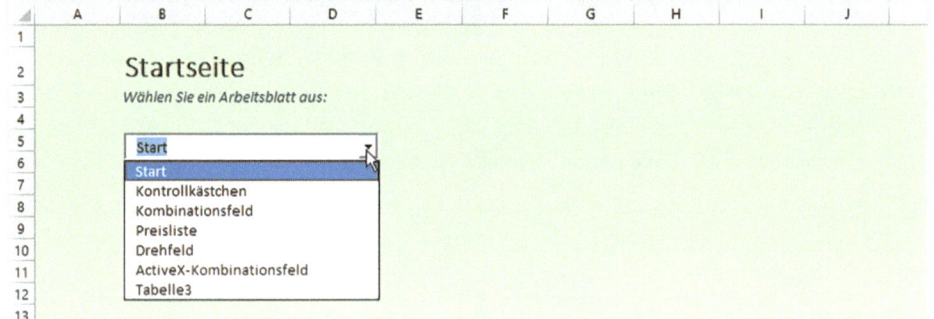

Bild 5.21 Startseite mit Kombinationsfeld

Prozedur beim Ereignis Öffnen starten

Im nächsten Schritt müssen Sie festlegen, wann das Einlesen erfolgen soll, bzw. wie die Prozedur gestartet wird. Dies geschieht am besten beim Öffnen der Mappe über eine Ereignisprozedur.

1 Wechseln Sie in den VBA-Editor und öffnen Sie über das Projektfenster das Codefenster zum Objekt *DieseArbeitsmappe*.

2 Wählen Sie oberhalb des Codebereichs das Objekt *Workbook* aus (Bild unten). Damit wird automatisch die Prozedur *Workbook_Open* erzeugt, als Alternative können Sie den Namen der Prozedur über die Tastatur eingeben:

Bild 5.22 Prozedur einfügen

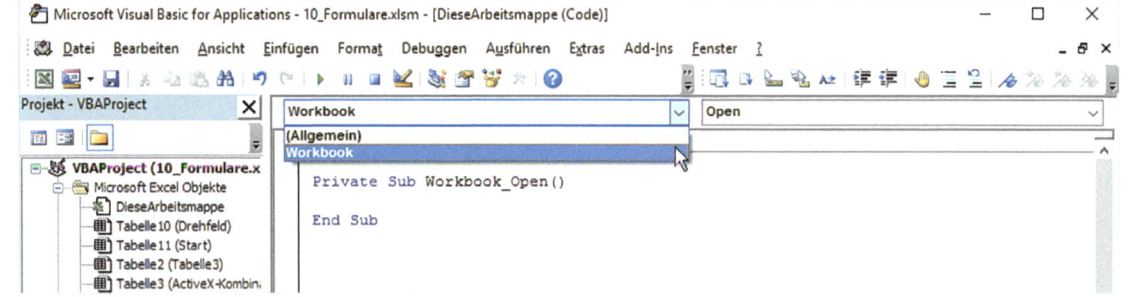

3 Zum Starten der Prozedur geben Sie als Anweisung einfach deren Namen, in diesem Fall *FeldFuellen* ein. Die Prozedur lautet dann:

```
Private Sub Workbook_Open( )
    FeldFuellen
End Sub
```

Tabellenblatt auswählen

Nach dem nächsten Öffnen der Arbeitsmappe zeigt das Kombinationsfeld zwar die Namen der Tabellenblätter an, Sie benötigen aber noch eine weitere Prozedur, damit nach der Auswahl im Kombinationsfeld zum entsprechenden Arbeitsblatt gewechselt wird.

Diese Schaltfläche existiert zwar auch im Menüband, zeigt aber nicht immer den dazugehörigen Code an.

1 Dazu klicken Sie im Entwurfsmodus mit der rechten Maustaste auf das Kombinationsfeld der Startseite und auf *Code anzeigen*. Der VBA-Editor wird geöffnet und gleichzeitig die Prozedur *Private Sub Blattauswahl_Change( )* erzeugt.

Change bedeutet, diese Prozedur wird beim Ändern-Ereignis des Kombinationsfeldes gestartet. Die Prozedur befindet sich außerdem nicht in einem Modul, sondern gehört zum Tabellenblatt *Start*, in dem sich auch das Kombinationsfeld befindet, wie ein Blick in das Projekt-Fenster zeigt.

2 Geben Sie in die Prozedur eine Anweisung ein, mit der das ausgewählte Arbeitsblatt ausgewählt oder aktiviert wird. Die Prozedur lautet:

Bild 5.23 Arbeitsblatt anzeigen

```
Private Sub Blattauswahl_Change()
'Das ausgewählte Arbeitsblatt anzeigen

    Dim Blattname As String
    Blattname = Blattauswahl.Value
    Sheets(Blattname).Select
End Sub
```

Die Anweisung *Blattname = Blattauswahl.Value* übergibt den aktuellen Wert des Kombinationsfeldes an die Variable *Blattname*.

Dieses Beispiel ließe sich nun noch erweitern um eine Prozedur, mit der Sie von jedem Blatt aus wieder zurück zur Startseite gelangen. Sie könnten auch alle Arbeitsblätter, mit Ausnahme des jeweils aktuellen Blattes ausblenden. Dies passiert mit der Worksheets-Eigenschaft *Visible*, der Sie den Wert *False* oder *True* zuweisen.

6 Grundlagen zu UserForms

In diesem Kapitel lernen Sie ...

- Benutzerdefinierte Formulare (User-Forms) einfügen
- Welche Elemente in UserForms verwendet werden können
- Steuerelementeigenschaften mit VBA Code ändern
- Allgemeine Tipps zum Umgang mit Steuerelementen und Formularen

Das sollten Sie bereits wissen

- Grundlagen der VBA-Programmierung (Kapitel 3)

Sie kennen sich mit Excel-Tabellen aus und sind vertraut mit der Anwendung von Prozeduren, Funktionen und dem VBA-Editor. Dieser Teil des Buches richtet sich an Excel-Anwender(innen), die ihre Tabelleninhalte übersichtlicher darstellen, Eingaben vereinfachen und Arbeiten automatisieren und per Knopfdruck steuern wollen.

Sie lernen das Erstellen von Eingabemasken (*UserForms*), die an Anschaulichkeit den Tabellendarstellungen weit überlegen sind und vor allem genau auf Ihre Wünsche zugeschnitten werden können. Solche Eingabemasken können auch als Schaltzentrale für unterschiedliche Programmabläufe dienen, denn über Befehlsschaltflächen lassen sich auf Tastendruck maßgeschneiderte Prozeduren (Makrobefehle) starten, die für Sie wichtige Routineaufgaben übernehmen.

Wie man Arbeitsanweisungen programmiert und wie man sie zu Makros verkettet, haben Sie in den vorherigen Kapiteln gelernt. Mit dem Erstellen von Formularen führen wir Sie „spielerisch" tiefer hinein in die objektorientierte Programmierung mit Excel-VBA und wecken ganz bestimmt Ihr Interesse, mit Hilfe individuell angepasster Benutzeroberflächen Ihr Excel-Wissen erheblich zu erweitern.

Den ActiveX-Steuerelementen, die im vorherigen Kapitel bereits kurz vorgestellt wurden, kommt in den folgenden Beschreibungen und Übungen eine besondere Bedeutung zu. ActiveX-Steuerelemente lassen sich aufgrund ihrer vielfältigen Eigenschaften hervorragend zur inhaltlichen Gestaltung von Formularen (*UserForms*) einsetzen, mit denen sich kleine flexible Hilfsmenüs und sogar umfangreiche Eingabemasken auch als Steuerzentralen für Datenhandling erstellen lassen.

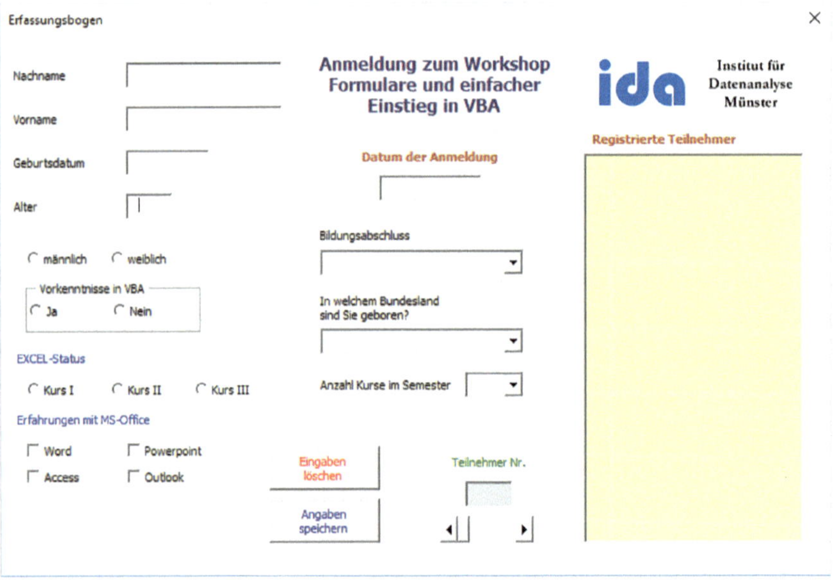

Bild 6.1 Ein Formular als Eingabemaske

Im Verlauf des Workshops erstellen Sie eine Eingabemaske mit den gebräuchlichsten ActiveX-Steuerelementen, die Ihnen als Vorlage für eigene Projekte dienen kann. Die zum Einsatz kommenden Prozeduren werden in (exportierbaren) Modulen angelegt und sind leicht an individuelle Anforderungen anzupassen.

6.1   Vorbereitungen im VBA-Editor

Bevor Sie mit dem Erstellen der Eingabemaske beginnen, sollten Sie einige Einstellungen im VBA-Editor überprüfen/vornehmen. Es handelt sich hierbei um Empfehlungen, die sich in der Praxis bewährt haben.

Rufen Sie wie gewohnt die Entwicklungsumgebung mit Alt + F11 auf und passen Sie die Symbolleisten im oberen Menüband an: *Ansicht* ▶ *Symbolleisten*

Bild 6.2 Das obere Menüband sollte die angezeigten Symbolleisten umfassen

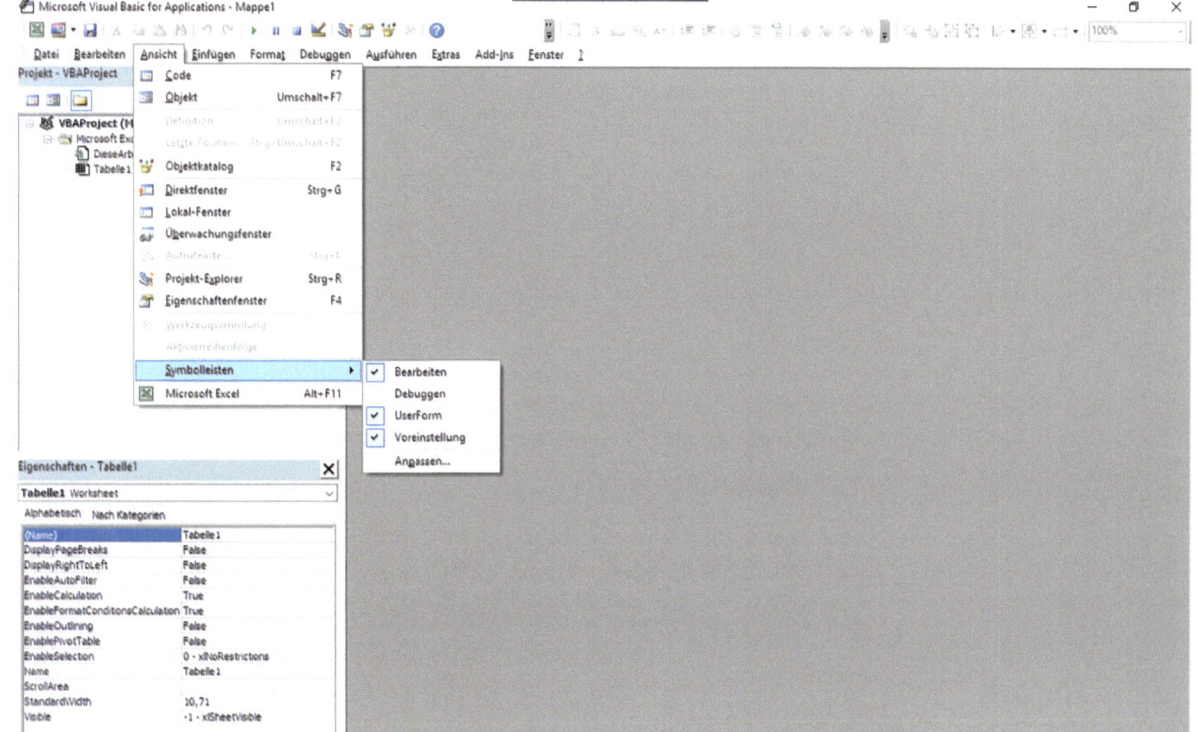

Zu diesem Zeitpunkt sind die eingefügten Symbolleisten noch inaktiv. Das Erscheinungsbild ändert sich aber, wenn ein Modul oder ein Formular (UserForm) eingefügt wird. Weitere für die Praxis recht sinnvolle Voreinstellungen werden unter dem Menüpunkt *Extras* ▶ *Optionen* vorgenommen. Ändern Sie die Einstellungen wie folgt:

Register Editor

- Automatische Syntaxprüfung ausschalten
- Variablendeklaration erforderlich

Editorformat (optional)

- Farbe für *Normaler Text* auf ein auffälliges Pink setzen, um die Eingaben im VBA Code hervorzuheben.

Diese Einstellungen bleiben nach dem Verlassen der Excel-Arbeitsmappe erhalten.

Bild 6.3 Optionen: Register Editor

Bild 6.4 Farbe für normalen Text ändern

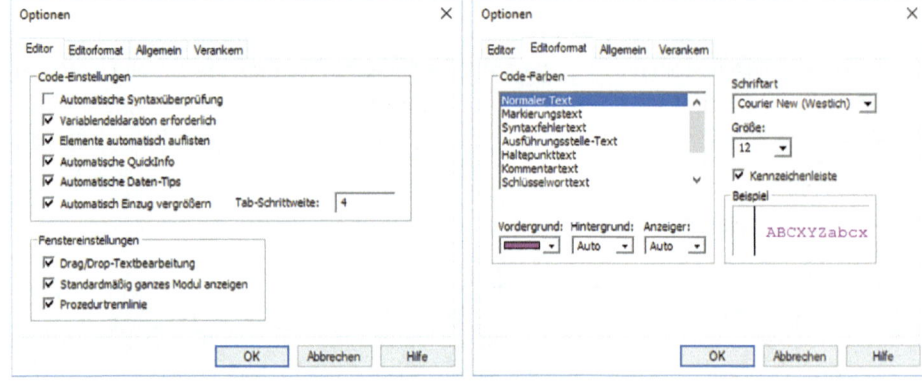

6.2 Ein Formular anlegen

UserForm einfügen

Nach diesen empfehlenswerten Voreinstellungen kann das erste Formular im Projektfenster eingefügt werden. Dazu bieten sich drei verschiedene Möglichkeiten an:

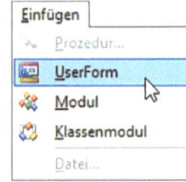

Bild 6.5 Rechte Maustaste im Projektfenster ▶ Einfügen ▶ UserForm

▶ In der Menüleiste *Einfügen* ▶ *UserForm* ❶

▶ In der Symbolleiste mit Klick auf das Symbol *UserForm einfügen* 🖼 , erstes Symbol rechts neben dem Excel-Symbol ❷

▶ Rechtsklick in das Projektfenster und Auswahl *Einfügen* ▶ *UserForm* ❸

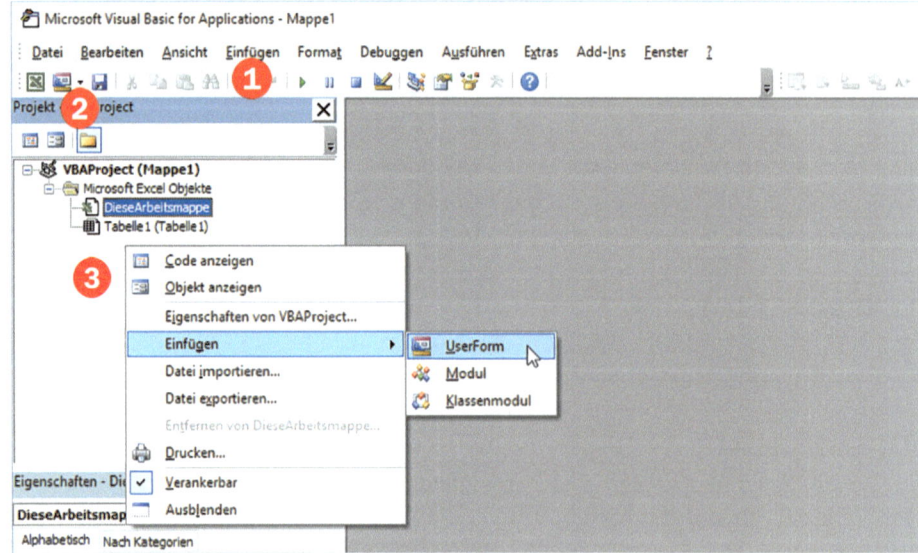

▷ **Die Werkzeugsammlung**

Mit dem Einfügen einer UserForm ❶ erscheint im Normalfall auch die Werkzeugsammlung (Toolsammlung) ❷. Sie lässt sich rund um das Formular frei positionieren, so dass sie immer in Reichweite ist. Sollte die Werkzeugsammlung nicht angezeigt werden, dann lässt sich das über Symbol 🛠 links neben dem Fragezeichen nachholen oder über das Menü *Ansicht ▶ Werkzeugsammlung*.

Bild 6.6 Das neue Formular mit der Toolsammlung

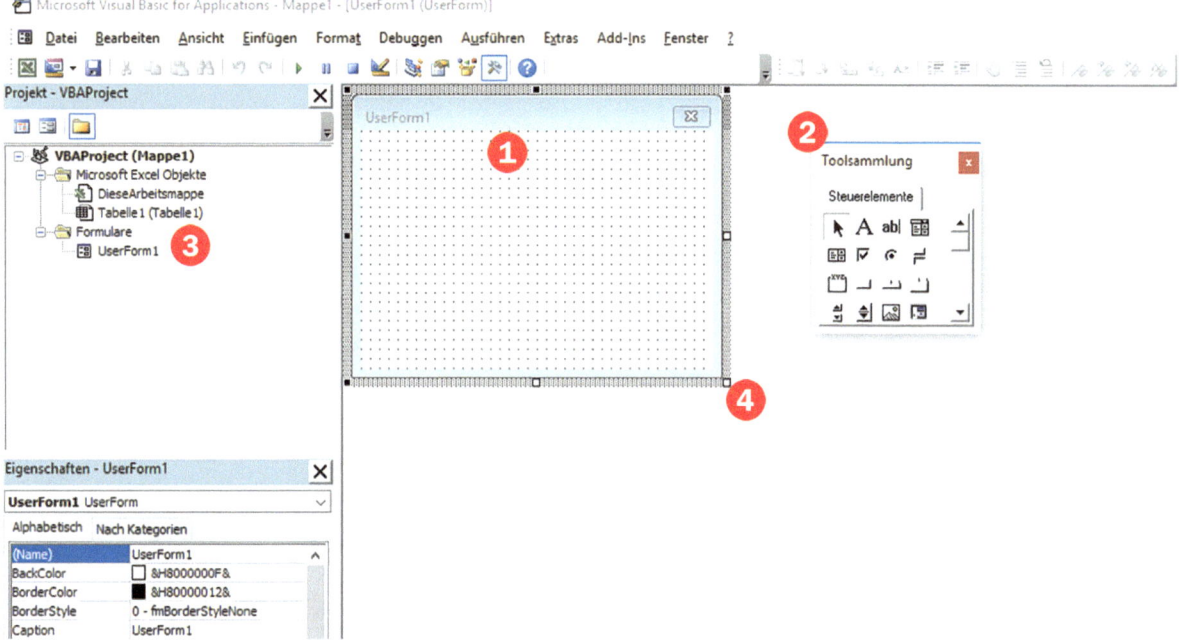

▷ **Ordner Formulare**

Im Projektfenster wurde ein neuer Ordner für *Formulare* angelegt, hier erscheint das neue Formular ebenfalls ❸. Es erhält automatisch den Namen *UserForm1* und wird in Standardgröße (*Height* = 180, *Width* = 240) abgebildet.

▷ **Formulargröße ändern**

Die Größe des Formulars lässt sich über die seitlichen Anfasser (kleine Quadrate) ❹ leicht verändern und an die individuellen Anforderungen anpassen. Es ist sozusagen die Grundfläche für die benötigten Steuerelemente.

▷ **Formular anzeigen**

Zur Anzeige gebracht wird das Formular über das Symbol *Ausführen* (grüner Pfeil) in der Symbolleiste oder über die Funktionstaste F5, wenn die UserForm aktiv ist, d. h. zuvor angeklickt wurde.

Das Formular wird im Excel-Arbeitsblatt angezeigt. Wie jedes Fenster weist auch das Formular in der rechten oberen Ecke das Symbol *Schließen* auf, über das Sie zurück in die Entwicklungsumgebung gelangen.

Bild 6.7 Das Formular erscheint im Tabellenblatt

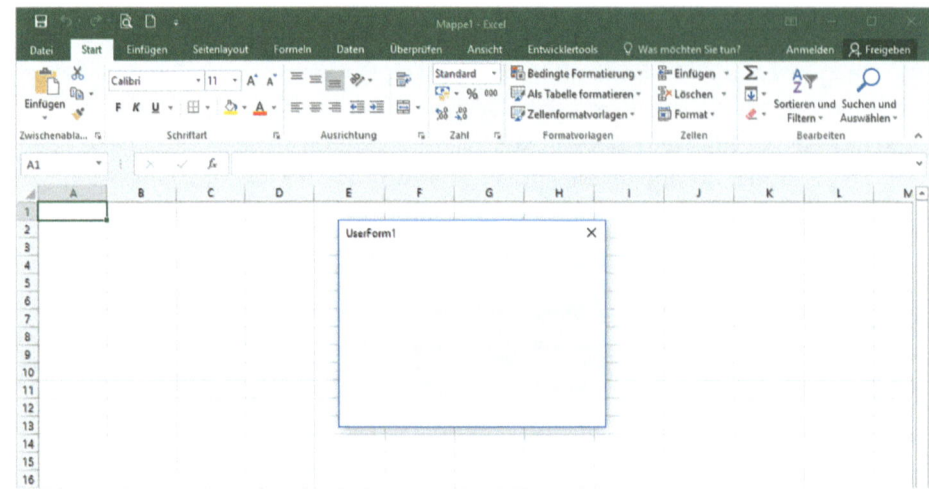

Damit haben Sie die Grundlage für ein Formular geschaffen. Als nächstes können nach Bedarf ActiveX-Steuerelemente darauf platziert werden. Einen „sprechenden" Namen, also eine eindeutige Bezeichnung, sollte das Formular jedoch zuvor noch bekommen, damit die Steuerelemente leicht zuzuordnen sind. Aber darum und um weitere Eigenschaften des Formulars kümmern wir uns gleich.

UserForm-Eigenschaften

Die wichtigsten Eigenschaften des Formulars legen Sie im Fenster *Eigenschaften* ❶ fest.

Bild 6.8 Formulareigenschaften festlegen

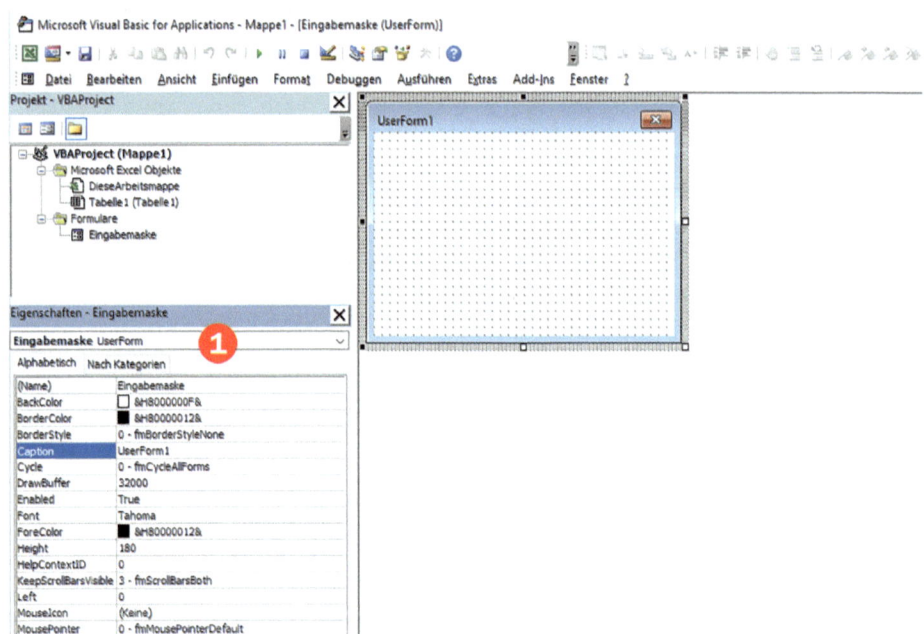

Name

Das Formular muss zunächst einen eindeutigen Namen erhalten, denn der Name eines Objektes ist zugleich seine wichtigste Eigenschaft. Im Eigenschaftenfeld wird unter *(Name)* ❷ anstelle von *UserForm1* die neue Bezeichnung *Eingabemaske* eingetragen.

Hinweise zur Benennung von Objekten finden Sie weiter unten unter „Präfixe für Objektnamen" auf Seite 150.

Titel

Vier Zeilen unterhalb befindet sich neben *Caption* ❸ ebenfalls der Eintrag *UserForm1*. Bei der Eigenschaft *Caption* handelt es sich um den Titel des Formulars, der im Fenstertitel über der grauen Formularfläche erscheint. Ändern Sie den Titel beispielsweise in *Erfassungsbogen*.

Größe

In den meisten Fällen wird man die Größe des Formulars über die Anfasser an den Seiten grob festlegen bzw. nachjustieren. Eine pixelgenaue Höhe und Breite lässt sich über die Eigenschaften *Height* und *Width* festlegen.

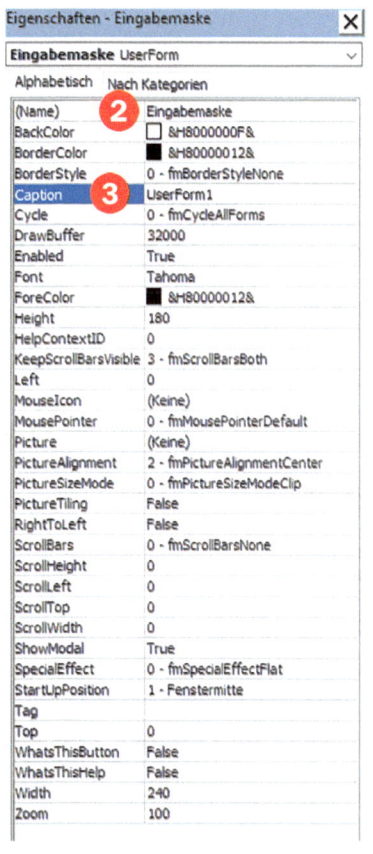

Bild 6.9 Das Eigenschaftenfenster

Position

Die Positionierung auf dem Bildschirm kann mit der Eigenschaft *StartUpPosition* verändert werden. Standardeinstellung ist die Fenstermitte. Eine manuelle Festlegung ist möglich über die Positionsangaben *Left* und *Top*.

Schrift und Farben

Eine interessante Eigenschaft ist *BackColor*. Sie bestimmt die Hintergrundfarbe des Formulars. Neben den Systemfarben steht eine bunte Palette an Farben zur Verfügung. Es ist empfehlenswert, zunächst an diesen Grundeinstellungen nichts zu ändern, bis Sie mit den Eigenschaften der Steuerelemente vertraut sind.

> **Hinweis:** Das Formular selbst hat keine Schriftelemente, aber die Eigenschaften *ForeColor* und *Font* übertragen sich auf später eingefügte Steuerelemente. Die Grundeinstellung Tahoma 8 pt. liefert für die meisten Anwendungen brauchbare Ergebnisse, kann aber an Ihre persönlichen Vorstellungen angepasst werden, wenn Sie diese Einstellungen für die anderen Steuerelemente vorgeben wollen.

Modales Formular

Letztlich sei noch auf die Eigenschaft *ShowModal* hingewiesen. Standardeinstellung ist *True* (Wahr). Das bedeutet, dass bei geöffnetem Formular ausschließlich das Arbeiten im Formular erlaubt ist. Zum Arbeiten im Tabellenblatt muss das Formular geschlossen werden. Mit der Einstellung *False* (Falsch) ist dagegen das Springen zwischen Tabelleneingaben und Formulareingaben möglich. Diese Eigenschaft wird meist über VBA Code festgelegt (*show vbmodeless*).

Präfixe für Objektnamen

Bei der Benennung von Objekten hat sich zur Kennzeichnung auch die Verwendung von Präfixen eingebürgert. Damit wäre beispielsweise unsere schlichte *Eingabemaske* eine *frmEingabemaske*. Diese Benennungspraxis bezieht alle VBA-Objekte ein, die ActiveX-Steuerelemente sowie Variablen (nach Typen), Funktionen und Module. Der Vorteil liegt klar in der sichtbaren Zugehörigkeit und in der alphabetischen Sortierreihenfolge bei der automatischen Vervollständigung (Microsoft: IntelliSense). Der Einfachheit halber möchten wir weitestgehend auf die Präfix-Praxis verzichten, wenn die Benennungen der Objekte eindeutige Zuordnungen erkennen lassen.

Anmerkung: Die Verwendung von Präfixen für Objekte, Steuerelemente und Variablen ist ein Vorschlag zur Standardisierung im VBA Code und nicht verbindlich. Man spricht auch von der „ungarischen Notation" (Erfinder Charles Simonyi, Ungarn).

Ein Name setzt sich demnach zusammen aus einem Präfix als Typenbezeichnung und einem frei wählbaren Namen: *txtNachname* oder als Kompromiss *txt_Nachname* zur besseren Lesbarkeit.

Name	Control type	präfix
Anzeige	Image	img
Befehlsschaltfläche	CommandButton	cmd
Bezeichnungsfeld	Label	lbl
Bildlaufleiste vertikal	vertical ScrollBar	vsb
Bildlaufleiste horizontal	horizontal ScrollBar	hsb
Drehfeld	SpinButton	spn
Formular	UserForm	frm
Kombinationsfeld	ComboBox	cbo
Kontrollkästchen	CheckBox	chk
Listenfeld	ListBox	lst
Multiseiten	MultiPage	mpg
Optionsfeld	OptionButton	opt

Name	Control type	präfix
Rahmen	Frame	fra
Register	TabStrip	tab
Textfeld	TextBox	txt
Umschaltfläche	ToggleButton	tgl

6.3 Die Elemente der Werkzeugsammlung

Werfen wir als nächstes einen Blick in die Toolsammlung und identifizieren die einzelnen Symbole.

Zur individuellen Anpassung der Eingabemaske stehen standardmäßig 14 unterschiedliche ActiveX-Steuerelemente zur Verfügung. Sie werden über die, unter *Extras ▸ Verweise* eingebundene Bibliothek *Microsoft Forms 2.0 Object Library*, bereitgestellt. Jedes Element besitzt besondere Eigenschaften, die wir in den folgenden Schritten besprechen und üben werden – zunächst getrennt und dann im Zusammenspiel mit anderen Steuerelementen in einem Beispielprojekt.

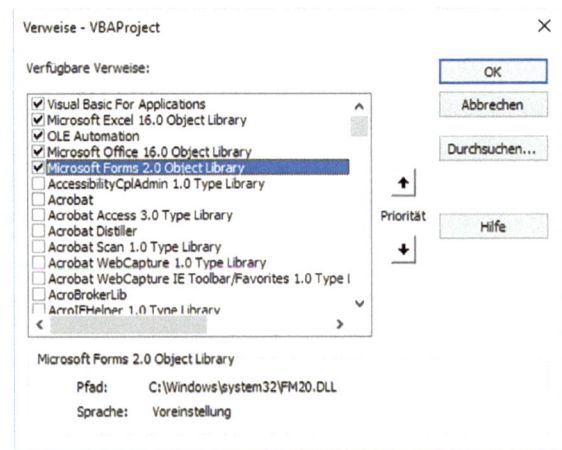

Bild 6.10 Verweis auf die Microsoft Forms Objektbibliothek

Bild 6.11 Die Toolsammlung

Die folgende Tabelle listet alle Elemente der Werkzeugkiste (Toolsammlung) auf.

Symbol	Bezeichnung
▸	Zeigen
A	Bezeichnungsfeld
abl	Textfeld

Symbol	Bezeichnung
⊙	Optionsfeld
⇄	Umschaltfeld
[xyz]	Rahmen

Symbol	Bezeichnung	Symbol	Bezeichnung
🔲	Kombinationsfeld	⌐	Befehlsschaltfläche
🔲	Listenfeld	⌐	Register
☑	Kontrollkästchen	⌐	Multiseite
⬍	Bildlaufleiste	⬍	Drehfeld
🖼	Anzeige (Grafik)		

Nicht alle werden in unserem Workshop-Beispiel Verwendung finden – wir werden sie aber beschreiben. Dies betrifft die Steuerelemente Umschaltfeld, Drehfeld, Register, und Multiseite.

Beschriftungsfeld (Label)

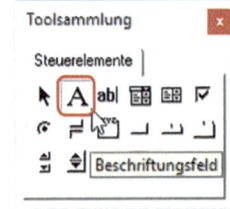

Wie man direkt aus der Bezeichnung ableiten kann, dient dieses einfache Steuerelement in den meisten Fällen der Beschriftung/Beschreibung anderer Steuerelemente oder als Überschrift. Da der Textinhalt zur Laufzeit geändert werden kann, lassen sich mit dem Beschriftungsfeld auch formatierte Hinweistexte oder im Falle eines Formular-Fragebogens veränderliche Inhalte (Fragen) generieren. Schriftart, -größe, -schnitt und Farbe lassen sich im Eigenschaftenfenster festlegen.

Mehrzeiliger Text kann entweder durch die Länge (*Width*) des Beschriftungsfelds oder gezielt durch die Eingabe der Tastenkombination Shift + Enter umgebrochen werden.

Bild 6.12 Symbol Beschriftungsfeld

Bild 6.13 Eine individuelle Message-Box

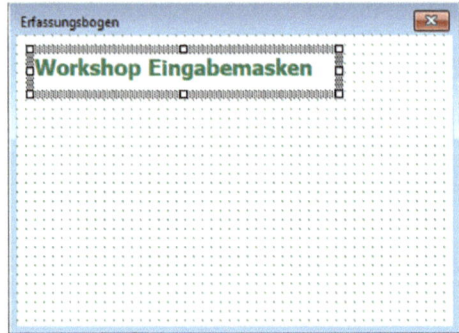

Beschriftungsfelder in Verbindung mit anderen Steuerelementen aus der Werkzeugsammlung machen individuell gestaltete Meldungsfenster (Messagebox) möglich, bei denen sich Farben, Symbole und/oder Bilder verwenden lassen, was bei der Standard-Messagebox (*MsgBox*) nicht möglich ist, ein Beispiel im Bild 6.13 oben.

Textfeld (TextBox)

Textfelder sind sicherlich die wichtigsten Steuerelemente in einem Formular. Sie dienen der Dateneingabe durch den Benutzer. Die Eigenschaften *Text* und *Value* stehen für den Inhalt des Textfeldes und sind inhaltlich identisch. Zahlenwerte können somit als Ziffer (*Text*, oder keine Angabe) und Zahl (*Value*) übergeben werden.

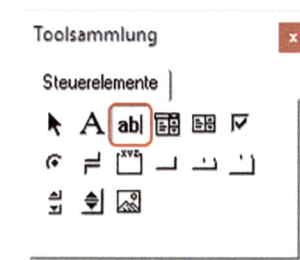

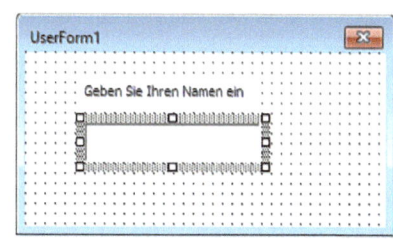

Bild 6.14 Textfeld

Bild 6.15 Beispiel

Größe und Position

Wie für alle Steuerelemente kann die Positionierung und Größe auf dem Formular manuell oder punktgenau über die Eigenschaften *Left*, *Top*, *Height* und *Width* festgelegt werden. Die Höhe und die Länge des Textfeldes muss der Schriftart (*Font*) und der zu erwartenden Länge des Eingabetextes angepasst werden.

Farben

Farben lassen sich sowohl der Schriftart (*ForeColor*), dem Hintergrund (*BackColor*) als auch dem Rahmen (*BorderColor*) zuweisen.

Textausrichtung

Standardmäßig wird der Text linksbündig eingegeben – was sich aber mit *TextAlign* ändern lässt. Sollte es Sie stören, dass der Eingabetext nicht komplett linksbündig angezeigt wird, ändern Sie die Eigenschaft *SelectionMargin* auf *False*. Dieser Markierungsbereich links vom Text diente ursprünglich zur Auswahl der ganzen Zeile.

Effekte

Für das Erscheinungsbild des Textfeldes stehen mit der Eigenschaft *SpecialEffect* fünf Darstellungsarten zur Verfügung. Die Voreinstellung „Versunken" bzw. „Vertieft" hat sich als Standard etabliert.

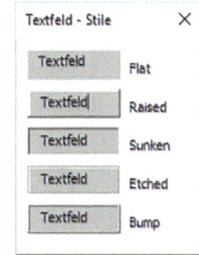

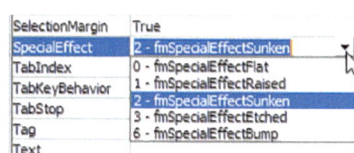

Bild 6.16 SpecialEffect-Optionen

Bild 6.17 Auswahl im Eigenschaftenfenster

Verhalten

Es ist auch möglich, dass Textfelder lediglich zur Anzeige von Informationen verwendet werden, wie beispielsweise Zellinhalte aus Tabellen. Die Möglichkeit einer Eingabe oder Änderung lässt sich mit der Eigenschaft *Locked* (*True*) sperren. Dann kann das Feld zwar angeklickt werden, Eingeben oder Löschen ist aber nicht möglich. Das Anspringen des Textfeldes mit der Maus oder der Tabulator-Taste (*TabIndex*) kann durch die Eigenschaften *Enabled* (*False*) verhindert werden. In diesem Fall erscheint der Text ausgegraut bzw. inaktiv. Die Eigenschaft *Visible* ermöglicht oder unterdrückt die Sichtbarkeit dieses Elements.

Kontrollkästchen (CheckBox)

Wenn aus einer bestimmten Anzahl von Auswahlmöglichkeiten mehrere Angaben gleichzeitig erlaubt sind, kommen Kontrollkästchen zum Einsatz. Das Erscheinungsbild lässt sich variieren hinsichtlich Symbol (*SpecialEffect*) und Textplatzierung (*Alignment*).

Bild 6.18 Symbol Kontrollkästchen

Bild 6.19 Darstellung und Textposition bei Kontrollkästchen

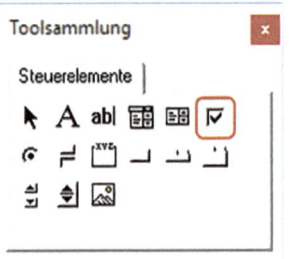
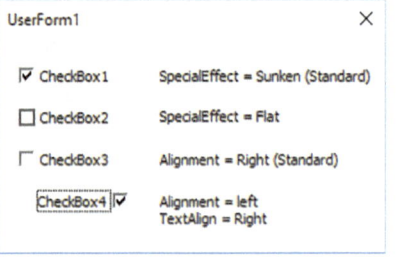

Optionsfeld (OptionButton)

Wenn dagegen aus einer bestimmten Anzahl von Auswahlmöglichkeiten nur eine einzige Antwort erlaubt ist, kommen Optionsfelder zum Einsatz. Sie schließen sich gegenseitig aus, wie beispielsweise die Antworten Ja/Nein. Sollen mehrere Optionsfeldgruppen auf einem Formular untergebracht werden, müssen sie zu Gruppen zusammengeschlossen werden. Dazu dient die Eigenschaft *GroupName* oder die Anordnung innerhalb eines Rahmens (*Frame*), siehe unten. Die übrigen Eigenschaften entsprechen denen der Kontrollkästchen.

Bild 6.20 Symbol Optionsfeld

Bild 6.21 Darstellung und Textposition bei Optionsfeldern

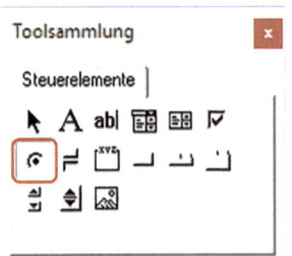
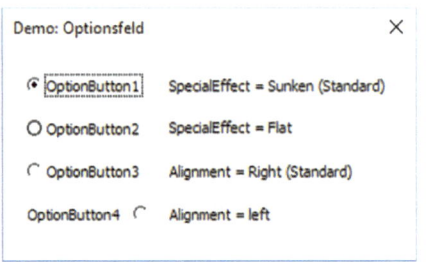

Tipp: In einem Formular ist es ungünstig und kann möglicherweise sogar Fehler verursachen, wenn eine Option (zwangsläufig) vorgegeben ist. Daher empfiehlt es sich, ein zusätzliches Optionsfeld als Antwortmöglichkeit anzulegen, dieses als Grundeinstellung aktiv zu setzen (*Value = True*) und zu verdecken (*Visible = False*). Ein Beispiel finden Sie auf Seite 163.

Rahmen (Frame)

Rahmen können als grafische Elemente eingesetzt werden, um Steuerelemente optisch zu gruppieren und sie mit einer Überschrift zu versehen. Praktische Bedeutung bekommen sie bei der Gruppierung von Optionsfeldgruppen, die unabhängig voneinander bewertet werden müssen.

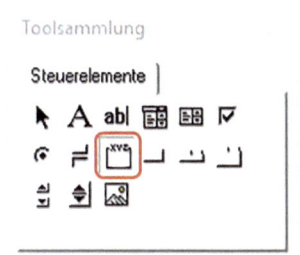

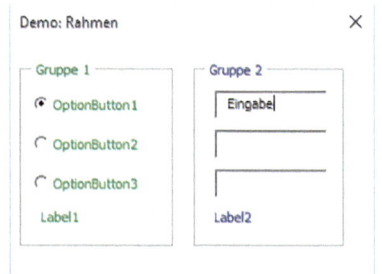

Bild 6.22 Symbol Rahmen

Bild 6.23 Rahmen können Gruppen zusammenfassen

Praktische Hinweise

▷ Wenn ein Rahmen verborgen (unsichtbar) wird, werden auch alle darin enthaltenen Steuerelemente ausgeblendet.

▷ Die Farbe für die Überschrift (*ForeColor*) vererbt sich auf die Beschriftung (*Caption*) der Steuerelemente, die in den Rahmen hineingelegt werden.

Kombinationsfeld (ComboBox)

Kombinationsfelder können genau festgelegte Einträge enthalten und eigene Eingaben erlauben oder verbieten. Äußerlich sieht ein Kombinationsfeld einem Textfeld ähnlich, stellt jedoch am rechten Rand über ein Dreiecksymbol (Dropdown-Pfeil) eine Auswahlliste zur Verfügung.

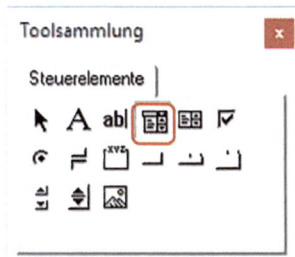

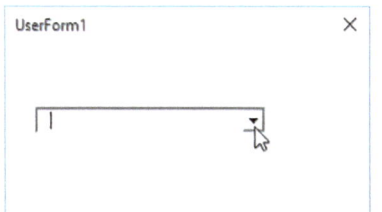

Bild 6.24 Symbol Kombinationsfeld

Bild 6.25 Beispiel Kombinationsfeld

Die Auswahlliste (Dropdownliste) kann auch mehrere Spalten (*ColumnCount*) unterschiedlicher Breite (*ColumnWidths*) enthalten. Wird die Breite einer Spalte mit 0 angegeben, so ist diese Spalte unsichtbar. Die Werte des Kombinationsfeldes werden entweder zur Laufzeit per VBA Code eingelesen oder im Eigenschaftenfenster mit der Eigenschaft *RowSource* festgelegt.

Bei mehrspaltigen Kombinationsfeldern legt *TextColumn* die Spalte fest, deren Inhalt der Eigenschaft *Text* zugewiesen wird. *BoundColumn* gibt dagegen die Spalte an, deren Eintrag der Eigenschaft *Value* zugewiesen wird. Die Verbindung zwischen Tabelle und diesem Wert kann durch die Eigenschaft *ControlSource* festgelegt werden (vgl. Listenfeld).

Tipp: Wenn Sie die ausgewählte Zeile im Kombinationsfeld hervorheben wollen, stehen Ihnen über die Eigenschaft *ListStyle* kreisförmige Symbole zur Verfügung.

Bild 6.26 Festlegung der Symbolanzeige im Eigenschaftenfenster

Bild 6.27 Symbole in der Auswahlliste

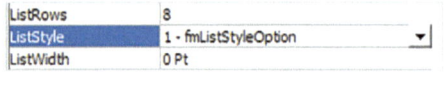

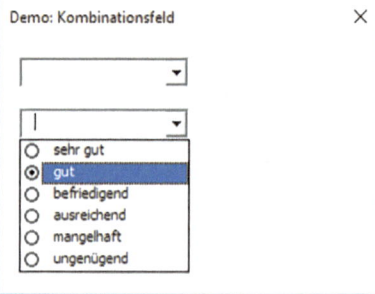

Listenfeld (ListBox)

In einem Listenfeld lassen sich ähnlich wie bei einem Kombinationsfeld Auswahlmöglichkeiten oder beispielsweise Ordnerinhalte (Dateien) darstellen. Ein Klick auf die gewünschte Zeile kann als Ereignis weitere (kontextbezogene) Aktionen veranlassen, wie beispielsweise die angeklickte Datei einzulesen.

Bild 6.28 Symbol Listenfeld

Bild 6.29 Auflistung der Dateien in einem Ordner

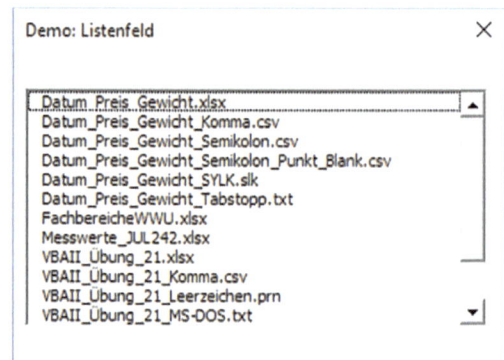

Befehlsschaltfläche (CommandButton)

Eine Befehlsschaltfläche funktioniert wie ein Tastschalter bzw. eine Taste: Ein Klick darauf startet eine Prozedur. Befehlsschaltflächen können in Form und Aussehen sowie Sichtbarkeit und Aktivierbarkeit individuell und dem Programmablauf (z. B. Bedingung erfüllt) entsprechend angepasst werden.

Im Bild unten wurde die Befehlsschaltfläche *Angaben prüfen* im Programmablauf deaktiviert (*Enabled = False*) und erscheint daher ausgegraut, bis eine Bedingung erfüllt ist. Die Schaltfläche *Angaben speichern* ist zusätzlich umrandet, d. h. sie ist die gegenwärtig ausgewählte Schaltfläche (hat den Fokus) und der zugeordnete Befehl wird bei Betätigen der Enter-Taste ausgeführt.

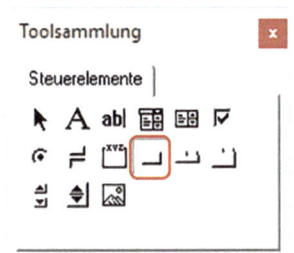
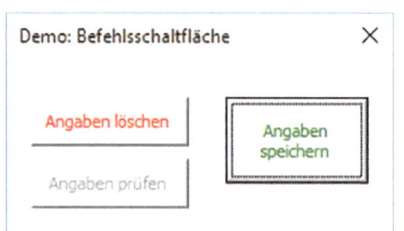

Bild 6.30 Symbol Befehlsschaltfläche

Bild 6.31 Aktivierte und deaktivierte Befehlsschaltflächen

Umschaltfläche (ToggleButton)

Die Umschaltfläche sieht aus wie eine Befehlsschaltfläche, kennt aber zwei Zustände: aktiv/nicht aktiv (gedrückt/nicht gedrückt). Auffälliger als ein Kontrollkästchen kann sie Aktionen veranlassen oder wieder zurücksetzen.

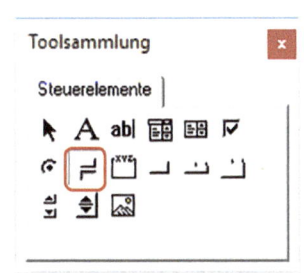
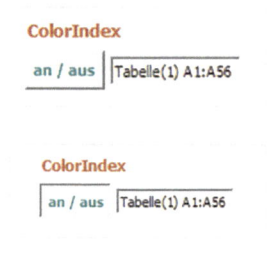
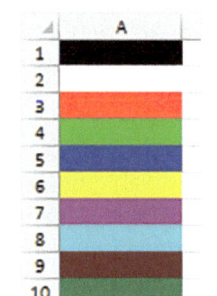

Bild 6.32 Symbol Umschaltfeld

Bild 6.33 Beispiel: Umschaltfeld blendet ColorIndex-Farben ein/aus

Bildlaufleiste (ScrollBar)

Hinter der etwas verwirrenden Bezeichnung Bildlaufleiste verbirgt sich ein Schalterelement, das neben Schaltfunktionen auch noch eine Art Schieberegler beinhaltet. Der „Bewegungsumfang" dieses Steuerelements erstreckt sich über einen voreinstellbaren Wertebereich, der mit den Eigenschaften *Min* und *Max* aufgespannt wird. Kleine Schrittweiten (*SmallChange*) sind über die Dreieck-Symbole an den Enden in Richtung größer oder kleiner werdend zu übergeben. Dazwischen ermöglicht der Schieber (Anfasser) auch größere Schrittweiten (*LargeChange*). Der Schieber lässt sich kontinuierlich durch den Wertebereich führen. Eingestellte Werte werden der Eigenschaft *Value* übergeben.

Bild 6.34 Symbol Bildlaufleiste

Bild 6.35 Ausrichtung von Bildlaufleisten und Drehfeldern

Bild 6.36 Symbol Drehfeld

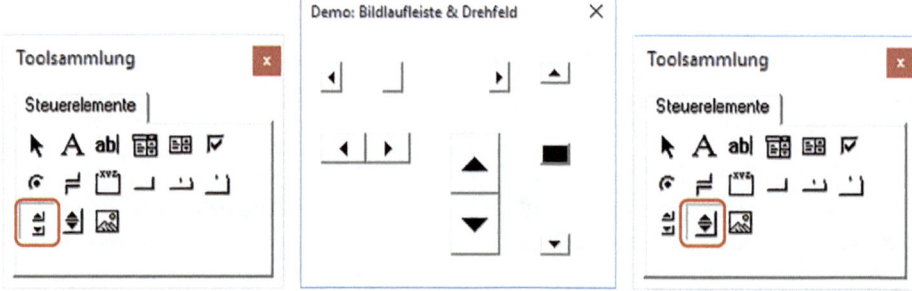

Die Orientierung horizontal oder vertikal ergibt sich beim „Aufziehen", d. h. beim Einfügen im Ansichtsfenster des Formulars: Die längere Seite bestimmt die Richtung.

Drehfeld (SpinButton)

Das Drehfeld (Bild 6.36 oben), als vereinfachte Ausgabe der Bildlaufleiste, dreht die Werte innerhalb des einstellbaren Wertebereichs (*Min*, *Max*) um jeweils einen Wert weiter, der mit der Eigenschaft *SmallChange* vorgegeben werden kann (Vorgabe ist 1), in Richtung größer oder kleiner. Auch hier richtet sich die Orientierung nach der längeren Seite beim Einbau ins Formular.

Anzeige (Image)

Das Einbinden von Fotos oder Logos kann je nach Formular von Bedeutung sein und zum Blickfang werden. Mit diesem Steuerelement lassen sich Firmenlogos auf Formularen, Mitarbeiterportraits auf Registerkarten oder besondere Symbole einbauen. Sie müssen dazu nur bei der Eigenschaft *Picture* den Pfad der Bilddatei angeben. Zur Auswahl der Datei klicken Sie auf die Schaltfläche mit den drei Punkten (Bild 6.38). Anzeigeinhalte können auch zur Laufzeit verändert werden.

Bild 6.37 Symbol Anzeige

Bild 6.38 Bild auswählen

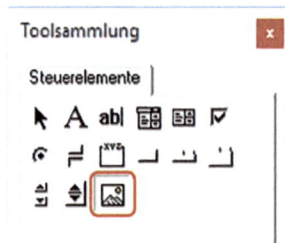

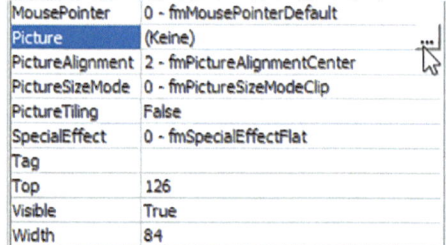

Register (TabStrip)

Alle angelegten Registerkarten haben einen identischen Grundaufbau, d. h. alle Steuerelemente und ihre Anordnung auf dem Formular sind gleich. Hinsichtlich Inhalt, Farbe usw. können sie jedoch unterschiedlich sein. Die vorgegebene Anzahl der Register lässt sich erhöhen (rechte Maustaste auf *Registerkarte2* ▶ *Neue Seite*). Der äußere Rahmen (siehe Markierung, Bild 6.40) ist verschiebbar und kann bis unter die Registerkarten verkleinert werden, wie in der rechten Hälfte der folgenden Abbildung (Bild 6.41) dargestellt.

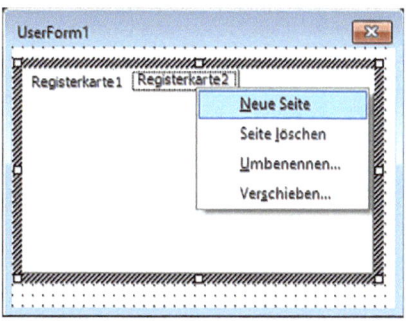

Bild 6.39 Symbol Register

Bild 6.40 Hinzufügen weiterer Seiten

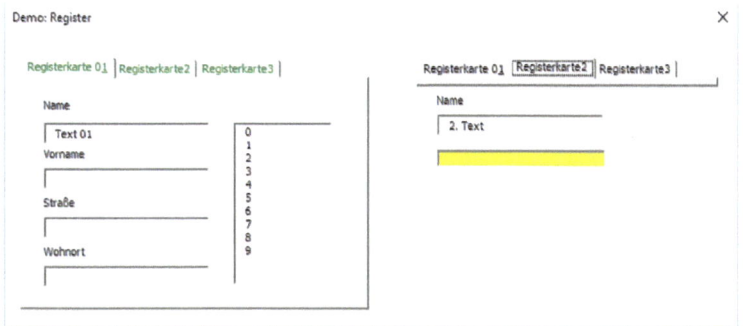

Bild 6.41 Register mit umfassenden (links) und minimierten Rahmen (rechts)

Multiseite (Page)

Multiseiten bieten gegenüber Registern (siehe oben) den Vorteil, Steuerelemente in unterschiedlicher Anordnung auf mehreren Seiten unterzubringen. Mit Multiseiten lässt sich ein Formular auf mehrere Seiten strukturiert und/oder thematisch unterteilt anlegen. Jede Seite kann ein anderes Aussehen haben. Die Vorgabe von zwei Seiten ist erweiterbar (s. Register).

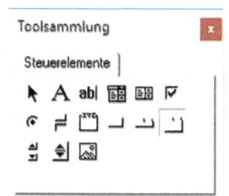

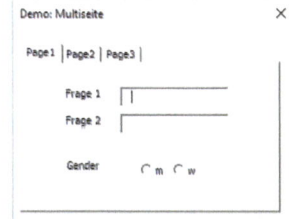
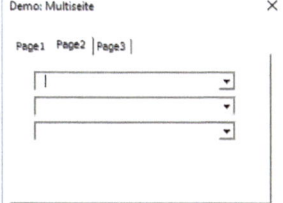
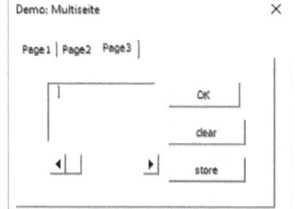

Bild 6.42 (a, b, c) Drei unterschiedlich gestaltete Formularseiten

6.4 Formularprozeduren

Formularcode anzeigen

F7: Codefenster anzeigen

Shift+F7: zurück zur Formularansicht

Eine UserForm ist ein besonderes Modul: Das Benutzer-Formular besitzt eine eigene Oberfläche. Das bedeutet, dass sich sozusagen „hinter" dem Formular ein Programmierfeld bzw. Codefenster zur Eingabe von dazugehörigen Prozeduren befindet. Mit der Funktionstaste F7 oder über das Symbol *Code anzeigen* (Bild 6.43) in der Kopfzeile des Projektfensters können Sie in die sogenannte Codeansicht wechseln. Zurück zur Objektanzeige gelangen Sie über das Symbol *Objekt anzeigen* oder mit Shift+F7.

Bild 6.43 Symbol Code anzeigen

Bild 6.44 Symbol Objekt anzeigen

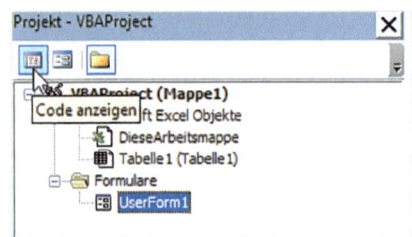
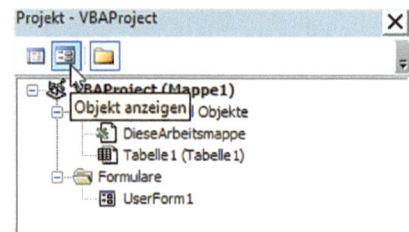

Weitere Möglichkeiten zum Wechseln zwischen den Ansichten

▷ **Formular anzeigen**: Im Projektfenster Doppelklick auf die UserForm oder Rechtsklick auf die UserForm und Befehl *Objekt anzeigen*.

▷ **Code anzeigen:** Doppelklick an eine leere Stelle der UserForm oder im Projektfenster Rechtsklick auf die UserForm und Befehl *Code anzeigen*.

Bild 6.45 Das Codefenster „hinter" der Formular-oberfläche

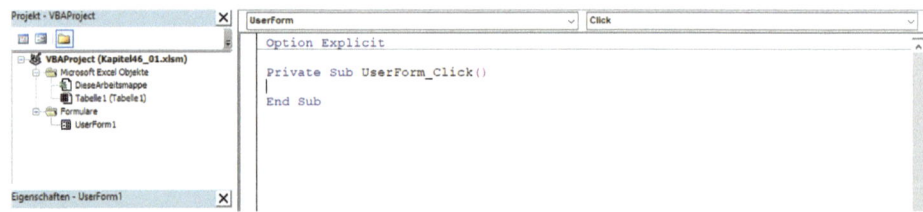

> Beim Anzeigen des Codes wird automatisch ein Prozedurrumpf erzeugt, der mit dem Click-Ereignis des Formulars verbunden ist. Mit anderen Worten: Ein Klick aufs Formular erzeugt unbemerkt diesen Eintrag. Das geschieht auch jedes Mal, wenn Sie per Doppelklick auf das Formular in die Codeansicht wechseln. Sie können diesen Eintrag löschen – aber vielleicht erst am Ende der Formularerstellung, weil er jedes Mal neu entsteht.

Formularereignisse

Andere Ereignisse lassen sich aus der Dropdownliste am oberen Rand des Codefensters auswählen. Ein besonders interessantes Ereignis ist die Initialisierung des Formulars. Es veranlasst, was beim Öffnen des Formulars (*UserForm.show*) automatisch zu geschehen hat.

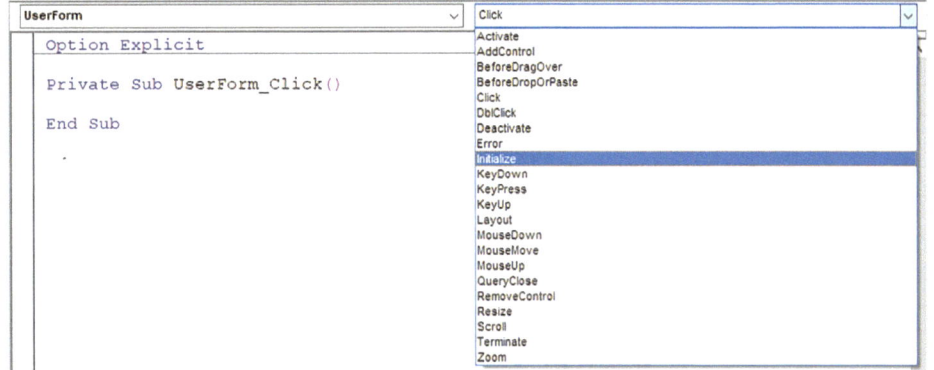

Bild 6.46 Vorbereitung für das Ereignis UserForm_Initialize

Mit dem Ereignis *UserForm_Initialize* lassen sich beispielsweise aktuelle Informationen in den Formularkopf (*Caption*) schreiben, Steuerelemente mit Angaben füllen oder zurücksetzen, aber auch weitere Prozeduren aufrufen.

```
Private Sub UserForm_Initialize()

    'Titelzeile mit aktuellem Datum anzeigen
    Me.Caption = "Datenerfassung am " & Date

End Sub
```

Bild 6.47 Code für Formulartitel

Adressierung des Formulars

Formulare werden, wie alle übrigen Elemente, über ihren Namen angesprochen, z. B. um per Code einen Formulartitel (*Caption*) zuzuweisen. Der Befehl lautet dann:

```
Eingabemaske.Caption = "Hallo"
```

Statt des Namens kann auch *Me.* verwendet werden. Die Bezeichnung *Me.* steht stellvertretend für den Namen des zur Codeansicht gehörenden Formulars. **Vorteil:** *Me* ist unabhängig vom individuell vergebenen Namen des Formulars. Ändert man im Nachhinein den Namen des Formulars, müssen nicht sämtliche Bezeichnungen angepasst werden.

6.5 Eigenschaften von Steuerelementen

> Die Eigenschaften der Steuerelemente lassen sich mit VBA Code leicht verändern. **Ausnahme**: Die Namen der Objekte müssen fest vergeben werden.

Beschriftungsfeld (Label) verwenden

Wenn der Text von Beschriftungsfeldern per Programmanweisung geändert werden soll, erfolgt das entweder im Codefenster der Eingabemaske mit

```
Me.Label1.Caption = "Willkommen zum Workshop"
```

oder aus einem (anderen) Modul heraus mit

```
Eingabemaske.Label1.Caption = "Willkommen zum Workshop"
```

Anzeigetext

Über die Eigenschaft *Caption* wird dem Beschriftungsfeld der Anzeigetext zugewiesen. Die Textübergabe erfolgt auch ohne deren explizite Angabe.

Bild 6.48 Beschriftungsfeld als Hinweis

Bild 6.49 Schrifteigenschaften

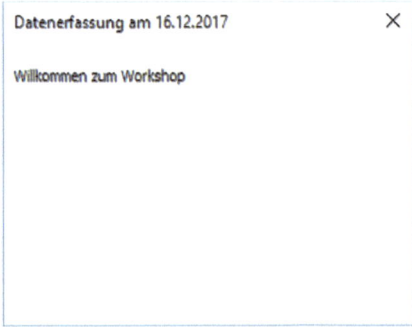

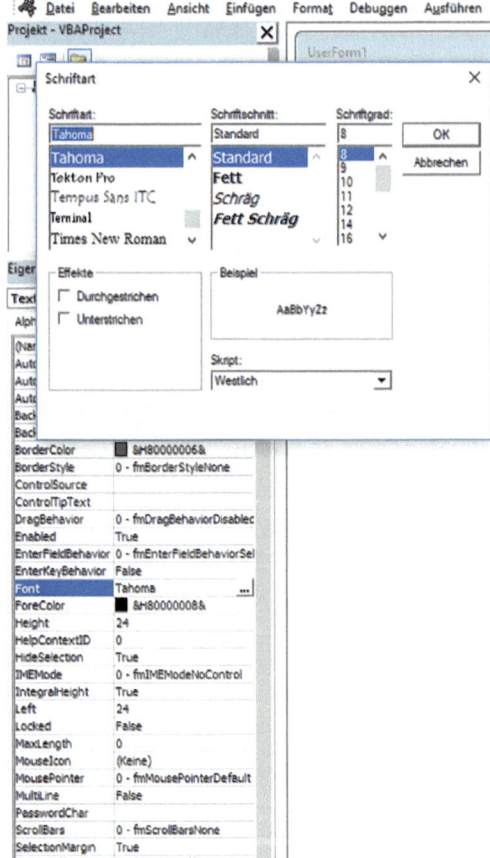

Schrift

Schriftart, -größe, –schnitt und -farbe können im Eigenschaftenfenster unter *Font* und *ForeColor* eingestellt/angepasst werden.

Zeilenumbruch

Einen Zeilenumbruch für mehrzeiligen Text erzeugen Sie mit der Tastenkombination Shift+Enter.

Zeilenumbruch:
Shift+Enter

Textfeld (TextBox) verwenden

Textfelder können ähnlich wie Beschriftungsfelder zur Anzeige von Informationen verwendet werden. Meist sind es allerdings Zellinhalte aus Tabellen, seltener Hinweise allgemeiner Art.

```
Eingabemaske.TextBox1.Value = "Wir werden sofort beginnen"
```

In unserem Beispielprojekt werden Textfelder zur Eingabe und Ausgabe von Tabellendaten verwendet.

Mehrzeilige Textfelder

Textfelder sind auf einzeilige Eingaben voreingestellt. Für mehrzeilige Eingaben muss die Eigenschaft *MultiLine = True* gesetzt werden und bei der Texteingabe jedes Mal die Tastenkombination Shift + Enter zum Zeilenumbruch verwendet werden. Um diesen Umstand abzustellen, kann die Eigenschaft *EnterKeyBehavior = True* gesetzt werden.

Zeilenumbruch: Shift+Enter

Achtung: Das Textfeld kann nun nicht mehr über Enter verlassen werden, sondern nur über die Tabulator-Taste oder durch Mausklick ins nächste Eingabefeld.

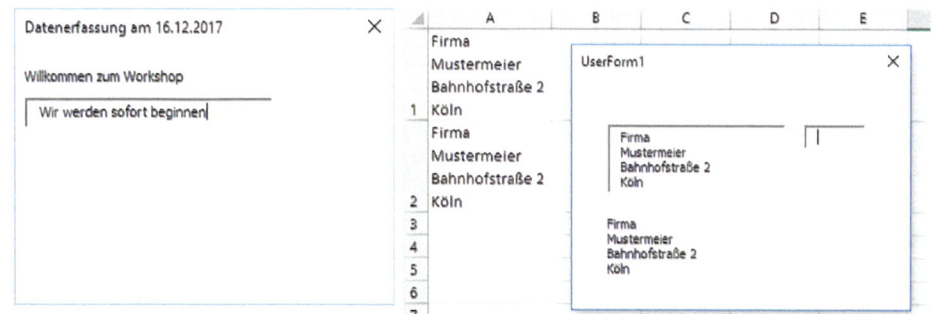

Bild 6.50 Textfeld für Hinweise und/oder Eingaben

Bild 6.51 Mehrzeiliges Textfeld

Die Eigenschaften *Text* bzw. *Value* geben die Zeilenaufteilung wieder, d.h. beim Ablegen in einer Tabellenzelle entsteht (erwartungsgemäß) ein mehrzeiliger Inhalt. Der Nutzen dieser mehrzeiligen Eingabeoption erschließt sich nicht jedem Anwender.

Optionsfeld (OptionButton) verwenden

Optionsfelder stehen in Formularen für bestimmte Auswahlmöglichkeiten, von denen jeweils nur eine einzige Variante aktiviert (*True*) werden kann. Mehrfachauswahl in derselben Gruppe ist nicht möglich (vgl. Kontrollkästchen). Optionsfelder haben ihr eigenes Beschriftungsfeld (*Caption*), das entweder rechts (Standard) oder links vom Kreissymbol steht (*Alignment*).

Jedes Optionsfeld kann entweder Wahr (*True*) oder Falsch (*False*) sein. Somit reicht es aus, eines der Felder als gesetzt vorzugeben (s. Abb. linke Gruppe).

```
Eingabemaske.OptionButton1.Value = True
```

Werden mehrere getrennte Auswahlbereiche angeboten, müssen die Optionsfelder gruppiert werden. Dazu gibt es zwei Möglichkeiten:

- Gemeinsame Gruppennamen vergeben (*GroupName*)
- oder sie in Rahmen-Elemente (Frame) einbetten.

Tipp: Um zu verhindern, dass eine Vorauswahl beim Erstellen der Eingabemaske getroffen wird, ohne dass diese bewusst gesetzt wurde, bietet es sich an, eine zusätzliche Option einzurichten, die als verdecktes Optionsfeld (*Visible = False*) programmiert werden kann (s. Bild 6.53, rechte Gruppe).

Bild 6.52 Verdecktes Optionsfeld (Formularansicht)

Bild 6.53 Verdecktes Optionsfeld (Codefenster)

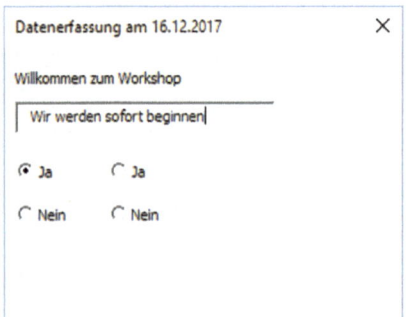
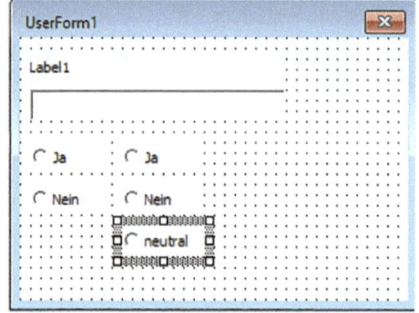

Rahmen (Frame) verwenden

Bild 6.54 Gruppe3 über ein Rahmen-Element gruppiert (mit verdecktem Optionsfeld)

Rahmen eignen sich als grafische Elemente zur optischen Gestaltung des Formulars. Sie haben eine eingelassene Überschrift (*Caption*) und können beliebige Steuerelemente aufnehmen. Häufig werden sie zur Gruppierung von Optionsfeldern eingesetzt, um deren Gruppenzugehörigkeit (ohne Verwendung der Eigenschaft *GroupName*) herzustellen (siehe oben) und sie auch sichtbar abzugrenzen.

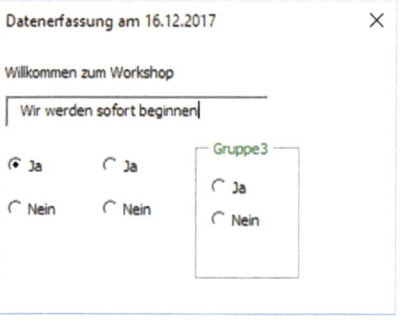

Kontrollkästchen (CheckBox) verwenden

Bild 6.55 Kontrollkästchen für Mehrfachauswahl

Sollen mehrere Angaben zu einem Themenbereich auswählbar sein (Mehrfachauswahl), kommen die Kontrollkästchen zum Einsatz. Hin und wieder werden sie auch zur Darstellung eines logischen Zustandes (wahr/falsch) verwendet. Gruppierungen über die *GroupName*-Eigenschaft sind hier nicht wirksam.

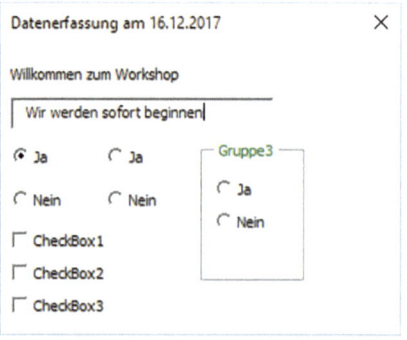

Kombinationsfeld (ComboBox) verwenden

Ein Kombinationsfeld erscheint ähnlich einem Textfeld auf dem Formular. Neben der Möglichkeit, einen eigenen Eintrag vorzunehmen (Grundeinstellung), gibt das Kombinationsfeld in einer Auswahlliste mögliche bzw. erlaubte Einträge vor. Das Symbol mit einem kleinen schwarzen Pfeil am rechten Rand öffnet die Auswahlliste (Dropdownliste).

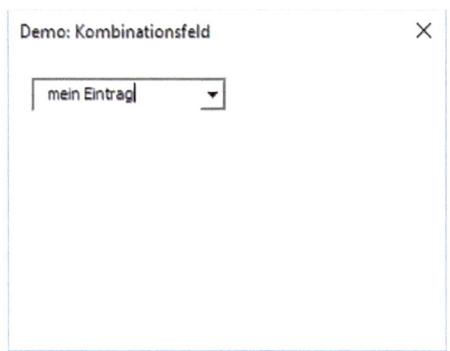

Bild 6.56 Kombinationsfeld mit freier Eingabemöglichkeit

Nur Vorgabewerte?

Neben der kombinierten Eingabe von vorgegebenen und eigenen Einträgen erlaubt das Kombinationsfeld über die Eigenschaft *Style* die Beschränkung der Eingabe nur auf die Vorgabewerte. Sie können zwischen Kombination= *DropDownCombo* und nur Liste (*DropDownList*) wählen.

Statische Zuweisung der Inhalte

Der Inhalt der Auswahlliste kann durch VBA Code zeilenweise vorgegeben bzw. erweitert werden. Eine andere Möglichkeit besteht darin, einen Zellbereich einer Tabelle zu definieren, der die gewünschten Einträge enthält (*RowSource*), siehe Bild unten.

Bild 6.57 Einschränken der Eingaben auf Dropdownliste (Vorgaben)

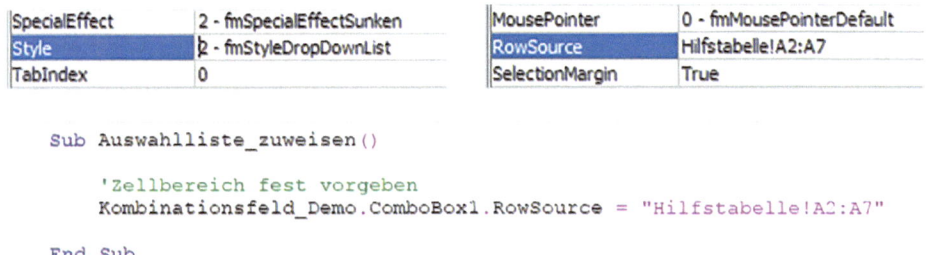

Bild 6.58 Verweis auf Datenquelle für Vorgabewerte im Eigenschaftenfeld

```
Sub Auswahlliste_zuweisen()

    'Zellbereich fest vorgeben
    Kombinationsfeld_Demo.ComboBox1.RowSource = "Hilfstabelle!A2:A7"

End Sub
```

Bild 6.59 Verweis auf Datenquelle für Vorgabewerte durch Code

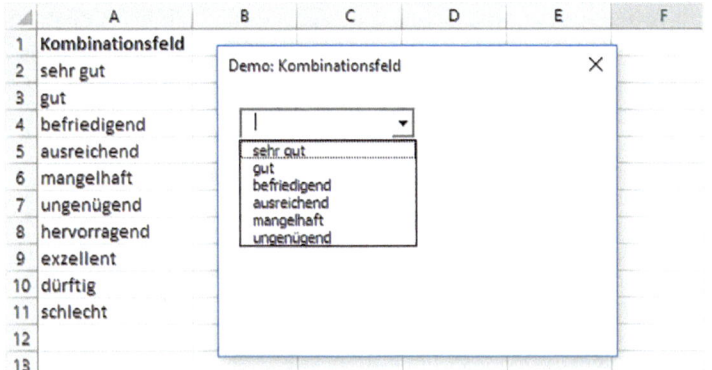

Bild 6.60 Auswahlliste aus Hilfstabelle (statisch)

Dynamische Inhalte mit VBA Code

Bild 6.61 Flexible Vorgaben in Abhängigkeit von der Spaltenlänge in der Tabelle

Die Eigenschaft *RowSource* muss nicht auf einen starr vorgegebenen Bereich festgelegt werden. Handelt es sich um flexible Vorgaben für die Auswahlliste, dann empfiehlt sich die Lösung mit VBA Code.

```
Sub Auswahlliste_erstellen()
Dim letzte_zeile As Long

    'Zellbereich dynamisch anpassen
    letzte_zeile = Worksheets("Hilfstabelle").Range("A" & Rows.Count).End(xlUp).Row
    Kombinationsfeld_Demo.ComboBox2.RowSource = "Hilfstabelle!A2:A" & letzte_zeile & ""

End Sub
```

Bild 6.62 Auswahlliste mit 8 Zeilen (Vorgabe), weitere Einträge über Bildlaufleiste rechts

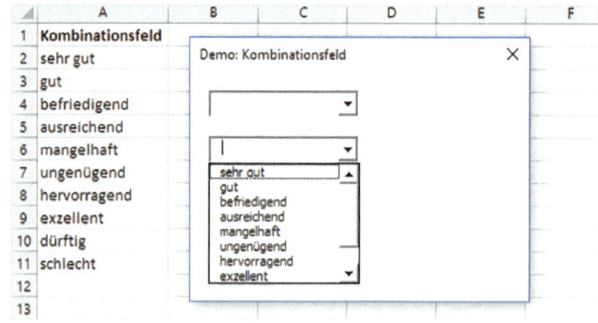

Im Bild unten eine alternative Lösung unter der Verwendung der Eigenschaft *List*:

Bild 6.63 Zuordnen eines dynamischen Bereichs über die List-Eigenschaft

```
Sub Auswahlliste_erstellen2()
Dim letzte_zeile As Long
Dim bereich As Variant

    'Zellbereich dynamisch anpassen
    With Worksheets("Hilfstabelle")
        letzte_zeile = .Range("A" & Rows.Count).End(xlUp).Row
        bereich = .Range("A2: A" & letzte_zeile & "")
        Kombinationsfeld_Demo.ComboBox2.List = bereich
    End With

End Sub
```

Bild 6.64 Hinzufügen von Auswahlinhalten über die AddItem-Methode

Unabhängig von einer Vorgabeliste und zugleich eine flexible Möglichkeit, Vorgabewerte zu erstellen, ist die Methode *AddItem*. Anstelle mehrzeiliger Anweisungen kann eine Wiederholungsschleife das Füllen der Auswahlliste übernehmen. Wir werden im Workshop darauf zurückkommen.

Bild 6.65 Formulardarstellung

```
Sub Auswahlliste_zuweisen2()

    'Zellbereich fest vorgeben
    Kombinationsfeld_Demo.ComboBox2.AddItem "gut"
    Kombinationsfeld_Demo.ComboBox2.AddItem "sehr gut"
    Kombinationsfeld_Demo.ComboBox2.AddItem "hervorragend"

End Sub
```

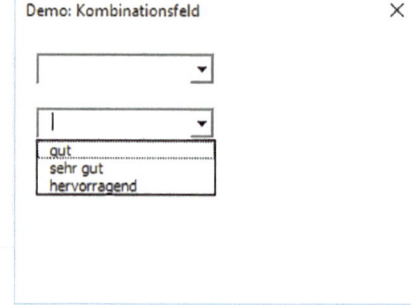

Die Länge der Auswahlliste, d.h. die Anzahl der gleichzeitig angezeigten Werte, lässt sich über die Eigenschaft *ListRows* festlegen. In der Grundeinstellung sind dies 8 Zeilen. Darüber hinaus vorhandene Einträge können über eine Bildlaufleiste (Navigationsleiste) am rechten Rand eingeblendet werden.

Wenn ein Kombinationsfeld, das keine eigenen Eingaben zulässt, nicht leer erscheinen soll, kann eine bestimmte Zeile der Auswahlliste als Standardauswahl vorgeben werden. Die Voreinstellung auf eine bestimmte Zeile bestimmt die Eigenschaft *ListIndex* (vgl. Listbox). Der Wert 0 steht für die erste Zeile – man spricht von einer nullbasierten Auflistung.

Bild 6.66 Erweiterung der Ausgabeliste. Der erste Eintrag soll anstelle des leeren Feldes erscheinen

Bild 6.67 Ergebnis im zweiten Kombinationsfeld

```
Me.ComboBox1.ListIndex = 0
```

```
Sub Auswahlliste_zuweisen3()

    'Zellbereich fest vorgeben
    Kombinationsfeld_Demo.ComboBox2.AddItem "> bitte auswählen<"
    Kombinationsfeld_Demo.ComboBox2.AddItem "gut"
    Kombinationsfeld_Demo.ComboBox2.AddItem "sehr gut"
    Kombinationsfeld_Demo.ComboBox2.AddItem "hervorragend"

End Sub
```

Anstelle der Leerzeile kann z. B. auch ein Hinweis in der Eigenschaft *Value* oder *Text* eingetragen werden. Dies funktioniert jedoch nicht in Verbindung mit *RowSource*.

Bild 6.68 Vorgabetext im Eigenschaftenfenster festlegen (Value)

Bild 6.69 Formular mit Vorgabewert

Mehrspaltiges Kombinationsfeld

▶   Die Eigenschaft *TextColumn* kann Werte von -1 bis zur maximalen Anzahl der Spalten in der Liste (*ColumnCount*) annehmen.

- ▪   Mit dem Wert -1 wird die erste Spalte angezeigt, die eine Spaltenbreite (*ColumnWidths*) größer 0 hat.

- ▪   Mit dem Wert 0 werden die ListIndex-Werte (nullbasiert) angezeigt. Der Anzeige entspricht der Eigenschaft *Text*.

▶   DIe EIgenschaft *BoundColumn* kann Werte von 1 bis zur maximalen Anzahl der Spalten in der Liste annehmen. Bei der späteren Auswahl eines Listeneintrags wird der Wert dieser Spalte der Eigenschaft *Value* zugewiesen.

  ▶   Mit der Eigenschaft *ColumnWidths* werden die Spaltenbreiten festgelegt. Ein Wert 0 führt zum Verdecken der zugeordneten Spalte. Auf die Breite der letzten Spalte muss man sich nicht festlegen; sie ergibt sich automatisch aus der maximalen Länge (*ListWidth*). Bei einem *ListWidth*-Wert von 0 erstreckt sich die Liste über die Breite des Kombinationsfeldes (*Width*).

Beispiel dreispaltiges Kombinationsfeld

Die Vorgabewerte im folgenden Beispiel für ein dreispaltiges Kombinationsfeld wurden über die Eigenschaft *RowSource = Tabelle1!A2:C8* festgelegt. In den beiden Textfeldern werden die Eigenschaften *Text* und *Value* zur Anzeige gebracht.

  ▶   **Standardvorgaben**

TextColumn	*= -1 (Standard)*
BoundColumn	*= 1 (Standard)*
ColumnWidths	*= 20 Pt;60 Pt;20 Pt*

Bild 6.70 Dreispaltige Anzeige bei Standardvorgaben und Ausgabewerte

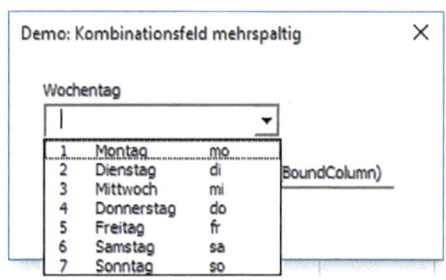 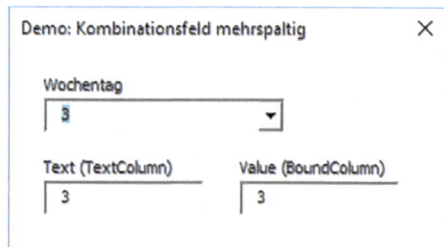

  ▶   **Erste Spalte (Tagnummer) wird ausgeblendet bei Standardvorgabe**

       ColumnWidth = 0 Pt;60 Pt;20 Pt

Bild 6.71 Verdeckte erste Spalte und Ausgabewerte

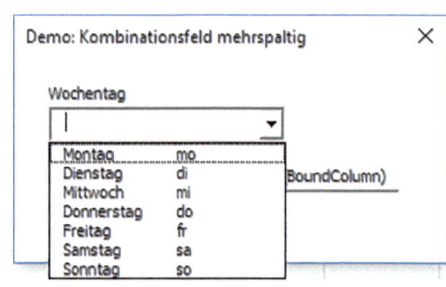 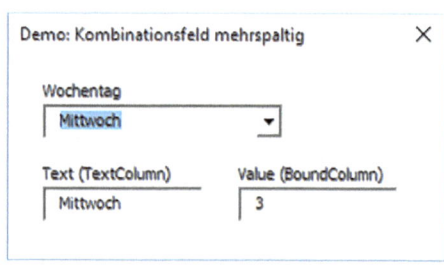

  ▶   **Festlegen auf Ausgabewerte**

Bild 6.72 Festlegen auf bestimmte Ausgabewerte

TextColumn	*= 2*
BoundColumn	*= 3*

Synchronisation zwischen Kombinationsfeld und Listenfeld

Oft werden Kombinationsfelder in Verbindung mit Textfeldern oder Listenfeldern verwendet. Dabei bietet das Kombinationsfeld in seiner Dropdownliste Auswahlkriterien, anhand derer die weiteren Daten angezeigt werden sollen.

In unserem Beispiel gibt es fünf Abteilungen. Nach der Auswahl einer Abteilung sollen die dort tätigen Mitarbeiter im Listenfeld unterhalb erscheinen.

	D	E	F	G	H	I	J
		Abteilung A	Abteilung B	Abteilung C	Abteilung D	Abteilung E	
		Adam	Bastian	Conrad	Donald	Ewald	
		Anton	Bruno	Claus	Detlef	Erwin	
		Alice	Beate	Christine	Daniela	Esther	
		Armin		Caroline	Dalia	Elsa	
		Annegret			Dietrich	Emilie	

Bild 6.73 Mitarbeiter der Abteilungen

Das Formular enthält ein Kombinationsfeld und ein Listenfeld mit jeweils einem Beschriftungsfeld. Für das Kombinationsfeld werden die Standardvorgaben belassen.

Bild 6.74 Füllen der Dropdownliste des Kombinationsfeldes

Bild 6.75 Die Dropdown-Auswahlliste

```
Private Sub UserForm_Initialize()

    'Vorgabewerte für Dropdownliste (ComboBox)
    Worksheets("Tabelle1").Activate
    Me.cbo_Abteilung.AddItem Range("E1").Value
    Me.cbo_Abteilung.AddItem Range("F1").Value
    Me.cbo_Abteilung.AddItem Range("G1").Value
    Me.cbo_Abteilung.AddItem Range("H1").Value
    Me.cbo_Abteilung.AddItem Range("I1").Value

End Sub
```

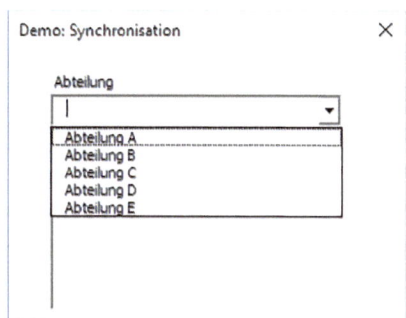

Die Synchronisation mit dem Listenfeld erfolgt über den *ListIndex* der ausgewählten Abteilung (nullbasiert, plus Spaltenversatz in der Tabelle).

```
Private Sub cbo_Abteilung_Change()
Dim zeile As Integer
Dim spalte As Integer
Dim letzte_zeile As Integer

    Me.lst_Mitarbeiter.Clear

    spalte = Me.cbo_Abteilung.ListIndex + 5      'ab 5.Spalte (E)

    'Spaltenlängen berücksichtigen
    letzte_zeile = WorksheetFunction.CountA(Worksheets(1).Columns(spalte))

    'Mitarbeiter im Listenfeld anzeigen
    For zeile = 2 To letzte_zeile
        Me.lst_Mitarbeiter.AddItem Cells(zeile, spalte)
    Next zeile

End Sub
```

Bild 6.76 Anweisungen nach Change-Ereignis im Kombinationsfeld

Mit dem *Change*-Ereignis im Kombinationsfeld wird:

- der Inhalt im Listenfeld gelöscht (*Clear*),
- die Spaltennummer der Abteilung generiert (*ListIndex* + 5),
- die Länge (Anzahl Zeilen) der betreffenden Spalte ermittelt,
- in einer *For … Next*-Schleife alle Namen der Mitarbeiter in das Listenfeld geschrieben.

Bild 6.77 Ergebnis synchronisierte Listenfeldausgabe

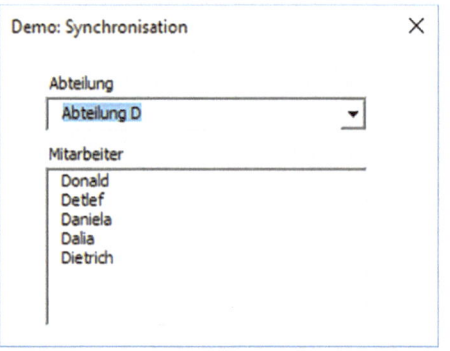

Demo_Kombinationsfeld_mehrspaltig.xlsm

Listenfeld (ListBox) verwenden

Vergleichbar mit der Auswahlliste des Kombinationsfeldes kann ein Listenfeld Daten ebenfalls in Zeilen und Spalten darstellen. Im Gegensatz zum Kombinationsfeld ist die Größe fest vorgegeben; Ein- und Ausklappen (Dropdown) ist nicht möglich. Die Spalten können von unterschiedlicher Breite, sichtbar oder unsichtbar sein. Eigene Eingaben sind nicht möglich (vgl. Kombinationsfeld). Einfach- oder Mehrfachauswahl kann über die Eigenschaft *MultiSelect* gesteuert werden. Die Einträge lassen sich wie beim Kombinationsfeld generieren:

- *RowSource*-Eigenschaft
- *AddItem*-Methode
- *List*-Eigenschaft
- *ListIndex*-Eigenschaft zur Voreinstellung (nullbasiert!)

Bild 6.78 Listenfeldinhalt mit Verweis auf Tabelle

Bild 6.79 Listenfeld mit manuellen Vorgaben

```
Sub Listenfeld_Inhalt()

    'Zellbereich fest vorgeben
    Kombinationsfeld_Demo.ListBox1.RowSource = "Hilfstabelle!A2:A7"

End Sub
```

```
Sub Listenfeld_Inhalt2()

    'Zellbereich fest vorgeben
    Kombinationsfeld_Demo.ListBox1.AddItem "gut"
    Kombinationsfeld_Demo.ListBox1.AddItem "sehr gut"
    Kombinationsfeld_Demo.ListBox1.AddItem "hervorragend"

End Sub
```

```
Sub Listenfeld_Inhalt3()
Dim letzte_zeile As Long
Dim bereich As Variant

    'Zellbereich dynamisch anpassen
    With Worksheets("Hilfstabelle")
        letzte_zeile = .Range("A" & Rows.Count).End(xlUp).Row
        bereich = .Range("A2: A" & letzte_zeile & "")
        Kombinationsfeld_Demo.ListBox1.List = bereich
    End With

End Sub
```

Bild 6.80 Listenfeldinhalt mit dynamischem Verweis

Zeile auswählen

Eine bestimmte Zeile im Listenfeld lässt sich voreinstellen durch die Anweisung:

`Me.ListBox1.ListIndex = 0` (erste Zeile).

Anzahl Einträge

Die Anzahl der Einträge im Listenfeld (*ListCount*) kann einer Variablen (anzahl) zugewiesen oder angezeigt werden:

`anzahl = Kombinationsfeld_Demo.ListBox1.ListCount`

Einträge löschen

Vorhandene Einträge lassen sich mit der *Clear*-Methode löschen:

`Kombinationsfeld_Demo.ListBox1.Clear`

Spalten

Ein Listenfeld kann mit mehreren Spalten dargestellt werden. Die Anzahl der Spalten (hier 4) muss im Eigenschaftenfeld vorgegeben werden.

- *ColumnCount*   4
- *ColumnWidths*   40Pt; 50Pt; 50Pt   (Angabe kann ohne Pt erfolgen)

Die Angabe für die letzte Spaltenbreite kann entfallen – sie wird automatisch vergeben. Wird die Spaltenbreite = 0 gesetzt, ist die betreffende Spalte unsichtbar.

Das folgende Beispiel startet ein Formular mit einem 4-spaltigen Listenfeld. Die Inhalte werden aus der Hilfstabelle des Arbeitsblatts eingelesen.

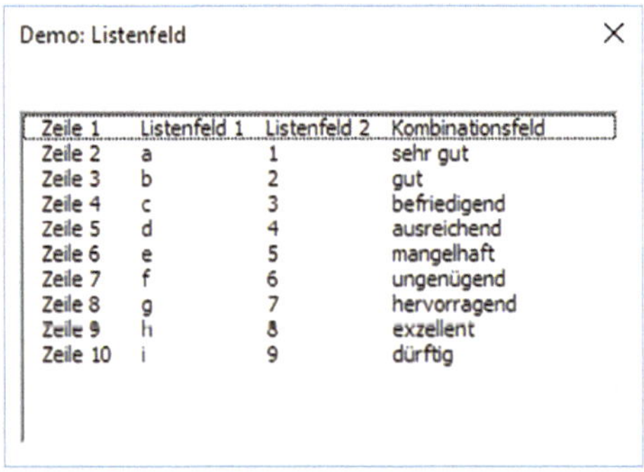

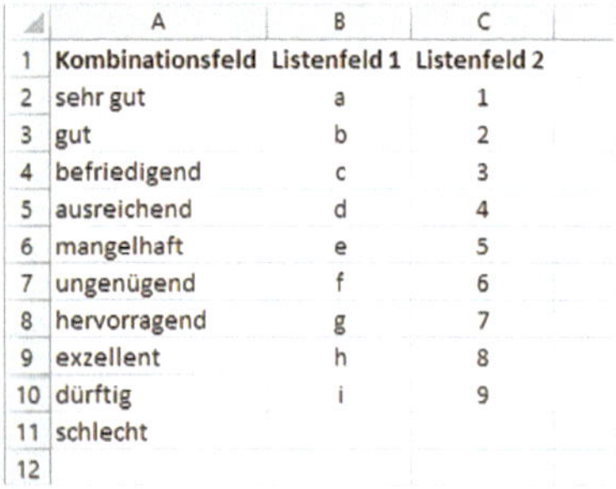

Bild 6.81 Formular mit vierspaltigem Listenfeld

Bild 6.82 Die Hilfstabelle

	A	B	C
1	Kombinationsfeld	Listenfeld 1	Listenfeld 2
2	sehr gut	a	1
3	gut	b	2
4	befriedigend	c	3
5	ausreichend	d	4
6	mangelhaft	e	5
7	ungenügend	f	6
8	hervorragend	g	7
9	exzellent	h	8
10	dürftig	i	9
11	schlecht		
12			

Bild 6.83 Erzeugen eines vierspaltigen Listenfelds aus Tabellendaten

Mit der Methode *AddItem* wird der Indexzähler jeweils um 1 erhöht. Um für die gleiche Zeile weitere Spalten darzustellen, muss der Listenindex (nullbasiert) um 1 Stelle vermindert werden (*ListCount-1*).

```vba
Sub Listenfeld_zweispaltig()
Dim zeile As Integer
Dim i As Integer          'Laufvariable

    With Worksheets("Hilfstabelle")

        Listenfeld_Demo.ListBox1.ColumnCount = 4
        Listenfeld_Demo.ListBox1.ColumnWidths = "40;50;50;"

        For i = 1 To 10
            Listenfeld_Demo.ListBox1.AddItem "Zeile " & i
            zeile = Listenfeld_Demo.ListBox1.ListCount - 1   'Index = nullbasiert!
            Listenfeld_Demo.ListBox1.Column(1, zeile) = .Range("B" & i).Value
            Listenfeld_Demo.ListBox1.Column(2, zeile) = .Range("C" & i).Value
            Listenfeld_Demo.ListBox1.Column(3, zeile) = .Range("A" & i).Value
        Next i

    End With

    Listenfeld_Demo.Show

End Sub
```

Bei der Auswahl einer Zeile im Listenfeld wird mit dem folgenden Code-Beispiel mit dem *Click*-Ereignis ein Hinweis (*MsgBox*) angezeigt, der den Listenindex der gewählten Zeile ausgibt.

Bild 6.84 Das Click-Ereignis veranlasst einen Hinweis mit Ausgabe des Listenindex

```vba
Private Sub ListBox1_Click()

    'Listindex anzeigen
    MsgBox "Index " & Me.ListBox1.ListIndex

End Sub
```

Listenfeld auslesen

Aus einem mehrspaltigen Listenfeld lassen sich per Mausklick Werte bestimmter Spalten entnehmen. Dies ist auch möglich, wenn die erste Spalte (Abteilung) verdeckt ist.

Bild 6.85 Zweispaltige Darstellung

Bild 6.86 Listenfeld mit verdeckter erster Spalte

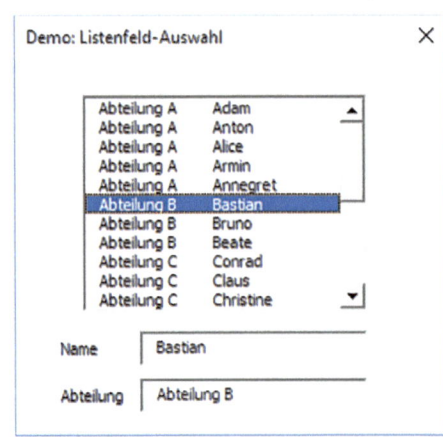

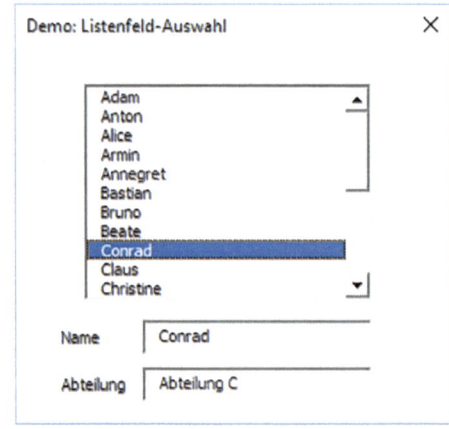

```
Private Sub UserForm_Initialize()
Dim spalte As Integer
Dim zeile As Integer
Dim letzte_zeile As Integer
Dim listen_zeile As Integer

    'Vorgabewerte für Listenfeld
    Worksheets("Tabelle1").Activate

    Me.lst_Mitarbeiter.ColumnCount = 2
    Me.lst_Mitarbeiter.ColumnWidths = "0;60"        'Abteilung verdeckt

    For spalte = 5 To 9
        'Spaltenlängen berücksichtigen
        letzte_zeile = WorksheetFunction.CountA(Worksheets(1).Columns(spalte))
        For zeile = 2 To letzte_zeile
            Me.lst_Mitarbeiter.AddItem Cells(1, spalte).Value
            listen_zeile = Me.lst_Mitarbeiter.ListCount - 1
            Me.lst_Mitarbeiter.Column(1, listen_zeile) = Cells(zeile, spalte).Value
        Next zeile
    Next spalte

End Sub
```

```
Private Sub lst_Mitarbeiter_Click()
    Me.txt_Abteilung.Value = Me.lst_Mitarbeiter.Column(0, Me.lst_Mitarbeiter.ListIndex)
    Me.txt_Mitarbeiter.Value = Me.lst_Mitarbeiter.Column(1, Me.lst_Mitarbeiter.ListIndex)
End Sub
```

Bild 6.87 Programmcode zum Befüllen und Auslesen des Listenfelds

Listenfeld mit Mehrfachauswahl

Eine Auswahl über ein- oder mehrspaltige Listenfelder bietet außerdem die Möglichkeit einer Mehrfachauswahl. Dies legt die Eigenschaft *Multiselect=frmMultiSelectMulti* fest (Standardeinstellung *Single*). Die Auswahl erfolgt entweder durch Anklicken mit gedrückter Strg-Taste (Bild 6.88) oder über ein Optionsfeld bzw. Kontrollkästchen in einer weiteren Selektionsspalte.

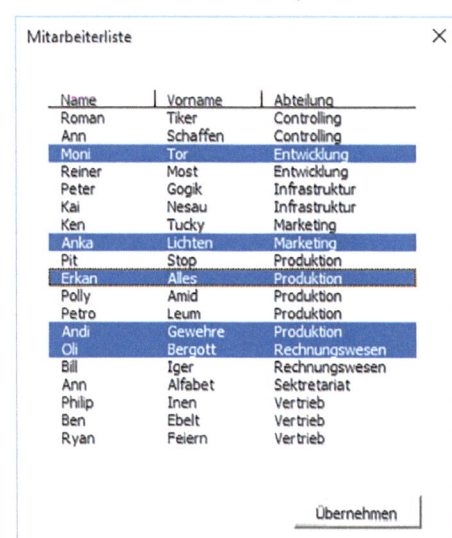

Bild 6.88 Einfache Liste (fmListStylePlain) mit Mehrfachmarkierung

Bild 6.89 Mit Selektionsspalte (fmListStyleOption)

Ob eine einfache Liste dargestellt werden soll oder eine zusätzliche Selektionsspalte mit einem Optionsfeld bei Einfachauswahl bzw. Kontrollkästchen bei Mehrfachauswahl anzeigt, entscheidet die Eigenschaft *ListStyle*.

Bild 6.90 MultiSelect

Bild 6.91 ListStyle

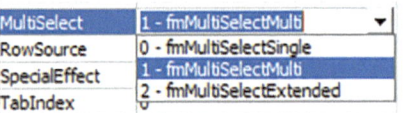

Hinweise

▶ Die Eigenschaft *MultiSelectExtended* erlaubt das Markieren mehrerer aufeinanderfolgender Zeilen als Block mit der Tastenkombination Shift + Anklicken.

▶ Ob zusätzlich die Spaltenüberschriften sichtbar sind, steuert die Eigenschaft *ColumnHeads = True*.

Die Mehrfachauswahl übernehmen

Mit der Schaltfläche *Übernehmen* wird die Prozedur zur Abfrage der selektierten Zeilen der Liste gestartet und die Mitarbeiter in *Tabelle1* übernommen. Dabei werden Vor- und Nachname und in Klammern die Abteilung zu einer einzigen Zeichenfolge verkettet und im Blatt *Tabelle1* in Spalte A eingefügt.

Bild 6.92 Ausgewählte Zeilen abfragen und in Tabelle einfügen

```vba
Private Sub cmd_uebernehmen_Click()
Dim i As Integer
Dim Mitarb As String
Dim Zeile As Integer

    With Worksheets("Tabelle1")
        .Range("A2:A60").ClearContents        'Löschen alter Einträge
        Zeile = 2                    'Beginn zum Neubefüllen von Tabelle1
        'Liste durchsuchen und prüfen, welche selektiert wurden
        For i = 0 To Me.lst_Mitarbeiter.ListCount - 1
            If Me.lst_Mitarbeiter.Selected(i) = True Then
                Mitarb = Me.lst_Mitarbeiter.List(i, 0) & " " & _
                Me.lst_Mitarbeiter.List(i, 1) & " (" & _
                Me.lst_Mitarbeiter.List(i, 2) & ")"
                .Range("A" & Zeile).Value = Mitarb
                Zeile = Zeile + 1
            End If
        Next i
    End With
    'Unload Me
End Sub
```

Projektmitarbeiter.xlsm

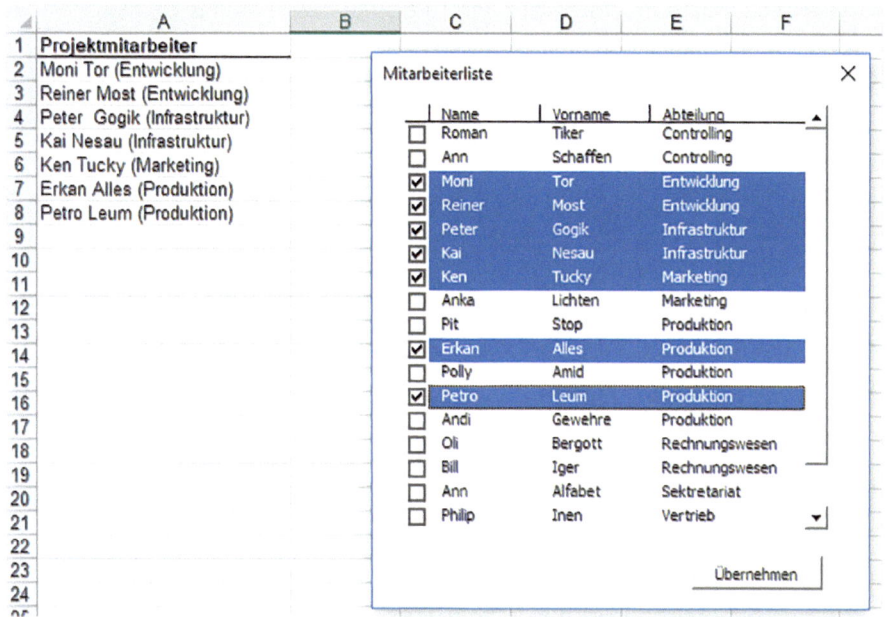

*Bild 6.93 Die ausgewähl-
ten Mitarbeiter in Spalte A*

Befehlsschaltfläche (CommandButton) verwenden

Befehlsschaltflächen sind in Formularen von besonderer Bedeutung. Durch sie kann der Anwender auf „Knopfdruck" (*Click*) weitere Aktionen (Prozeduren) veranlassen, wie beispielsweise Angaben speichern, Eingaben löschen, Inhalte überschreiben, Werte suchen, Werte neu berechnen oder das Formular verlassen.

Tipp: Wenn bestimmte Kriterien erfüllt sein müssen, bevor Anweisungen über eine Schaltfläche ausgeführt werden können, empfiehlt es sich, diese Schaltflächen zunächst in ihrer Funktion zu deaktivieren (*Enable*) oder sie unsichtbar (*Visible*) zu machen.

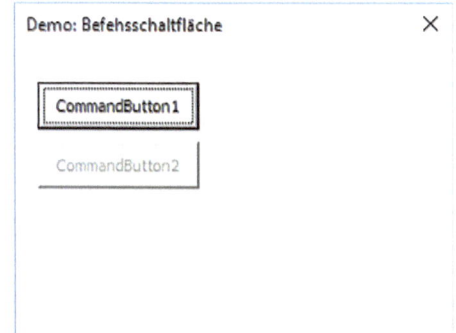
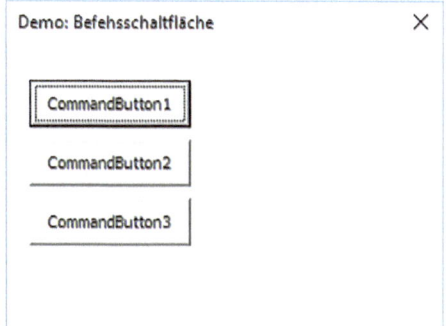

*Bild 6.94 Aktive, deak-
tivierte und unsichtbare
Schaltflächen*

*Bild 6.95 Nach Betätigung
von CommandButton1*

Das Beispiel oben zeigt die Wirkung der Eigenschaften *Enable = false* (*CommandButton2* erscheint ausgegraut) und *Visible = false* (*CommandButton3* ist verdeckt). Diese

Einstellung wurde beim Öffnen des Formulars mit dem Ereignis *UserForm_Initialize* vorgenommen.

Bild 6.96 Code veranlasst verdeckte und unsichtbare Schaltflächen

```
Private Sub UserForm_Initialize()

    'de aktiviert die anderen Schaltflächen
    Me.CommandButton2.Enabled = False
    Me.CommandButton3.Visible = False

End Sub
```

Erst wenn die Befehlsschaltfläche *CommandButton1* angeklickt wurde, sind die beiden anderen Schaltflächen aktivierbar.

Bild 6.97 Nach Betätigen der ersten Schaltfläche werden die beiden anderen aktiviert

```
Private Sub CommandButton1_Click()

    'aktiviert die nächste Schaltfläche
    Me.CommandButton2.Enabled = True
    Me.CommandButton3.Visible = True

End Sub
```

Umschaltfläche (ToggleButton) verwenden

Die Umschaltfläche sieht aus wie eine Befehlsschaltfläche, funktioniert aber wie ein Kontrollkästchen. Sie kennt zwei Zustände: aktiv /nicht aktiv (gedrückt/nicht gedrückt).

Der Zustand (*Value*) der Schaltfläche lässt sich über eine Abfrage für alternative Abläufe einsetzen. Im gezeigten Beispiel ändert sich der Text (Label) und die Farbe der Umschaltfläche.

Bild 6.98 Eine Umschaltfläche verbunden mit einem Beschriftungsfeld

Bild 6.99 Betätigung der Umschaltfläche ändert dessen Farbe und den Text des Beschriftungsfeldes

Bild 6.100 Der Programmcode zu Bild 6.99

```
Private Sub ToggleButton1_Click()

    If Me.ToggleButton1.Value = True Then
        Me.Label1.Caption = "Taste gedrückt"
        Me.ToggleButton1.BackColor = vbRed
    Else:
        Me.Label1.Caption = "Taste nicht gedrückt"
        Me.ToggleButton1.BackColor = &H8000000F
    End If

End Sub
```

Bildlaufleiste (ScrollBar) verwenden

Die Bildlaufleiste ist ein kombinierter „Schieberegler", mit dem sich Werte eines anderen Steuerelements verändern oder abrufen lassen. Sie eignet sich beispielsweise zum zeilenweisen Darstellen von Tabelleninhalten, Auflistungen oder zur dynamischen Veränderung von Variablen in vorgegebenen Grenzen (*Min*, *Max*). Die Min-Voreinstellung ist 0, was bei einigen Anwendungen (z. B. Tabellen, Berechnungen mit Division) zu Fehlern führen kann. Die Max-Voreinstellung ist *32767*.

Die Bildlaufleiste kann horizontal oder vertikal angeordnet werden und bietet mehr Möglichkeiten als das Drehfeld.

Mit den Eigenschaften *LargeChange* und *SmallChange* lassen sich Sprungbereiche zum Weiterschieben einstellen. *LargeChange* macht „große Sprünge", z. B. Zehnerschritte, wenn man in das Feld zwischen Reglerknopf und seitlichen Pfeilsymbolen klickt, *SmallChange* (Pfeilsymbole) sinnvollerweise kleine bzw. Einer-Schritte.

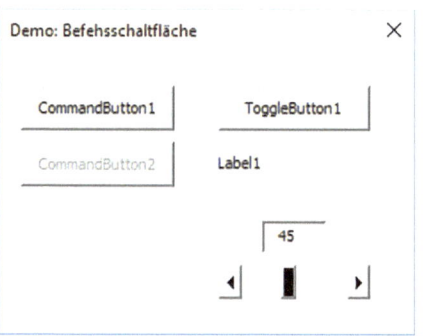

Bild 6.101 Bildlaufleiste in Verbindung zu einem Textfeld

Im Beispiel wird die Anzeige des aktuell eingestellten Wertes (Value) im darüber liegenden Textfeld ausgegeben – ausgelöst durch das Ereignis *ScrollBar1_Change*.

```
Private Sub ScrollBar1_Change()

    'eingestellten Wert im Textfeld anzeigen
    Me.TextBox1.Value = Me.ScrollBar1.Value

End Sub
```

Bild 6.102 Programmcode zu Bild 6.101

Tipp: Um die Wirkung der Bildlaufleiste zu testen, empfiehlt es sich, den Maximalwert vorübergehend auf 100 zu setzen und die *LargeChange*-Eigenschaft auf 10.

Drehfeld (SpinButton) verwenden

Einfacher als die Bildlaufleiste verhält sich das Drehfeld-Steuerelement. Es hat nicht die Eigenschaft *LargeChange* und eignet sich daher nur für gleichgroße Sprünge, i.d.R. Einer-Schritte. Die Eigenschaft *SmallChange* ist auf 1 voreingestellt, der Bereich orientiert sich an Prozentangaben (*Min* = 0, *Max* = 100) und kann angepasst werden.

Das Drehfeld kann horizontal oder vertikal angeordnet werden.

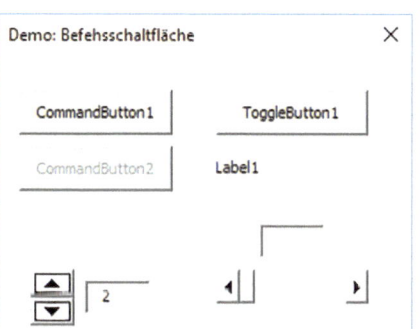

Bild 6.103 Erweiterung des Formulars: Drehfeld mit Textfeld

Anzeige (Image) verwenden

Das Einfügen von Grafikelementen auf Formularen verleiht der Benutzeroberfläche einen besonderen Effekt, sei es das Firmenlogo oder ein Foto. Eingebunden wird die benötigte Bilddatei über einen angepasst großen Rahmen in Verbindung mit dem Pfad zur Bildquelle (*Picture*).

Eine proportionale Anpassung erfolgt über die *PictureSizeMode*-Eigenschaft *Zoom*. Am besten bereitet man das Bild/Logo in der gewünschten Größe und mit bildschirmgerechter Pixelzahl (70 - 100 ppi) vor. Unschöne Reduktionen beim Einpassen bleiben dann erspart. Außerdem kann das Anzeige-Feld transparent gesetzt werden mit *Backstyle* = 0 (statt Vorgabewert *opaque*).

Stören Rahmen oder Rahmenfarbe, lässt sich dies mit den Eigenschaften *BorderStyle* und *BorderColor* anpassen (siehe Bild).

Bild 6.104 Einbinden der Bilddatei

Bild 6.105 Anzeige mit und ohne Rand

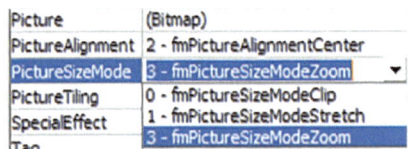

Die Eigenschaft *Picture* mit einem Link zu einer Grafikdatei zu versehen, ist wohl der gebräuchlichste Weg. Das auf diese Weise eingebettete Bild wird dauerhaft im Excel-Arbeitsblatt hinterlegt. Eine Kopie der Bilddatei muss nicht separat mitgeführt werden.

Bild über die Zwischenablage einfügen

Eine andere Möglichkeit besteht darin, ein Bild aus der Zwischenablage (z. B. Screenshot) direkt in das Eigenschaftenfeld zu kopieren. Dazu überschreiben Sie den Eintrag *(Keine)* durch die Tastenkombination Strg + V.

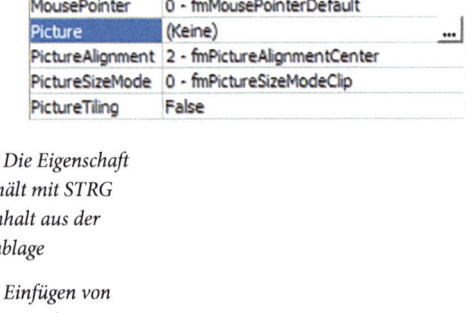

Bild 6.106 Die Eigenschaft Picture erhält mit STRG + V den Inhalt aus der Zwischenablage

Bild 6.107 Einfügen von Screenshots aus der Zwischenablage

Das Bild aus der Zwischenablage wird im vorgesehenen Fenster auf dem Formular eingefügt. Der Eintrag wechselt zu *(Bitmap)*.

Datei: Rahmen_und_ Linienelemente.xlsm

In unserem Beispiel wurde ein Ausschnitt aus der Homepage bildnerverlag.de sowie der betreffende Bereich aus dem Eigenschaftenfenster eingefügt und angepasst.

Multiseiten (Page) verwenden

Mit Multiseiten lassen sich beispielsweise thematisch gegliederte Fragebögen erstellen. Aus der Abfolge mehrerer Dialogfelder können individuelle Abfrageassistenten gestaltet werden, bei denen der Anwender beliebig zwischen den Dialogseiten wechseln kann und deren Inhalte sich gegenseitig beeinflussen können. Das Multiseiten-Steuerelement ersetzt effizient mehrere Einzelformulare.

Das Anzeigen weiterer Seiten erfolgt durch Klick auf die jeweilige Registerkarte. Das Speichern der Angaben auf den unterschiedlichen Registerkarten ist in Bild 6.108 nur auf der letzten Seite vorgesehen.

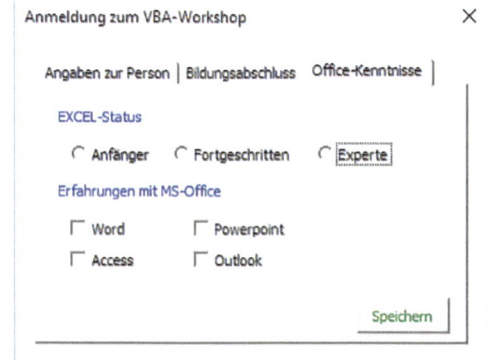

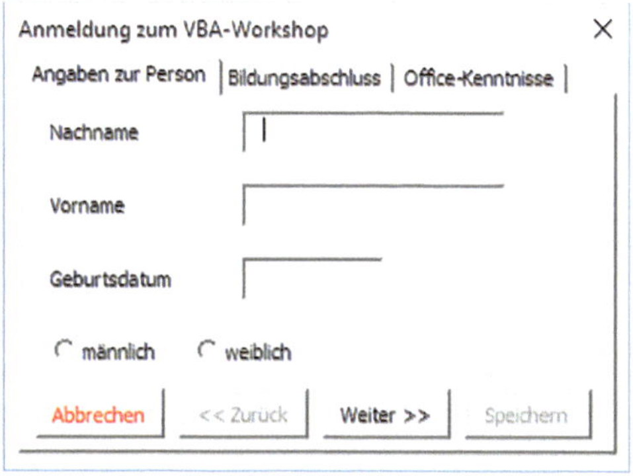

Bild 6.108 Multiseiten-Steuerelement mit Schaltfläche auf der letzten Seite

Bild 6.109 Multiseiten-Steuerelement mit Schaltflächen auf jeder Seite

Registerbeschriftungsfeld
Höhe und Breite des Registerbeschriftungsfeldes lassen sich manuell festlegen (*Tab-FixedHeight* / *TabFixedWidth*). Die Vorgabe 0 passt das Anzeigefeld automatisch der Schriftgröße an.

Seiten verbergen
Nicht aktuelle/benötigte Seiten lassen sich verbergen. Wie das nachfolgende Beispiel unten zeigt, können sich auf jeder Seite auch identische Befehlsschaltflächen befinden, die jedoch unterschiedlich freigegeben sind.

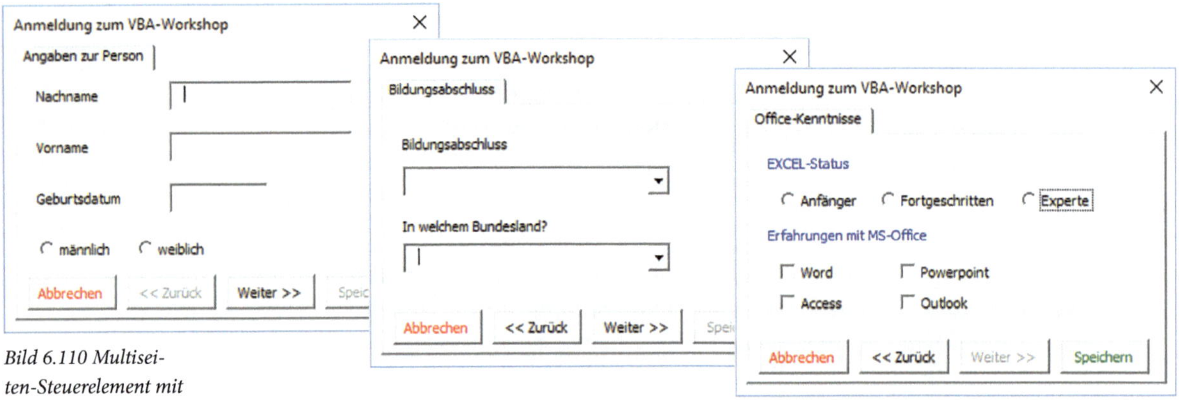

Bild 6.110 Multisei-
ten-Steuerelement mit
verdeckten Seiten

Registerkartenbeschriftung verdecken

Mit der Eigenschaft *Style = fmTabStyleNone* lässt sich die Registerkartenbeschriftung verdecken bzw. ausblenden.

Bild 6.111 Multisei-
ten-Steuerelement mit
verdeckter Registerbe-
schriftung

Anordnung der Registerkarten

Interessant zur Gestaltung ist die Eigenschaft *TabOrientation*, mit welcher sich die Registerkarten alternativ an den seitlichen Rändern oder unterhalb der Seiten anzeigen lassen.

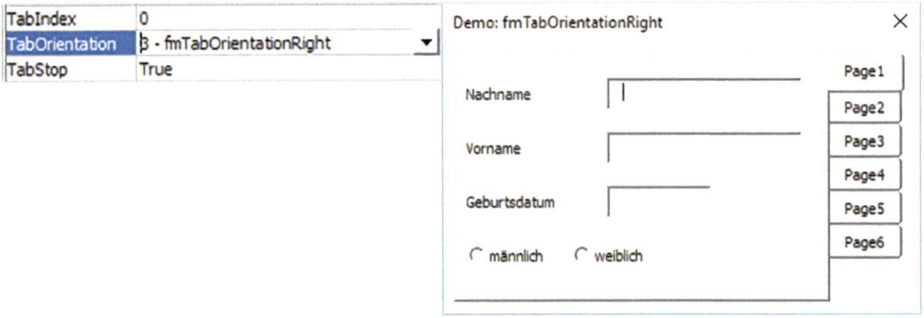

Bild 6.112 Multisei-
ten-Steuerelement mit
seitlichen Registerkarten

Die Übernahme der Daten aus Multiseiten-Steuerelementen funktioniert genauso wie das Auslesen der Angaben in einer Eingabemaske. Da die Bezeichnungen der Steuerelemente eindeutig sein müssen, entfällt die Angabe der Seitennummer; sie steht ja (nur) für eine Gruppierung.

```vba
Private Sub UserForm_Initialize()
    'Seiten 2 und 3 unsichtbar
    Me.Multiseite.Pages(1).Visible = False
    Me.Multiseite.Pages(2).Visible = False
End Sub

Private Sub cmd_weiter1_Click()
    'Seite 2 sichtbar, Seite 1 unsichtbar
    Me.Multiseite.Pages(1).Visible = True
    Me.Multiseite.Pages(0).Visible = False
End Sub

Private Sub cmd_weiter2_Click()
    'Seite 3 sichtbar, Seite 2 unsichtbar
    Me.Multiseite.Pages(2).Visible = True
    Me.Multiseite.Pages(1).Visible = False
End Sub

Private Sub cmd_zurueck2_Click()
    'Seite 1 sichtbar, Seite 2 unsichtbar
    Me.Multiseite.Pages(0).Visible = True
    Me.Multiseite.Pages(1).Visible = False
End Sub

Private Sub cmd_zurueck3_Click()
    'Seite 2 sichtbar, Seite 3 unsichtbar
    Me.Multiseite.Pages(1).Visible = True
    Me.Multiseite.Pages(2).Visible = False
End Sub

Private Sub cmd_speichern3_Click()
    'Prozedur speichern
End Sub

Private Sub cmd_Abbrechen1_Click()
    Unload Me
End Sub

Private Sub cmd_Abbrechen2_Click()
    Unload Me
End Sub

Private Sub cmd_Abbrechen3_Click()
    Unload Me
End Sub
```

Bild 6.113 Programmcode zur Steuerung der vier Befehlsschaltflächen auf drei Seiten (Beispiel)

*Datei:
Multiseiten demo.xlsm*

6.6   Allgemeine Tipps zu UserForms

Formulare sind Dialogfelder und Teil der jeweiligen Excel-Arbeitsmappe. Sie sind erreichbar über den VBA-Editor (Alt + F11) und individuell gestaltbar. Es handelt sich dabei um besondere Container (Module), die ihren Code „mit sich tragen", d. h. hinter der grafischen Oberfläche versteckt und mit Doppelklick oder F7 erreichbar.

Ein Prozedurrumpf wird automatisch erzeugt. Die Namen der Objekte sind reserviert:

▶   Zu jedem Objekt gibt es bestimmte Methoden (*Click*, *Initialize*, …).

▶   Die Angabe *Private Sub* begrenzt die Gültigkeit der Prozedur auf diese Umgebung (dieses Formular). Innerhalb des Formularmoduls können Objekte mit *Me* aufgerufen oder das Formular verlassen werden.

```
Me.objekt                Unload Me (Verlassen des Formulars)
```

> Bei Verwendung von *Me* ist der Code unabhängig vom Namen des Formulars, auch nach einer späteren Umbenennung.

Die bei der Erstellung festgelegten oder geänderten Eigenschaften von UserForms (z. B. Schriften, Farben) vererben sich auf die weiteren Objekte, die aus der Toolsammlung eingefügt werden.

Aufruf eines Formulars

Der Aufruf eines Formulars, hier mit dem Namen *UserForm1*, erfolgt aus einer separaten Prozedur heraus mit

```
UserForm1.show
```

oder mit

```
UserForm1.show vbmodeless
```

wenn abwechselnd im Formular und in der Tabelle gearbeitet werden soll.

Der automatische Aufruf eines Formulars als Benutzeroberfläche kann beim Öffnen der Arbeitsmappe (oder beim Zugriff auf bestimmte Tabellenblätter) erfolgen: *Projektexplorer* ▶ *Diese Arbeitsmappe*.

Bild 6.114 Automatisches Anzeigen eines Formulars

```
Private Sub Workbook_Open()
    UserForm1.Show
End Sub

Private Sub Workbook_SheetActivate(ByVal Sh As Object)
    UserForm1.Show
End Sub
```

Auch über eine Tastenkombination (z. B. Strg + m) kann ein Makro bzw. eine Prozedur zum Aufruf eines Formulars gestartet werden. *Entwicklertools* ▶ *Makros* ▶ *Optionen*:

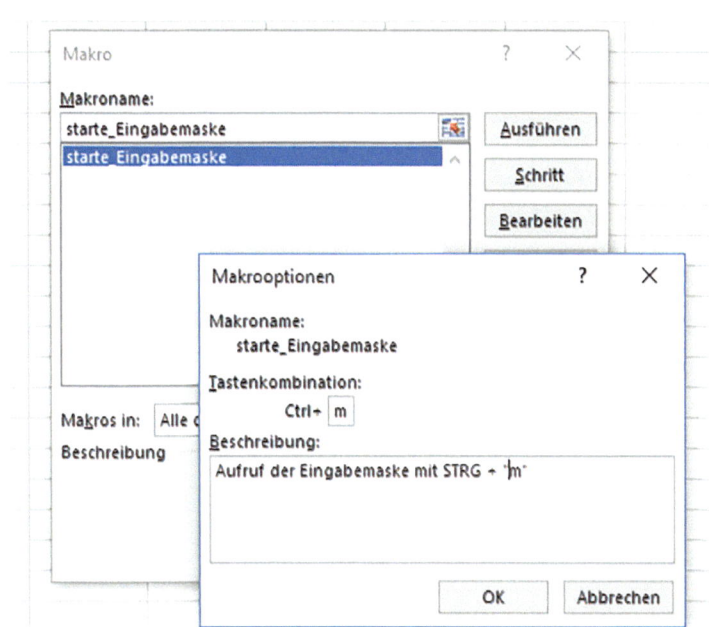

Bild 6.115 Zuweisung einer Tastenkombination zum Start des Formulars

Beim Aufruf des Formulars können zur Laufzeit Einstellungen und Einträge aktueller Werte vorgenommen werden (hier: Titelzeile umbenennen).

```
Private Sub UserForm_Initialize()
    Me.caption = "Eingabemaske"
End Sub
```

> Die Ausführung der Anweisungen für Grundeinstellungen des Formulars erfolgt vor der Anzeige der Eingabemaske.

Verlassen des Formulars

Schaltfläche
Das Formular kann beispielsweise nach dem Betätigen einer bestimmten Schaltfläche verlassen werden.

```
Private Sub CommandButton1_Click()
    Unload Me
End Sub
```

Fenster schließen
Auch über das Schließen-Symbol (x) in der rechten oberen Ecke des Fensters kann ein Formular verlassen werden.

UserForm1   ✕

Bild 6.116 Der Abbruch über das Schließen-Symbol der UserForm kann verhindert werden

Um dies zu verhindern und das Beenden über eine Eingabebedingung zu steuern, kann das *UserForm_QueryClose*-Ereignis verwendet werden. Allerdings sollte dieser Schritt gut überlegt sein.

> **Achtung**: Die Abbruchbedingung muss zuvor eindeutig geregelt sein, z. B. über eine Schaltfläche! Sonst hilft nur die Tastenkombination Strg + Alt + Pause, um die Endlosschleife zu unterbrechen.

Bild 6.117 Abbruch verhindern und Hinweis ausgeben

```
Private Sub UserForm_QueryClose(Cancel As Integer, CloseMode As Integer)
    If CloseMode = 0 Then
        MsgBox "Sie können nur über OK das Formular verlassen", vbCritical
        Cancel = True
    End If
End Sub
```

Um Verwirrungen zu vermeiden, empfiehlt es sich, einen entsprechenden Hinweis einzublenden, siehe Code oben.

Bild 6.118 Hinweis zum Verlassen des Formulars

Aktivierreihenfolge der Steuerelemente

Die Steuerelemente eines Formulars werden später bei der Eingabe in der Reihenfolge angesprungen, in der sie in das Formular eingefügt wurden. Beim Erstellen eines Formulars kommt es allerdings durchaus vor, dass die Steuerelemente nicht chronologisch hinzugefügt wurden. Um das Anspringen bzw. Aktivieren der Steuerelemente mit der Tabulatortaste in der gewünschten Reihenfolge zu ermöglichen, kann die Aktivierreihenfolge nachträglich geändert werden.

Festlegen mittels Dialogfenster Aktivierreihenfolge
Mit Rechtsklick auf das Formular oder über die Registerkarte *Ansicht ▸ Aktivierreihenfolge* blendet sich das Dialogfenster ein. Es zeigt die aktuelle Aktivierreihenfolge für die Objekte an und ermöglicht die Änderung der Reihenfolge über die Schaltflächen *Nach oben* und *Nach unten*.

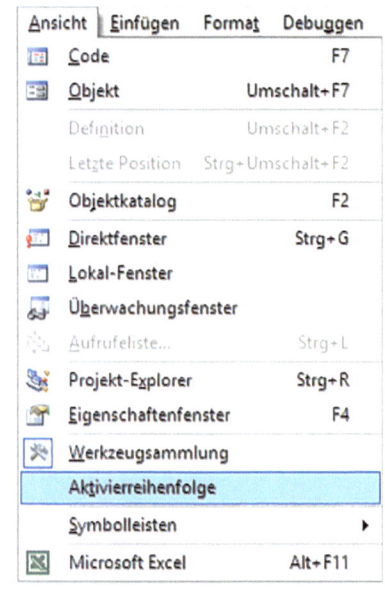

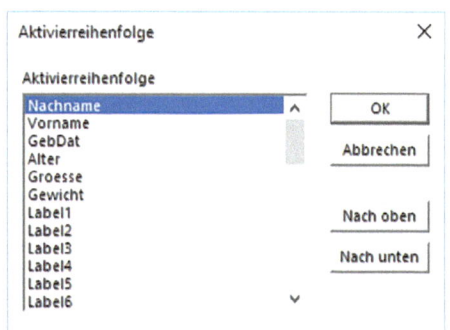

Bild 6.119 Menü Ansicht ▸
Aktivierreihenfolge

Bild 6.120 Dialogfenster
zum Ändern der Aktivier-
reihenfolge

Festlegen mittels TabIndex-Eigenschaft

Die zweite Möglichkeit zur Festlegung der Reihenfolge bietet die *TabIndex*-Eigenschaft eines jeden einzelnen Steuerelements. Die Reihenfolgeposition des ersten Steuerelements ist 0, die Position des zweiten Steuerelements 1, usw.

Bild 6.121 TabIndex
bestimmt die Aktivierrei-
henfolge

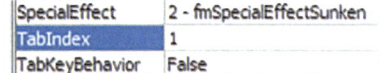

Die Accelerator-Eigenschaft

Mit der Tastenkombination Alt + Taste (=Buchstabe) lassen sich Steuerelemente gezielt anspringen. Dieses Zeichen ist für den Benutzer unterstrichen hervorgehoben, siehe Bild 6.124 auf Seite 186.

Die Zugriffstaste für ein Steuerelement wird durch die *Accelerator*-Eigenschaft eines Bezeichnungsfeldes (*Label*) festgelegt oder abgerufen. Die Zuweisung erfolgt durch die Angabe eines Zeichens in der *Accelerator*-Eigenschaft. Dieses (erstvorkommende) Zeichen wird im Formular unterstrichen.

Bild 6.122 Festlegen der
Zugriffstaste

> Voraussetzung ist, dass das Beschriftungsfeld in der Aktivierreihenfolge unmittelbar vor dem Eingabefeld angeordnet ist.

Wenn die Zugriffstaste auf ein Bezeichnungsfeld-Steuerelement (*Label*) angewendet wird, wechselt der Fokus zum nächsten Steuerelement, d. h. zu dem Steuerelement, das dem Bezeichnungsfeld-Steuerelement **in der Aktivierreihenfolge** folgt, und nicht zum Bezeichnungsfeld selbst.

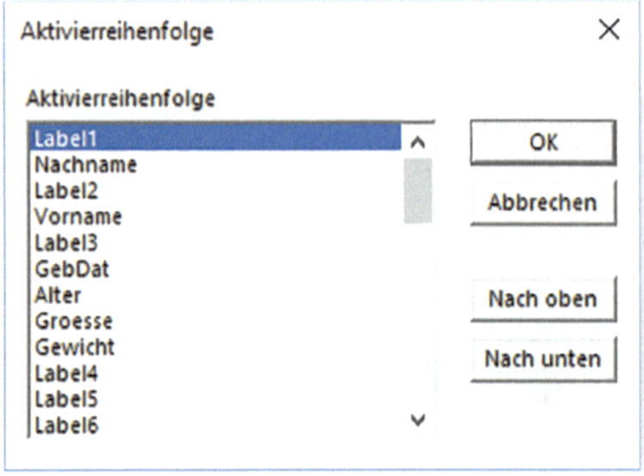

Bild 6.123 Festlegen/Über-prüfen der Reihenfolge

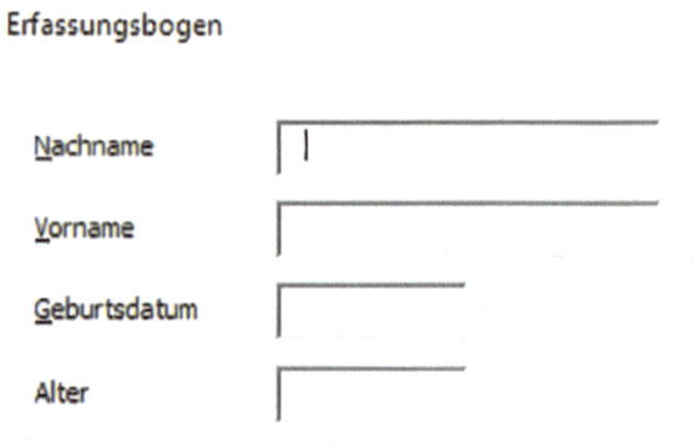

Bild 6.124 Effekt der Acce-lerator-Eigenschaft

Gruppieren von Steuerelementen

Jedes Steuerelement besitzt die Eigenschaft *Tag*, die für benutzerdefinierte Informationen zu diesem Element genutzt werden kann. Im Grundzustand ist diese Eigenschaft leer.

Mit der *Tag*-Eigenschaft lassen sich zusammengehörende Objekte gruppieren, wenn Sie allen Elementen zur Identifikation die gleiche kennzeichnende Information zuweisen. Die so gekennzeichneten Elemente bilden Gruppen, die unter bestimmten Bedingungen beispielsweise gemeinsam sichtbar, verdeckt oder überprüft werden können (hier: alle Textfelder, die Angaben zur Person enthalten).

Bild 6.125 Formularan-sicht mit markierten Text-feldern für Tag-Eigenschaft „Angaben_Person"

Bild 6.126 Tag-Eigen-schaft: Gemeinsamkeit festlegen

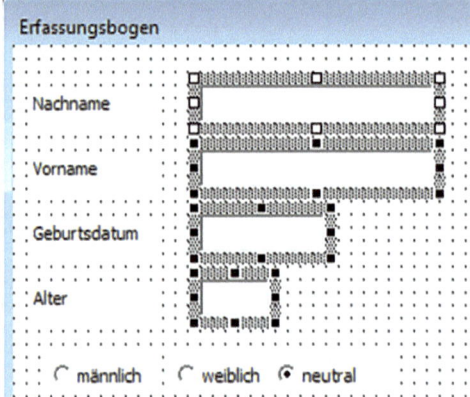

TabStop	
Tag	Angaben_Person
TextAlign	1 - fmTextAlignLeft

Beispiel: Gruppe ausblenden
Im folgenden Beispiel werden die Angaben zur Person (*Tag*-Eigenschaft = Angaben_Person) ausgeblendet.

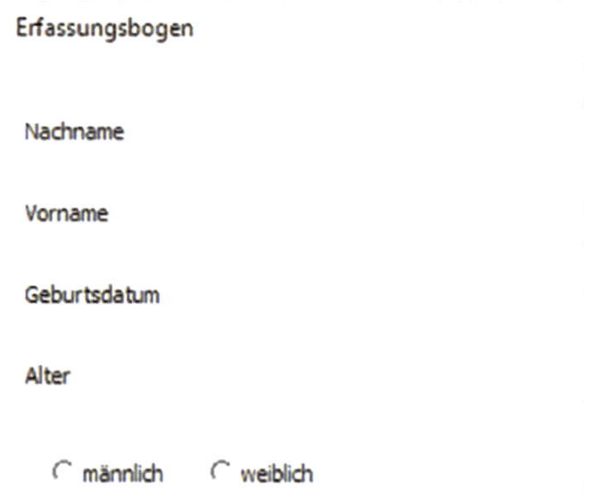

Erfassungsbogen

Nachname

Vorname

Geburtsdatum

Alter

◯ männlich   ◯ weiblich

```
Sub gruppe_ausschalten()
Dim element As Control

    For Each element In Eingabemaske.Controls
        If element.Tag = "Angaben_Person" Then
            element.Visible = False
        End If
    Next element
    Eingabemaske.Show

End Sub
```

Bild 6.127 Eingabemaske mit ausgeblendeten Textfeldern

Bild 6.128 Ausblenden aller Elemente der Gruppe „Angaben_Person"

Pflichteingabefelder überprüfen

Die *Tag*-Eigenschaft kann auch zur Überprüfung von Pflichteingabefeldern genutzt werden. Im folgenden Beispiel werden (die gleichen) vier Textfelder abgefragt. Nur wenn alle ausgefüllt sind, wird keine *MsgBox* mit einer Warnung erscheinen, sprich: kann das Programm (z. B. Speichern) fortgesetzt werden.

```
Sub Pflichtfelder_pruefen()
'4 Textboxen vorgegeben

    If Anz_pflichtfelder <= 4 Then
        MsgBox "Nicht alle Pflichtfächer ausgefüllt!"
    End If

End Sub

Function Anz_pflichtfelder() As Integer
Dim element As Control

    Anz_pflichtfelder = 0
    For Each element In Eingabemaske.Controls
        If element.Tag = "Angaben_Person" Then
            If element.Value = "" Then
                Anz_pflichtfelder = Anz_pflichtfelder + 1
            End If
        End If
    Next element

End Function
```

Bild 6.129 Makro zur Überprüfung von Pflichtangaben (im Modul „Tag-Eigenschaft")

Modul *Tag_Eigenschaft* und entsprechende Anpassungen bei Tag-Eigenschaften der Textfelder.

> **Hinweis:** Die Eigenschaft *Tag* ist nicht zu verwechseln mit der Eigenschaft *Group-Name*. Letztere fasst Optionsfelder und Kontrollkästchen zu Gruppen zusammen, wenn sich diese sonst gegenseitig ausschließen würden, siehe Seite 163 ff.

Linienelemente und Einrahmungen

Für gestalterische Elemente, wie horizontale oder vertikale Trennlinien, gibt es keine speziellen Steuerelemente. Wenn Sie dennoch nicht auf derartige Effekte verzichten wollen, müssen Sie in die Trickkiste greifen. Es eignen sich zum Beispiel:

▶ **Rahmenelement**
Dass sich ein Rahmenelement (*Frame*) zum Gruppieren von Optionsfeldern eignet, haben wir bereits erwähnt. In seiner Grundeinstellung macht er bereits eine rechteckige Einteilung optisch deutlich. Wenn auf die Überschrift (*Caption*) verzichtet wird, erscheint der Rahmen geschlossen.

▶ **Anzeigeelement/Image**
Auch ein Anzeigeelement (*Image*) lässt sich zum Einrahmen von Objekten verwenden, wenn man es nicht mit einem Bild füllt.

Bei beiden Varianten ist es ratsam, zuerst das Rahmen- oder das Anzeigeelement im Formular zu positionieren und danach alle thematisch verknüpften Objekte hinein zu schieben. Die eingefügten Objekte liegen dann über dem zuerst gezeichneten Element.

Das Beispiel unten zeigt die Verwendung von Anzeige- und Rahmenelementen mit unterschiedlichen Eigenschaften. Mit ihrer Hilfe lassen sich Einrahmungen und Linienelemente in das Formular einbauen. Linien sind nichts Anderes als dünne (*Height* oder *Width*) Rahmen, die mit einer Hintergrundfarbe (*BackColor*) ausgefüllt sind und optional eine Umrahmung haben. Die Eigenschaft *SpecialEffect* stellt Ihnen noch weitere kreative Gestaltungsmöglichkeiten zur Verfügung.

Bild 6.130 Anzeige (Image) und Rahmen (Frame) als Gestaltungselemente

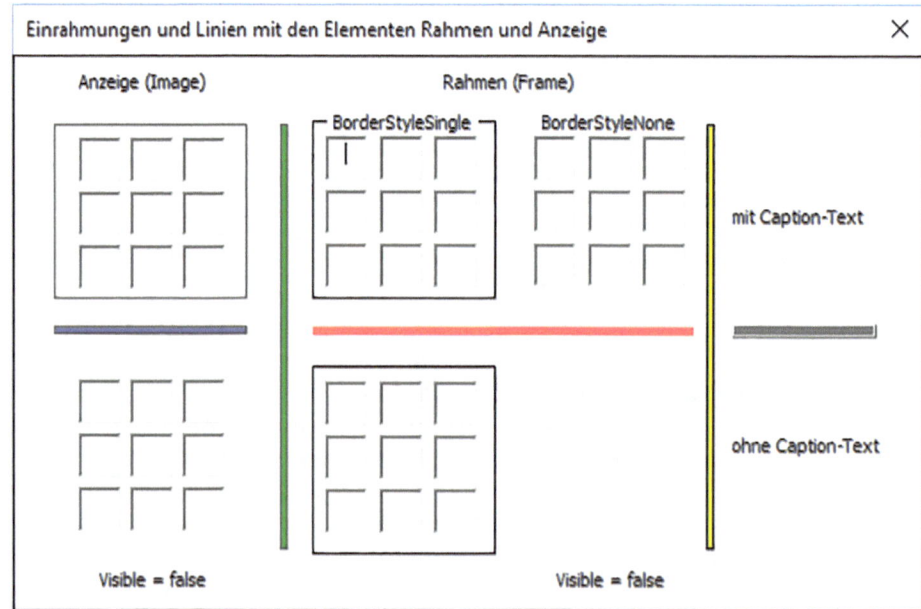

Die einzelnen Unterschiede, auch unter Verwendung der Eigenschaft unsichtbar

Anzeige	Eigenschaften	Bemerkung
Anzeige oben links	*BorderStyle: BorderStyleSingle* *Visible: True*	
Anzeige unten links	*BorderStyle: BorderStyleSingle* *Visible: False*	es verschwindet nur der Rahmen
Rahmen oben Mitte	*BorderStyle: BorderStyleSingle* *Visible = True* mit Caption-Text	
Rahmen unten Mitte	*BorderStyle: BorderStyleSingle* *Visible = True* ohne Caption-Text	
Rahmen oben rechts	*BorderStyle: BorderStyleNone* mit Caption-Text	
Rahmen unten rechts	*BorderStyle: BorderStyleSingle* *Visible = False;*	Rahmen und alle darin befindlichen Objekte verschwinden
Trennlinien aus Anzeigeelementen	*BackColor: blau, grün* (Palette) *BorderStyle: BorderStyleNone)* *SpecialEffect: Flat*	
Trennlinien aus Rahmenelementen	*BackColor: rot, gelb, grau* ohne/mit Rahmen *SpecialEffect:Flat, Bump*	

7 Formulare als Dialogelemente einsetzen

In diesem Kapitel lernen Sie...

- Dialogelemente individuell gestalten
- Programmabläufe über Ereignisse (Initialize, Click, Change ...) steuern
- Prozeduren mit Tastenkombinationen starten
- Anzeigewerte formatieren
- Umwandlungsfunktionen einsetzen

Das sollten Sie bereits wissen

- Prozedurrumpf erzeugen
- Variablentypen und Gültigkeitsbereiche
- Eigenschaften von Steuerelementen
- Aufrufvarianten von UserForms
- Codefenster der Userforms
- Abfragen und Verwendung von Schleifen
- MessageBox verwenden

Mit geringem Programmieraufwand lassen sich mithilfe der Formulare individuelle und vor allem unterschiedliche Dialogelemente bauen. Die nachfolgend beschriebenen Einzelschritte führen nach und nach zu unserem umfassenden Beispiel-Projekt.

Beginnen Sie am besten mit einer neuen Arbeitsmappe, die sie gleich zu Beginn als Excel-Arbeitsmappe mit Makros (.xlsm) in ihrem Arbeitsverzeichnis speichern. Diese Maßnahme erleichtert Ihnen das Testen von Prozeduren, wenn Sie vor deren Ausführung kurz das Speichersymbol oder die Kombination Strg + S betätigen. Für die Übungen treffen wir uns „Backstage" in der Entwicklungsumgebung (Alt + F11). Ich warte dort auf Sie.

7.1   Die individuelle MessageBox

In den vorausgegangenen Kapiteln zur Einführung in die VBA Programmierung haben Sie bereits einfache Dialogelemente kennengelernt: Die Messagebox (*MsgBox*) und die *InputBox*. Beide Elemente sind in ihrem Erscheinungsbild schlicht und sachlich gestaltet. Hin und wieder möchte man aber ein etwas ansprechenderes Dialogfeld als besonderen Hinweis oder als Blickfang einsetzen.

Beginnen wir mit einem Willkommensgruß zum Workshop. Sie benötigen dazu nur ein kleines Formular mit Beschriftungsfeld und ein geeignetes Bild für die Hintergrundgestaltung. Die notwendigen Einstellungen nehmen Sie im Eigenschaftenfenster der Steuerelemente vor.

▷   Fügen Sie im Projektfenster ein Formular (*UserForm*) ein.

▷   Geben Sie dem Formular einen Namen (*Name*) z. B. *Hinweis_Willkommen* .

▷   Für das Hintergrundbild wird die Pfadangabe benötigt (*Picture*).

▷   Passen Sie die Größe des Formulars ihren Vorstellungen entsprechend an (Anfasser).

▷   Die Farbe des Hintergrunds (*BackColor*) kann aus der Palette ausgewählt werden.

▷   Geben Sie dem Formular einen Titel (*Caption*) z. B. BILDNER Verlag.

Bild 7.1 Die individuelle Messagebox

▷   Passen Sie ein Beschriftungsfeld (*Label*) in das Formular ein.

▷   Fügen Sie dem Beschriftungsfeld einen Anzeigetext (*Caption*) hinzu z. B. „Willkommen zum Workshop".

▷   Starten Sie die Formularanzeige (Taste F5) und führen Sie gegebenenfalls Änderungen durch.

Formular per Schaltfläche schließen

Zum Verlassen des Formulars betätigen Sie die Schließen-Schaltfläche (x) rechts oben in der Ecke. Alternativ haben Sie auch die Möglichkeit, eine Befehlsschaltfläche hinzuzufügen, die das Entladen des Formulars aus dem Speicher veranlasst.

▶ Fügen Sie eine Befehlsschaltfläche (*CommandButton*) hinzu...

▶ mit der Aufschrift (*Caption*) z. B. *OK*.

▶ Ein Doppelklick auf die Befehlsschaltfläche schließt das Formular und zeigt das Codefenster an.

▶ Ergänzen Sie das Click-Ereignis der Schaltfläche um die Anweisung
`Unload Me`

▶ Starten Sie die Formularanzeige (F5) und führen Sie gegebenenfalls Änderungen durch.

```
Private Sub CommandButton1_Click()
    Unload Me
End Sub
```

Bild 7.2 Formularanzeige beenden

Bild 7.3 Mit OK wird das Formular geschlossen

7.2 Schaltflächen - die individuelle Schaltzentrale

Wie Sie oben festgestellt haben, sind Befehlsschaltflächen äußerst wichtige Elemente in Formularen. Mit Befehlsschaltflächen lassen sich Prozeduren zentral abrufen bzw. ausführen. Die Möglichkeiten, die sich hier bieten, sind so vielfältig wie die von ihnen geschriebenen Prozeduren.

Beispielsweise können Formulare Inhalte überprüfen, Werte berechnen, löschen oder speichern, hier ein kleines Beispiel.

▶ Fügen Sie im Projektfenster ein neues Formular (*UserForm*) ein.

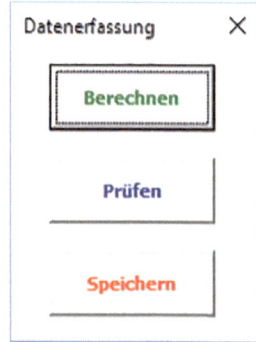

Bild 7.4 Proceduraufruf durch Schaltflächen

▶ Geben Sie dem Formular einen Namen (*Name*) z. B. *Schaltflaechen.*

▶ Geben Sie dem Formular einen Titel (*Caption*) z. B. *Datenerfassung.*

▶ Fügen Sie drei Schaltflächen (*CommandButton*) ein, diese erhalten die Beschriftungen: *Berechnen*, *Prüfen*, *Speichern*.

▶ die Schrift soll fett angezeigt werden (*Font…*) und in unterschiedlichen Farben (*ForeColor*) erscheinen.

▶ Starten Sie die Formularanzeige (F5) und führen Sie gegebenenfalls Änderungen durch.

Tasten der Reihe nach freigeben

An dieser Stelle können wir darauf verzichten, den Befehlsschaltflächen entsprechende Prozeduren über das *Click*-Ereignis zuzuweisen. Interessanter dürfte die Aufgabe sein, die Tasten in einer bestimmten Reihenfolge freizugeben. Auf diese Weise kann man sicherstellen, dass erst nach einer Berechnung und Prüfung die Speicherung möglich ist.

Im ersten Schritt deaktivieren wir alle Schaltflächen außer *Berechnen* beim Aufruf des Formulars (*UserForm_Initialize*). Dazu benötigen wir die Namen der drei Steuerelemente. Diese wurden automatisch beim Einfügen vergeben (z. B. *CommandButton1*), können zur besseren Übersicht aber auch manuell umbenannt werden.

Bild 7.5 Schaltflächen deaktivieren: Code

Bild 7.6 Aktive und deaktivierte Schaltflächen im Formular

```
Private Sub UserForm_Initialize()

    'Deaktivieren nicht freigebener Schaltflächen
    Me.CommandButton2.Enabled = False
    Me.CommandButton3.Enabled = False

End Sub
```

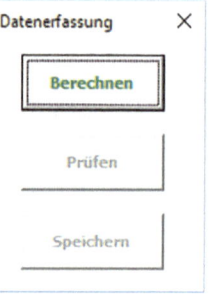

Nach dem Berechnen soll die Prüfung der Angaben dem Speichern vorausgehen.

Bild 7.7 Schrittweise Freigabe der Schaltflächen

Bild 7.8 Freigegebene Schaltflächen

```
Private Sub CommandButton1_Click()

    'Aufruf der Berechnung
    '....
    'Freigabe der Taste "Prüfen"
    Me.CommandButton2.Enabled = True

End Sub

Private Sub CommandButton2_Click()

    'Aufruf der Prüfung
    '....
    'Freigabe der Taste "Speichern"
    Me.CommandButton3.Enabled = True

End Sub

Private Sub CommandButton3_Click()

    'Aufruf der Speicherung
    '....

End Sub
```

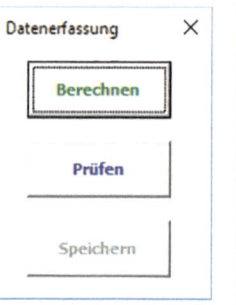
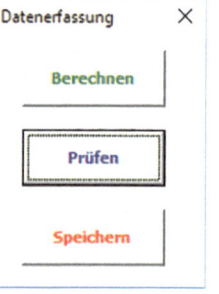

Die Aktivierung der weiteren Tasten erfolgt über die Eigenschaft *Enabled = True*, die nach jedem Prozeduraufruf durch die veranlassende Befehlsschaltfläche (hier nur angedeutet) gesetzt wird.

Beispiel Taschenrechner

Befehlsschaltflächen lassen sich beispielswei- se auch zu einem individuellen Taschenrechner zusammenstellen oder als Ausgangspunkt für Aufrufe unterschiedlicher (selbst geschriebener) Funktionen oder Berechnungen nutzen.

Bild 7.9 Zentrale Steue- rung von Prozeduren und Funktionen

7.3 Nutzername und Passwort abfragen

Anhand des folgenden Beispiels lässt sich die Abfrage von Textfeldern in Eingabemas- ken veranschaulichen. Zur Gestaltung unserer Seminaranmeldung benötigen wir drei Beschriftungsfelder, zwei Textfelder und eine Befehlsschaltfläche, siehe Bild. Das neue Formular soll *Nutzerkennung* heißen.

Formular zur Benutzeranmeldung erstellen

▷ Fügen Sie im Projektfenster ein neues Formular (*UserForm*) ein und geben Sie dem Formular den Namen (*Name*) *Nutzerkennung*.

▷ Geben Sie dem Formular einen Titel (*Caption*) z. B. *Anmeldung zum Workshop*.

▷ Fügen Sie zwei identische Beschriftungsfelder (*label*) ein, mit den Texten: *Nutzer- kennung* und *Passwort*.

▷ Fügen Sie ein weiteres Beschriftungsfeld ein, mit dem Aufforderungstext *Bitte Nutzerkennung und Passwort eingeben*.

▷ Dieser steht in auffälliger Schriftform über dem Eingabebereich, z. B. in Fettschrift (*Font …*) und in grün (*ForeColor*).

▷ Fügen Sie zwei identische Textfelder (*TextBox*) hinzu und passen Sie deren Länge (*Width*) und Höhe (*Height*) den zu erwartenden Eingaben an.

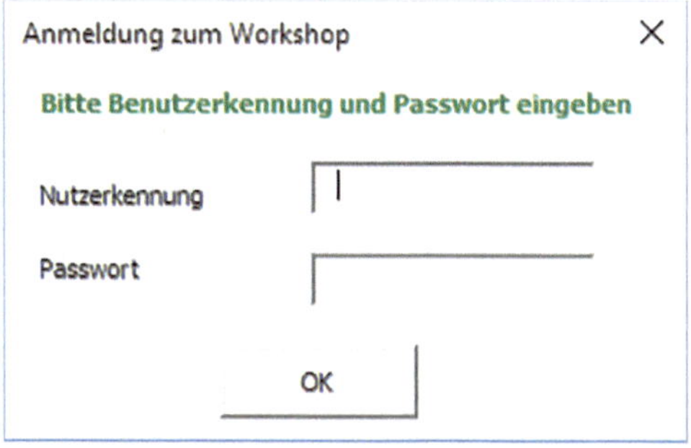

Bild 7.10 Ein Formular zur Anmeldung

▷ Zur besseren Identifizierung sollten Sie den Textfeldern Ob- jektnamen geben: z. B. *Kennung*, *Passwort* oder *txt_kennung*, *txt_ passwort*, wenn Sie mit Präfixen arbeiten möchten.

▶ Eine Befehlsschaltfläche (*CommandButton*) mit *OK* oder freundlicher, *Anmelden* soll dafür sorgen, dass die Eingaben überprüft werden.

▶ Starten Sie die Formularanzeige (F5), testen Sie die Schrift in den Textfeldern und führen Sie gegebenenfalls Anpassungen durch.

Passworteingabe und -überprüfung

Verdeckte Passworteingabe

Da die Passworteingabe üblicherweise verdeckt erfolgen sollte, können Sie das angezeigte Ersatzzeichen, üblicherweise *, in der Eigenschaft *PasswordChar* des Textfeldes *Passwort* vorgeben.

Bild 7.11 Festlegung des Symbols zur verdeckten Passworteingabe

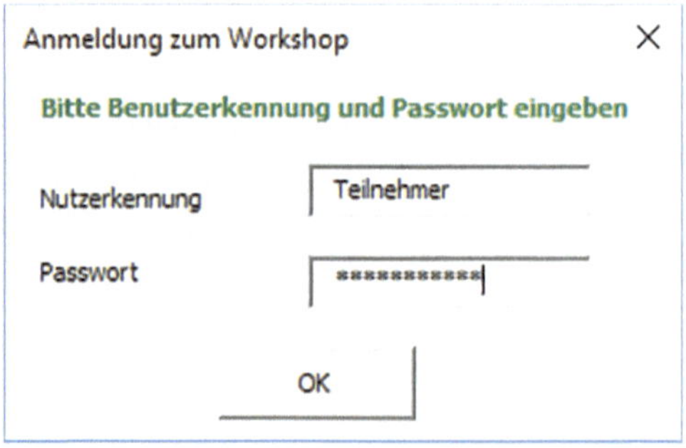

Bild 7.12 Das Anmeldeformular mit verdeckter Passworteingabe

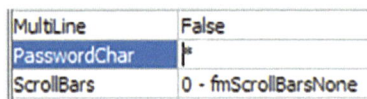

Passwort prüfen

Nun fehlt noch die Kontrolle, ob Benutzerkennung und Passwort zueinander passen. Das erfolgt mit dem Betätigen *OK*-Taste. Sind Benutzerkennung und/oder Passwort nicht mit den Vorgaben identisch, erfolgt in unserem Fall ein Hinweis über das Standard-Meldungsfenster (*MsgBox*).

Bild 7.13 Der Code zur Kontrolle des Passworts

```
Private Sub CommandButton1_Click()
Dim nutzer As String
Dim pwd As String

    If Me.Kennung.Value = "Teilnehmer" And Me.Passwort.Value = "xyz" Then
        MsgBox "Willkomen zum Kurs"
    Else
        MsgBox "Kennung und/oder Passwort stimmen nicht übereien"
    End If

End Sub
```

Die Plausibilitätsabfrage könnte auch ohne *OK*-Taste nach abgeschlossener Eingabe des Passworts automatisch erfolgen. Dieses Verfahren (*AfterUpdate*) werden wir an anderer Stelle noch einsetzen.

7.4 Eingabewerte aus Textfeldern verwenden

In dieser Lektion werden Sie feststellen, dass Eingaben in Textfeldern als Zeichenfolgen (Strings) behandelt werden. Wenn diese weiter verwendet werden sollen, z. B. für Berechnungen, sind Typumwandlungen unumgänglich.

▷ Erstellen Sie eine UserForm mit dem Namen *Eingabemaske* mit 3 Textfeldern (*TextBox*) und einer Befehlsschaltfläche (*CommandButton*) wie im Bild.

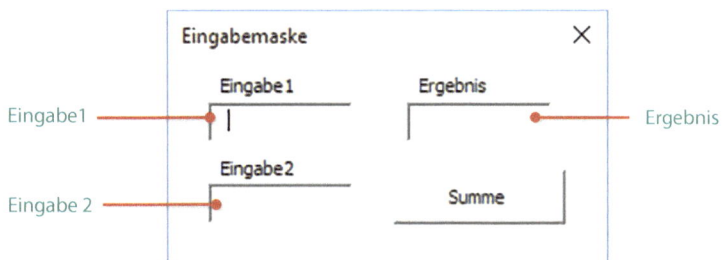

Bild 7.14 Vorbereitete Eingabemaske mit Objektbezeichnungen

▷ Geben Sie den Textfeld-Objekten eindeutige Namen: *Eingabe1*, *Eingabe2* und *Ergebnis*.

▷ Die Beschriftungsfelder können denselben Text (*Caption*) enthalten,

▷ die Befehlsschaltfläche erhält die Aufschrift (*Caption*) Summe.

▷ Der Name *CommandButton1* kann unverändert bleiben.

▷ Starten Sie mit F5 und überprüfen Sie die Schriftgrößen.

Summe berechnen und anzeigen

Die Befehlsschaltfläche *Summe* soll das Ergebnis (SUMME) der Textfelder *Eingabe1* und *Eingabe2* im Textfeld *Ergebnis* anzeigen.

▷ Ein Doppelklick auf die Schaltfläche (oder F7) führt Backstage direkt in das Ereignis *Click*.

▷ Die Formel lautet sinngemäß: Ergebnis = Eingabe1 + Eingabe2

```
Private Sub CommandButton1_Click()

    Me.Ergebnis.Value = Me.Eingabe1.Value + Me.Eingabe2.Value

End Sub
```

Bild 7.15 Summenberechnung, ausgelöst durch das Click-Ereignis

▷ Starten Sie die Eingabemaske mit F5 und testen Sie die Berechnung, indem Sie einige Zahlen eingeben. Allerdings fällt das Ergebnis anders aus als erwartet, siehe Abbildungen unten.

Der Grund: Die Eingaben (Ziffern) werden nicht wie Zahlen, sondern als Zeichenfolgen (Strings) behandelt und einfach aneinandergefügt.

Bild 7.16 Ergebnis Summe bei Ganzzahlen

Bild 7.17 Ergebnis Summe bei Realzahlen?

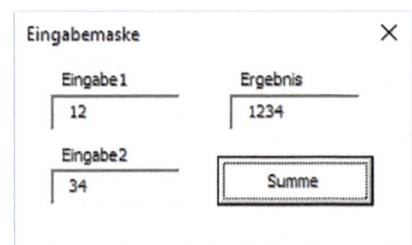 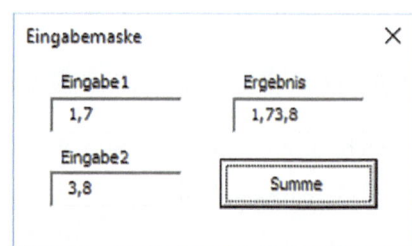

Erst, wenn die eingegebenen Zeichen (Strings) in Zahlen umgewandelt worden sind, folgen sie den mathematischen Gesetzen. Die Umwandlung übernimmt die Typkonvertierungsfunktion *CDbl* (ChangeDouble).

Bild 7.18 Verwendung von Umwandlungs-funktionen

```
Private Sub CommandButton1_Click()

    Me.Ergebnis.Value = CDbl(Me.Eingabe1.Value) + CDbl(Me.Eingabe2.Value)

End Sub
```

Bild 7.19 Korrekte Summenberechnung nach Typkonvertierung

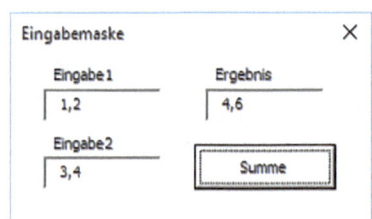

Ein Formular für Berechnungen auf Tabellenebene

Wenn Sie in eine Tabelle Werte eintragen wollen, die sich aus anderen Größen berechnen und für die es möglicherweise keine vordefinierten Funktionen gibt, können Formulare nützliche Dienste erweisen. Ähnlich einem Taschenrechner kann man das Formular an den Rand der Tabelle legen und wechselweise mit dem Formular und der Tabelle arbeiten. Der Aufruf einer solchen Hilfsmaske kann der Einfachheit halber direkt aus der Tabelle heraus über eine festzulegende Tastenkombination erfolgen.

In dieser Lektion lernen Sie, wie mit dem Verlassen eines Textfeldes eine Anweisung (Berechnung) veranlasst wird, eine Prozedurausführung über eine Tastenkombination gestartet werden kann, Anzeigewerte formatiert werden und wie Umwandlungsfunktionen einzusetzen sind.

Gleichzeitiges Arbeiten mit Formular und Tabellenblatt

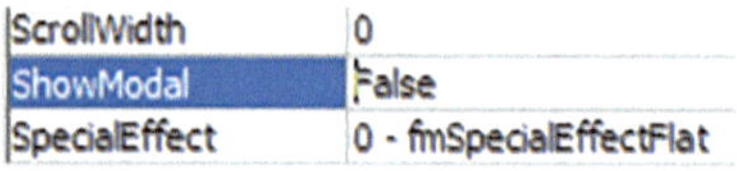

Bild 7.20 Einstellung für wechselweises Arbeiten in Tabelle und Formular

Damit beide Bereiche gleichzeitig nutzbar sind, setzen Sie die Formulareigenschaft *ShowModal = False*.

ScrollWidth	0
ShowModal	False
SpecialEffect	0 - fmSpecialEffectFlat

Formular erstellen

Nehmen wir an, Sie benötigen bei Ihrer Arbeit auf einer Tabelle ein Tool zur Berechnung des Alters, ausgehend vom aktuellen Datum.

▶ Erstellen Sie ein neues Formular und geben Sie einem Formular einen Namen (*Name*) z. B. *Altersberechnung*.

▶ Geben Sie dem Formular einen Titel (*Caption*) z. B. *Heutiges Alter*.

▶ Fügen Sie zwei identische Beschriftungsfelder (*Label*) ein mit den Texten *Geburtsdatum* und *Alter*.

▶ Fügen Sie zwei identische Textfelder (*TextBox*) hinzu und passen Sie deren Länge (*Width*) und Höhe (*Height*) den zu erwartenden Eingaben an.

Bild 7.21 Formular zur Altersberechnung, Layout-Test

▶ Zur besseren Identifizierung sollten Sie den Textfeldern Objektnamen geben: z. B. *GebDatum* und *Alter*.

▶ Starten Sie die Formularanzeige (F5), testen Sie die Schrift in den Textfeldern und führen Sie gegebenenfalls Anpassungen durch.

Formular mit Tastenkombination starten

Damit das Formular mit einer Tastenkombination (hier: Strg + m) gestartet werden kann, fügen Sie ein neues Modul im Projektfenster ein. In diesem Modul soll die Prozedur *Altersberechnung_starten* den Aufruf der Maske übernehmen.

Um die beidseitige Nutzung von Tabelle und Maske zu ermöglichen, muss die Eigenschaft (*ShowModal*) berücksichtigt werden. Diese Eigenschaft kann als VB-Konstante *vbModeless* beim Aufruf der Maske als Parameter übergeben werden.

```
Sub Altersberechnung_starten()

    Altersberechnung.Show vbModeless

End Sub
```

Bild 7.22 Aufruf des Formulars und wechselseitiges Arbeiten ermöglichen

Die Festlegung der Tastenkombination zum Aufruf der Altersberechnung muss in der Arbeitsblattansicht erfolgen: Registrierkarte *Entwicklertools* ▶ *Makros* ▶ *Altersberechnung_starten* ▶ *Optionen* ▶ *Tastenkombination* und geben Sie neben *Ctrl +* den Buchstaben *m* ein. Das Hinzufügen einer Beschreibung ist zu empfehlen. Klicken Sie abschließend auf *OK*.

Von nun an lässt sich das Formular zur Altersberechnung mit der voreingestellten Tastenkombination starten.

*Bild 7.23 Festlegen der
Tastenkombination zum
Aufrufen der Prozedur*

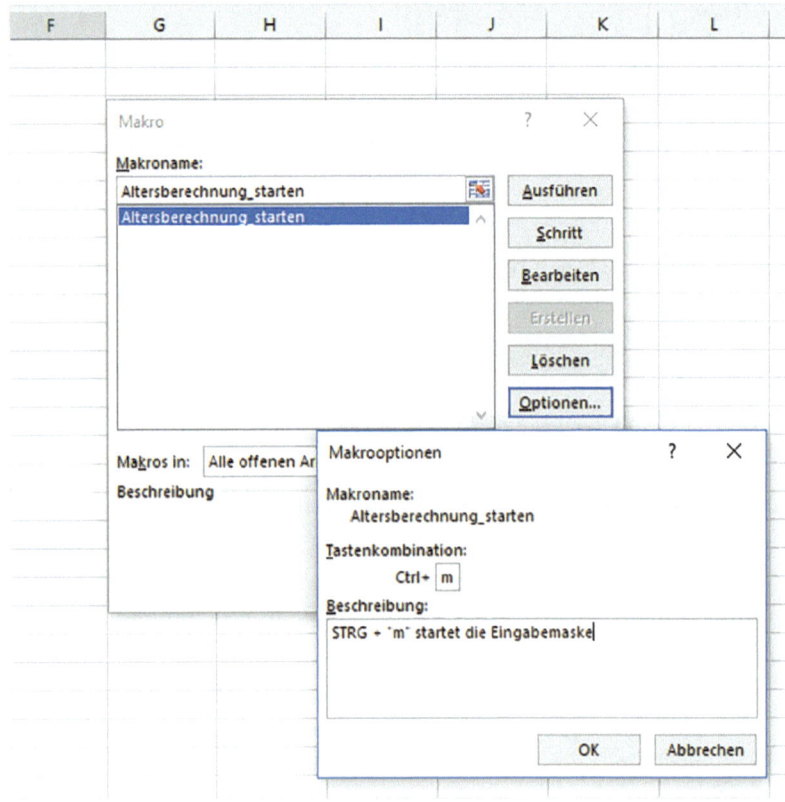

Berechnung durchführen

Als nächstes soll automatisch nach Eingabe des Geburtsdatums und Betätigen der Enter-Taste das Alter berechnet und angezeigt werden. Dazu muss das Ereignis *After-Update* des Textfeldes *GebDatum* die Berechnung und Anzeige im Textfeld *Alter* veranlassen. Die Berechnung als solches fällt Excel nicht schwer, denn alle Datumswerte und Zeitangaben werden intern als fortlaufende Nummern gehandhabt.

Beispiele für die Verwendung dieser Funktionen finden Sie in der Datei VBA_DateDiff.xlsm.

Hinweis: In diesem Beispiel wird das Alter mit einer vereinfachten Formel berechnet. Für eine exakte Altersberechnung sollte besser die VBA-Funktion DateDiff(Zeitraum, Startdatum, Enddatum) oder im Arbeitsblatt die, leider undokumentierte, Funktion DATEDIF(Ausgangsdatum; Enddatum; Einheit) verwendet werden.

Die Altersberechnung kann im Codefenster hinter der Maske (F7) erfolgen. Die Formel zur Berechnung des Alters in Jahren ergibt sich aus dem aktuellen Datum aus der *Date*-Funktion und dem eingegebenen Geburtsdatum geteilt durch die Anzahl der Tage eines Jahres (*Date – GebDat*) / 365.25. Schaltjahre werden pauschal berücksichtigt.

*Bild 7.24 Vereinfachte
Altersberechnung*

```
Private Sub GebDatum_afterupdate()

    Me.Alter.Value = (Date - Me.GebDatum.Value) / 365.25

End Sub
```

Der erste Testlauf bestätigt zwar die automatische Berechnung nach der Eingabe des Geburtsdatums. Die Anzeige des Alters kann jedoch nicht zufrieden stellen.

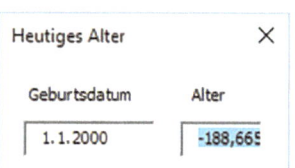

Bild 7.25 Ergebnis ohne Typkonvertierung

Wie Sie wissen, stellt die Eingabe in einem Textfeld einen String bereit. Diesen String gilt es nun, explizit in einen Datumswert umzuwandeln. Zu diesem Zweck gibt es in VBA - wie bereits erwähnt - Konvertierungsfunktionen. Um einen String in ein Datum umzuwandeln, benutzen wir die *CDate*- Umwandlungsfunktion.

```
Private Sub GebDatum_afterupdate()

    Me.Alter.Value = (Date - CDate(Me.GebDatum.Value)) / 365.25

End Sub
```

Bild 7.26 Formel mit Typkonvertierung

Als Ergebnis liefert die Altersberechnung nun auch Dezimalstellen. Soll die Altersangabe auf nur 1 Stelle hinter dem Komma genau sein, lässt sich dies mit einer Formatierungsanweisung leicht erledigen.

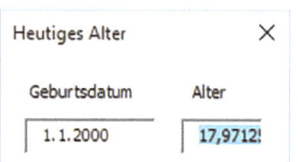

Bild 7.27 Korrekte Berechnung des Alters - aber „zu genau"

```
Private Sub GebDatum_afterupdate()

    Me.Alter.Value = Format((Date - CDate(Me.GebDatum.Value)) / 365.25, "#.0")

End Sub
```

Im Bild rechts die formatierte Ausgabe des Alters mit einer Dezimalstelle.

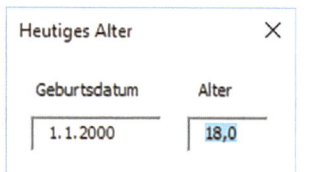

Bild 7.28 Formatierte Ausgabe veranlassen

Eingabe auf gültiges Datum prüfen

Um sicherzustellen, dass ein verwertbares Datum eingetragen wurde, sollte mit der Funktion *IsDate* die Eingabe überprüft und die Fehlermeldung *Typen unverträglich* umgangen werden.

Bild 7.29 Auf gültige Datumseingabe prüfen

```
Private Sub GebDatum_afterupdate()

    If IsDate(Me.GebDatum.Value) Then
        Me.Alter.Value = Format((Date - CDate(Me.GebDatum.Value)) / 365.25, "##.0")
    Else
        MsgBox "Kein gültiges Geburtsdatum", vbExclamation
        Me.Alter.Value = ""
    End If

End Sub
```

Ergebnis in das Arbeitsblatt einfügen

Die formatierte Ausgabe im Textfeld *Alter* funktioniert. Als kleine Ergänzung zu dieser Übung könnte das berechnete Alter in die gerade aktive Zelle des Arbeitsblattes eingefügt werden.

```
Private Sub GebDatum_afterupdate()

    If IsDate(Me.GebDatum.Value) Then
        Me.Alter.Value = Format((Date - CDate(Me.GebDatum.Value)) / 365.25, "##.0")
        ActiveCell.Value = Format((Date - CDate(Me.GebDatum.Value)) / 365.25, "##.0")
    Else
        MsgBox "Kein gültiges Geburtsdatum", vbExclamation
        Me.Alter.Value = ""
    End If

End Sub
```

Bild 7.30 Ausgabe des berechneten Alters in der aktiven Zelle einer Tabelle

Bild 7.31 Das Alter wird als Zeichenfolge (linksbündig) in die Zelle eingefügt

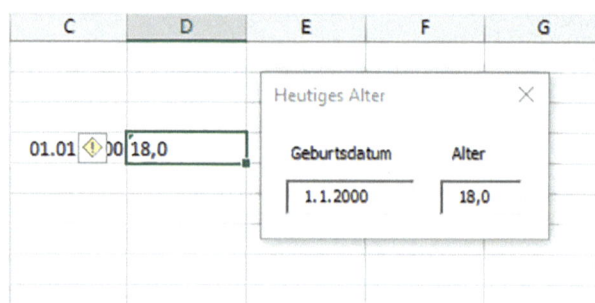

Wie man sieht, wird die Altersangabe in der aktiven Zelle eingefügt, jedoch als Zeichenfolge bzw. Text und nicht als Zahl. Das kleine grüne Dreieck an der linken oberen Ecke der Zelle weist darauf hin.

Dieses Problem taucht immer auf, wenn reelle Zahlen aus Textfeldern direkt in Zellen übergeben werden. Um dies zu vermeiden, verwendet man auch hier wieder Konvertierungsfunktionen wie beispielsweise *CDbl()*. Alternativ können auch Strings an eine Variable des gewünschten Datentyps übergeben werden, wie im Bild unten. Eine Formatierung der Tabellenzelle kann angeschlossen werden.

Bild 7.32 Variablenzuweisung mit Typkonvertierung

```
Private Sub GebDatum_afterupdate()
Dim Alter As Double

    If IsDate(Me.GebDatum.Value) Then
        Alter = CDbl((Date - CDate(Me.GebDatum.Value)) / 365.25)
        Me.Alter.Value = Format(Alter, "#.0")
        ActiveCell.Value = Alter
        ActiveCell.NumberFormat = "#.0"
    Else
        MsgBox "Kein gültiges Geburtsdatum", vbExclamation
        Me.Alter.Value = ""
    End If

End Sub
```

Hinweis: Sollten Sie feststellen, dass Sie nicht in der Tabelle und dem Formular wechselseitig arbeiten können, liegt es daran, dass Sie die Eingabemaske nicht über die vorgegebene Tastenkombination (Strg + m) aufgerufen haben. Die Eigenschaft *vbModeless* wird nur über das Makro gestartet.

7.5   Speichern von Zahlen aus Text- und Kombinationsfeldern

Zahlen aus Textfeldern speichern

Die Inhalte von Textfeldern werden als Strings übergeben. Wenn der Inhalt eines Textfeldes oder Kombinationsfeldes als Zahl in einer Tabelle gespeichert werden soll, helfen Konvertierungsfunktionen und im einfachsten Fall die Multiplikation des Textstrings mit 1.

Starten wir dazu folgende Übung: Aus der neu erstellten Eingabemaske *Zahlen_in_Tabelle* sollen drei Zahlenwerte (TextBox1 – 3) in die Zellen A1 bis A3 übergeben werden. Testhalber verwenden wir eine Ganzzahl, eine mit Komma getrennte Zahl und eine mit Punkt getrennte Zahl. Ergebnis: der Eingabewert aus TextBox2, die mit Komma getrennte Zahl, wird als Text eingefügt (siehe Bild).

Bild 7.33 Ganzzahl und Dezimalwerte in eine Tabelle übertragen

Bild 7.34 Abhängig von Dezimaltrennzeichen ändert sich der Tabelleneintrag

```
Private Sub CommandButton1_Click()

    With Worksheets("Tabelle1")
        .Range("A1").Value = Me.TextBox1.Value
        .Range("A2").Value = Me.TextBox2.Value
        .Range("A3").Value = Me.TextBox3.Value
    End With

End Sub
```

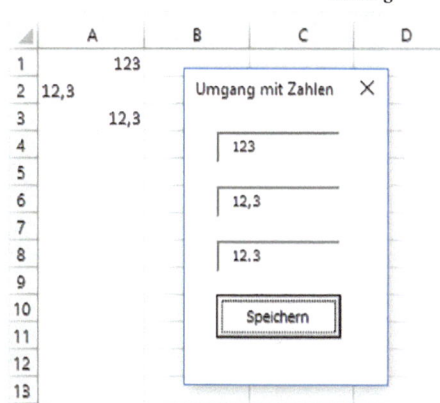

Die Ganzzahl und die Zahl mit dem Punkt als Dezimaltrennzeichen werden richtig interpretiert. Multipliziert man in diesem Beispiel die zweite Textfeldeingabe (Komma getrennt) mit der Zahl 1, so erscheint eine Dezimalzahl in Zelle A2.

Bild 7.35 Typenumwandlung durch Multiplikation mit der Zahl 1

```
Private Sub CommandButton1_Click()

    With Worksheets("Tabelle1")
        .Range("A1").Value = Me.TextBox1.Value
        .Range("A2").Value = Me.TextBox2.Value * 1
        .Range("A3").Value = Me.TextBox3.Value
    End With

End Sub
```

Wenn man aber vorsorglich alle Textfelder mit der Zahl 1 multipliziert, wird man feststellen, dass nun der Punkt im dritten Textfeld als Trennzeichen ignoriert wird. Das gleiche Ergebnis liefern die Umwandlungsfunktionen *CDbl()* und *CDec()*.

*Bild 7.36 Die „vorsorg-
liche" Verwendung der
Typkonvertierung kann
Nachteile bringen*

```
Private Sub CommandButton1_Click()

    With Worksheets("Tabelle1")
        .Range("A1").Value = CDbl(Me.TextBox1.Value)
        .Range("A2").Value = CDbl(Me.TextBox2.Value)
        .Range("A3").Value = CDbl(Me.TextBox3.Value)
    End With

End Sub
```

Interessant dürfte die Umwandlungsfunktion *CCur()* sein. Sie erzeugt eine Zahl im Währungsformat.

*Bild 7.37 Umwandlung in
ein Währungsformat*

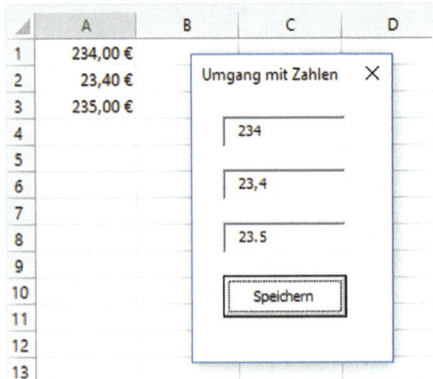

Werte aus Kombinationsfeldern speichern

Bei der Übergabe von Werten aus Kombinationsfeldern gelten die gleichen Prinzipien wie bei Textfeldern: Ganzzahlen werden korrekt an die Tabelle übergeben, bei Dezimalzahlen muss eine Konvertierung erfolgen.

Dazu ein Beispiel: Aus einer neuen Eingabemaske mit dem Namen *Kombinationsfelder* sollen die Inhalte von drei Kombinationsfeldern in das Arbeitsblatt *Tabelle1* nach B1:B3 übergeben werden. Und zwar ein Bundesland (aus der Hilfstabelle), eine Ganzzahl zwischen 1 und 10 sowie eine Realzahl zwischen 1.0 und 3.0. Die Übergabe an die Tabelle erfolgt über die Befehlsschaltfläche *Speichern*.

Das Einlesen der Werte in die Kombinationsfelder erfolgt bei der Initialisierung des Formulars.

```
Private Sub UserForm_Initialize()
Dim i As Double

    'Bundesländer in ComboBox1
    With Worksheets("Hilfstabelle")
        For i = 1 To 16
            Me.ComboBox1.AddItem .Range("A" & i).Value
        Next i
    End With
    'Ganzzahlen 1-10 in ComboBox2
    For i = 1 To 10
        Me.ComboBox2.AddItem i
    Next i
    'Realzahlen 1.0-3.0 in ComboBox3
    For i = 1 To 3.1 Step 0.1
        Me.ComboBox3.AddItem i
    Next i

End Sub

Private Sub CommandButton1_Click()

    With Worksheets("Tabelle1")
        .Range("B1").Value = Me.ComboBox1.Value
        .Range("B2").Value = Me.ComboBox2.Value
        .Range("B3").Value = CDbl(Me.ComboBox3.Value)
    End With

End Sub
```

Bild 7.38 Vorgabewerte und gezielte Konvertierung bei der Übergabe an die Tabelle

Die Konvertierungsfunktion bewirkt allerdings eine Fehlermeldung, wenn keine Eingabe erfolgte. Mit einer einfachen Abfrage lässt sich dieses Problem beheben.

```
Private Sub CommandButton1_Click()

    With Worksheets("Tabelle1")
        .Range("B1").Value = Me.ComboBox1.Value
        .Range("B2").Value = Me.ComboBox2.Value
        If Me.ComboBox3.Value <> "" Then
            .Range("B3").Value = CDbl(Me.ComboBox3.Value)
        End If
    End With

End Sub
```

Bild 7.39 Abfrage um Fehler bei Leereingabe zu verhindern

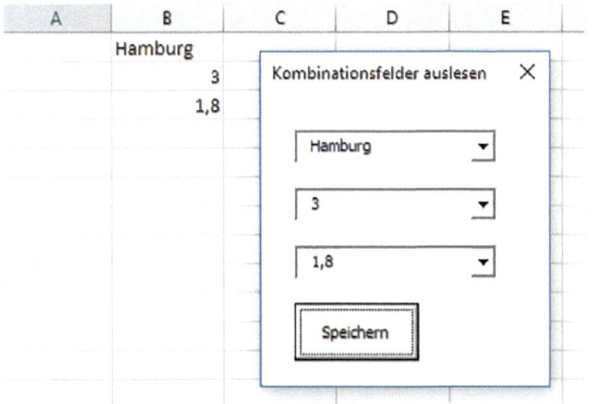

Bild 7.40 Korrekte Übergabe der Werte in die Tabelle

Übersicht Konvertierungsfunktionen

Die Angaben aus Formularfeldern sind in der Regel vom String-Datentyp (Zeichenketten). Wenn es sich dabei um Zahlen, Währungs-, Datums- und Zeitangaben handelt, sollte bei der Übergabe in eine Tabelle eine Konvertierung gezielt in den gewünschten Datentyp erfolgen. Die Umwandlung kann mit Hilfe von Konvertierungsfunktionen erfolgen, die Excel bereitstellt.

> **Hinweis:** VBA führt in gewissen Grenzen (Kompatibilität der Datentypen) Typumwandlungen automatisch durch, auf die man sich aber nicht voll verlassen sollte, wenn man Informationsverluste vermeiden möchte.

Funktion	Rückgabewert
CDbl	Double-Datentyp, Dezimalzahl
CSng	Single-Datentyp, Dezimalzahl
CDec	Decimal-Datentyp, Dezimalzahl
CInt	Integer-Datentyp, Ganzzahl
CCur	Currency-Datentyp, Währungsangabe mit Einheit
CDate	Date-Dateityp, Datumsangabe
CStr	String-Datentyp, Zeichenfolge
CBool	Boolean-Datentyp
CByte	Byte-Datentyp
CLong	Long-Datentyp
CVar	Variant-Datentyp
Abs	Absolutwert einer Zahl
Val	Zahl aus den ersten numerischen Zeichen einer Zeichenkette

Mit Hilfe der Umwandlungsfunktionen wie *CDate()* und *CSng()*, *CDbl()* oder *CDec()* gelingt die korrekte Übergabe in der Tabelle. Die Funktion *CDec()* eignet sich oft besser als *CSng()*, da zu viele Nachkommastellen z. B. bei der Anzeige in der Eingabemaske entstehen. Die *Val*-Funktion übernimmt nur Teile der Ziffernfolge, nämlich bis zum gültigen Dezimaltrennzeichen.

> Zu beachten ist auch die Verwendung des Dezimaltrennzeichens bei der Eingabe von Zahlen mit Punkt oder Komma und die Ergebnisse der Umwandlungsfunktionen.

Einige Beispiele

Funktion	String1	String2	Ergebnis1	Ergebnis2
CDbl	12345.678	12345,678	12345678	12345,678
CSng	12345.678	12345,678	12345678	12345,67773
CDec	12345.678	12345,678	12345678	12345,678
CInt	12345.678	12345,678		12346
CCur	12345.678	12345,678	12.345.678,00 €	12.345,68 €
CDate	12345.678	12345,678		18.10.1933 16:16
CStr	12345.678	12345,678	12345,678	12.345.678
Abs	-12345.678	-12345,678	12345678	12345,678
Val	12345.678	12345,678	12345678	12345
Str	12345.678	12345,678	12345678	12345,678

Das Beste ist es, die zu übergebenden Werte auf korrekte Umwandlung zu prüfen. Beispiel:

Umwandlungsfunktionen.xlsm

```
CDbl("1234,567")       1234,567
CDbl("1234.567")       1234567
CDbl(1234.567)         1234,567
CDbl(1234,567)         ▶ Fehlermeldung
```

7.6 Optionsfelder können entscheiden

Einfache Optionsfelder

Da sich Optionsfelder der gleichen Gruppe gegenseitig ausschließen, kann man sie auch als Entscheidungsfelder verwenden. In unserem Beispiel sollen sie dazu dienen, den Speicherort der eingegebenen Werte festzulegen (hier: Spalten). Wir benötigen (s. Bild):

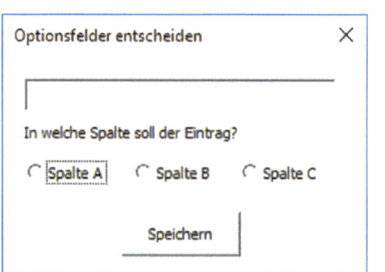

Bild 7.41 Das Formular Optionsfelder entscheiden

- ein Formular *Optionsfelder* mit dem Titel (*Caption*) *Optionsfelder entscheiden,*

- ein Textfeld (*TextBox*) mit dem Namen (*Name*) *Eingabe,*

- ein Beschriftungsfeld (*Label*) mit dem Text *In welche Spalte soll der Eintrag?*

- drei (oder mehr) Optionsfelder (*OptionButtons*) mit eindeutigen Namen (*Name*) z. B. *Option1* bis *Option3*
- die Beschriftung als Beschreibung (*Caption*) z. B. *Spalte1* usw.
- eine Befehlsschaltfläche (*CommandButton*) mit der Aufschrift (*Caption*) *Speichern*.

Als zusätzliches Experiment sollen die Textfeldeigenschaften *Text* und *Value* bei der Eingabe von Zahlen verglichen werden. Aufgeführt ist zu Beginn (*OptionButton1*) die Version ohne Festlegung auf *Text* oder *Value*, wie sie in der Praxis manchmal vorkommen kann.

Bild 7.42 Zielspalte durch Wahl einer Option festlegen

```
Private Sub CommandButton1_Click()

    With Worksheets("Tabelle1")
        If Me.OptionButton1 Then
            Range("A1").Value = Me.TextBox1
        End If
        If Me.OptionButton2 Then
            Range("B1").Value = Me.TextBox1.Text
        End If
        If Me.OptionButton3 Then
            Range("C1").Value = Me.TextBox1.Value
        End If
    End With

End Sub
```

▷ Die Eingabe mit Dezimaltrennzeichen Komma wird bei allen drei Versionen als Text (String) übergeben (Bild 7.43).

▷ Dieselbe Eingabe mit Dezimaltrennzeichen Punkt wird bei den drei Versionen unterschiedlich übergeben (Bild 7.44).

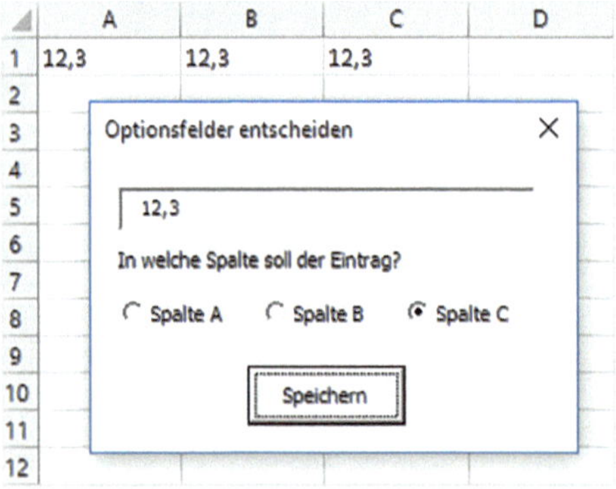

Bild 7.43 Zahlen mit Dezimaltrennzeichen Komma werden als Text abgelegt (linksbündig)

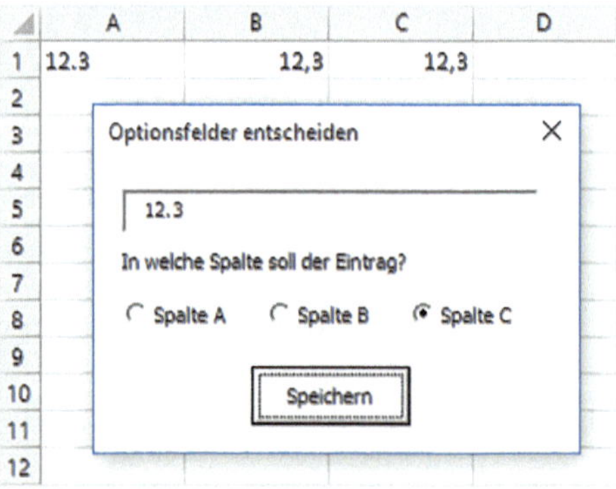

Bild 7.44 Punkt-getrennte Dezimalzahlen werden korrekt angezeigt, wenn Text / Value angegeben wird

Fazit: Legen Sie sich fest auf die Eigenschaft *Text*, *Value* oder verwenden Sie eine Konvertierungsfunktion, wenn Sie Daten aus Textfeldern oder Kombinationsfeldern weiterverwenden oder speichern.

Optionsfelder mit verdeckter Vorgabe

Wie in Kapitel 6.5 bereits erwähnt, können verdeckte Optionsfelder Missverständnisse bei nicht beachteten Optionen ausräumen.

In unserem Beispiel wollen wir eine klare Entscheidung *Ja* oder *Nein* abfragen, ohne zu riskieren, dass eine dieser beiden Optionen durch Voreinstellung vorgegeben wurde und damit möglicherweise das Ergebnis beeinflusst. In diesem Fall dient die verdeckte Option *Neutral* als Voreinstellung. Wir benötigen:

- Ein Formular mit dem Namen *Optionsfelder_abfragen* mit dem Titel (*Caption*) *Verdeckte Option voreingestellt.*
- Drei (oder mehr) Optionsfelder (*OptionButtons*) mit eindeutigen Namen (*Name*) z. B. *Option_Ja*, *Option_Nein*, *Option_neutral*...
- und den Beschreibungen (*Label*, *Caption*) z. B. *JA*, *NEIN*, *neutral*.
- Das neutral-Feld erhält die Eigenschaften *value=True* und *Visible = false*
- Eine Befehlsschaltfläche (*CommandButton*) mit der Aufschrift (*Caption*) Speichern.

Wenn die Schaltfläche *Speichern* betätigt wird, soll eine Abfrage ermitteln, ob wirklich eine Entscheidung getroffen wurde. Wenn das Optionsfeld *neutral* nicht verändert wurde, also noch den Wert *True* hat, dann soll ein Erinnerungshinweis ausgegeben werden. Die Entscheidung wird in A1 im Arbeitsblatt *Tabelle1* dokumentiert.

Bild 7.45 Das voreingestellte Optionsfeld wurde unsichtbar gemacht

Bild 7.46 Sicherheitsabfrage nach erfolgter Auswahl

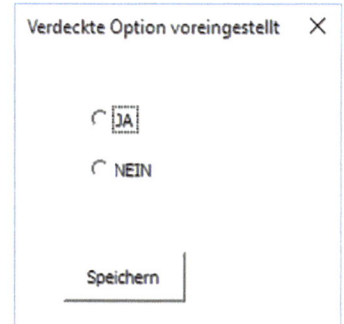

```
Private Sub CommandButton1_Click()

    If Me.Option_neutral Then
        MsgBox "Bitte entscheiden Sie sich: Ja oder Nein"
    Else
        MsgBox "Ihre Angaben werden gespeichert"
        With Worksheets("Tabelle1")
        If Option_Ja Then
            .Range("A1").Value = "ja"
        Else
            .Range("A1").Value = "nein"
        End With
    End If

End Sub
```

7.7   Datenanzeige in der Eingabemaske

Alle in einer Tabelle abgelegten Daten lassen sich in einem Formular (Eingabemaske) auch wiedergeben. Bei Beschriftungsfeldern (*Label*), Textfeldern (*TextBox*) und Kombinationsfeldern (*ComboBox*) können die Einträge aus der Tabelle übernommen werden.

Hinweis: Wenn bei Kombinationsfeldern nur die Auswahl aus der Dropdownliste erlaubt ist, also keine freien Eingaben, dann müssen die wiederzugeben Daten in der Liste enthalten sein. Was sie üblicherweise auch sind, wenn man über das gleiche Feld der Eingabemaske die Daten in der Tabelle abgelegt hat. Unbekannte Bezeichnungen werden wie freie Eingaben abgelehnt.

Enthält eine Tabellenzelle die Auswahl aus mehreren Optionen, dann muss über Entscheidungswege das entsprechende Optionsfeld (*OptionButton*) oder Kontrollkästchen (*CheckBox*) aktiviert werden.

▶ Wir benötigen ein Formular mit folgenden Elementen. Bild 7.48 zeigt die Einträge in der Hilfstabelle im Arbeitsblatt, auf die sich unser Formular bezieht:

Bild 7.47 Layout der Eingabemaske

Bild 7.48 Vorbereitung: Angaben in der Hilfstabelle

Siehe Arbeitsmappe Kapitel05_01.xlsm.

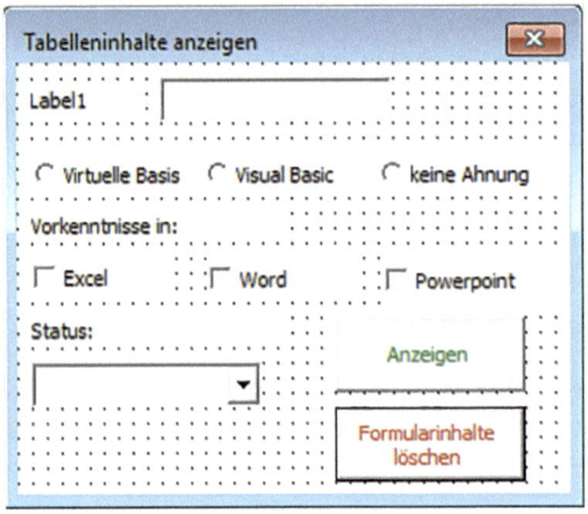

	C	D
Frage1:	Label
Worauf bezieht sich VBA?	Textbox
	2	OptionBox
x	CheckBox
x	CheckBox
	CheckBox
Anfänger	ComboBox

▶ Fügen Sie ein neues Modul mit dem Namen *Tabelleninhalt* für die Prozedur *Tabelleninhalt_anzeigen* ein (Bild unten).

Bild 7.49 Die Prozedur Tabelleninhalt_anzeigen (Modul „Tabelleninhalt")

```
Sub Tabelleninhalt_anzeigen()

    Worksheets("Hilfstabelle").Activate
    With Wiedergabe
        .Label1 = Range("C1").Value
        .TextBox1.Value = Range("C2").Value
        Select Case Range("C3").Value
            Case 1: .OptionButton1.Value = True
            Case 2: .OptionButton2.Value = True
            Case 3: .OptionButton3.Value = True
        End Select
        If Range("C4").Value = "x" Then
            .CheckBox1.Value = True
        Else
            .CheckBox1.Value = False
        End If
        If Range("C5").Value = "x" Then
            .CheckBox2.Value = True
        Else
            .CheckBox2.Value = False
        End If
        If Range("C6").Value = "x" Then
            .CheckBox3.Value = True
        Else
            .CheckBox3.Value = False
        End If
        .ComboBox1.Value = Range("C7").Value
    End With

End Sub
```

Die Prozedur *Tabelleninhalt_anzeigen* wird bei der Initialisierung des Formulars ausgeführt.

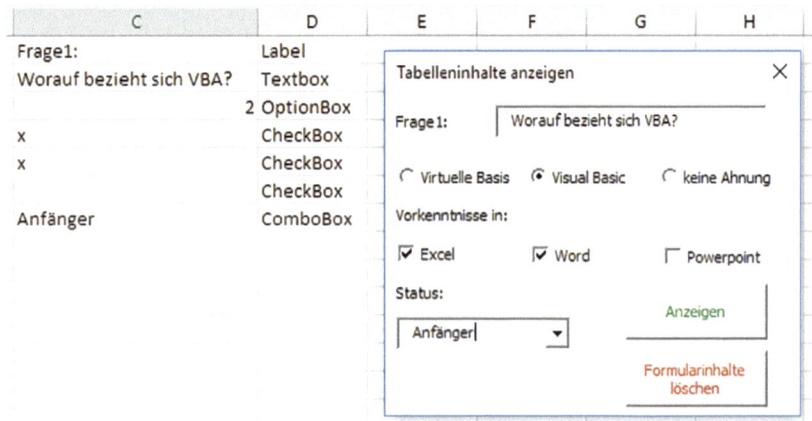

Bild 7.50 Gegenüberstellung: Tabellenwerte und Formular

Die Schaltfläche *Anzeigen* startet ebenfalls die Anzeige des Tabelleninhalts, was aber erst sichtbar wird, wenn zuvor die Formularinhalte gelöscht wurden.

Zum Löschen der Formularinhalte schreiben wir eine neue Prozedur *Formularinhalte_loeschen*. Dabei ist es von entscheidender Bedeutung, dass die Bezeichnungen der Objekte **exakt unter Beachtung von Groß- und Kleinschreibung** als Strings übergeben werden.

Bild 7.51 Löschen von Formularinhalten: alle genannten Typen!

```
Sub Formularinhalte_loeschen()
Dim element As Object

    'Löschen der aktuellen Inhalte im Formular Wiedergabe
    For Each element In Wiedergabe.Controls
        If TypeName(element) = "Label" Then element = "???"      'Achtung!
        If TypeName(element) = "TextBox" Then element.Value = ""
        If TypeName(element) = "CheckBox" Then element.Value = False
        If TypeName(element) = "ComboBox" Then element.Value = ""
        If TypeName(element) = "OptionButton" Then element.Value = False
    Next

End Sub
```

Auf diese Weise werden alle gewählten Steuerelemente in den Ausgangszustand zurückgesetzt.

▶ **Vorsicht**: alle Elemente vom Typ *Label* erhalten drei Fragezeichen *???*. Sie wurden bewusst so gesetzt, um darauf aufmerksam zu machen, dass hier ein Reset nicht unbedingt sinnvoll ist (siehe Bild unten).

▶ Bei den Optionsfeldern wäre grundsätzlich zu überlegen, ob nicht die weitere verdeckte Option besser wieder aktiv (*True*) gesetzt werden soll.

Bild 7.52 Nach dem Löschen aller Label-Steuerelemente sind auch die statischen Beschriftungen verändert

Siehe Datei: Kapitel07_Beispiele. xlsm.

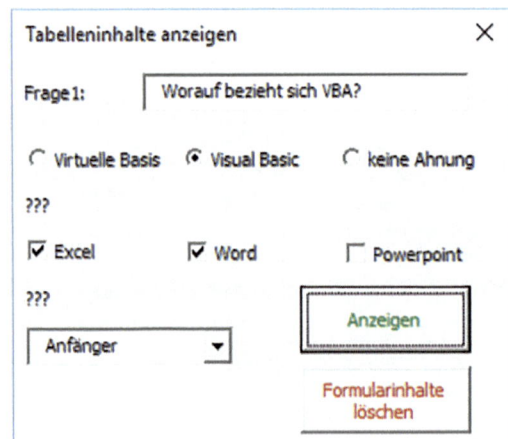

8 Workshop: Die individuelle Benutzeroberfläche

In diesem Kapitel lernen Sie...

- eine Eingabemaske für Tabellendaten erstellen
- Formularinhalte in eine Tabelle übernehmen
- Daten aus einer Tabelle in der Formuloberfläche anzeigen

Das sollten Sie bereits wissen

- Grundlagen zu UserForms
- AktiveX-Steuerelemente: Eigenschaften und Verwendung
- Abfragen und Schleifen
- Programmabläufe mit Ereignissen steuern
- Umwandlungsfunktionen einsetzen

▶ Im ersten Abschnitt dieses Workshops erstellen Sie das Layout eines Formulars als Eingabemaske. Die benötigten Steuerelemente werden der Vorgabe entsprechend angeordnet und beschriftet. Alle Elemente, die zur Eingabe von Daten bestimmt sind, sollen eindeutige Namen erhalten, damit sie später gezielt angesprochen (adressiert) werden können.

▶ Im zweiten Abschnitt werden Sie lernen, die Werte aus der Eingabemaske in den entsprechenden Spalten einer Tabelle zeilenweise einzufügen. Die Tabelle wächst somit bei jeder erneuten Dateneingabe, vorausgesetzt die Eingaben erfüllen grundlegende Bedingungen.

▶ Im dritten Abschnitt bewegen Sie sich mit einer Art Schieberegler (Bildlaufleiste) durch die Zeilen der Tabelle und zeigen die Inhalte im erstellten Formular (Eingabemaske) an. Eine Erweiterung der Speichern-Prozedur ermöglicht es Ihnen, nach entsprechenden Sicherheitsabfragen, Änderungen innerhalb der Tabelle durch Überschreiben der Inhalte vorzunehmen.

8.1   Ein Formular als Eingabemaske für Tabellen erstellen

Übersicht und Layout

Das Formular, das Sie in diesem Workshop erstellen werden, enthält die gebräuchlichsten Elemente aus der Werkzeugsammlung. Hinsichtlich der farblichen Gestaltung und Aufteilung ist Ihnen grundsätzlich freie Bahn gegeben. Einfacher ist es jedoch, wenn Sie zunächst einmal das gleiche Grundlayout verwenden. Wenn Ihnen dann die Formularsteuerelemente vertraut sind, lässt sich leicht ein individuelles Formular daraus ableiten oder komplett neu erstellen. Die am häufigsten verwendeten Formularsteuerelemente sind:

- Bezeichnungsfeld (Label)
- Textfeld (freie Eingabe)
- Kombinationsfeld (Vorgabewerte)
- Optionsfeld (ja/nein)
- Kontrollkästchen (mit Häkchen)
- Listenfeld (mit Text- / Zahlenvorgaben)
- Befehlsschaltfläche (Click-Ereignis)
- Bildlaufleiste (Schieberegler)
- Rahmen (Eingrenzung, Gruppierung)
- Anzeige (Foto, Logo) einbinden

Die genannten ActiveX-Steuerelemente mit ihren, im vorigen Kapitel beschriebenen, Eigenschaften und Besonderheiten kommen in diesem Formular zum Einsatz. Was liegt näher, als eine Anmeldung zu einem Excel-Workshop zu simulieren?

▷ Außer den freien Eingaben in den Textfeldern soll der Erfassungsbogen bestimmte Vorgabewerte in Kombinationsfeldern anbieten, die entweder auf diese Werte beschränkt sind oder optional auch zur freien Eingabe genutzt werden können.

▷ Ja/Nein Abfragen übernehmen Optionsfelder und Kontrollkästchen. Einige Optionsfelder sind verdeckt, damit keine Voreinstellung sichtbar ist.

▷ Befehlsschaltflächen sollen die Inhalte der Eingabefelder löschen, Daten speichern oder überschreiben.

▷ Ereignisgesteuerte Prozeduren werden Berechnungen durchführen wie beispielsweise das Alter am Tag der Anmeldung.

▷ Im Listenfeld werden die Namen der bereits erfassten Teilnehmer angezeigt.

▷ Mit einem Schieberegler (Bildlaufleiste) lassen sich Tabelleninhalte zeilenweise in der Maske darstellen.

Bild 8.1 Das fertige Formular als Eingabemaske für Tabellen

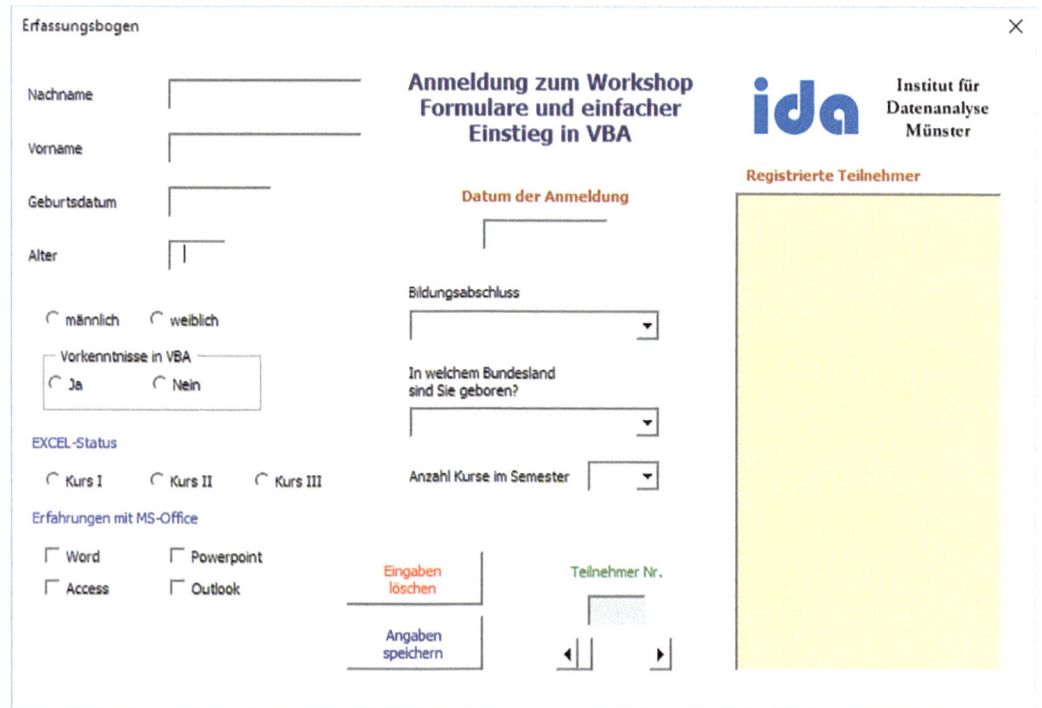

Das Layout des Formulars

Starten wir mit einer neuen Excel Arbeitsmappe, die vorab als Arbeitsmappe mit Makros unter dem Namen *Anmeldung_01.xlsm* gespeichert werden sollte.

Anmeldung_01.xlsm

Nachdem wir über Alt + F11 in die VBA-Entwicklungsumgebung gewechselt sind, muss im Projektfenster ein Formularfeld eingefügt werden, entweder über den Menübefehl *Einfügen ▶ Userform* oder über die rechte Maustaste. Ein kleines Formularfeld mit dem Namen *UserForm1* wird angelegt und die Toolsammlung erscheint. Sollte dies nicht der Fall sein, kann sie auch manuell über *Ansicht* ▶ *Werkzeugsammlung* aufgerufen werden. Die Werkzeugsammlung lässt sich beliebig über den Bildschirm verschieben. Auch die seitlich angeordneten Fenster *Projekt* und *Eigenschaften* können in Breite und Höhe zur besseren Lesbarkeit der Inhalte verändert werden.

Bild 8.2 UserForm einfügen und Größe anpassen

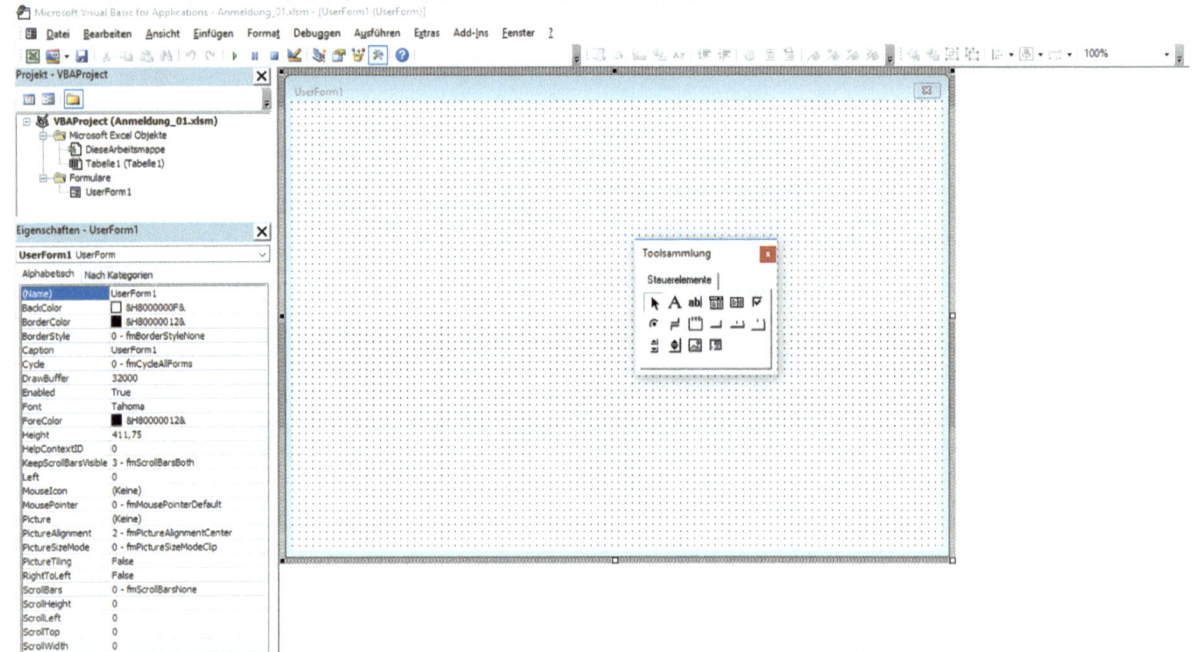

Die Grundeigenschaften des Formulars sollten sein:

(Name)	Eingabemaske
Width	600
Height	400
Caption	Erfassungsbogen

Textfelder einfügen, Elemente ausrichten

Als erstes benötigen wir vier Textfelder für die Angaben zur Person. Empfehlenswert ist es, zunächst ein Textfeld (*Textbox*) aufzuziehen und der Textgröße (hier: Voreinstellung) anzupassen. Danach kann man das Feld mit seinen Eigenschaften dreimal untereinander kopieren. Zum horizontalen und vertikalen Ausrichten der Textfelder gibt es folgende Möglichkeiten:

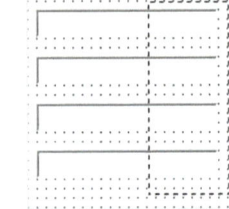

▶ Sie können sich am vorgegebenen (und veränderbaren) Raster orientieren.

▶ Oder markieren Sie die Elemente nacheinander mit gedrückter Strg-Taste (Mehrfachmarkierung) oder indem Sie einen Markierungsrahmen um die auszurichtenden Elemente ziehen. Klicken Sie dann mit der rechten Maustaste auf die markierten Elemente, zeigen auf *Ausrichten* oder *Größe angleichen* und wählen die gewünschte Variante. Die Ausrichtung *Links* oder *Rechts* orientiert sich an dem Element, das sich am weitesten links oder rechts befindet. Dasselbe gilt für das Ausrichten oben oder unten.

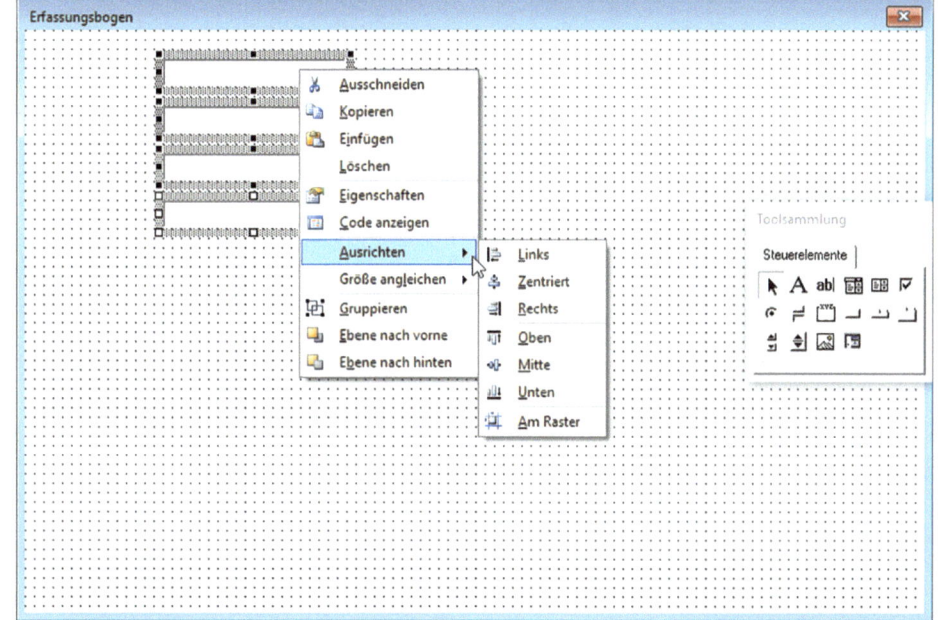

Bild 8.3 Textfelder einfügen und vertikal ausrichten

▷ Dieselben Ausrichtungs-Werkzeuge finden Sie auch in der Symbolleiste *UserForm*.

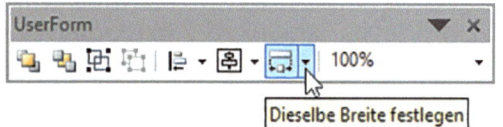

Größe und Anordnung über die Eigenschaften festlegen

Die präzise Anordnung erfolgt jedoch über die Eigenschaften *Left* und *Top*. Jedes Objekt benötigt einen eindeutigen Namen (siehe Tabelle).

(Name)	Nachname	Vorname	GebDat	Alter
Width	120	120	60	35
Height	18	18	18	18
Font	Tahoma, 8	Tahoma, 8	Tahoma, 8	Tahoma, 8
Left	90	90	90	90
Top	18	48	78	108

Beschriftungsfelder hinzufügen

Als Beschriftung werden vier Beschriftungsfelder (*Label*) links davon angeordnet. Ihre Objektnamen werden automatisch erzeugt. Sie dienen ausschließlich der Beschriftung (*Caption*) und müssen nicht über VBA-Code angesprochen werden. Geben Sie beschreibenden Text ein und richten Sie sie horizontal und vertikal aus.

Bild 8.4 Beschriftungsfelder einfügen und ausrichten

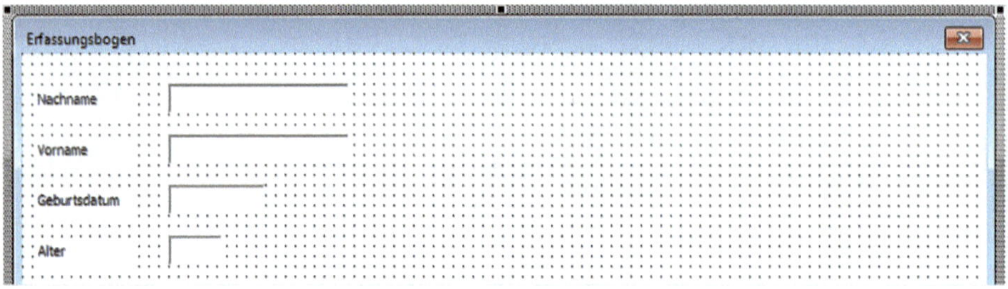

Optionsfelder in Gruppen einfügen

Es folgen zwei Gruppen von Optionsfeldern (*OptionButton*), die gegeneinander abgegrenzt werden müssen. Wir verwenden in jeder Gruppe drei Optionsfelder.

▶ Die Elemente der ersten Gruppe erhalten alle die Gruppenbezeichnung (*GroupName*) *Gender*. Die Optionsfelder dieser Gruppe werden beschriftet mit *männlich*, *weiblich* und *neutral*, siehe Bild unten.

▶ Die zweite Gruppe wird in einem Rahmen (*Frame*) mit der Bezeichnung (*Caption*) *Vorkenntnisse in VBA* erstellt. Die Optionsfelder werden beschriftet mit *Ja*, *Nein* und *neutral*. Der Rahmen kann aus optischen Gründen etwas verkleinert werden.

In beiden Gruppen werden die Optionsfelder *neutral* aktiviert (*Value=True*) und verdeckt (*Visible=False*).

Bild 8.5 Optionsfelder in Gruppen zusammenstellen

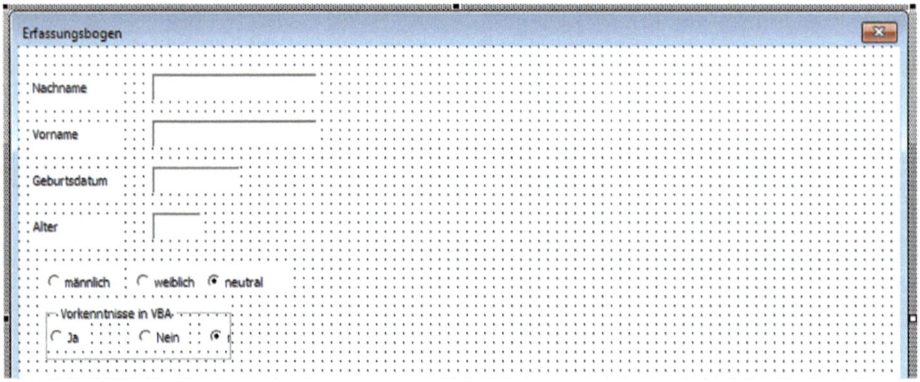

(Name)	Gender_m	Gender_w	Gender_neutral
(Name)	Vorkenntnisse_ja	Vorkenntnisse_nein	Vorkenntnisse_neutral

Height	18	18	18
Font	Tahoma, 8	Tahoma, 8	Tahoma, 8
Value	False	False	True
Visible	True	True	False

Bild 8.6 Formularansicht mit verdeckten Optionsfeldern

Die nächsten drei Optionsfelder bleiben alle sichtbar und erhalten die Überschrift (*Label*) EXCEL-Status in blauer Schriftfarbe (*ForeColor*). Sie bilden die Gruppe (*GroupName*) *Status*. Die Objektnamen lauten: *Kurs1*, *Kurs2*, *Kurs3*, die Beschriftungen geben Sie ein, wie unten abgebildet.

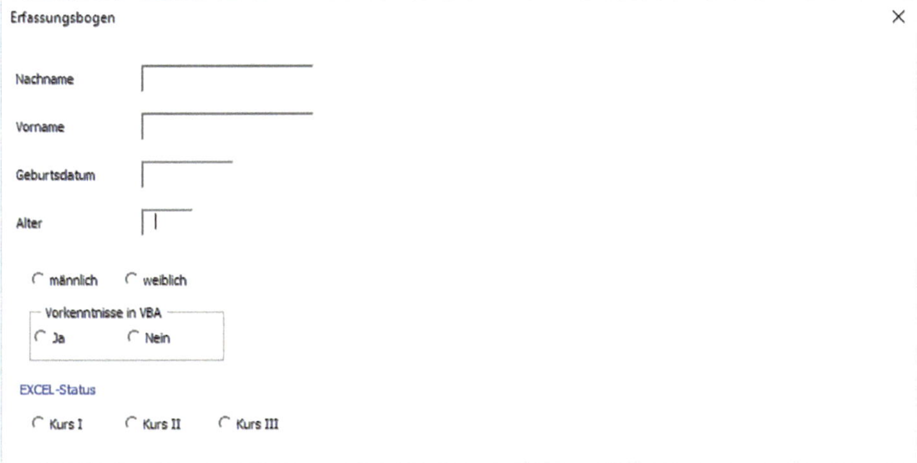

Bild 8.7 Die Optionsfeld-Gruppe Status

Kontrollkästchen einfügen

In der nächsten Gruppe sollen die Erfahrungen mit Microsoft Office Programmen abgefragt werden. Da hier mehrere Nennungen möglich sind, die sich nicht gegenseitig ausschließen, werden Kontrollkästchen (*CheckBox*) verwendet. Sie werden unter der

Überschrift *Erfahrungen mit MS-Office* – in blauer Schriftfarbe (*ForeColor*) – angeordnet. Die Objektnamen lauten: *MS_Word*, *MS_Access*, *MS_PPT* und *MS_Outlook*, die Beschriftungen siehe im Bild unten.

Bild 8.8 Kontrollkästchen ermöglichen mehrere Antworten

Kombinationsfelder einfügen

Zur Auswahl von Bildungsabschluss, Bundesland und Anzahl der Kurse werden drei Kombinationsfelder (*ComboBox*) zusammen mit Beschriftungen (*Label*) in Höhe der Optionsfelder-Gruppen eingefügt, siehe Bild.

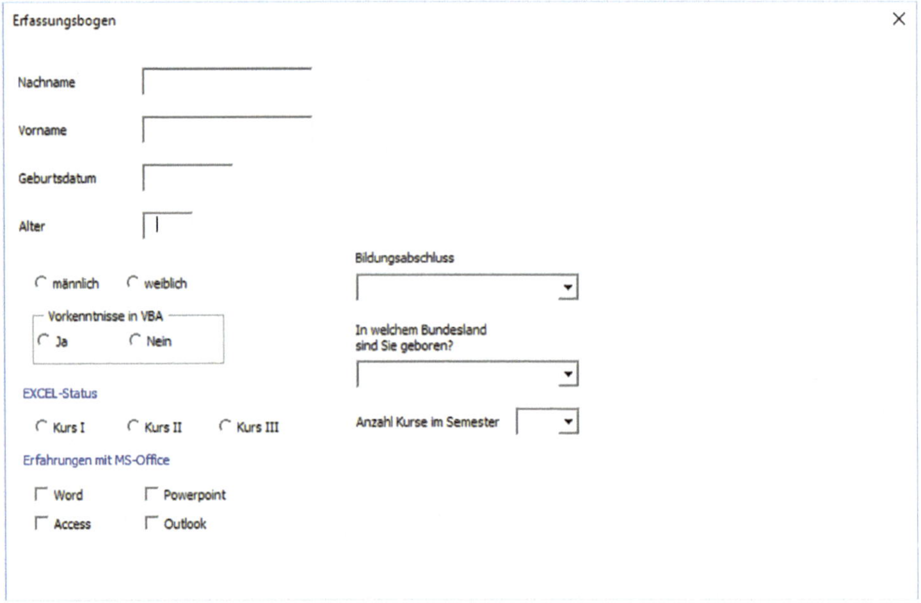

Bild 8.9 Kombinationsfelder für Vorgabewerte

Listenfeld einfügen

Um zu einem späteren Zeitpunkt die in der Tabelle vorhandenen Einträge – zumindest einen Teil davon – anzeigen zu können, benötigen wir ein Listenfeld (*ListBox*). Es passt ganz gut an die rechte Seite des Formulars. Die Hintergrundfarbe (*BackColor*) ist hellgelb, um es hervorzuheben. Größe und Position können dem Gesamtlayout angepasst werden. Als Beschriftung (*Label*) darüber *Registrierte Teilnehmer* in bräunlichem Farbton und Fettschrift. Der Name des Objekts: *Namensliste*.

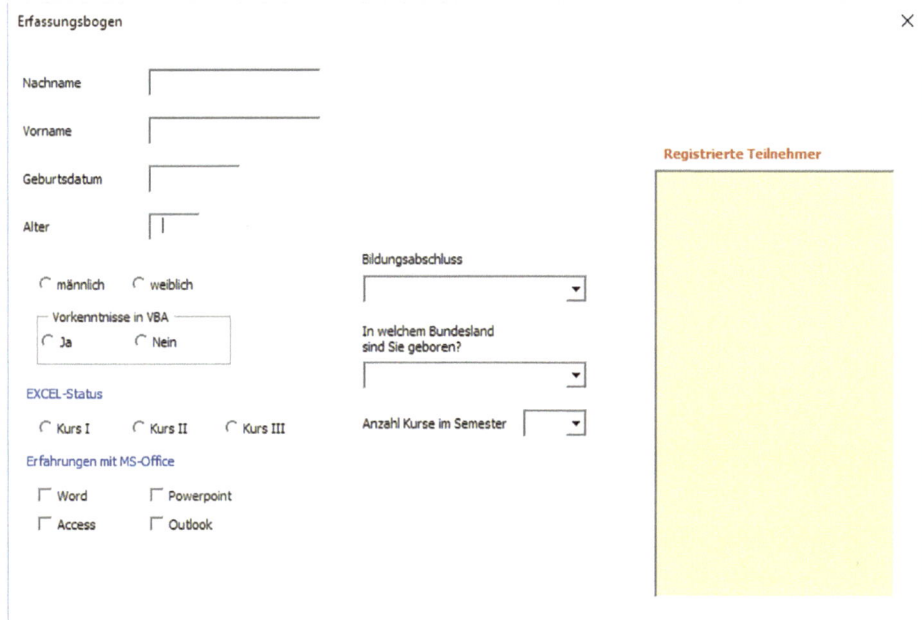

Bild 8.10 Ein Listenfeld zur Ausgabe von Tabelleneinträgen

Bildlaufleiste einfügen

Mit Hilfe des Steuerelements Bildlaufleiste (*ScrollBar*) sollen einzelne Zeilen in der Tabelle ausgewählt und im Formular angezeigt werden. In einem Textfeld (*TextBox*) darüber soll die ausgewählte bzw. aktive Zeilennummer dargestellt werden, siehe Bild unten.

▶ Das Beschriftungsfeld (*Label*) in grüner Schrift lautet *Teilnehmer Nr.*.

▶ Die Bildlaufleiste erhält den Namen *Positionswahl*, das Textfeld den Namen *Anzeige_Position*.

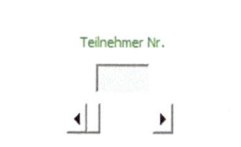

▶ Als kleine Besonderheit wird der Hintergrund (*BackColor*) des Textfeldes hellgrau, die Ausrichtung (*TextAlign*) des Anzeigetextes mittig orientiert und die Selektionsspalte entfernt (*SelectionMargin=False*).

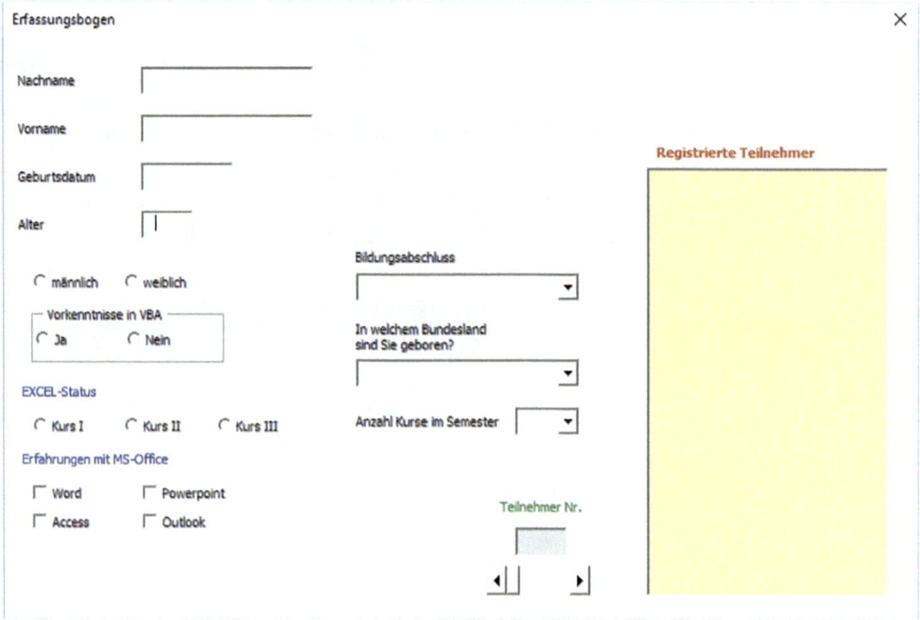

Bild 8.11 Bildlaufleiste, Textfeld und Beschriftungsfeld für aktuelle Zeilennummer

Befehlsschaltflächen einfügen

Um mögliche Fehleingaben zu löschen und Angaben speichern zu können, werden zwei Befehlsschaltflächen am unteren Rand in der Mitte des Formulars eingefügt. Sie tragen die Aufschriften *Eingaben löschen* in rot und *Angaben speichern* in blau. Einen Zeilenumbruch im Text auf zwei Zeilen erreichen sie durch Shift + Enter. Die Objektnamen lauten: *cmd_loeschen* und *cmd_speichern*.

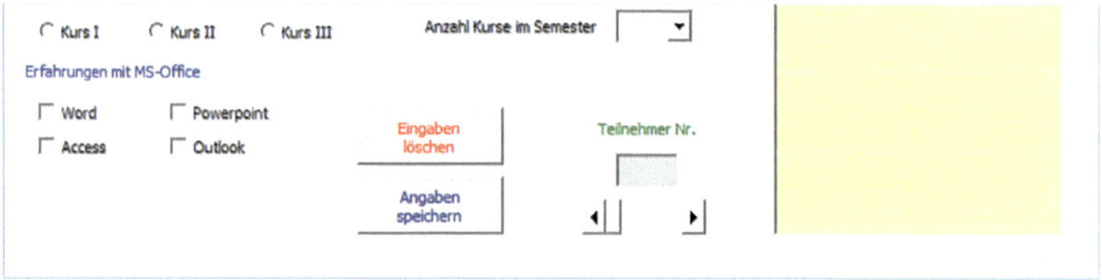

Bild 8.12 Befehlsschaltflächen zum Löschen und Speichern (Makros)

Foto oder Logo einbinden

In der rechten oberen Ecke des Formulars soll ein Logo eingepasst werden. Zunächst wird ein Anzeigerahmen (*Image*) in der zu erwartenden Größe des Logos erstellt. Dann wird über die Eigenschaft *Picture* der Pfad der Bilddatei eingegeben. Auf einen Rahmen (*BorderStyle*) wird verzichtet.

Ergänzungen am Layout

Die freien Flächen im mittleren oberen Bereich des Formulars lassen sich noch sinnvoll nutzen, denn es fehlen noch eine Hauptüberschrift und die Anzeige des aktuellen Datums:

▶ Die aussagekräftige Überschrift (*TextBox*) in auffälliger Größe (12), Fettschrift und blau erhält den Text *Anmeldung zum Workshop Formulare und einfacher Einstieg in VBA*.

▶ Das Datumsfeld (*TextBox*) erhält den Namen *Anzeige_Datum* und soll später das aktuelle Datum anzeigen.

▶ Darüber wird noch ein Beschriftungsfeld (*Label*) mit dem Text *Datum der Anmeldung* eingefügt.

Damit ist das Layout unserer Eingabemaske fertiggestellt.

Bild 8.13 Das fertige Formular: Die Eingabemaske „Erfassungsbogen"

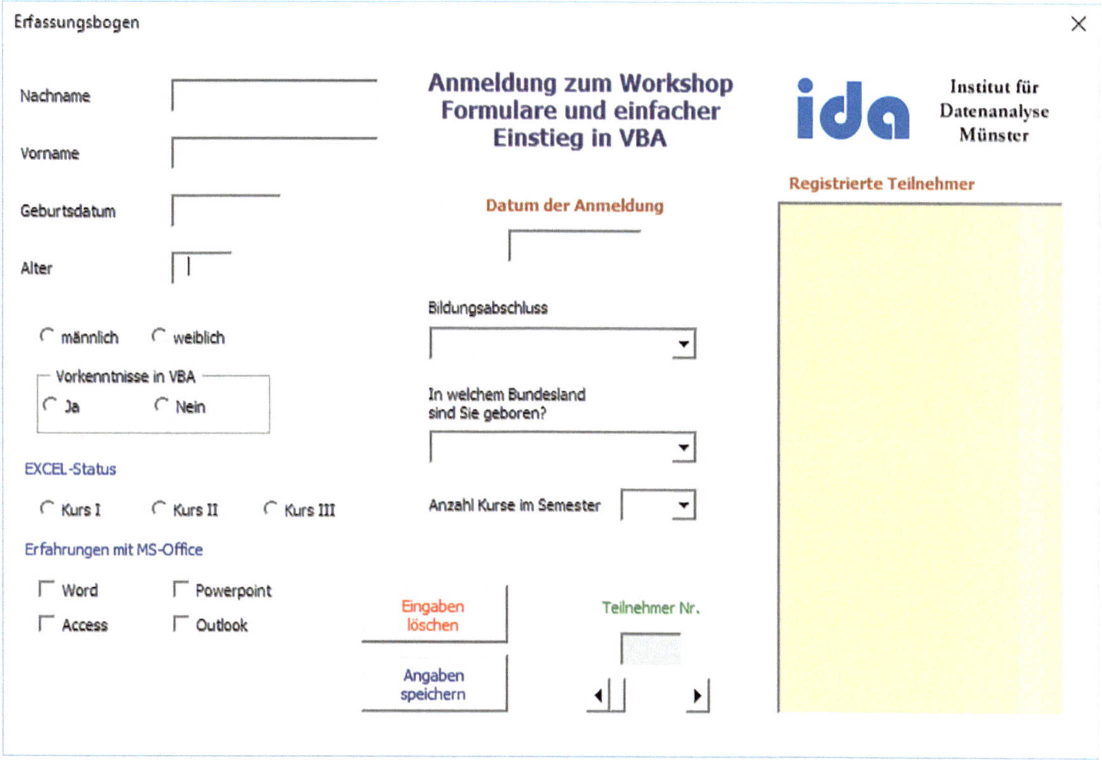

Stand: Anmeldung_01.xlsm

8.2 Die Eingabemaske für Tabellendaten aktivieren

Nachdem die Eingabemaske für das Auge fertig gestellt ist, muss sie noch für das Datenhandling vorbereitet werden. In den folgenden Übungen werden Sie mit den wichtigsten Grundlagen zum Erstellen von VBA-Befehlen kontinuierlich vertrauter werden. Immer das Ziel vor Augen, die Daten aus der Eingabemaske zu übernehmen, sie in einer Tabelle abzulegen und diese dann anschließend wieder in der Maske anzuzeigen.

„Viele Wege führen nach Rom" aber auch zu Lösungen mittels Visual Basic for Applications (VBA). Diese Programmiersprache stellt nahezu unendlich viele Möglichkeiten bereit, mit Daten und Elementen (Objekten) umzugehen. Ziel dieses Workshop-Abschnitts ist es, verständliche Wege aufzuzeigen, die leicht nachvollziehbar sind und sich nicht in hochkomplizierten Optimierungen verlieren. Programmieren soll Spaß machen, trotz der Fleißarbeit und Konzentration, die dazu abverlangt werden.

Vorbereitungen zum Start der Eingabemaske

Anmeldung_02.xlsm

Starten wir gleich mit der gespeicherten Arbeitsmappe *Anmeldung_01.xlsm*. Noch bevor wir Änderungen vornehmen, speichern wir sie erneut, aber unter dem Namen *Anmeldung_02.xlsm*.

Der Grund: Wenn wir anschließend Prozeduren schreiben und ihre Wirkung testen, sollte vorweg immer erst ein Speichern erfolgen, um zu verhindern, dass beispielsweise bei Endlosschleifen der Rechner neu gestartet werden muss und wertvoller Programmcode verloren ist.

Modul einfügen

Statt Programmcode zusammen mit dem Formular (behind form) zu speichern, fügen wir ein Modul ein *Einfügen* ▶ *Modul*. Module sind nötig, um Programmcode themenbezogen – im Sinnzusammenhang – ablegen zu können. Sie übernehmen dieselbe Aufgabe wie Ordner oder Container. Ein Modul wird ähnlich wie ein Formularblatt (*UserForm*) im VBA-Projekt-Fenster eingefügt und erhält automatisch den Namen *Modul1*.

Bild 8.14 Modul einfügen

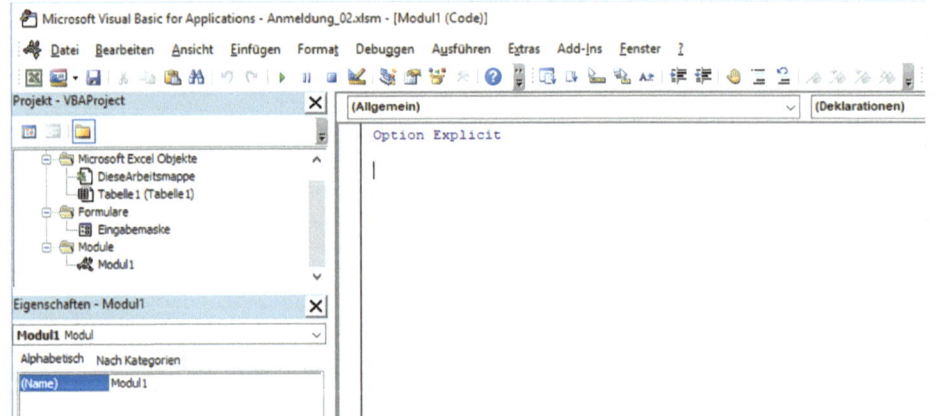

Dieses Modul soll Befehle umfassen, die die Eingabemaske vorbereiten. Das bedeutet, dass gewisse Grundeinstellungen beim Aufrufen der Eingabemaske vorgenommen werden sollen. Es bietet sich daher an, dem Modul einen passenden Namen zu geben wie beispielsweise *Formularinhalte*. Nach dem Einfügen des Moduls öffnet sich das Programmierfeld im Code-Fenster und wir sehen einen Hinweis in der ersten Zeile *Option Explicit* (siehe Bild 8.14). Diese Grundeinstellung verpflichtet uns, alle Variablen, die wir im Programmcode verwenden wollen, vorab zu deklarieren. Aber dazu kommen wir noch.

Hinweis: Alternativ ließen sich die Grundeinstellungen auch bei der Initialisierung der Eingabemaske vornehmen. Der hier vorgeschlagene Weg bietet aber mehr Freiraum bei der sukzessiven Erweiterung des Start-Makros.

Modul umbenennen

Als nächstes wird *Modul1* umbenannt. Markieren Sie im Projekt-Fenster mit einem Klick das neu eingefügte Modul, doppelklicken Sie dann im Eigenschaften-Fenster bei *Name* auf *Modul1* und überschreiben Sie den Namen durch *Formularinhalte*. Im Projektfenster hat sich der Name ebenfalls geändert, siehe Bild unten.

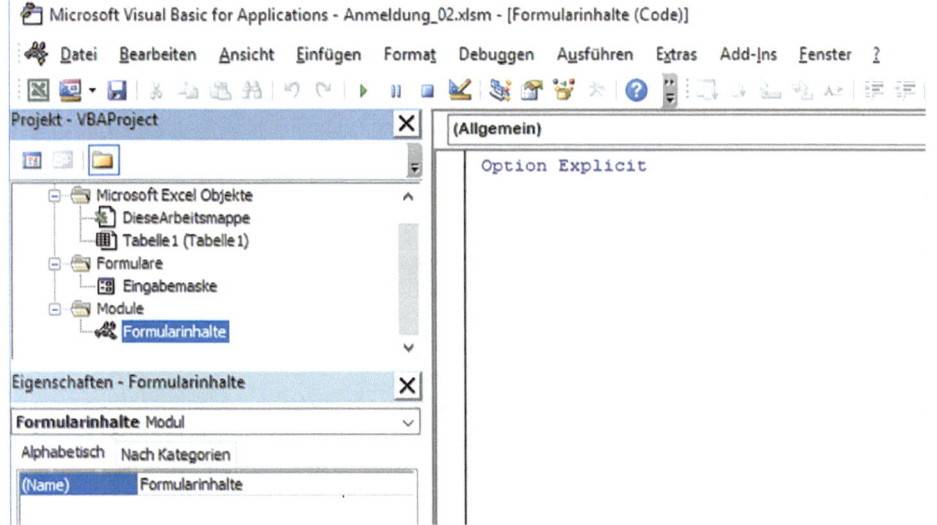

Bild 8.15 Das eingefügte Modul wurde umbenannt

Wir wechseln per Mausklick ins Code-Fenster. Im nächsten Schritt muss die bereits erstellte Eingabemaske aufgerufen werden, und zwar möglichst auch aus dem Tabellenblatt (Grundansicht) heraus.

Erklärung: Makro ist eine Kurzbezeichnung für Prozeduren, eine Aneinanderreihung mehrerer Anweisungen (Einzelhandlungen). Jedes Makro bzw. jede Prozedur wird als Programmschritt – als „Subroutine" – behandelt und daher mit der Anweisung *Sub()* eingeleitet und mit *End Sub* abgeschlossen. Dieser äußerliche Aufbau wird Prozedurrumpf genannt. Sobald wir die erste Zeile unseres neuen Makros geschrieben haben und mit der Enter-Taste beenden, wird die Prozedur automatisch um *End Sub* zum Prozedurrumpf ergänzt.

Bild 8.16 Der Prozedurrumpf wird automatisch erzeugt

```
Option Explicit

Sub Eingabemaske_starten()
|
End Sub
```

Um unsere Eingabemaske aus der VBA-Umgebung bzw. aus einem Tabellenblatt heraus aufzurufen, müssen wir den entsprechenden Ausführungsbefehl in die Prozedur schreiben.

Das Objekt, das wir ansprechen wollen, hat den Namen *Eingabemaske* erhalten und es soll angezeigt werden, also *Show*. In der Befehlszeile werden Objekt und *Methode* mit einem Punkt verbunden. Oder anders ausgedrückt: die *Methode Show* wird auf das *Objekt Eingabemaske* angewandt:

```
Eingabemaske.Show
```

Nach Eingabe des Punkts öffnet sich eine Liste, die Ihnen Hilfe anbietet, indem sie zum angesprochenen Objekt passende Eigenschaften und Methoden auflistet. Hier findet man auch *Show*. Schneller geht's, wenn Sie auch noch die ersten Zeichen eintippen.

Bild 8.17 Liste Autovervollständigen

Bild 8.18 Das Makro zum Anzeigen des Formulars

```
Sub Eingabemaske_starten()

    Eingabemaske.Show

End Sub
```

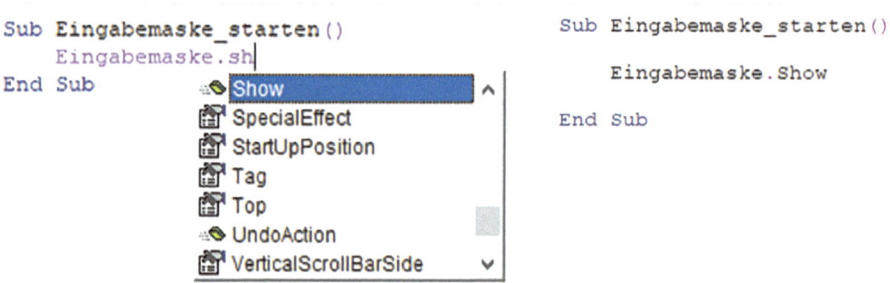

Tipp: Sobald Sie die ersten Buchstaben einer Eigenschaft oder Methode eingegeben haben, steht über die Tastenkombination Strg + Leertaste die automatische Vervollständigung (Microsoft: IntelliSense) zur Verfügung. Wählen Sie mit der Pfeiltaste nach oben/unten einen Befehl aus und betätigen Sie zum Einfügen die Tab-Taste.

Weiter zum ersten Erfolgserlebnis: Prozedur starten

- Bleiben Sie mit dem Cursor innerhalb des Makros, irgendwo zwischen *Sub* und *End Sub*.

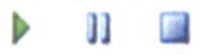

- Starten Sie Ihr erstes Makro über den grünen Pfeil in der Menüleiste oder durch Drücken der Taste *F5*.
- Die Eingabemaske erscheint!

Hinweis: Befindet sich der Cursor außerhalb des Makros oder zwischen zwei Makros, öffnet sich das unten abgebildete Fenster *Makros* und bietet die Auswahl aus vorhandenen Makros an. Nach erfolgter Auswahl und der Schaltfläche *Ausführen* kommt man zum gleichen Ergebnis/Erlebnis wie oben beschrieben, nur etwas umständlicher.

Siehe auch Kapitel 2 zum Thema Makros aufzeichnen und ausführen.

▶ Dieses Fenster kann auch über *Extras ▶ Makros* geöffnet werden. Über die Schaltfläche *Bearbeiten* kommt man wieder zum Code-Fenster.

▶ Aus dem Arbeitsblatt heraus gelangen Sie über *Entwicklertools ▶ Makros* an die vorhandenen Makros.

Bild 8.19 Makro auswählen und starten

Bild 8.20 Makros mit Optionen (Entwicklertools)

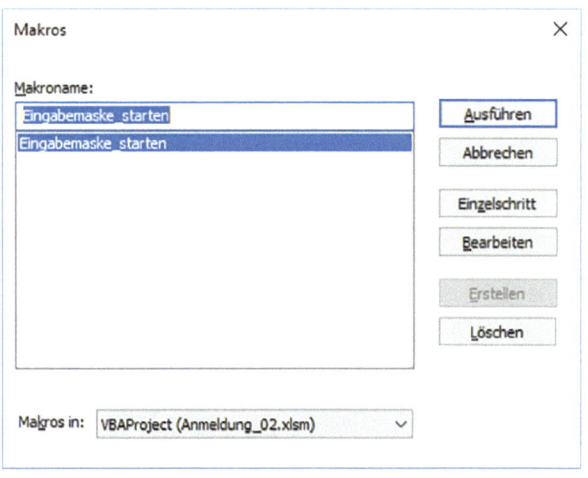
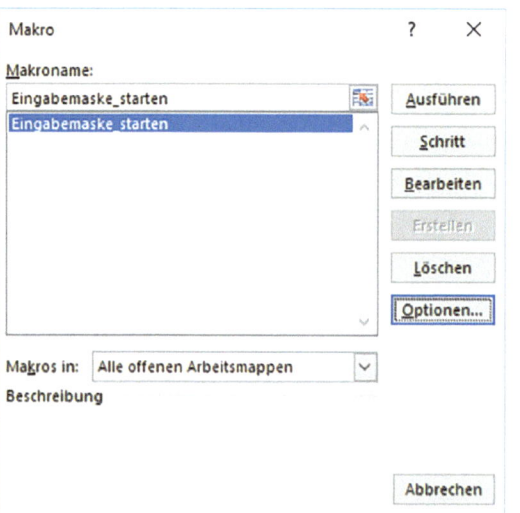

Eingabemaske starten

Tastenkombination zuweisen

Beim Anzeigen aus dem Arbeitsblatt heraus über *Entwicklertools ▶ Makros* (Bild 8.20) können Sie über die Schaltfläche *Optionen…* eine zusätzliche Beschreibung eingeben und dem Makro eine Tastenkombination zuweisen. Nehmen Sie die Eintragungen wie im Bild 8.21 vor und bestätigen Sie mit *OK*. Im Makro-Fenster taucht nun die Beschreibung zum Makro auf – eine hilfreiche Option.

Hinweis: In die Tastaturkombination können Sie jeden beliebigen Buchstaben in Groß- oder Kleinschreibung einbeziehen. Standardmäßige zugewiesene Funktionen werden während der Anwendung außer Kraft gesetzt, solange die Arbeitsmappe mit dem Makro geöffnet ist.

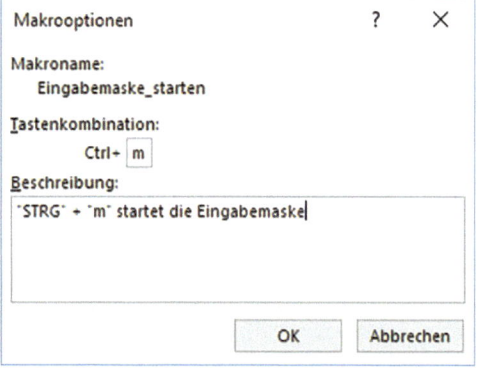

Bild 8.21 Festlegen einer Tastenkombination zum Aufruf des Makros

Tipp: Die Kombinationen Strg + j und Strg + m sind aktuell (Excel 2013 und 2016) nicht zugewiesen und eignen sich daher zum Aufruf von Makrobefehlen ohne andere Funktionen zu verdrängen.

Die Schaltfläche *Abbrechen* schließt das Fenster *Makros* und bringt uns wieder in die Tabellenansicht zurück. Dort testen wir sofort unsere festgelegte Tastenkombination Strg + m und erhalten die Eingabemaske vor der Tabelle.

Bild 8.22 Test der Tasten-kombination

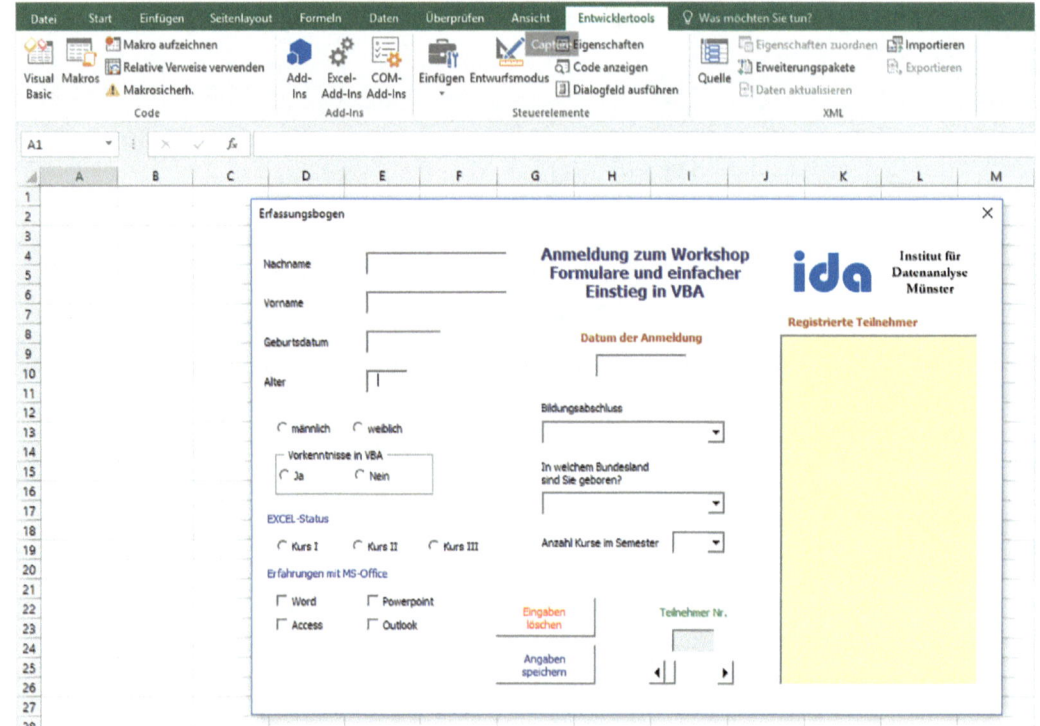

Eingabemaske automatisch beim Öffnen der Mappe anzeigen
Mit dieser soeben festgelegten Tastenkombination ist das Aufrufen der Maske aus der Tabelle jederzeit möglich. Weitere Programmiertechniken erlauben es, sofort beim Öffnen der Arbeitsmappe die Maske automatisch zu starten - ebenfalls durch Aufruf des entsprechenden Makros. Gehen Sie dazu wie folgt vor:

▶ Aktivieren Sie im Projekt-Fenster mit Doppelklick *Diese Arbeitsmappe*.

▶ Wählen Sie im Code-Fenster mit Klick auf den Dropdown-Pfeil *Workbook* aus. Rechts daneben erscheint automatisch das Ereignis *Open* und der dazugehörige Prozedurrumpf wird im Code-Fenster erzeugt.

Bild 8.23 Workbook auswählen

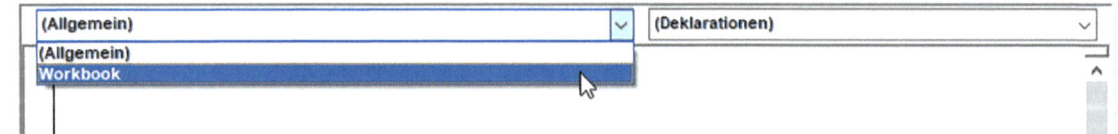

▶ Um aus einer Prozedur heraus ein Makro bzw. eine andere Prozedur zu starten, geben Sie den Namen ein, hier *Eingabemaske_starten*.

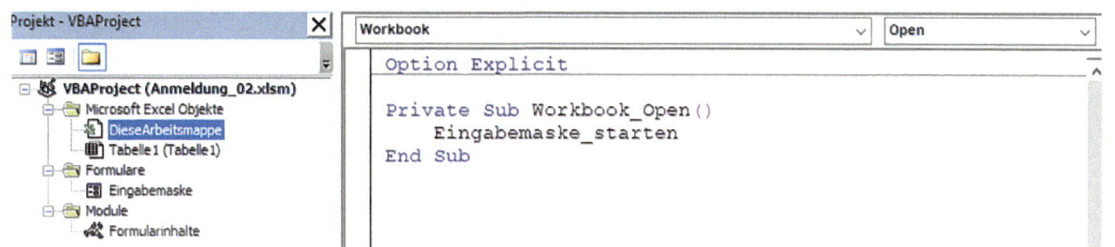

Bild 8.24 Automatisches Anzeigen des Formulars beim Öffnen der Arbeitsmappe veranlassen

▶ Speichern und schließen Sie die Arbeitsmappe (.xlsm) und starten Sie anschließend Excel neu. **Achtung**: Erscheint eine Sicherheitswarnung, so müssen Sie auf *Makros aktivieren* klicken.

Der Anfang ist gemacht! – Nun müssen wir Leben in die Eingabemaske bringen, indem wir für die verschiedenen Eingabefelder bestimmte Vorgaben einstellen.

Allgemeine Tipps und Hinweise zur Eingabe von Prozeduren

Kommentare

Zuvor noch ein wichtiger Hinweis: Sie haben die Möglichkeit, in den Programmzeilen erklärende Texte bzw. Kommentare zu hinterlegen. Davon sollten Sie unbedingt Gebrauch machen, und zwar reichlich.

> **Achten Sie auf Übersichtlichkeit**
> Eine übersichtliche Programmstruktur und Erläuterungen (Kommentare) erleichtern die Arbeit besonders beim späteren Überarbeiten der Programmzeilen.

Erklärende Texte (Kommentare) werden durch Hochkomma (') abgesetzt und nicht als Programmcode interpretiert. Sie erscheinen im Code-Fenster in grüner Farbe. Auch eine Beschreibung die im Fenster *Makrooptionen*, siehe Bild 8.21 auf Seite 227, eingegeben wurde, wird als Kommentar hinzugefügt.

```
Sub Eingabemaske_starten()
'auch über STRG + m möglich

    'Eingabemaske aufrufen
    Eingabemaske.Show

End Sub
```

Bild 8.25 Kommentare erscheinen grün und sollten reichlich verwendet werden

Anweisungen auskommentieren

Zu Testzwecken lassen sich markierte Anweisungszeilen oder auch komplette Makros schnell in Kommentare umwandeln und wieder zurück in Anweisungszeilen. Dazu stehen die Symbole *Block auskommentieren* und *Auskommentierung des Blocks aufheben* in der Symbolleiste *Bearbeiten* zur Verfügung.

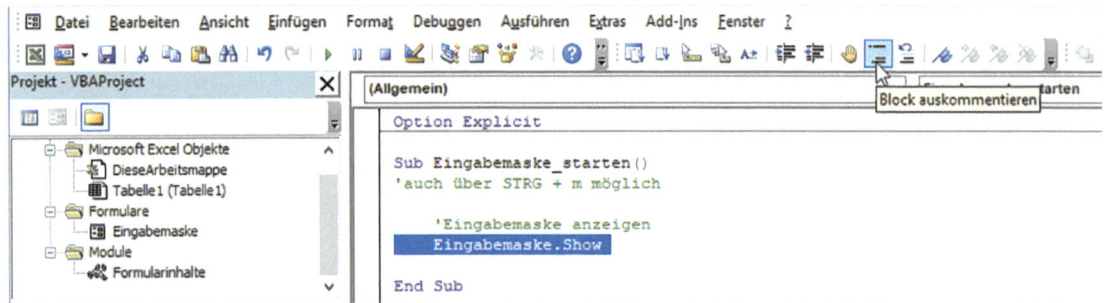

*Bild 8.26 Markierte An-
weisung auskommentieren*

Namen für Eingabefelder

Wenden wir uns nun den einzelnen Eingabefeldern der Eingabemaske zu. Überprüfen Sie nochmals: Sind alle Steuerobjekte (Eingabefelder) mit Namen versehen? Ein kurzer Klick auf ein Steuerelement und ein Blick in das Eigenschaftenfenster zeigt die aktuelle Objektbezeichnung an.

Dadurch ist sichergestellt, dass wir die Objekte der Eingabemaske regelrecht beim Namen nennen können.

> Umlaute sollten in VBA Code vermieden werden und Leerzeichen sowie Sonderzeichen im Namen sind nicht erlaubt. Mit zunehmender Sicherheit beim Programmieren kann man sich auch für die Präfix-Variante entscheiden. Wir wollen aber zum jetzigen Zeitpunkt „Klartext reden" – ohne Präfixe.

Voreinstellungen für Eingabefelder vorgeben

Wenden wir uns wieder dem Modul *Formularinhalte* zu und sorgen zunächst innerhalb der Prozedur *Eingabemaske_Starten* für etwas Freiraum bzw. Leerzeilen über der Anweisung *Eingabemaske.Show*, denn diese Anweisung brauchen wir erst am Ende, wenn alle übrigen Voreinstellungen erledigt sind.

Voreinstellungen Optionsfelder und Kontrollkästchen

Beginnen wir mit den Vorgaben für die Optionsfelder. Nach einer allgemeinen Kommentarzeile folgt der Bezug zur Eingabemaske und einem spezifischen Objekt der Eingabemaske. Der Objektkatalog ist dabei behilflich; sobald der Punkt eingegeben wurde, erscheint eine Auswahlliste. Die zusätzliche Eingabe des ersten Buchstabens verkürzt die Suche, markieren Sie das benötigte Objekt und übernehmen Sie es mit Doppelklick – fertig.

Diese Hilfestellung ist außerdem nützlich, weil dadurch Schreibfehler vermieden werden können und man sieht, wie das Objekt tatsächlich bezeichnet ist.

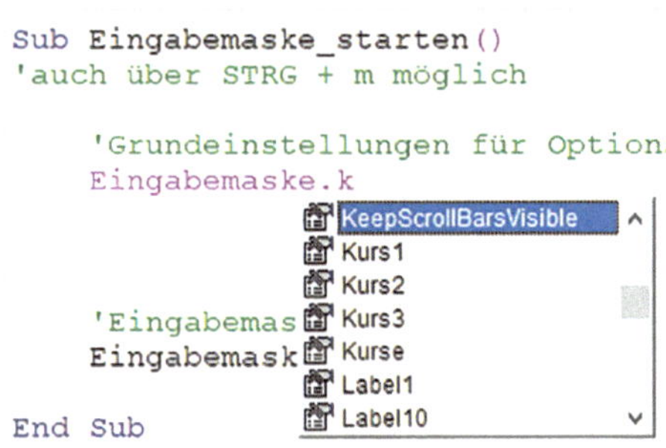

*Bild 8.27 Hilfe aus dem
Objektverzeichnis*

```
Sub Eingabemaske_starten()
'auch über STRG + m möglich

    'Grundeinstellungen für Optionsfelder
    Eingabemaske.k
```

```
    'Eingabemas
    Eingabemask
End Sub
```

Optionsfelder, die beim Aufruf der Maske die Voreinstellung *Ausgewählt* bzw. *Aktiviert* erhalten sollen, müssen den Wert *True* zugewiesen bekommen. Den Bereichen *Gender* und *Vorkenntnisse in VBA* wurde bereits bei der Erstellung des Formulars die Auswahl des verdeckten Optionsfeldes als Voreinstellung zugewiesen. Für das Optionsfeld *Kurs1* soll die Voreinstellung an dieser Stelle durch VBA Code geschehen.

```
Eingabemaske.Kurs1.Value = True
```

Für *Erfahrungen mit MS-Office* wird keine Voreinstellung gewählt. Alle Kontrollkästchen bleiben leer.

Kombinationsfelder füllen
Anhand der Kombinationsfelder sollen unterschiedliche Füllmethoden demonstriert werden.

▷ Eingabe per Hand (*.AddItem* - Methode)

▷ Auswahl aus einem Tabellenbereich (*.RowSource* – Eigenschaft)

▷ Angaben über Programmschleifen (*For…Next*)

Die Inhalte für das Kombinationsfeld *Bildungsabschluss* werden per Hand mit der *AddItem* - Methode zeilenweise zugewiesen.

*Bild 8.28 Zeilenweise
Vorgaben für Kombinationsfeld*

```
Sub Eingabemaske_starten()
'auch über STRG + m möglich

    'Grundeinstellungen für Optionsfelder
    Eingabemaske.Kurs1.Value = True

    'Bildungsabschlüsse vorgeben
    Eingabemaske.Bildung.AddItem "Hauptschulabschluss"
    Eingabemaske.Bildung.AddItem "Realschulabschluss"
    Eingabemaske.Bildung.AddItem "Allgemeine Hochschulreife"
    Eingabemaske.Bildung.AddItem "Bachelor Abschluss"
    Eingabemaske.Bildung.AddItem "Master Abschluss"
    Eingabemaske.Bildung.AddItem "Promotion"
    Eingabemaske.Bildung.AddItem "Habilitation"

    'Eingabemaske aufrufen
    Eingabemaske.Show

End Sub
```

Tipp: Mit der *With*-Anweisung können eine Reihe von Einzelanweisungen für ein bestimmtes Objekt ausgeführt werden, ohne den Namen des Objekts (hier: *Eingabemaske.Bildung*) jedes Mal angeben zu müssen. Die Anweisung muss mit *End With* abgeschlossen werden. Die einzelnen Anweisungen werden zur besseren Übersichtlichkeit eingerückt (Tab-Taste). Mit dieser Alternative lässt sich das Kombinationsfeld *Bildung* etwas kürzer füllen, siehe Bild unten

Bild 8.29 Vereinfachung über die With-Anweisung

```
'Bildungsabschlüsse vorgeben
With Eingabemaske.Bildung
    .AddItem "Hauptschulabschluss"
    .AddItem "Realschulabschluss"
    .AddItem "Allgemeine Hochschulreife"
    .AddItem "Bachelor Abschluss"
    .AddItem "Master Abschluss"
    .AddItem "Promotion"
    .AddItem "Habilitation"
End With
```

Bundesländer per RowSource-Eigenschaft festlegen

Das Kombinationsfeld für die Auswahl des Bundeslandes muss eine Liste mit 16 Einträgen erhalten. Die Namen werden in einem Arbeitsblatt der Arbeitsmappe in einer Hilfstabelle in Spalte A angelegt. Diese Quelle kann entweder per Voreinstellung über die Kombinationsfeld-Eigenschaft *RowSource: Hilfstabelle1!A1:A16* in die Auswahlliste übernommen werden oder per VBA-Code. Die letztere Lösung bietet zusätzlich die Möglichkeit der dynamischen Auswahl der Listeninhalte.

```
Eingabemaske.Bundesland.RowSource = "Hilfstabelle!A1:A16"
```

Anzahl Kurse im Semester mit Programmschleife füllen

Eine weitere Methode zum Erstellen einer Auswahlliste für Kombinationsfelder ist eine Programmschleife. Die Frage nach der Anzahl der *Kurse im Semester* erhält als Vorgabewerte die Zahlen 1 bis 6, was grundsätzlich ausreichen sollte. Diese Einträge werden über eine *For … Next* - Schleife vorgenommen. Eine Variable *anzahl* erhält nacheinander die Werte 1 bis 6 (Laufvariable). Das Hinzufügen in die Dropdownliste erfolgt wie gewohnt mit der *.AddItem*-Methode.

Vor der Verwendung einer Variablen muss sie deklariert (*Dim*) werden. Wir haben in den Grundeinstellungen darauf bestanden (*Option Explicit*). Die Deklaration bzw. Dimensionierung sollte unbedingt am Anfang des Makros erfolgen.

Bild 8.30 Deklarieren und Dimensionieren von Variablen

```
Option Explicit

Sub Eingabemaske_starten()
'auch über STRG + m möglich
Dim anzahl As Integer        'für Anzahl Kurse im Semester

    'Grundeinstellungen für Optionsfelder
    Eingabemaske.Kurs1.Value = True
```

Die Vorgabenwerte sind 1 bis 6. Was aber, wenn jemand mehr als 6 Semester gebucht hat? Diese zusätzliche Auswahlmöglichkeit lässt sich hinzubuchen:

Das Erstellen der Dropdownliste übernimmt zunächst eine For-Next-Schleife. Der Zusatz wird über die .*AddItem*-Methode hinzugefügt

```
'Vorgaben für Kurse im Semester
For anzahl = 1 To 6
    Eingabemaske.Kurse.AddItem anzahl
Next anzahl
Eingabemaske.Kurse.AddItem ">6"
```

Bild 8.31 Programmschleife und Zusatzzeile

Aktuelles Datum anzeigen

Als weitere Voreinstellung soll im Textfeld *Anzeige_Datum* das aktuelle Datum erscheinen. Um es exakt mittig auszurichten, muss die Selektionsspalte (*SelectionMargin*) ausgeschaltet und die Textausrichtung (*TextAlign*) auf mittig (*fmTextAlignCenter*) gesetzt werden.

```
Sub Eingabemaske_starten()
'auch über STRG + m möglich
Dim anzahl As Integer          'für Anzahl Kurse im Semester

    'Grundeinstellungen für Optionsfelder
    Eingabemaske.Kurs1.Value = True

    'Bildungsabschlüsse vorgeben
    With Eingabemaske.Bildung
        .AddItem "Hauptschulabschluss"
        .AddItem "Realschulabschluss"
        .AddItem "Allgemeine Hochschulreife"
        .AddItem "Bachelor Abschluss"
        .AddItem "Master Abschluss"
        .AddItem "Promotion"
        .AddItem "Habilitation"
    End With

    'Bundesländer aus Hilfstabelle
    Eingabemaske.Bundesland.RowSource = "Hilfstabelle!A1:A16"

    'Vorgaben für Kurse im Semester
    For anzahl = 1 To 6
        Eingabemaske.Kurse.AddItem anzahl
    Next anzahl
    Eingabemaske.Kurse.AddItem ">6"

    'aktuelles Datum anzeigen
    Eingabemaske.Anzeige_Datum.Value = Date
    Eingabemaske.Anzeige_Datum.SelectionMargin = False
    Eingabemaske.Anzeige_Datum.TextAlign = fmTextAlignCenter

    'Eingabemaske aufrufen
    Eingabemaske.Show

End Sub
```

Bild 8.32 Das komplette Makro für die Voreinstellungen

Zum Test aller Eingabemöglichkeiten auf dem Formular starten wir das Makro, und zwar von der Tabellenseite aus über Strg + m.

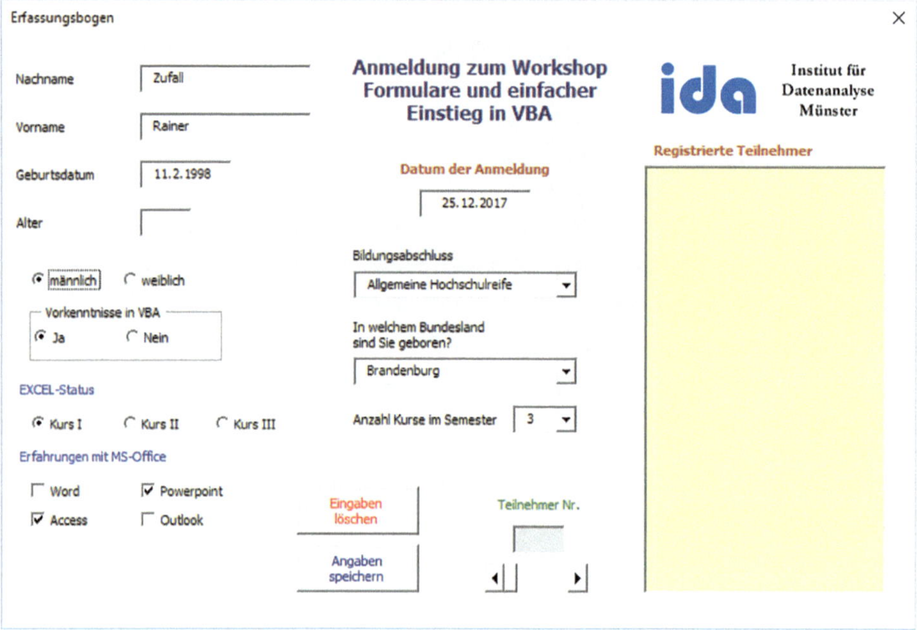

Bild 8.33 Überprüfung der Eingabemaske

Stand: Anmeldung_02.xlsm

Die Reihenfolge bei der Eingabe (Tab-Taste) festlegen

Möglicherweise entspricht die Reihenfolge der Elemente bei der Eingabe mit der Tab-Taste noch nicht Ihren Vorstellungen. Das lässt sich mit der Eigenschaft *TabIndex* der Steuerelemente korrigieren; entweder manuell im Formular oder über die Aktivierreihenfolge (Anzeige), bei der Initialisierung des Formulars oder beim Starten der Eingabemaske.

Sehen wir uns zunächst die Steuerelemente der Eingabemaske näher an. Für diese und andere Serviceaufgaben wird ein gesondertes Modul mit dem Namen *Servicemodul* eingefügt.

Name und TabIndex der Elemente ausgeben

Direktfenster im VBA-Editor anzeigen:

Menü Ansicht ▸ Direktfenster

Das unten abgebildete Makro *Steuerelemente_listen* (Modul *Servicemodul*) listet im Direktfenster alle Steuerelemente des Formulars entsprechend ihrer Reihenfolge auf mit Typenbezeichnung, Objektname und TabIndex. Da Anzeige-Elemente (*Image*) keinen *TabIndex* kennen, muss dieser Typ ausgeklammert werden.

Die Abfrageschleife für die Steuerelemente (*Controls*) beginnt bei Index 0 und läuft bis zur maximalen Anzahl (*Count*) – vermindert um 1, da nullbasiert. Beim Typ *Image* (*Else*) wird kein TabIndex ausgegeben.

```
Sub steuerelemente_listen()
Dim i As Integer

    With Eingabemaske
        For i = 0 To .Controls.Count - 1
        'Type "Image" hat keinen TabIndex daher Abfrage
            If TypeName(.Controls(i)) <> "Image" Then
                Debug.Print i; TypeName(.Controls(i)), _
                    .Controls(i).Name, .Controls(i).TabIndex
            Else
                Debug.Print i; TypeName(.Controls(i)), _
                    .Controls(i).Name
            End If
        Next i
    End With

End Sub
```

Bild 8.34 Zu Testzwecken: Auflistung der Steuerelemente mit Namen und TabIndex

Auf diese Weise erhalten Sie einen tabellarischen Überblick über Namen und TabIndex der verwendeten Elemente (hier ein Ausschnitt).

Lfd. Nr. im Formular	Typ	Name	TabIndex
0	TextBox	Alter	0
1	Label	Label1	1
2	TextBox	Nachname	2
3	Label	Label2	3
4	TextBox	Vorname	4
5	Label	Label3	5
6	TextBox	GebDat	6
7	Label	Label4	7
8	OptionButton	Gender_m	8
9	OptionButton	Gender_w	9
10	OptionButton	Gender_neutral	10
11	Frame	Frame1	11
25	ComboBox	Bundesland	22
26	ComboBox	Kurse	23
29	ComboBox	Bildung	26
34	ScrollBar	Positionswahl	31
35	CommandButton	cmd_loeschen	32
36	CommandButton	cmd_speichern	33

Die Tab-Reihenfolge kann nun gezielt für jedes Element geändert werden. Praktisch ist eine (neue) Festlegung beim Initialisieren des Formulars. Entweder direkt im Codefenster des Formulars mit

`Me.Nachname.Tabindex = 0` usw.

oder Sie rufen das Makro im *Servicemodul* auf, dazu genügt der Name der Prozedur. Zur Verdeutlichung, dass es sich um eine Prozedur handelt, kann optional die Anweissung *Call* vorangestellt werden, siehe Bild unten.

Bild 8.35 Zuweisen des TabIndex beim Initialisieren des Formulars

```
Private Sub UserForm_Initialize()

    Call steuerelemente_mit_TabIndex_versehen

End Sub
```

Bild 8.36 Prozedur zum Festlegen der Tabulatorreihenfolge

```
Sub steuerelemente_mit_TabIndex_versehen()

    With Eingabemaske
        .Nachname.TabIndex = 0
        .Vorname.TabIndex = 1
        .GebDat.TabIndex = 2
        .Alter.TabIndex = 3
        .Bildung.TabIndex = 4
        .Bundesland.TabIndex = 5
        .Kurse.TabIndex = 6
        .cmd_loeschen.TabIndex = 7
        .cmd_speichern.TabIndex = 8
    End With

End Sub
```

Alle Einträge in der Eingabemaske zurücksetzen (Reset)

Nach dem Betätigen der Schaltfläche *Eingaben löschen* und automatisch nach dem Speichern in der Tabelle sollen die Textfelder und Kombinationsfelder wieder leer, alle Kontrollkästchen ohne Häkchen erscheinen und alle Optionsfelder auf die Voreinstellung *neutral* bzw. *Kurs1* gesetzt werden.

Wiederkehrende Aufgaben legt man am besten in einem separaten Makro an. Thematisch gehört das Makro *Eingaben_loeschen* in das Modul *Formularinhalte*.

Bild 8.37 Löschen bzw. Zurücksetzen der Eingabefelder (reset)

```
Sub Eingaben_loeschen()
Dim element As Object

    'Löschen der aktuellen Formularinhalte
    For Each element In Eingabemaske.Controls
        If TypeName(element) = "TextBox" Then element.Value = ""
        If TypeName(element) = "ComboBox" Then element.Value = ""
        If TypeName(element) = "CheckBox" Then element.Value = False
    Next
    'Grundeinstellungen bei Optionsfeldern vornehmen
    Eingabemaske.Gender_neutral.Value = True
    Eingabemaske.Vorkenntnisse_neutral.Value = True
    Eingabemaske.Kurs1.Value = True

End Sub
```

Abhängig vom Typ (*TypeName*) werden die Steuerelemente in den Grundzustand versetzt – pauschal oder gezielt.

> **Hinweis:** Die Schreibweise bzw. Groß- und Kleinschreibung bei *TypeName* muss unbedingt beachtet werden!

Der Aufruf zum Löschen der Feldinhalte erfolgt über die Befehlsschaltfläche *Eingaben löschen*. Ein Doppelklick auf das Element im Formular öffnet die Ereignisprozedur, die um den Lösch-Aufruf ergänzt werden muss.

```
Private Sub cmd_loeschen_Click()

        Eingaben_loeschen

End Sub
```

Bild 8.38 Lösch-Taste auf der Eingabemaske

Bild 8.39 und die dazugehörige Anweisung

Hinweis: Bei dieser Pauschal-Aktion wird auch das aktuelle Datum (*Date*) in der TextBox gelöscht. Es muss deshalb nach dem Löschen erneut eingetragen werden. Alternativ könnte man es auch in einem Bezeichnungsfeld (*Label*) anstelle der TextBox anzeigen, denn Beschriftungsfelder wurden nicht in den Löschprozess einbezogen.

Das Alter automatisch berechnen

Sobald der Anwender das Geburtsdatum eingetragen hat und das Textfeld mit Betätigen der Eingabetaste verlässt, soll im darunter befindlichen Textfeld das Alter zum gegenwärtigen Zeitpunkt mit einer Nachkommastelle angezeigt werden. Sicherheits-

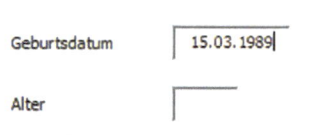

halber sollte außerdem überprüft werden, ob überhaupt ein Datum eingegeben wurde (*IsDate*). **Hinweis:** Die TextBox *Alter* könnte auch zusätzlich für freie Eingaben gesperrt werden (*Enabled = False*).

Berechnung nach Änderung (AfterUpdate)

Ein Doppelklick auf das Textfeld *GebDat* erzeugt allerdings im Codefenster das *Change*-Ereignis. Das hätte zur Folge, dass nach Eingabe jedes einzelnen Zeichens die hinterlegte Prozedur aufgerufen würde. Wir benötigen hier aber das Ereignis *AfterUpdate*, d. h. nach Abschluss der Eingabe. Über die beiden Dropdownfelder wird für das Textfeld die Prozedur *GebDat_AfterUpdate* erstellt, *GebDat_Change* kann hingegen gelöscht werden.

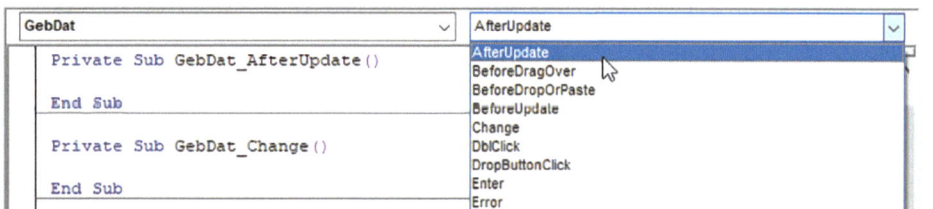

Bild 8.40 Ereignis AfterUpdate auswählen

In einer Abfrageschleife stellen wir sicher, dass nur verwertbare Datumsangaben berücksichtigt werden. Freundlicherweise erinnert daran eine Messagebox.

```
Private Sub GebDat_AfterUpdate()
    'Nur bei gültigem Datum wird das Alter berechnet
    If IsDate(Me.GebDat.Value) Then
        Me.Alter.Value = Format((Date - CDate(Me.GebDat.Value)) / 365.25, "#0.0")
    Else
        MsgBox "Sie haben kein gültiges Datum eingegeben", vbExclamation
        Me.Alter.Value = ""
    End If
End Sub
```

Bild 8.41 Berechnung des Alters nach abgeschlossener Eingabe

Berechnung beim Verlassen

Das Ereignis *AfterUpDate* reagiert nicht, wenn ein Eingabefeld, in diesem Fall das Textfeld *GebDat*, übersprungen wurde, d. h. kein Eintrag erfolgte. Es tritt nur ein, wenn im Textfeld eine Änderung stattgefunden hat. Das *Exit*-Ereignis dagegen reagiert, bevor der Fokus an ein anderes Steuerelement abgegeben wird – auch ohne Eingabe. Der Parameter *Cancel = True* führt dazu, dass das Textfeld den Fokus behält, so dass es – einmal angeklickt – nur mit einer Datumseingabe verlassen werden kann. Siehe „Ereignisgesteuerte Überprüfung" auf Seite 244.

Bild 8.42 Altersberechnung beim Ereignis Exit

```
Private Sub GebDat_Exit(ByVal Cancel As MSForms.ReturnBoolean)
'Alternative zu AfterUpdate-Ereignis um Leereingaben abzufangen
    'Nur bei gültigem Datum wird das Alter berechnet
    If IsDate(Me.GebDat.Value) Then
        Me.Alter.Value = Format((Date - CDate(Me.GebDat.Value)) / 365.25, "#0.0")
    Else
        Cancel = True    'Element behält den Fokus; Standardwert ist False
        MsgBox "Sie haben kein gültiges Datum eingegeben", vbExclamation
        Me.Alter.Value = ""
    End If
End Sub
```

Pflichtfelder vor Datenübernahme prüfen

Wenn kein Nachname angegeben wurde und/oder die sichtbaren Optionsfelder nicht gesetzt wurden, d. h. die neutralen Optionsfelder unverändert aktiviert (*True*) sind, dann soll beim Versuch der Datenübernahme in die Tabelle (Schaltfläche *Angaben speichern*) auf diese Tatsache hingewiesen werden (*MsgBox*). Außerdem sollen keine Daten in die Tabelle geschrieben und die Prozedur abgebrochen werden (*Exit Sub*).

Angaben
speichern

Ob in einem Textfeld eine Eingabe erfolgt ist, kann entweder durch Überprüfung auf einen Leerstring "" wie in Bild 8.43, oder durch Prüfung der Länge der eingegebenen Zeichenfolge mittels der Funktion *Len()* erfolgen.

```
If Len(Me.Nachname.value) = 0 then …
```

Die Prozedur mit der entsprechenden Abfrage kann im Codefenster der Eingabemaske direkt im Ereignis *cmd_speichern_Click* eingegeben werden.

```
Private Sub cmd_speichern_Click()
'Datenübergabe an Tabelle nach Pflichtfeldeingaben

    'Abfrage nach Nachname
    If Me.Nachname.Value = "" Then
        MsgBox "Bitte den Nachnamen eingeben, sonst Speichern nicht möglich"
        Exit Sub
    End If
    'Abfrage der Optionsfelder
    If Me.Gender_neutral Then
        MsgBox "Bitte legen Sie sich fest: m/w"
        Exit Sub
    End If
    If Me.Vorkenntnisse_neutral Then
        MsgBox "Bitte Ihre VBA-Vorkenntnisse angeben"
        Exit Sub
    End If

    'Speichern der Feldinhalte der Eingabemaske

End Sub
```

Bild 8.43 Abfrage der Grundvoraussetzungen zum Übergeben der Daten in die Tabelle

Nach den einzelnen Hinweisen erfolgt der Sprung aus dem Makro heraus (Abbruch mit *Exit Sub*). Daten werden somit nur in die Tabelle übertragen, wenn gewisse Grundbedingungen erfüllt sind.

Bild 8.44 Hinweis auf Pflichtfelder

Vorerst gibt es das Makro zum Speichern der Daten in der Tabelle noch nicht. Es wird zum Inhalt der nächsten Übung.

Stand: Anmeldung_03. xlsm

8.3   Exkurs: Plausibilitätsprüfung (Validierung)

Bei der Datenübernahme aus Formularen sollten grundsätzlich alle Nutzereingaben auf Plausibilität (Evidenz) geprüft werden. Durch geeignete Abfragemechanismen (Prozeduren) werden die vorliegenden Daten auf ihre Verwendbarkeit überprüft. Man spricht auch von Validierung der Eingabewerte, wenn entweder der korrekte Datentyp oder die Zugehörigkeit zu einem vorgegebenen Wertebereich überprüft wird. Auf diese Weise lassen sich Programm- oder Laufzeitfehler bei der Weiterverwendung der Daten verhindern und die Programmsicherheit erhöhen.

Die Validierung sollte während der Eingabe oder unmittelbar nach abgeschlossener Eingabe erfolgen. Alles, was sich überprüfen lässt, sollte validiert werden. Nach dem Motto „traue niemals einer Benutzereingabe" weisen Plausibilitätsabfragen in Verbindung mit Fehlermeldungen den Benutzer auf falsche oder unerwünschte Eingaben hin. Auch können die, auf die Eingabe folgenden, Programmschritte vom Validierungsergebnis abhängig gemacht oder ganz abgebrochen werden.

Siehe Kapitel 7.4.

Die in Formularen häufig verwendeten Textfelder (*TextBox*) oder Kombinationsfelder (*ComboBox*) übergeben Zeichenketten (Strings), die von der automatischen Typumwandlung in VBA je nach Datentypkompatibilität nur bedingt korrekt angepasst werden. Mit expliziten Datentypumwandlungen durch Konvertierungsfunktionen (*CDbl*, *CDate*, usw.) haben wir uns schon im vorangegangenen Kapitel befasst.

Datei:
Plausibilitätsprüfung.
xlsm

> **Hinweis:** Die nachfolgenden Beispiele zur Plausibilitätsprüfung beziehen sich nicht unmittelbar auf die Eingabemaske. Sie befinden sich daher in einer gesonderten Arbeitsmappe mit dem Namen Plausibilitätsprüfung.xlsm.

Prüffunktionen

Eine grobe Vorabprüfung der Eingabewerte auf eine gültige Zahl oder ein Datum lässt sich über einfache *If…Then…Else* – Abfragen mit folgenden Funktionen durchführen:

Funktion	Prüfen auf …	Rückgabewert
IsNumeric()	Verwertbarkeit als Zahl	Boolean
IsDate()	Verwertbare Datumsangabe	Boolean

Für gezielte Plausibilitätsabfragen müssen geeignete Prozeduren geschrieben werden. Der Programmcode wird sinnvollerweise im Codefenster des Formulars (behind form) hinterlegt, die Anzeige des Codes erfolgt mit F7.

Verwertbarkeit als Zahl mit der Funktion IsNumeric prüfen

Als Beispiel ein einfaches Formulat mit dem Namen *UserForm1*, bestehend aus einem Textfeld mit dem Namen *Eingabe* und der Schaltfläche *Cmd_Test* mit der Beschriftung *Test*. Die Überprüfung, ob im Textfeld eine Zahl eingegeben wurde, erfolgt durch Betätigen der Schaltfläche *Test*. Das Ergebnis der Überprüfung wird durch einen Hinweis (*MsgBox*) ausgegeben.

Bild 8.45 UserForm1

Bild 8.46 Die Prüffunktion
IsNumeric

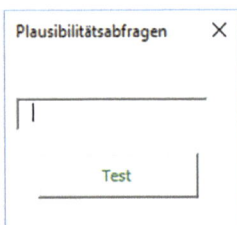

```
Private Sub Cmd_Test_Click()

    If IsNumeric(Me.Eingabe.Value) Then
        MsgBox Me.Eingabe.Value & " = Zahl"
    Else
        MsgBox "keine Zahl"
    End If
    Me.Eingabe.Value = ""        'Feld löschen
    Me.Eingabe.SetFocus

End Sub
```

Um die Wirkung der Funktion *IsNumeric* zu demonstrieren, können Sie unterschiedliche Eingaben im Textfeld vornehmen oder sich von den nachfolgenden Beispielen überzeugen lassen.

Bild 8.47 Verschiedene Eingaben und Testergebnisse

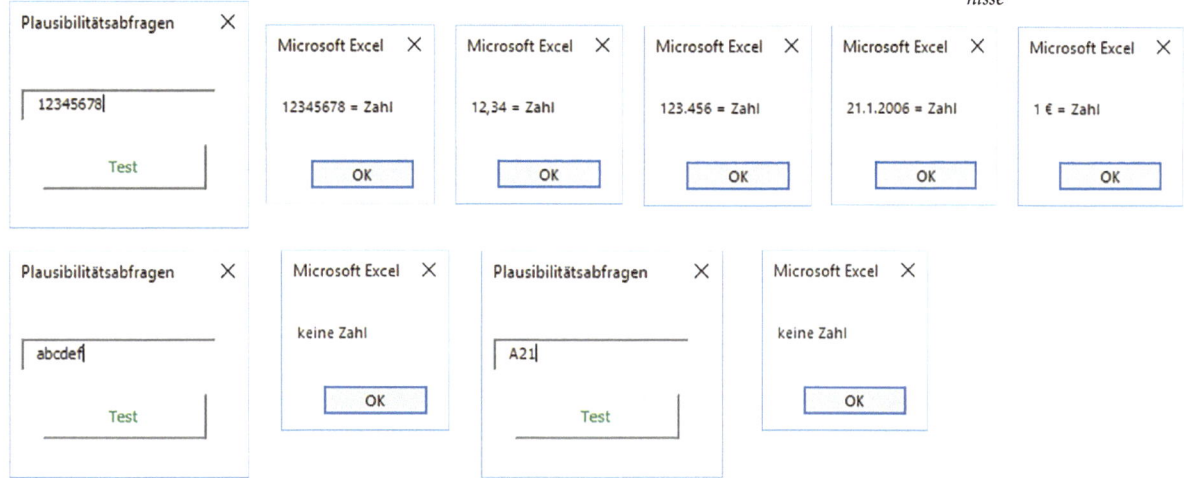

Fazit: Alle im Textfeld eingegebenen Zahlen – auch mit Komma als Trennzeichen, Punkt als Tausendertrennzeichen oder in Form einer Datumsangabe – werden durch die Prüffunktion *IsNumeric* richtig identifiziert und der Rückgabewert ist *True*. Buchstabenfolgen oder Kombinationen, die einem Buchstaben enthalten, werden als Zeichenfolge erkannt und liefern den Rückgabewert *False*.

Auf verwertbare Datumsangaben mit der Funktion IsDate prüfen

Die Überprüfung erfolgt im selben Formular ebenfalls nach der Eingabe durch Betätigen der Schaltfläche *Test*. Mit den unten abgebildeten Änderungen in der Prozedur wird mit der Funktion *IsDate* geprüft, ob es sich bei der Eingabe um ein Datum handelt.

Bild 8.48 Die Prüffunktion IsDate

```vba
Private Sub Cmd_Test_Click()

    If IsDate(Me.Eingabe.Value) Then
        MsgBox Me.Eingabe.Value & " = Datum"
    Else
        MsgBox "kein Datum"
    End If
    Me.Eingabe.Value = ""    'Feld löschen
    Me.Eingabe.SetFocus

End Sub
```

Prüfen Sie unterschiedliche Datumseingaben und vergleichen Sie, ob die Funktion für Sie ein brauchbares Ergebnis liefert. Bitte vergessen Sie nicht, auch unvollständige Angaben wie beispielsweise 2.5. und Ähnliches auf Eindeutigkeit zu testen. Einige Beispiele für Eingaben und Ergebnisse sehen Sie in den nachfolgenden Abbildungen:

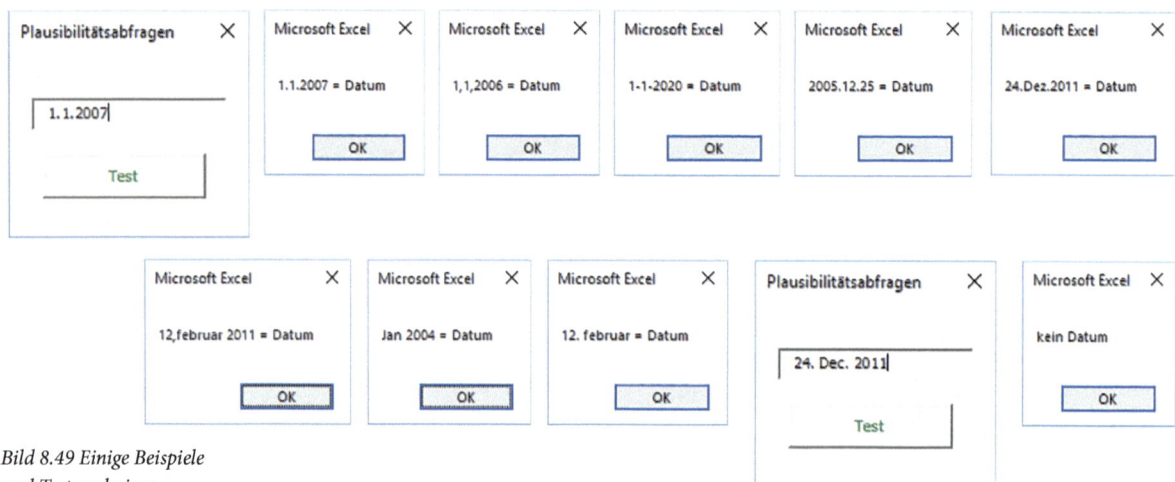

Bild 8.49 Einige Beispiele und Testergebnisse

Fazit: Textfeldeingaben, die einem Datum ähnlich sehen oder sich als solches interpretieren lassen, wertet *IsDate* großzügig als Datum. Dabei werden auch Schaltjahre berücksichtigt. Als Trennzeichen bei der Datumseingabe werden akzeptiert: Punkt, Komma, Bindestrich und Schrägstrich. Werden Monat und Tag in der Reihenfolge vertauscht, wird dann ein Datum erkannt, wenn es im englischen oder deutschen Sprachraum interpretierbar ist (z. B. 12.13.2000). Auch die vorangestellte Jahreszahl wird dabei toleriert. Monatsnamen müssen der lokalen Einstellung entsprechen (z. B. Dezember).

Nachteil der Prüfung durch IsDate

Eingaben wie 2.5 oder 2-5 usw. werden großzügig als Datum akzeptiert. Zur korrekten Weiterverwendung sollte eine Typkonvertierung mit *CDate* oder die Zuweisung an eine Variable erfolgen, die zuvor als Typ Date deklariert wurde.

```
Dim dat As Date
dat = Me.Eingabe.Value
```

Mit der Umwandlung wird aus 2.5 oder 2-5 der 2. Mai im aktuellen Jahr und aus Tageszahlen wie beispielsweise 34567 das Datum 21.08.1994.

Individuelle Prüfprozeduren

Auf Leereingabe überprüfen

VBA kennt zwar die Funktion *IsEmpty()*, diese eignet sich aber nicht zur Überprüfung eines Textfeldes auf Leereingabe bzw. Leerzeichen, da sie eventuell vorhandene (unsichtbare) Leerzeichen als Eintrag wertet. Stattdessen sollte besser auf einen Leerstring überprüft werden (*Value = ""*).

```
Private Sub Cmd_Test_Click()
' Leereingabe?

    If Me.Eingabe.Value = "" Then
        MsgBox Me.Eingabe.Value & "Leereingabe!"
        Me.Eingabe.Value = ""    'Feld löschen
        Me.Eingabe.SetFocus
    Else
        MsgBox Me.Eingabe.Value & " als Eintrag vorhanden"
    End If

End Sub
```

Bild 8.50 Leereingabe überprüfen

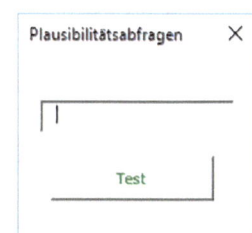 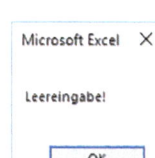 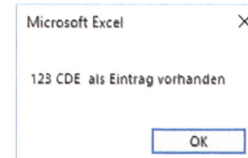 

Textlänge kontrollieren

Mit der Funktion *Len()* kann die Länge der eingegebenen Zeichenfolge (String) überprüft werden. Mit der Bedingung `Len(Eingabewert) = 0` eignet sich diese auch als Alternative zur Überprüfung auf Leereingaben.

```
Private Sub Cmd_Test_Click()
' Leereingabe? - alternativ: Textlänge

    If Len(Me.Eingabe.Value) = 0 Then
        MsgBox Me.Eingabe.Value & "Leereingabe!"
        Me.Eingabe.Value = ""    'Feld löschen
        Me.Eingabe.SetFocus
    Else
        MsgBox Me.Eingabe.Value & " als Eintrag vorhanden"
    End If

End Sub
```

Bild 8.51 Prüfung auf Leereingabe über Abfrage der Zeichenkettenlänge

Beispiel Postleitzahlen

Außerdem lässt sich mit *Len()* leicht die Eingabe auf eine bestimmte Textlänge kontrollieren, beispielsweise auf 5-stellige Postleitzahlen.

```
Private Sub Cmd_Test_Click()
' Fünfstellige Postleitzahl?

    If Len(Me.Eingabe.Value) <> 5 Then
        MsgBox Me.Eingabe.Value & " PLZ bitte 5-stellig!"
        Me.Eingabe.Value = ""    'Feld löschen
        Me.Eingabe.SetFocus
    Else
        MsgBox Me.Eingabe.Value & " = OK"
    End If

End Sub
```

Bild 8.52 Fünfstellige Postleitzahlen prüfen und Testergebnisse

Bild 8.53 Prüfen der Postleitzahl in Kombination mit IsNumeric

Hinweis: Allerdings erfolgt mit der oben abgebildeten Prozedur keine Prüfung auf numerische Zeichen…, siehe Bild oben rechts, diese muss zusätzlich noch mit der Funktion *IsNumeric()* vorgenommen werden.

```
Private Sub Cmd_Test_Click()
' Fünfstellige Postleitzahl?

    If IsNumeric(Me.Eingabe.Value) Then
        If Len(Me.Eingabe.Value) <> 5 Then
            MsgBox Me.Eingabe.Value & " PLZ bitte 5-stellig!"
            Me.Eingabe.Value = ""    'Feld löschen
            Me.Eingabe.SetFocus
        Else
            MsgBox Me.Eingabe.Value & " = OK"
        End If
    Else
        MsgBox Me.Eingabe.Value & " ist keine PLZ!"
    End If

End Sub
```

Ereignisgesteuerte Überprüfung

Die Plausibilitätsprüfung kann auch unmittelbar nach der Eingabe automatisch erfolgen – ohne dazu die Befehlsschaltfläche *Test* betätigen zu müssen. Diese Aufgabe übernehmen Ereignisse wie *Click*, *BeforeUpdate*, *AfterUpdate* und *Exit* (Verlassen des Textfeldes). Da manche Ereignisse außerdem über die Möglichkeit *Cancel* verfügen, kann der Fokus bis zur korrekten Eingabe auf dem Eingabefeld verbleiben. Hier einige Beispiele:

Ereignisgesteuerte Prozedur erzeugen
Zum Erzeugen einer ereignisgesteuerten Prozedur doppelklicken Sie in der UserForm auf das Element. Da dadurch automatisch ein Prozedurrumpf für das *Change*-Ereignis erzeugt wird, klicken Sie im Kopfbereich des Code-Fensters rechts auf den Dropdown-Pfeil und wählen ein Ereignis aus.

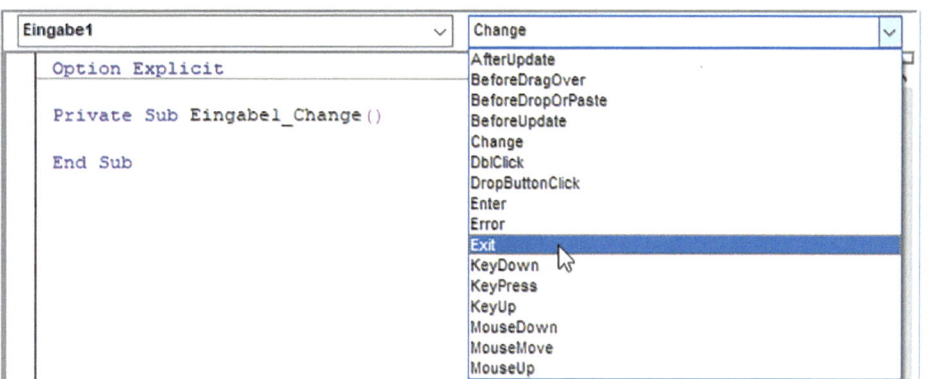

*Bild 8.54 Ereignis aus-
wählen*

Postleitzahlen nach der Eingabe (BeforeUpdate) kontrollieren

Das unten abgebildete Beispiel überprüft vor dem Anzeigen der Eingabe im Textfeld
(*BeforeUpdate*), ob eine zulässige Postleitzahl eingegeben wurde. Falls nicht, werden
im Textfeld fünf Stellen mit Platzhalter 0 angezeigt und diese markiert. Dazu dienen
die Anweisungen *.SelStart=0* (erstes zu markierendes Zeichen) und *.SelLength=5* (Anzahl bzw. Länge der zu markierenden Zeichen).

```vba
Private Sub Eingabe_BeforeUpdate(ByVal Cancel As MSForms.ReturnBoolean)
' Eine fünf-stellige Nummer als Eingabe fordern
' BeforeUpdate-Ereignis hält mit Cancel=True den Fokus auf dem Textfeld

    If IsNumeric(Me.Eingabe.Value) And Len(Me.Eingabe.Value) = 5 Then
        'keine Aktion
    Else
        MsgBox "Bitte eine 5-stellige Nummer eingeben!"
        Cancel = True
        '5 Stellen andeuten und markieren
        With Me.Eingabe
            .Text = "00000"
            .SelStart = 0
            .SelLength = 5
            .SetFocus
        End With
    End If

End Sub
```

*Bild 8.55 Automatische
Überprüfung direkt nach
der Eingabe*

Beim Verlassen (Exit) ein Datum formatiert übernehmen

Als komfortable Erweiterung der Datumsüberprüfung kann die folgende Prozedur an-
gesehen werden. Sie wird beim Verlassen des Textfeldes z. B. mit der Enter- oder der
Tab-Taste (Textfeld-Ereignis *Exit*), also nach beendeter Eingabe ausgelöst und überprüft den eingegebenen Wert auf ein verwertbares Datum.

Bei einer korrekten Eingabe erfolgt die Ausgabe im Textfeld im Format dd.mm.yyyy,
andernfalls erscheint ein Hinweis mit gleichzeitiger Markierung des Fehlers. Das Textfeld behält den Fokus solange, bis ein brauchbarer Wert eingegeben wurde.

Bild 8.56 Formatiertes Datum übernehmen und Fehleingabe markieren

```vba
Private Sub Eingabe_Exit(ByVal Cancel As MSForms.ReturnBoolean)
' Datum in TextBox überprüfen, formatieren und gegebenfalls
' Fehleingabe markieren und Hinweis ausgeben.

    With Me.Eingabe
        If IsDate(.Value) Then
            .Value = Format(.Value, "dd.mm.yyyy")
        Else
            Cancel = True
            'Fehleingabe markieren
            .SelStart = 0
            .SelLength = Len(.Value)
            MsgBox "Kein brauchbares Datum!"
        End If
    End With

End Sub
```

Das Ereignis AfterUpdate vs. Exit

Datei: Plausibilitätsprüfung.xlsm, UserForm2

Mit dem Ereignis *AfterUpdate* wird die Eingabe im Feld *Eingabe1* auf eine Zahl überprüft und das Ergebnis als MessageBox ausgegeben. Der Fokus wandert automatisch zum nächsten Textfeld, hier *Eingabe2*.

Falls die Eingabe im Feld *Eingabe1* keine Zahl darstellt, wird der Feldinhalt gelöscht und der Fokus wandert trotzdem zum nächsten Eingabefeld.

Bild 8.57 Ereignis AfterUpdate und Ergebnis

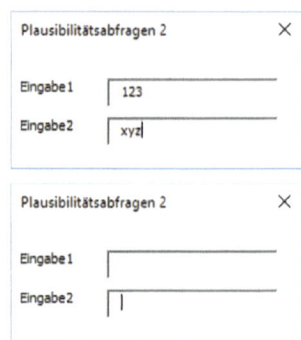

```vba
Private Sub Eingabe1_AfterUpdate()

    If IsNumeric(Me.Eingabe1.Value) Then
        MsgBox Me.Eingabe1.Value & " = Zahl"
    Else
        MsgBox "keine Zahl"
        Me.Eingabe1.Value = ""    'Feld löschen
    End If

End Sub
```

Die gleiche Überprüfung, jedoch vom Exit-Ereignis angestoßen, belässt den Fokus auf dem, nicht korrekt ausgefüllten Textfeld *Eingabe1*, da dieses Ereignis zusätzlich über den Parameter *Cancel* verfügt: `Cancel=True`.

Bild 8.58 Ereignis Exit und Ergebnis

```vba
Private Sub Eingabe1_Exit(ByVal Cancel As MSForms.ReturnBoolean)

    If IsNumeric(Me.Eingabe1.Value) Then
        MsgBox Me.Eingabe1.Value & " = Zahl"
    Else
        MsgBox "keine Zahl"
        Cancel = True             'Feld wird nicht verlassen
        Me.Eingabe1.Value = ""    'Feld löschen
    End If

End Sub
```

Zeichenfolgen (Muster) überprüfen

Mit Hilfe des Operators *Like* und bestimmter Platzhalterzeichen können Zeichenfolgen auf ein Eingabemuster, das in Form eines Vergleichsstrings vorgegeben wird, über-prüft werden. Die folgenden Zeichen sind im Vergleichsstring zulässig:

Zeichen	Steht für...	Beispiel	Ergebnis
?	ein beliebiges einzelnes Zeichen	`"ab" Like "a?"` `"abcde" Like "a?"`	True False
*	mehrere beliebige Zeichen oder Null (leer)	`"anna" Like "a*a"` `"Andy" Like "a*a"`	True False
#	eine Ziffer von 0 bis 9	`"12abcde" Like "##*"` `"a5xx" Like "##*"`	True False

[Zeichen]	ein oder mehrere bestimmte Zeichen, ein Bereich von Zeichen kann mit dem Bindestrich - angegeben werden.	`"b" Like "[a-d]"`
		`"meier" Like "m[ae][iy]er"`
		`"1" Like "[a-z]"`
			True
			True
			False

[!Zeichen]	schließt die angegebenen Zeichen aus	`"b" Like "[!a-d]"`	False

Eine Ziffer als erstes Zeichen

Als erstes Beispiel soll im Bild unten die Eingabe zwingend mit einer Zahl beginnen. Die Validierung erfolgt über den *Like*-Operator und lässt entsprechende Hinweise oder Anweisungen folgen.

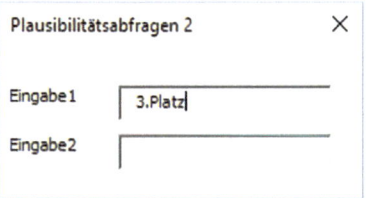
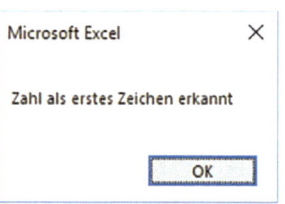

Bild 8.59 Das erste Zeichen muss eine Ziffer sein

Die Ziffern von 0 bis 9 werden im Vergleichsstring mit dem Zeichen # dargestellt. Wird als erstes Zeichen eine Zahl erwartet, muss also der Vergleichsstring mit # beginnen. Das *-Zeichen steht für beliebig viele weitere Zeichen.

```
Private Sub Eingabe1_Exit(ByVal Cancel As MSForms.ReturnBoolean)
    If Me.Eingabe1.Value Like "#*" Then
        MsgBox "Zahl als erstes Zeichen erkannt"
    Else
        MsgBox "Erstes Zeichen muss eine Zahl sein!"
        Cancel = True
        Me.Eingabe1.Value = ""
    End If
End Sub
```

Bild 8.60 Verwendung des Operators Like

Fünfstellige Zahl abfragen

Um mittels *Like*-Operator beispielsweise die korrekte Eingabe einer 5-stelligen Post-leitzahl zu überprüfen, muss als Vergleichsstring "#####" angegeben werden.

Bild 8.61 Fünfstellige Zahl mit Like-Operator prüfen

```
Private Sub Eingabe1_Exit(ByVal Cancel As MSForms.ReturnBoolean)
' 5-Stellige Zahl wird erwartet

    If Me.Eingabe1.Value Like "#####" Then
        MsgBox "5-stellige Zahl erkannt"
    Else
        MsgBox "Bitte eine exakt 5-stellige Zahl eingeben!"
        Cancel = True
        Me.Eingabe1.Value = ""
    End If
End Sub
```

Beliebige Zahl mit einer Nachkommastelle abfragen

Wenn eine Dezimalzahl exakt mit einer Nachkommastelle eingegeben werden muss, kann zur Überprüfung das Dezimaltrennzeichen (hier: Komma) im Vergleichsstring vorgegeben werden.

Bild 8.62 Die geforderte Zahl muss eine Nachkommastelle haben

```
Private Sub Eingabe1_Exit(ByVal Cancel As MSForms.ReturnBoolean)
' beliebige Zahl mit einer Nachkommastelle wird erwartet

    If Me.Eingabe1.Value Like "#*,#" Then
        MsgBox "Eingabe korrekt"
    Else
        MsgBox "Bitte eine Zahl mit exakt einer" & vbCrLf & _
            "Nachkommastelle eingeben!"
        Cancel = True
        Me.Eingabe1.Value = ""
    End If
End Sub
```

E-Mail-Adresse auf korrekten Aufbau prüfen

Zur Überprüfung, ob es sich um eine plausible E-Mail-Adresse handelt, kann der logische Aufbau der Adresse überprüft werden. Eine gültige E-Mail-Adresse muss folgende Voraussetzungen erfüllen:

mindestens 1 Zeichen & @. & mindestens 1 Zeichen & . & mindestens 1 Zeichen

Für mindestens 1 Zeichen steht die ?*-Zeichenkette im Vergleichsstring. Das Trennzeichen @ und der charakteristische Punkt sind ebenfalls Voraussetzung für eine gültige E-Mail-Adresse. Allerdings sind mehrere @ sowie Sonderzeichen bei der Eingabe möglich, was diese Überprüfung nicht besonders sicher macht.

Bild 8.63 Reihenfolge der E-Mail-Strukturelemente überprüfen

```
Private Sub Eingabe1_Exit(ByVal Cancel As MSForms.ReturnBoolean)
' grobe Überprüfung einer email-Adresse

    If Me.Eingabe1.Value Like "?*@?*.?*" Then
        MsgBox "Eingabestruktur korrekt"
    Else
        MsgBox "Keine email-Adresse!"
        Cancel = True
        Me.Eingabe1.Value = ""
    End If
End Sub
```

Charakteristische Zeichenfolgen (Bestellcode, Kennzeichen, ID-Code)

In manchen Fällen sind für Bestell- oder Rechnungsnummern strukturierte Zeichenfolgen zu überprüfen. Im Bild ist im Feld *Eingabe1* die Eingabe eines Buchstabens zwischen A und Z sowie nach dem Bindestrich eine dreistellige Zahl erforderlich, z. B. A-123. Das Feld *Eingabe2* erfordert zwei Buchstaben sowie eine dreistellige Zahl.

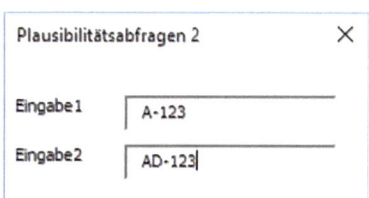

Bild 8.64 Zwei unterschiedliche charakteristische Zeichenfolgen werden erwartet (UserForm2)

Dazu können im Vergleichsstring Wertebereiche durch vorgegebene Zeichen in [ ] eingegrenzt werden. Einzelne Zeichen werden einfach eingegeben, Bereiche können mit Bindestrich angegeben werden. Die Groß- und Kleinschreibung ist zu beachten, es sei denn beide Zeichen werden explizit durch [A-X,a-x] erlaubt.

```vba
Private Sub Eingabe1_Exit(ByVal Cancel As MSForms.ReturnBoolean)
' strukturierte Zeichenfolge prüfen

    If Me.Eingabe1.Value Like "[A-X]-###" Then
        MsgBox "Eingabestruktur korrekt"
    Else
        MsgBox "Fehlerhafte Eingabe!"
        Cancel = True
        Me.Eingabe1.Value = ""
    End If
End Sub

Private Sub Eingabe2_Exit(ByVal Cancel As MSForms.ReturnBoolean)
' strukturierte Zeichenfolge prüfen
    If Me.Eingabe2.Value Like "[A-X][A-X]-###" Then
        MsgBox "Eingabestruktur korrekt"
    Else
        MsgBox "Fehlerhafte Eingabe!"
        Cancel = True
        Me.Eingabe2.Value = ""
    End If
End Sub
```

Bild 8.65 Prozeduren für Zeichenkettenabfrage in UserForm2

IBAN-Struktur für Deutschland prüfen

In Deutschland hat jede IBAN (International Bank Account Number) genau 22 Stellen. Im Papierformat muss diese Kennung in 4er-Blöcken durch Leerzeichen getrennt geschrieben werden. Sonderzeichen oder Kleinbuchstaben dürfen nicht enthalten sein. Im elektronischen Format entfallen die Leerzeichen. Die ersten beiden Zeichen repräsentieren den Ländercode (z. B. DE für Deutschland) gefolgt von einer zweistelligen Prüfsumme für die gesamte IBAN, 8 Stellen für die Bankleitzahl und eine 10-stellige Kontonummer (fehlende Stellen werden von vorn mit Nullen aufgefüllt).

Bild 8.66 IBAN prüfen auf zwei unterschiedliche Formate

Bild 8.67 Prozeduren zur IBAN-Überprüfung in UserForm2

```
Private Sub Eingabe1_Exit(ByVal Cancel As MSForms.ReturnBoolean)
' IBAN prüfen (Elektronisches Format: keine Leerzeichen, 22 Stellen )

    If Len(Me.Eingabe1.Text) <> 22 Then
        MsgBox "IBAN zu kurz/lang - ohne Leerzeichen!"
    Else
        If Me.Eingabe1.Value Like "[A-X][A-X]#*" Then
            MsgBox "Eingabestruktur korrekt"
        Else
            MsgBox "Fehlerhafte Eingabe!"
            Cancel = True
            Me.Eingabe1.Value = ""
        End If
    End If
End Sub

Private Sub Eingabe2_Exit(ByVal Cancel As MSForms.ReturnBoolean)
' IBAN prüfen (Papierformat: 4er Blöcke und Leerzeichen, 27 Stellen )

    If Len(Me.Eingabe2.Text) <> 27 Then
        MsgBox "IBAN zu kurz/lang - Leerzeichen vergessen?"
    Else
        If Me.Eingabe2.Value Like "[A-X][A-X]## #### #### #### #### ##" Then
            MsgBox "Eingabestruktur korrekt"
        Else
            MsgBox "Fehlerhafte Eingabe!"
            Cancel = True
            Me.Eingabe1.Value = ""
        End If
    End If
End Sub
```

Eingaben einschränken

Neben der Abfrage von Eingabemustern gehört zur Plausibilitätsprüfung auch die Beschränkung der Eingabewerte auf zulässige Zeichen zur Vermeidung oder Reduzierung von Fehleingaben und deren Folgen.

Dazu lässt sich das Ereignis *KeyPress* des Textfeldes nutzen. Es tritt auf, wenn der Benutzer eine Taste oder Tastenkombination betätigt und wieder loslässt, während das Textfeld den Fokus hat und liefert den ASCII-Wert der betätigten Taste (*KeyAscii*).

Beliebige Buchstaben erlauben

Über eine Abfrage der ASCII-Werte des Tastaturcodes lassen sich beliebige Buchstaben freigeben.

Bild 8.68 Vorgabewerte erlaubter Tasten für UserForm3

```
Private Sub Eingabe1_KeyPress(ByVal KeyAscii As MSForms.ReturnInteger)
' Nur die Zeichen A-X,a-x,-,Ä,Ö,Ü,ä,ö,ü akzeptieren

    Select Case KeyAscii
        Case 65 To 90, 96 To 122, 45, 196, 214, 220, 228, 246, 252
            'MsgBox "OK"
        Case Else
            MsgBox "verboten"
            KeyAscii = 0
    End Select

End Sub
```

Nur Ziffern zulassen (Ganze Zahlen, Kommazahlen)

Die Freigabe für einzelne Ziffern betrifft die Zahlen 0 bis 9 (ASCII 48 ... 57) und ggf. auch das Dezimaltrennzeichen Komma (ASCII 44). Alternativ kann die Funktion *IsNumeric* verwendet werden.

```
Private Sub Eingabe2_KeyPress(ByVal KeyAscii As MSForms.ReturnInteger)
' Nur die Zeichen 0-9 sowie das Trennzeichen Komma akzeptieren

    Select Case KeyAscii
       Case 48 To 57, 44
           'MsgBox "OK"
       Case Else
           MsgBox "verboten"
           KeyAscii = 0
    End Select

End Sub
```

Bild 8.69 Es werden nur Ziffern (Zahlen) zugelassen

Leertaste als Ersatz für Text oder Sonderzeichen

Über das *KeyPress*-Ereignis lassen sich auch bestimmte Tasten der Tastatur abfangen und für Sonderzeichen oder spezielle Zeichenketten verwenden. Beispielsweise um, wie im Bild unten, beim Betätigen der Leertaste (ASCII 32) *>Keine Angabe<* anzuzeigen.

Bild 8.70 Leertaste veranlasst das Einfügen einer Zeichenkette

```
Private Sub Eingabe3_KeyPress(ByVal KeyAscii As MSForms.ReturnInteger)
' Leer-Taste veranlasst den Eintrag "> keine Angabe <"

        If KeyAscii = 32 Then
            Eingabe3.Value = "> keine Angabe <"
            'weiter
            Eingabe1.SetFocus
        End If

End Sub
```

Auf diese Weise lassen sich für bestimmte Textfelder ganz individuelle Lösungen herausarbeiten. Das unten abgebildete Beispiel fügt bei Betätigen der Leertaste das Sonderzeichen | ein.

Bild 8.71 Leertaste fügt Sonderzeichen in einen String ein

```
Private Sub Eingabe3_KeyPress(ByVal KeyAscii As MSForms.ReturnInteger)
' Leer-Taste fügt (wiederholt) das Pipe-Symbol(124) hinzu

        If KeyAscii = 32 Then
            Eingabe3.Value = Eingabe3.Value & Chr(124)
        End If

End Sub
```

Hinweis: Das *KeyPress*-Ereignis reagiert auf alle druckbaren Tastaturzeichen sowie die Enter- und die Rückschritt-Taste. Für Tasten, die vom *KeyPress*-Ereignis nicht erkannt werden, z. B. Esc-Taste oder Entf-Taste muss das Ereignis *KeyDown* verwendet werden.

Beispieldatei: Plausibilitätsprüfung.xlsm

8.4 Daten aus der Eingabemaske in die Tabelle übertragen

Wenn alle Bedingungen erfüllt sind und die Textfelder *Nachname*, *Gender* und VBA-Vorkenntnisse ausgefüllt wurden, können die Einträge aus der Eingabemaske in das Arbeitsblatt übertragen werden. Auf diesem Weg lassen sich über Abfragen (If... Then) auch entsprechende Abkürzungen oder Symbole in die entsprechenden Spalten eintragen.

Für die Prozedur mit den Anweisungen zum Speichern der Maskeninhalte wird sinnvollerweise ein neues Modul mit dem Namen *Datentransfer* eingefügt, die Prozedur selbst erhält den Namen *Daten_speichern*. Das Speichern erfolgt im Arbeitsblatt *Tabelle1*, dort werden ab Zeile 2 alle Angaben spaltenweise abgelegt. Die erste Zeile bleibt vorerst frei für Spaltenüberschriften.

Den ersten Datensatz aus der Eingabemaske übernehmen

Bild 8.72 Makro zum Daten speichern (in Zeile2)

```vba
Sub Daten_speichern()
'Daten aus der Eingabemaske als Zahlen mit CDbl() in Tabelle1 ablegen
'Aufruf über Schaltfläche "Angaben speichern"

    Worksheets("Tabelle1").Activate

    With Eingabemaske
        'Angaben zur Person Spate A - D
        Range("A2").Value = .Nachname.Value
        Range("B2").Value = .Vorname.Value
        If IsDate(.GebDat.Value) Then
            Range("C2").Value = CDate(.GebDat.Value)
        Else
            Range("C2").Value = "?"
        End If
        Range("D2").Value = CDbl(.Alter.Value)
        'Gender in Spalte E
        If .Gender_m Then Range("E2").Value = "m"
        If .Gender_w Then Range("E2").Value = "w"
        'VBA-Vorkenntnisse in Spalte F
        If .Vorkenntnisse_ja Then
            Range("F2").Value = "ja"
        Else
            Range("F2").Value = "nein"
        End If
        'EXCEL-Status in Spalte G
        If .Kurs1 Then Range("G2").Value = "I"
        If .Kurs2 Then Range("G2").Value = "II"
        If .Kurs3 Then Range("G2").Value = "III"
        'Erfahrungen mit MS-Office in Spalte H - K
        If .MS_Word Then Range("H2").Value = "x"
        If .MS_Access Then Range("I2").Value = "x"
        If .MS_PPT Then Range("J2").Value = "x"
        If .MS_Outlook Then Range("K2").Value = "x"
        'Bildungsabschluss
        Range("L2").Value = .Bildung.Value
        'Bundesland
        Range("M2").Value = .Bundesland.Value
        'Kurse im Semester
        Range("N2").Value = .Kurse.Value
    End With

End Sub
```

Der zeitliche Ablauf im Überblick

1 Auswählen des Arbeitsblatts *Tabelle1* mit *Activate* oder *Select*,

2 Nachname und Vorname werden aus der Eingabemaske direkt in die Zellen A2 und B2 übernommen,

3 Das Geburtsdatum wird nach einer Plausibilitätsprüfung übernommen oder durch ? ersetzt,

4 Gender wird mit zweimaliger *If…Then*-Abfrage übernommen als m oder w.

5 VBA-Vorkenntnisse werden mit einer *If…Then…Else*-Abfrage als ja oder nein übernommen.

6 Kurs1 bis Kurs3 werden entsprechend mit den römischen Zahlen I, II, III in die Spalte G übernommen,

7 MS-Office-Erfahrungen jeweils in einer eigenen Spalte mit x,

8 Bildung, Bundesland und Anzahl Kurse werden wieder direkt übernommen.

Angaben speichern

Die Schaltfläche *Angaben speichern* wurde bereits mit etlichen Sicherheitsabfragen angelegt. Zum Speichern muss in der letzten Zeile noch der Aufruf der Prozedur *Daten_speichern* eingefügt werden.

> Angaben
> speichern

```
Private Sub cmd_speichern_Click()
'Datenübergabe an Tabelle nach Pflichtfeldeingaben

    'Abfrage nach Nachname
    If Me.Nachname.Value = "" Then
        MsgBox "Bitte den Nachnamen eingeben, sonst Speichern nicht möglich"
        Exit Sub
    End If
    'Abfrage der Optionsfelder
    If Me.Gender_neutral Then
        MsgBox "Bitte legen Sie sich fest: m/w"
        Exit Sub
    End If
    If Me.Vorkenntnisse_neutral Then
        MsgBox "Bitte geben Sie Ihre VBA-Vorkenntnisse an"
        Exit Sub
    End If

    'Speichern der Feldinhalte der Eingabemaske
    Daten_speichern

End Sub
```

Bild 8.73 Makro zum Daten speichern einbinden (letzte Zeile)

Im Bild 8.74 auf der nächsten Seite ein erster Test und Überprüfung der korrekten Eingabefolge.

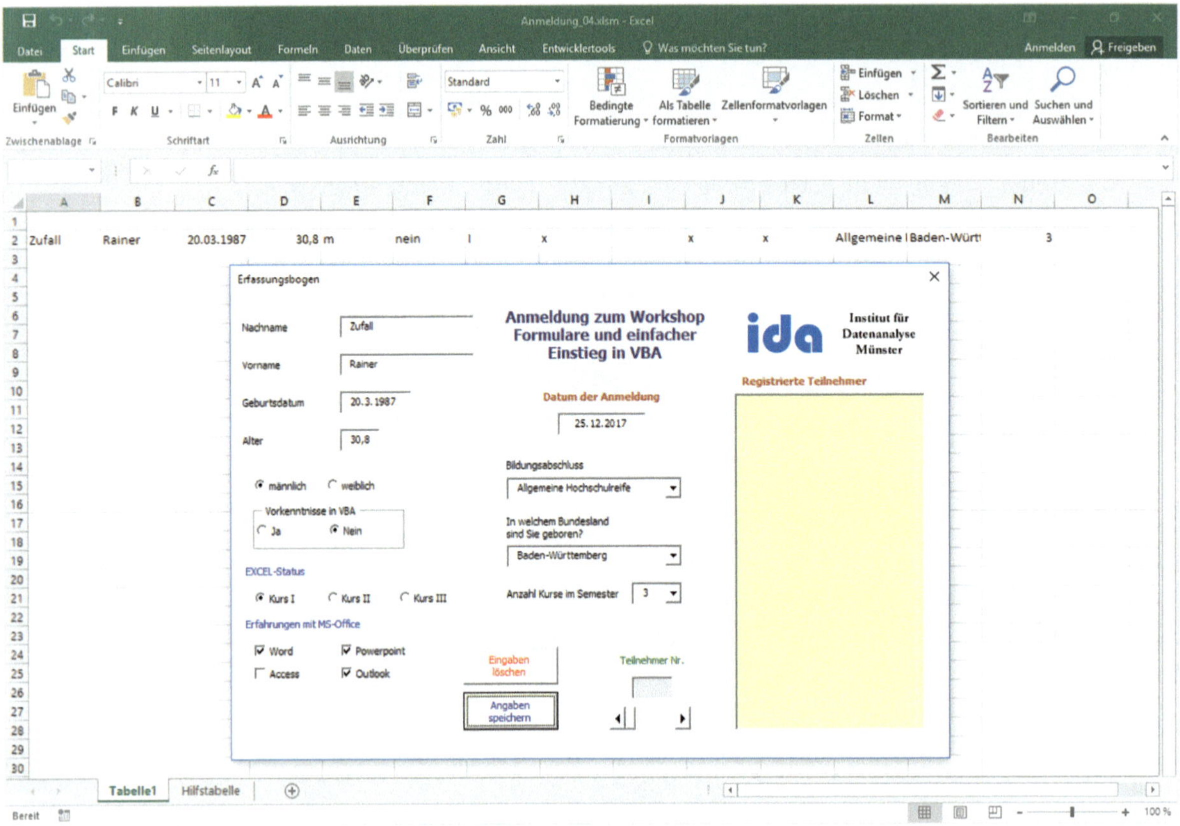

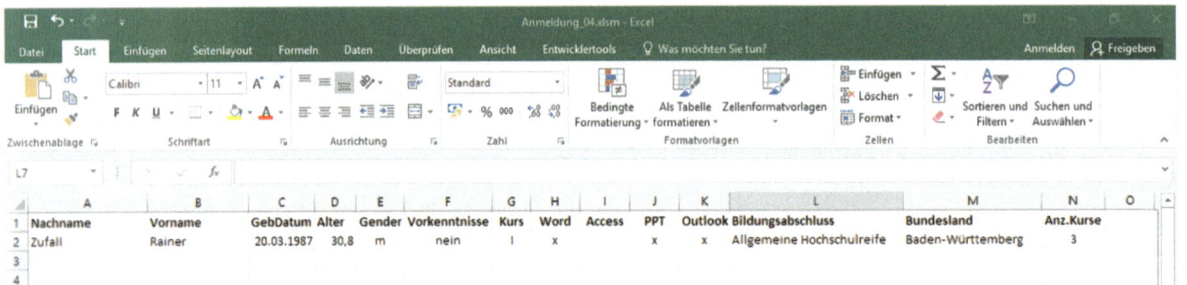

Bild 8.74 Übernahme und
Überprüfung der Eingabe-
reihenfolge

Bild 8.75 Die Spaltenüberschriften wurden manuell
erzeugt

Spaltenüberschriften im Tabellenblatt hinzufügen

Um der Tabelle das offizielle Aussehen zu geben, werden die Spaltenüberschriften manuell eingegeben. Spaltenbreite und Textausrichtung können beliebig angepasst werden.

Siehe Seite 236.

Eingabemaske leeren

Nach der Übernahme der Daten in die Tabelle soll die Maske wieder in den Grundzustand gebracht werden (Reset). Das kann unmittelbar nach dem Ereignis *Daten_speichern* erfolgen, die dazugehörige Prozedur *Eingaben_loeschen* ist bereits vorhanden.

```
Private Sub cmd_speichern_Click()
'Datenübergabe an Tabelle nach Pflichfeldeingaben

    'Abfrage nach Nachname
    If Me.Nachname.Value = "" Then
        MsgBox "Bitte den Nachnamen eingeben, sonst Speichern nicht möglich"
        Exit Sub
    End If
    'Abfrage der Optionsfelder
    If Me.Gender_neutral Then
        MsgBox "Bitte legen Sie sich fest: m/w"
        Exit Sub
    End If
    If Me.Vorkenntnisse_neutral Then
        MsgBox "Bitte geben Sie Ihre VBA-Vorkenntnisse an"
        Exit Sub
    End If

    'Speichern der Feldinhalte der Eingabemaske
    Daten_speichern

    'Eingabemaske in Grundzustand (reset)
    Eingaben_loeschen

End Sub
```

Bild 8.76 Maskenfelder leeren (Grundzustand) nach der Datenübergabe (letzte Zeile)

Stand: Anmeldung_04.xlsm

Die Tabelle wächst

Die Tabelle soll natürlich mit jeder neuen Anmeldung bzw. jeder Neuerfassung über die Eingabemaske um eine Zeile wachsen. Damit ein Überschreiben vorhandener Einträge vermieden wird, muss vor jedem Aufruf der Eingabemaske die nächste freie Zeile im Tabellenblatt anhand der aktuellen Größe der Tabelle festgestellt werden. Die Anzahl der bereits verwendeten Zeilen reicht dazu aus, da sich an der Spaltenzahl nichts ändern wird. Hierzu gibt es gleich mehrere verschiedene Möglichkeiten, die Beispiele sind in einem separaten Makro im *Servicemodul* abgelegt. Alle Varianten haben Vor- und Nachteile. Testen Sie und treffen Sie eine Entscheidung, welches Verfahren für Ihre Zwecke das geeignetste ist:

Siehe auch Kapitel 4.5 auf Seite 111.

Anmeldung_05.xlsm

Bild 8.77 Optionen zum Ermitteln des Tabellenumfangs (Zeilen)

```
Sub Tabellenumfang()
'Unterschiedliche Möglichkeiten, die letzte Zelle der Tabelle zu ermitteln

    'Letzte benutzte Zeile (Zelle irgendwo) in der Tabelle
    'auch Gitterlinien und Zellformatierungen zählen!!!
    'NICHT beeinflusst durch Umwandlung in eine filterbare "Analyse-Tabelle"!!
    Debug.Print 1; Worksheets("Tabelle1").UsedRange.Rows.Count
    'oder
    Debug.Print 2; Worksheets("Tabelle1").Cells.SpecialCells(xlCellTypeLastCell).Row

    'Letzte Zelle in Spalte "A" durch Rückwärtssuche ab Vorgabezelle
    Debug.Print 3; Worksheets("Tabelle1").Range("A6000").End(xlUp).Row

    'Letzte Zelle in Spalte "A" durch Rückwärtssuche ab max. Zeilenzahl
    'sicherste Variante, da Formatierungen unbeachtet bleiben
    'und 1. Spalte einer Tabelle eigentlich unentbehrlich ist
    'NICHT nach Umwandlung in eine filterbare "Analyse-Tabelle"!!!
    Debug.Print 4; Worksheets("Tabelle1").Range("A" & Rows.Count).End(xlUp).Row
    'oder
    Debug.Print 5; Worksheets("Tabelle1").Cells(Rows.Count, 1).End(xlUp).Row

End Sub
```

Nächste freie Zeile ermitteln

▷ Erzeugen Sie im Modul *Formularinhalte* eine neue Prozedur mit dem Namen *freie_zeile_ermitteln* und den unten abgebildeten Anweisungen.

▷ Da wir gerade eine neue Tabelle aufbauen, wählen wir die *UsedRange*-Eigenschaft, um die letzte Zeile zu ermitteln. Diese Zahl erhöhen wir um den Wert 1 und übergeben ihn an die Variable *freie_Zeile*.

▷ Die freie Zeile wird in der Eingabemaske der TextBox *Anzeige_Position* zugewiesen bzw. hier angezeigt und der Schieberegler *Positionswahl* auf die entsprechende Position gebracht.

Hinweis: Wenn keine Veränderung des Schiebereglers sichtbar ist, liegt das an der bisher geringen Zeilenzahl und am voreingestellten, relativ hohen Maximalwert.

Bild 8.78 Freie Zeile ermitteln und in Formular eintragen

```
Sub freie_zeile_ermitteln()
Dim freie_Zeile As Long

    freie_Zeile = Worksheets("Tabelle1").UsedRange.Rows.Count + 1

    'Eintrag im Formularfeld
    Eingabemaske.Anzeige_Position.Value = freie_Zeile

    'Positionswahl-Regler (ScrollBar) setzten
    Eingabemaske.Positionswahl.Value = freie_Zeile

End Sub
```

Um die Funktionsweise zu überprüfen, muss der Makroaufruf in die Startprozedur der Eingabemaske eingebaut werden, und zwar **bevor** die Eingabemaske aufgerufen wird.

Bild 8.79 Eintrag ins „Startmakro" (Ausschnitt)

```
    'nächste freie Zeile ermitteln und eintragen
    freie_zeile_ermitteln

    'Eingabemaske aufrufen
    Eingabemaske.Show

End Sub
```

Variable als Public festlegen

Da die Variable *freie_Zeile* von übergeordneter Bedeutung ist, sollte sie als Public deklariert werden. Dadurch ist ihr Gültigkeitsbereich modulübergreifend, d. h. alle Makros im Projekt können ihren aktuellen Wert benutzen. Die Deklaration erfolgt ganz oben im Modul *Formularinhalte*, siehe Bild 8.80.

Bild 8.80 Das komplette
„Startpaket"

```
Option Explicit
Public freie Zeile As Long

Sub Eingabemaske_starten()
'auch über STRG + m möglich
Dim anzahl As Integer        'für Anzahl Kurse im Semester

    'Grundeinstellungen für Optionsfelder
    Eingabemaske.Kurs1.Value = True

    'Bildungsabschlüsse vorgeben
    Eingabemaske.Bildung.AddItem "Hauptschulabschluss"
    Eingabemaske.Bildung.AddItem "Realschulabschluss"
    Eingabemaske.Bildung.AddItem "Allgemeine Hochschulreife"
    Eingabemaske.Bildung.AddItem "Bachelor Abschluss"
    Eingabemaske.Bildung.AddItem "Master Abschluss"
    Eingabemaske.Bildung.AddItem "Promotion"
    Eingabemaske.Bildung.AddItem "Habilitation"

    'Bundesländer vorgeben im Formular! - sonst:
    'Eingabemaske.Bundesland.RowSource = "Hilfstabelle!A1:A16"

    'Vorgaben für Kurse im Semester
    For anzahl = 1 To 6
        Eingabemaske.Kurse.AddItem anzahl
    Next anzahl
    Eingabemaske.Kurse.AddItem ">6"

    'aktuelles Datum anzeigen
    Eingabemaske.Anzeige_Datum.Value = Date
    Eingabemaske.Anzeige_Datum.SelectionMargin = False
    Eingabemaske.Anzeige_Datum.TextAlign = fmTextAlignCenter

    'nächste freie Zeile ermitteln und eintragen
    freie_zeile_ermitteln

    'Eingabemaske aufrufen
    Eingabemaske.Show

End Sub
```

Nun sind die Vorarbeiten erledigt, die nächste freie Zeile ist bekannt und dem Wachstum der Tabelle1 steht nichts mehr im Wege. Doch: Noch gibt es keine flexible Speicherprozedur! Aber die Grundlage ist vorhanden mit der Prozedur *Daten_speichern* im Modul *Datentransfer*.

Prozedur kopieren

Die gesamte Prozedur wird am einfachsten in die Zwischenablage kopiert und in ein neues Modul *Datentransfer2* übertragen.

Fügen wir also zunächst ein neues Modul ein und benennen es *Datentransfer2*. Danach kopieren wir die gesamte Prozedur *Daten_speichern* in das neue Modul und benennen sie um in *Daten_speichern_flexibel*.

Markierten Text kopieren: Strg+C

Inhalt der Zwischenablage einfügen: Strg+V

Bild 8.81 Die Kopie der Prozedur im Modul Datentransfer2

```vba
Sub Daten_speichern_flexibel()
'Daten aus der Eingabemaske als Zahlen mit CDbl() in Tabelle1 ablegen
'Aufruf über Schaltfläche "Angaben speichern"

        Worksheets("Tabelle1").Activate

        With Eingabemaske
            'Angaben zur Person Spate A - D
            Range("A2").Value = .Nachname.Value
            Range("B2").Value = .Vorname.Value
            If IsDate(.GebDat.Value) Then
                    Range("C2").Value = CDate(.GebDat.Value)
            Else
                    Range("C2").Value = "?"
            End If
            Range("D2").Value = CDbl(.Alter.Value)
            'Gender in Spalte E
            If .Gender_m Then Range("E2").Value = "m"
            If .Gender_w Then Range("E2").Value = "w"
            'VBA-Vorkenntnisse in Spalte F
            If .Vorkenntnisse_ja Then
                    Range("F2").Value = "ja"
            Else
                    Range("F2").Value = "nein"
            End If
            'EXCEL-Status in Spalte G
            If .Kurs1 Then Range("G2").Value = "I"
            If .Kurs2 Then Range("G2").Value = "II"
            If .Kurs3 Then Range("G2").Value = "III"
            'Erfahrungen mit MS-Office in Spalte H - K
            If .MS_Word Then Range("H2").Value = "x"
            If .MS_Access Then Range("I2").Value = "x"
            If .MS_PPT Then Range("J2").Value = "x"
            If .MS_Outlook Then Range("K2").Value = "x"
            'Bildungsabschluss
            Range("L2").Value = .Bildung.Value
            'Bundesland
            Range("M2").Value = .Bundesland.Value
            'Kurse im Semester
            Range("N2").Value = .Kurse.Value
        End With

End Sub
```

Zeilenangabe durch Variable ersetzen

Anschließend muss die starre Zeilenangabe bzw. die Zeile 2 in der gesamten Prozedur durch die Variable *freie_Zeile* ersetzt werden.

1   Dazu eignet sich die Methode *Ersetzen*, die aus der Textbearbeitung bekannt sein dürfte. Markieren Sie die gesamte Prozedur und klicken Sie im Menü *Bearbeiten* auf *Ersetzen…*.

2   Geben Sie im Feld *Suchen nach* die zu ersetzende Zeichenfolge **2"** ein und im Feld *Ersetzen durch* die Zeichen **"& freie_Zeile** (siehe Bild). Klicken Sie dann auf *Alle ersetzen* oder wählen Sie jeweils *Weitersuchen* und *Ersetzen*, wenn Sie die Ersetzungen einzeln kontrollieren möchten.

Tipp: Statt vorher die Prozedur zu markieren, können Sie auch unter *Suchen in* die Option *aktueller Prozedur* aktivieren.

```
Sub Daten_speichern_flexibel()
'Daten aus der Eingabemaske in Tabelle1 ablegen
'Aufruf über Schaltfläche "Angaben speichern"

    Workshe
```

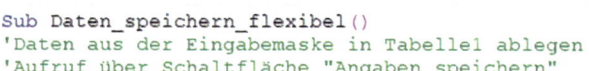

<figure>
Ersetzen dialog:

Suchen nach: 2"
Ersetzen durch: " & freie_Zeile

Suchen in
○ aktueller Prozedur
○ aktuellem Modul
○ aktuellem Projekt
◉ markiertem Text

Suchrichtung: Alles
☐ Nur ganzes Wort suchen
☐ Groß-/Kleinschreibung beachten
☐ Mit Mustervergleich

[Weitersuchen] [Abbrechen] [Ersetzen] [Alle ersetzen] [Hilfe]

Microsoft Visual Basic for Applications
ⓘ Der angegebene Bereich wurde durchsucht. 19 Elemente wurden ersetzt.
[OK] [Hilfe]
</figure>

```
With Ei
    'An
    Ran
    Ran
    If
    Els
    End
    Range (
    'Gende
    If .Ge
    If .Ge
    'VBA-V
    If .Vo
        Ra
    Else
        Range("F2").Value = "nein"
    End If
    'EXCEL-Status in Spalte J
    If .Kurs1 Then Range("G2").Value = "I"
    If .Kurs2 Then Range("G2").Value = "II"
    If .Kurs3 Then Range("G2").Value = "III"
    'Erfahrungen mit MS-Office in Spalte K - N
    If .MS_Word Then Range("H2").Value = "x"
    If .MS_Access Then Range("I2").Value = "x"
    If .MS_PPT Then Range("J2").Value = "x"
    If .MS_Outlook Then Range("K2").Value = "x"
    'Bildungsabschluss
    Range("L2").Value = .Bildung.Value
    'Bundesland
    Range("M2").Value = .Bundesland.Value
    'Kurse im Semester
    Range("N2").Value = .Kurse.Value
End With

End Sub
```

Bild 8.82 Ersetzen der Zeile2 durch die Varable freie_Zeile

Das Ergebnis sollte so aussehen (Ausschnitt):

```
'Angaben zur Person Spate A - G
Range("A" & freie_Zeile).Value = .Nachname.Value
Range("B" & freie_Zeile).Value = .Vorname.Value
If IsDate(.GebDat.Value) Then
    Range("C" & freie_Zeile).Value = CDate(.GebDat.Value)
Else
    Range("C" & freie_Zeile).Value = "?"
End If
```

Bild 8.83 Zeile 2 wurde durch freie_Zeile ersetzt (Ausschnitt)

Nun muss noch das neue Makro der Speichern-Taste zugeordnet bzw. die Prozedur beim *Click*-Ereignis angepasst werden.

Bild 8.84 Anpassung bei Speichern-Taste (_flexibel)

```
'Speichern der Feldinhalte der Eingabemaske
Daten_speichern_flexibel

'Eingabemaske in Grundzustand (reset)
Eingaben_loeschen

End Sub
```

Nach dem Speichern die nächste freie Zeile ermitteln

Nach dem Speichern eines Datensatzes in die Tabelle muss vor der Eingabe und dem Speichern des nächsten Datensatzes wieder die nächste freie Zeile ermittelt werden. Dazu kann entweder die Variable *freie_Zeile* um den Wert 1 erhöht (freie_Zeile = freie_Zeile +1) oder neu ermittelt werden.

Da das Textfeld *Anzeige_Position* die nächste freie Zeile anzeigen soll, bietet sich der erneute Aufruf der Prozedur *freie_zeile_ermitteln* an; am besten am Ende der Prozedur *Eingaben_loeschen*, siehe Bild unten.

Bild 8.85 Erweiterung im Löschen-Makro (aktueller Stand)

```
Sub Eingaben_loeschen()
Dim element As Object

    'Löschen der aktuellen Formularinhalte typabhängig
    For Each element In Eingabemaske.Controls
        If TypeName(element) = "TextBox" Then element.Value = ""
        If TypeName(element) = "ComboBox" Then element.Value = ""
        If TypeName(element) = "CheckBox" Then element.Value = False
    Next
    'Grundeinstellungen bei Optionsfeldern vornehmen
    Eingabemaske.Gender_neutral.Value = True
    Eingabemaske.Vorkenntnisse_neutral.Value = True
    Eingabemaske.Kurs1.Value = True
    'Datumsanzeige wieder herstellen
    Eingabemaske.Anzeige_Datum.Value = Date
    'nächste freie Zeile ermitteln und anzeigen
    freie_zeile_ermitteln

End Sub
```

Stand: Anmeldung_05. xlsm

8.5   Daten aus der Tabelle in der Eingabemaske anzeigen

Dieselbe Eingabemaske kann auch zur übersichtlichen zeilenweisen Wiedergabe der Tabelleninhalte verwendet werden. Es muss lediglich die Datenrichtung umgekehrt. d. h. Ziel und Quelle vertauscht werden. Ziel ist nun die Eingabemaske, Quelle ist die Tabelle im Arbeitsblatt *Tabelle1*. Das Durchblättern der Tabellenzeilen kann mit einem Schieberegler (Bildlaufleiste) erfolgen.

Es fehlt bislang auch noch die Anzeige aller, in der Tabelle vorhandenen, Daten im Listenfeld des Formulars. Dort sollen jeweils Nachname, Vorname und die Zeilennummer angezeigt werden.

Namen im Listenfeld der Eingabemaske anzeigen

Im großen Listenfeld auf der rechten Seite der Eingabemaske mit dem Objektnamen *Namensliste* sollen beim Aufruf alle, in der Tabelle gespeicherten Personen namentlich zu sehen sein.

Fügen wir also im Modul *Formularinhalte* eine neue Prozedur mit dem Namen *Namensliste_anzeigen* und den unten abgebildeten Anweisungen ein.

```
Sub Namensliste_anzeigen()
'Zeilennummer, Nachname, Vorname der eingetragenen Personen
Dim i As Integer

    'vorhandene Einträge löschen
    Eingabemaske.Namensliste.Clear
    'Neueinträge generieren ab Zeile 2
    For i = 2 To freie_Zeile - 1
        Eingabemaske.Namensliste.AddItem i & ": " & _
            Range("A" & i).Value & ", " & Range("B" & i).Value
    Next i

End Sub
```

Bild 8.86 Anzeige der Tabelleneinträge im Listenfeld

▶ Die Laufvariable *i* wird benötigt, um die Zeilen der Tabelle nacheinander, beginnend ab der 2. Zeile bis zur letzten benutzten Zeile (*freie_zeile - 1*) zu adressieren. Sie wird als Integer-Variable deklariert.

▶ Zuerst werden evtl. vorhandene Einträge im Listenfeld gelöscht (*clear*) bevor zeilenweise in einer *For...Next*-Schleife die Nachnamen und Vornamen abgefragt werden. Innerhalb der Schleife werden die gewünschten Angaben mit Doppelpunkt bzw. Komma als Trennzeichen durch das kaufmännische Und (&), dem Verkettungsoperator, in einer Textzeile aneinandergefügt:

i & ": " & SpalteNachname & ", " & SpalteVorname

▶ Damit diese Einträge in das Listenfeld der Maske eingelesen werden, muss die Prozedur aus der Startprozedur der Eingabemaske *Eingabemaske_starten* aufgerufen werden, und zwar am Ende der Prozedur, bevor die Maske gezeigt wird.

```
'nächste freie Zeile ermitteln und eintragen
freie_zeile_ermitteln

'Namen aus der Tabelle im Listenfeld anzeigen
Namensliste_anzeigen

'Eingabemaske aufrufen
Eingabemaske.Show

End Sub
```

Bild 8.87 Die Prozedur Eingabemaske_starten wurde um den Aufruf Namensliste_anzeigen erweitert

Zur Kontrolle starten wir die Eingabemaske über entweder das Makro selbst oder aus dem Arbeitsblatt heraus über die Tastenkombination Strg+ m.

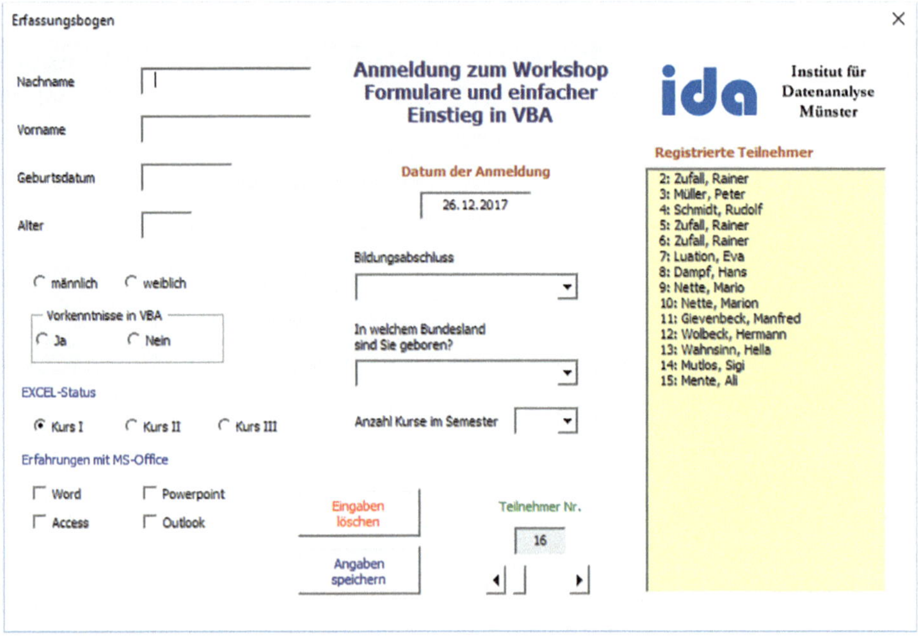

Bild 8.88 Beim Aufruf der Eingabemaske werden vorhandene Namen angezeigt

Namensliste beim Speichern aktualisieren

Beim Hinzufügen neuer Daten wird nach dem Betätigen der *Speichern* Schaltfläche die Namensliste nicht neu aufgebaut. Als Abhilfe fügen Sie der Ereignisprozedur *cmd_speichern_Click* am Ende den Aufruf der Prozedur *Namensliste_anzeigen* hinzu. Dadurch wird bei jedem Speichern auch die Namensliste aktualisiert.

Ausgewählte Tabellenzeilen in der Eingabemaske anzeigen

Die nun folgende Aufgabe, nämlich ausgewählte Tabellenzeilen in der Eingabemaske anzeigen, entspricht in ihrem Aufwand in etwa dem der Datenspeicherung. Datenquelle und Ziel für den Datentransfer müssen jedoch vertauscht werden. Hinzu kommen noch einige Abfragen, da in manchen Spalten bei der Wahl zwischen verschiedenen Möglichkeiten nur jeweils eine Auswahl gespeichert wurde: Gender (m/w), VBA-Vorkenntnisse (ja/nein), Kurs (I-III). Dies betrifft die Aktivierung der entsprechenden Optionsfelder. Alle anderen Texte können direkt in die Eingabemaske bzw. die Textfelder „zurückgespiegelt" werden.

▶ Im ersten Schritt fügen Sie für die neu zu erstellende Prozedur ein eigenes Modul mit dem Namen *Daten_anzeigen* hinzu.

▶ Da alle gespeicherten Werte in der Maske angezeigt werden sollen, bietet es sich an, das Makro *Daten_speichern_flexibel* (Modul *Datentransfer2*) komplett in das neue Modul zu kopieren und umzubenennen in *Daten_in_maske_anzeigen*.

In den folgenden Schritten werden programmzeilenweise Änderungen vorgenommen. Dieses Vorgehen hat zum Vorteil, dass die Wahrscheinlichkeit von Tippfehlern reduziert und die gleiche (bewährte) Struktur beim Datentransfer zur Maske beibehalten wird.

Datenquelle und Ziel vertauschen

Die Hauptaufgabe besteht darin Quelle und Ziel zu tauschen. Die Zwischenablage und die altbekannten Tastenkombinationen Strg+X und Strg+V leisten dabei gute Dienste.

```
Sub Daten_in_maske_anzeigen()
'Daten aus der Tabelle1 in der Eingabemaske anzeigen

    Worksheets("Tabelle1").Activate

    With Eingabemaske
        'Angaben zur Person Spate A - G
        .Nachname.Value = Range("A" & freie_Zeile).Value
        .Vorname.Value = Range("B" & freie_Zeile).Value
```

Bild 8.89 Beim Transfer zur Maske müssen Datenquelle und Ziel vertauscht werden

Daten in Optionsfeldern anzeigen

Die Inhalte für Textfelder können einfach aus der Zelle an die Eingabemaske übergeben werden. Liegen für eine Spalte drei oder mehr Antwortmöglichkeiten vor, so eignet sich die *Select Case*-Anweisung besser als verschachtelte *If*-Abfragen. Da wir für die Angaben zu Gender und VBA-Vorkenntnisse je drei Optionsfelder vorgesehen haben – auch, wenn nur zwei davon sichtbar sind – benötigen wir hierfür *Select Case*-Anweisungen. **Hinweis**: Zur besseren Übersicht verwenden wir bei den Case-Anweisungen die Darstellung in einer Zeile, bei welcher nach dem Doppelpunkt die zweite Programmzeile folgt.

```
Sub Daten_in_maske_anzeigen(zeile As Long)
'Daten aus der Tabelle1 in der Eingabemaske anzeigen

    Worksheets("Tabelle1").Activate
    With Eingabemaske
        'Angaben zur Person Spate A - D
        .Nachname.Value = Range("A" & zeile).Value
        .Vorname.Value = Range("B" & zeile).Value
        .GebDat.Value = Range("C" & zeile).Value
        .Alter.Value = Range("D" & zeile).Value
        'Gender in Spalte E
        Select Case Range("E" & zeile).Value
            Case "":    .Gender_neutral.Value = True
            Case "m":   .Gender_m.Value = True
            Case "w":   .Gender_w.Value = True
        End Select
        'VBA-Vorkenntnisse in Spalte F
        Select Case Range("F" & zeile).Value
            Case "":    .Vorkenntnisse_neutral.Value = True
            Case "ja":  .Vorkenntnisse_ja.Value = True
            Case "nein": .Vorkenntnisse_nein.Value = True
        End Select
        'EXCEL-Status in Spalte G
        Select Case Range("G" & zeile).Value
            Case "I":   .Kurs1.Value = True
            Case "II":  .Kurs2.Value = True
            Case "III": .Kurs3.Value = True
        End Select
```

Bild 8.90 Makro zum Übertragen der Daten in die Eingabemaske (1.Teil) mit Übergabeparameter (zeile)

Wenn sich zwei Antwortoptionen eine Spalte teilen, kann das richtige Optionsfeld auch mit einer *If…Then…Else*-Abfrage ausgewählt werden. Wurde in einer Zelle keine Antwort hinterlegt, so muss dafür Sorge getragen werden, dass nicht angesprochene Optionsfelder auch leer bleiben. Das betrifft in unserem Beispiel die Spalten H bis K.

Bild 8.91 Makro zum Übertragen der Daten in die Eingabemaske (2. Teil)

```vba
'Erfahrungen mit MS-Office in Spalte H - K
If Range("H" & zeile).Value = "x" Then
    .MS_Word.Value = True
Else
    .MS_Word.Value = False
End If
If Range("I" & zeile).Value = "x" Then
    .MS_Access.Value = True
Else
    .MS_Access.Value = False
End If
If Range("J" & zeile).Value = "x" Then
    .MS_PPT.Value = True
Else
    .MS_PPT.Value = False
End If
If Range("K" & zeile).Value = "x" Then
    .MS_Outlook.Value = True
Else
    .MS_Outlook.Value = False
End If
'Bildungsabschluss in Spalte L
.Bildung.Value = Range("L" & zeile).Value
'Bundesland in Spalte M
.Bundesland.Value = Range("M" & zeile).Value
'Kurse im Semester in Spalte N
.Kurse.Value = Range("N" & zeile).Value
    End With
End Sub
```

Die ausgewählte Zeile als neue Zeilenvariable festlegen

Da die Prozedur ausgewählte Tabellenzeilen in der Maske wiedergeben soll, ist noch eine weitere wichtige Änderung erforderlich. Die Auswahl der Zeile erfolgt über den Schieberegler (Scrollbar oder Bildlaufleiste) und der hier eingestellte Wert muss an die Prozedur übergeben werden.

Die Parameterübergabe erfolgt beim Aufruf der Prozedur. Die Weiterverwendung im Makro selbst übernimmt eine Variable, die im Prozedurkopf zwischen den Klammern der *Sub*-Zeile deklariert wird. Wir nennen diese Variable einfach *zeile*. Im gesamten Makro muss deshalb die Variable *freie_zeile* durch die neue Variable *zeile* ersetzt werden.

Auch diese Aufgabe übernimmt wieder der Befehl *Bearbeiten* ▸ *Ersetzen…*, siehe Seite 258. Das Ergebnis sehen Sie in Bild 8.92.

```vba
Sub Daten_in_maske_anzeigen(zeile As Long)
'Daten aus der Tabelle1 in der Eingabemaske anzeigen

    Worksheets("Tabelle1").Activate
    With Eingabemaske
        'Angaben zur Person Spate A - D
        .Nachname.Value = Range("A" & zeile).Value
        .Vorname.Value = Range("B" & zeile).Value
        .GebDat.Value = Range("C" & zeile).Value
        .Alter.Value = Range("D" & zeile).Value
        'Gender in Spalte E
        Select Case Range("E" & zeile).Value
            Case "":    .Gender_neutral.Value = True
            Case "m":   .Gender_m.Value = True
            Case "w":   .Gender_w.Value = True
        End Select
        'VBA-Vorkenntnisse in Spalte F
        Select Case Range("F" & zeile).Value
            Case "":    .Vorkenntnisse_neutral.Value = True
            Case "ja":  .Vorkenntnisse_ja.Value = True
            Case "nein": .Vorkenntnisse_nein.Value = True
        End Select
        'EXCEL-Status in Spalte G
        Select Case Range("G" & zeile).Value
            Case "I":   .Kurs1.Value = True
            Case "II":  .Kurs2.Value = True
            Case "III": .Kurs3.Value = True
        End Select
        'Erfahrungen mit MS-Office in Spalte H - K
        If Range("H" & zeile).Value = "x" Then
            .MS_Word.Value = True
        Else
            .MS_Word.Value = False
        End If
        If Range("I" & zeile).Value = "x" Then
            .MS_Access.Value = True
        Else
            .MS_Access.Value = False
        End If
        If Range("J" & zeile).Value = "x" Then
            .MS_PPT.Value = True
        Else
            .MS_PPT.Value = False
        End If
        If Range("K" & zeile).Value = "x" Then
            .MS_Outlook.Value = True
        Else
            .MS_Outlook.Value = False
        End If
        'Bildungsabschluss in Spalte L
        .Bildung.Value = Range("L" & zeile).Value
        'Bundesland in Spalte M
        .Bundesland.Value = Range("M" & zeile).Value
        'Kurse im Semester in Spalte N
        .Kurse.Value = Range("N" & zeile).Value
    End With
End Sub
```

Bild 8.92 Das gesamte Makro zur Datenübergabe an die Eingabemaske mit Übergabeparameter

Eine Zeile auswählen

Kümmern wir uns nun um die Auswahl der Tabellenzeile mithilfe des Schiebereglers und dem Ereignis *Positionswahl_Change*. Mit diesem Ereignis wird die Prozedur *Daten_in_maske_anzeigen* aufgerufen und gleichzeitig die Position des Schiebereglers an die Variable *zeile* übergeben.

Bild 8.93 Die Bildlaufleiste gibt die Zeilennummer zur Anzeige vor

```
Private Sub Positionswahl_Change()

    'Anzeige der Zeilennummer
    Me.Anzeige_Position.Value = Me.Positionswahl.Value
    'Übergabewert als Zeilenzahl
    Daten_in_maske_anzeigen (Me.Positionswahl.Value)

End Sub
```

Durch die Bewegung der Bildlaufleiste lässt sich nun der Tabelleninhalt zeilenweise in der Maske darstellen.

Bild 8.94 Tabellenwerte werden zeilenweise in der Eingabemaske angezeigt

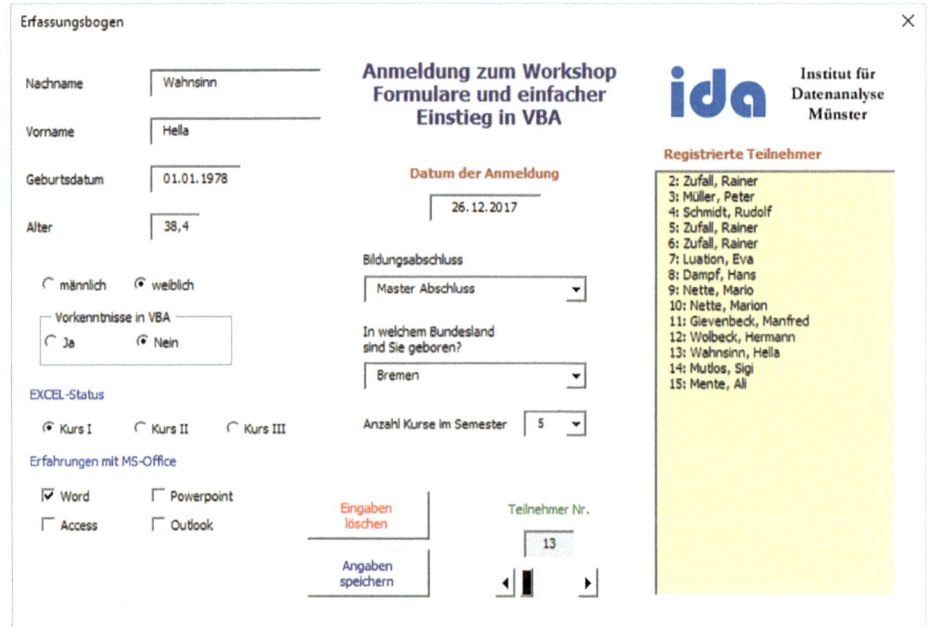

Zum jetzigen Zeitpunkt ist es möglich, Tabelleninhalte aufzurufen. Beim Betätigen der Speichern-Taste wird der ausgewählte Datensatz der Tabelle hinzugefügt und die Namensliste aktualisiert.

Auf diese Weise lässt sich die Tabelle zwar leicht erweitern, aber Korrekturen innerhalb eines Datensatzes am angestammten Platz sind so nicht möglich. Mit dem Korrigieren bzw. Überschreiben vorhandener Daten befassen wir uns im nächsten Kapitel.

```
Private Sub cmd_speichern_Click()
'Datenübergabe an Tabelle nach Pflichtfeldeingaben

    'Abfrage nach Nachname
    If Me.Nachname.Value = "" Then
        MsgBox "Bitte den Nachnamen eingeben, sonst Speichern nicht möglich"
        Exit Sub
    End If
    'Abfrage der Optionsfelder
    If Me.Gender_neutral Then
        MsgBox "Bitte legen Sie sich fest: m/w"
        Exit Sub
    End If
    If Me.Vorkenntnisse_neutral Then
        MsgBox "Bitte geben Sie Ihre VBA-Vorkenntnisse an"
        Exit Sub
    End If

    'Speichern der Feldinhalte der Eingabemaske
    Daten_speichern_flexibel

    'Eingabemaske in Grundzustand (reset)
    Eingaben_loeschen

    'Namensliste aktualisieren
    Namensliste_anzeigen

End Sub
```

Bild 8.95 Daten speichern mit Aktualisierung der Namensliste

Stand: Anmeldung_06. xlsm

Daten in der Tabelle korrigieren bzw. überschreiben

Die Eingabemaske eignet sich auch, um in einem bestehenden Datenbestand Änderungen vorzunehmen. Sie bietet einen Überblick über alle vorhandenen Einträge eines Datensatzes und erneut vorgegebene Auswahlmöglichkeiten für Änderungen.

Es gibt zwei Möglichkeiten, das Korrigieren bzw. Überschreiben von Daten zu veranlassen:

- durch das Einfügen einer weiteren Befehlsschaltfläche
- oder durch eine zusätzliche Abfrage, die klärt, ob es sich bei der aktuellen Zeilennummer um die freie Zeile am Tabellenende handelt oder ob sie kleiner als diese ist.

Für beide Lösungswege ist eine Speicherprozedur erforderlich, die als Übergabeparameter die aktuelle Zeilenzahl berücksichtigt.

In diesem Beispiel empfiehlt es sich, die bislang verwendete Speicherprozedur, die von der freien Zeile ausgeht, zu belassen und in einem neuen Modul eine neue Prozedur für das Überschreiben der Daten anzulegen.

Dazu fügen wir ein neues Modul mit dem Namen *Datentransfer3* ein und kopieren hierhin die Prozedur *Daten_speichern_flexibel* aus dem Modul *Datentransfer2*. Die Prozedur erhält einen neuen Namen *Daten_überschreiben*, der Übergabeparameter *zeile* wird im Prozedurkopf zwischen den Klammern vom Typ *Long* festgelegt..

Als nächstes passen wir den Kommentar der neuen Situation an und ersetzen die Variable *freie_Zeile* durch *zeile*. Das Suchen-Ersetzen-Verfahren haben Sie in einer vorangegangenen Übung bereits erfolgreich angewendet.

Bild 8.96 Makro zum Überschreiben der Daten in der aktuellen Zeile

```vba
Sub Daten_ueberschreiben(zeile As Long)
'Daten aus der Eingabemaske in Tabelle1 überschreiben

    Worksheets("Tabelle1").Activate

    With Eingabemaske
        'Angaben zur Person Spate A - D
        Range("A" & zeile).Value = .Nachname.Value
        Range("B" & zeile).Value = .Vorname.Value
        If IsDate(.GebDat.Value) Then
            Range("C" & zeile).Value = CDate(.GebDat.Value)
        Else
            Range("C" & zeile).Value = "?"
        End If
        Range("D" & zeile).Value = CDbl(.Alter.Value)
        'Gender in Spalte E
        If .Gender_m Then Range("E" & zeile).Value = "m"
        If .Gender_w Then Range("E" & zeile).Value = "w"
        'VBA-Vorkenntnisse in Spalte F
        If .Vorkenntnisse_ja Then
            Range("F" & zeile).Value = "ja"
        Else
            Range("F" & zeile).Value = "nein"
        End If
        'EXCEL-Status in Spalte G
        If .Kurs1 Then Range("G" & zeile).Value = "I"
        If .Kurs2 Then Range("G" & zeile).Value = "II"
        If .Kurs3 Then Range("G" & zeile).Value = "III"
        'Erfahrungen mit MS-Office in Spalte H - K
        If .MS_Word Then Range("H" & zeile).Value = "x"
        If .MS_Access Then Range("I" & zeile).Value = "x"
        If .MS_PPT Then Range("J" & zeile).Value = "x"
        If .MS_Outlook Then Range("K" & zeile).Value = "x"
        'Bildungsabschluss
        Range("L" & zeile).Value = .Bildung.Value
        'Bundesland
        Range("M" & zeile).Value = .Bundesland.Value
        'Kurse im Semester
        Range("N" & zeile).Value = .Kurse.Value
    End With

End Sub
```

Der Aufruf dieser Prozedur könnte nun mittels einer separaten Befehlsschaltfläche, z. B. *Änderungen speichern* erfolgen. Etwas raffinierter ist die Variante, bei der beim Klick auf die Befehlsschaltfläche *Angaben speichern* eine Abfrage ermittelt, ob es sich um eine neue oder eine geänderte Tabellenzeile handelt.

▶ Entspricht die aktuelle Zeilennummer der freien Zeile am Tabellenende, dann bedeutet dies eine Neueingabe und das Speichern erfolgt wie bisher in Form einer weiteren Tabellenzeile.

▶ Ist die aktuelle Zeilennummer kleiner als die freie Zeile, dann soll die Möglichkeit bestehen, Änderungen in dieser Zeile vorzunehmen. Um ein versehentliches Überschreiben zu verhindern, wird vor dem eigentlichen Speichern mittels *MsgBox* ein Hinweis zum Bestätigen oder Abbrechen vorgeschaltet.

```
Private Sub cmd_speichern_Click()
'Datenübergabe an Tabelle nach Pflichtfeldeingaben
'anhängen oder überschreiben, wenn zeile < freie_zeile

    'Abfrage nach Nachname
    If Me.Nachname.Value = "" Then
        MsgBox "Bitte den Nachnamen eingeben, sonst Speichern nicht möglich"
        Exit Sub
    End If
    'Abfrage der Optionsfelder
    If Me.Gender_neutral Then
        MsgBox "Bitte legen Sie sich fest: m/w"
        Exit Sub
    End If
    If Me.Vorkenntnisse_neutral Then
        MsgBox "Bitte geben Sie Ihre VBA-Vorkenntnisse an"
        Exit Sub
    End If

    'Speichern der Feldinhalte der Eingabemaske          'NEU
    If Me.Positionswahl.Value < freie_Zeile Then
        If MsgBox("Daten Überschreiben?", vbCritical + vbYesNo, "Warnung:") = vbYes Then
            MsgBox "Daten werden überschrieben"
            Daten_ueberschreiben Me.Positionswahl.Value
        Else
            Exit Sub
        End If
    Else
        Daten_speichern_flexibel
    End If

    'Eingabemaske in Grundzustand (reset)
    Eingaben_loeschen

    'Namensliste aktualisieren
    Namensliste_anzeigen

End Sub
```

Bild 8.97 Einfügen der Zeilennummer-Abfrage mit Rückfrage und Entscheidungsweg zum Speichern

Eingabemaske testen

Zum Abschluss dieses Kapitels sollte ein ausführlicher Test der Eingabemaske mit ihren Möglichkeiten folgen.

Zum Schluss noch ein Hinweis

Wenn sie neu eingegebene Datenzeilen aus der Tabelle löschen und danach die Eingabemaske neu starten, werden Sie evtl. feststellen, dass die Angabe der freien Zeile nicht korrekt ist. Das ist auf die Unzulänglichkeit der *UsedRange*-Eigenschaft bei verändertem Tabellenumfang zurückzuführen. Damit hatten wir experimentiert und Auswege erarbeitet (siehe Servicemodul).

Vorschlag: Ändern Sie in der Prozedur *freie_zeile_ermitteln* (Modul *Formularinhalte*) die entsprechende Anweisung und setzten Sie auf die Rückwärtssuche in Spalte A.

```
Sub freie_zeile_ermitteln()
'freie_Zeile wurde PUBLIC s.o.

'    freie_Zeile = Worksheets("Tabelle1").UsedRange.Rows.Count + 1
    freie_Zeile = Worksheets("Tabelle1").Cells(Rows.Count, 1).End(xlUp).Row + 1

    'Eintrag im Formularfeld
    Eingabemaske.Anzeige_Position.Value = freie_Zeile

    'Positionswahl-Regler (ScrollBar) setzten
    Eingabemaske.Positionswahl.Value = freie_Zeile

End Sub
```

Bild 8.98 Auskommen-
tierte alte und aktive neue
Anweisung

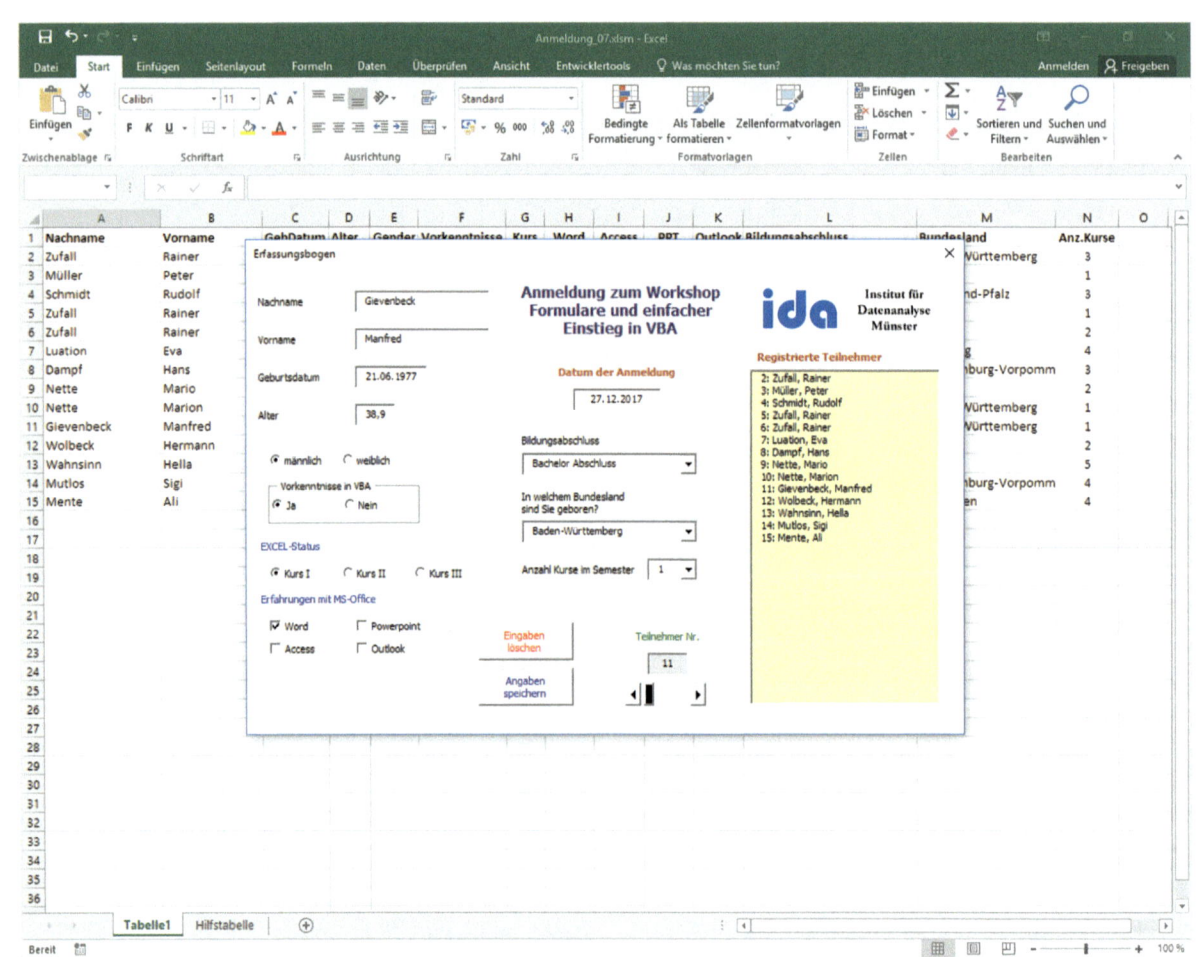

Bild 8.99 Abschließender
Test mit Eingaben und   *Stand: Anmeldung_07.xlsm*
Löschen

9 Beispielformulare für besondere Aufgaben

In diesem Kapitel lernen Sie ...

- Formulare als Formel- und Kopierassistent
- Formular für Wissenstests, Multiple-Choice-Fragen und als Grammatiktrainer
- Farben mischen
- Datei über Formular auswählen und öffnen

Das sollten Sie bereits wissen

- Grundlagen der VBA-Programmierung
- Umgang mit UserForms
- Verwendung und Eigenschaften von ActiveX-Steuerelementen
- Ereignisgesteuerte Prozeduren

Zum Abschluss des Buchs werden in diesem Kapitel einige Beispiele für unterschiedliche Einsatzgebiete von Formularen für mehr oder weniger alltägliche Aufgaben vorgestellt und erläutert.

Da Sie nun mit den Formularsteuerelementen und ihren Eigenschaften vertraut sind und Sie Ereignissteuerungen gezielt einzusetzen wissen, dürfte Ihren kreativen Ideen zur Arbeitserleichterung in den Tabellen und übersichtlichen Steuerung von Abläufen nichts mehr im Wege stehen. Die folgenden Beispiele können vielleicht noch Anregungen geben.

9.1   Formelassistent

UserForms lassen sich flexibel über Tabellen im Arbeitsblatt einsetzen. Der Parameter *vbmodeless* ermöglicht das wechselseitige Arbeiten in Tabellen und Eingabemasken. Im ersten Beispiel soll ein Formular über Befehlsschaltflächen bestimmte Berechnungen für eine selektierte Zelle, im Bild unten A22, zur Verfügung stellen: Auf Knopfdruck, ohne Formeln in die gewünschte Zelle (hier: Nachbarzelle oder übernächste Zelle) eintragen zu müssen.

Bild 9.1 Formular Formelassistent

	Preis	zzgl. 19%	zzgl. 7%
11			
12	Preis	zzgl. 19%	zzgl. 7%
13	51,00 €	60,69 €	
14	76,00 €	90,44 €	
15	74,00 €	88,06 €	
16	34,00 €		36,38 €
17	32,00 €	38,08 €	
18	42,00 €		44,94 €
19	35,00 €		
20	75,00 €	89,25 €	80,25 €
21	56,00 €		59,92 €
22	43,00 €		
23	21,00 €		
24	24,00 €		
25	41,00 €		
26			

Meine Formelsammlung

MWST 19%
in nächste Zelle

MWST 7%
in übernächste Zelle

Alter
in nächste Zelle

BMI
in diese Zelle

Bild 9.2 Die vergebenen Objektnamen

Die Namen der Befehlsschaltflächen

Beim Einfügen in das Formular erhalten die Befehlsschaltflächen indizierte Namen z. B. *CommandButton1*, *CommandButton2*, usw.. Verständlicher ist es, „sprechende" Bezeichnungen zu vergeben, die ihre Funktion zum Ausdruck bringen. Die Beschriftungen weisen auf die Zielorte der Ergebnisse hin.

Eigenschaften - Formelsammlung

Formelsammlung UserForm
cmd_19vH CommandButton
cmd_7vH CommandButton
cmd_Alter CommandButton
cmd_BMI CommandButton
Formelsammlung UserForm

Formular aufrufen

Das Formular lässt sich durch die Tastenkombination **Strg+m** aufrufen, wenn diese über das Register *Entwicklertools* ▶ *Makros* ▶ *Optionen*) der Prozedur oder dem Makro zugewiesen wurde.

Funktionsweise der Schaltflächen

Den Schaltflächen werden Prozeduren zugeordnet, die durch das *Click*-Ereignis ge-startet werden. Die verwendeten Zellangaben sind relativ zur ausgewählten/aktiven Zelle und werden durch die *Offset*-Eigenschaft vorgegeben. Sie gibt ein Range-Objekt zurück, das in Relation zur aktiven Zelle versetzt steht. Die Anzahl der Zeilen oder Spalten zur aktuellen Position kann negativ (nach links/oben), positiv (nach rechts/unten) oder 0 betragen. Syntax: `Selection.Offset` (Zeilenversatz, Spaltenversatz).

Offset-Eigenschaft, siehe auch Seite 99.

Zur Berechnung des Body-Mass-Index (BMI) werden die Angaben von Körpergewicht und Körpergröße benötigt. Die beiden zur Berechnung benötigten Werte werden in dieser Reihenfolge aus der Tabelle an die benutzerdefinierte Funktion *BMI()* überge-ben. Das Ergebnis soll in der dafür vorgesehenen – durch Mausklick selektierten – Zelle erscheinen.

Bild 9.3 Die Ereignissteu-erungen im Codefenster „hinter dem Formular"

```
Option Explicit

Private Sub cmd_19vH_Click()
'Ergebnis in Nachbarzelle rechts

    Selection.Offset(0, 1).Value = Selection.Value * 1.19

End Sub

Private Sub cmd_7vH_Click()
'Ergebnis 2 Zellen weiter rechts

    With Selection.Offset(0, 2)
        .Value = Selection.Value * 1.07
        .Font.ColorIndex = 11
    End With

End Sub

Private Sub cmd_Alter_Click()
'Ergebnis in Nachbarzelle rechts

    Selection.Offset(0, 1).Value = (Date - Selection.Value) / 365.25

End Sub

Private Sub cmd_BMI_Click()
'BMI wird mittels Funktion berechnet aus Gewicht, Größe

    Selection.Value = BMI(Selection.Offset(0, -2).Value, Selection.Offset(0, -1).Value)

End Sub
```

Bild 9.4 Inhalt von Modul1 und die Funktion BMI

```
Sub Formelsammlung_anzeigen()
' Meine Formelsammlung kann auch
' über STRG + "m" aufgerufen werden

    Formelsammlung.Show vbModeless

End Sub

Function BMI(Gewicht As Double, Groesse As Double) As Double
'BMI = Gewicht / Groesse² [kg/m²]

    BMI = Gewicht / (Groesse * Groesse / 10000)   ' in Zentimeter: 100*100

End Function
```

Anhand der Wertegruppen in Tabelle1 der Beispieldatei lassen sich die Prozeduren ausprobieren. **Achtung**: Auf jegliche Sicherheiten bzw. Absicherungen gegen Fehlauswahl wurde verzichtet.

Bild 9.5 Beispieldatei (Beispiel_Formelassisten.xlsm)

	A	B	C	D	E	F	G	H	I
1	Nachname	Vorname	Geb.Dat.	Alter	Gewicht [kg]	Größe [cm]	BMI		
2	Buche	Hein	11.01.1989	29,2	80	175	26,12		
3	Box	Fritz	01.01.1997		78	182			
4	Dampf	Hans	22.12.2004		54	168			
5	Bola	Tom	12.12.2002		60	178			
6	Zschluss	Kurt	26.04.1935		81	174			
7	Mone	Anne	02.02.1982		65	172			
8	Zufall	Reiner	11.11.1928		92	176	29,70		
9	Kraut	Heide	01.01.2000		69	165			
10	Tiker	Roman	12.08.1993		74	193			
11									
12	Preis	zzgl. 19%	zzgl. 7%						
13	51,00 €	60,69 €							
14	76,00 €	90,44 €							
15	74,00 €	88,06 €							
16	34,00 €		36,38 €						
17	32,00 €	38,08 €							
18	42,00 €		44,94 €						
19	35,00 €								
20	75,00 €	89,25 €	80,25 €						
21	56,00 €		59,92 €						
22	43,00 €								
23	21,00 €								
24	24,00 €								
25	41,00 €								
26									

*Datei:
Beispiel_Formelassistent.xlsm*

▷ **Alter berechnen**
Das Geburtsdatum in Zelle *C3* auswählen, Klick auf die Schaltfläche *Alter in nächste Zeile*, das Ergebnis wird in Zelle *D3* abgelegt.

▷ **Mehrwertsteuer**
Aktivieren Sie z. B. die Zelle *A16*. Ein Mausklick auf *MWSt 19% in nächste Zelle* und das Ergebnis wird in der Zelle rechts daneben *B16* eingetragen. Ein Klick auf die *7%-Taste* liefert das Resultat zwei Zellen weiter rechts in *C16*.

▶ **BMI**

Für die Berechnung des BMI wird die Ergebniszelle *G2* ausgewählt. Beim Aktivieren der Schaltfläche *BMI in diese Zelle* werden die beiden Werte aus *E2* und *F2* an die Funktion übergeben und das Ergebnis erscheint in der aktiven Zelle.

9.2 Kopierassistent

In diesem Beispiel kommen Befehlsschaltflächen zum Einsatz, die aus einer Tabelle bestimmte Zellen oder Bereiche per Mausklick in weitere Tabellen kopieren bzw. verteilen. Unabhängig von der Auswahlreihenfolge sollen die selektierten Werte in den Zieltabellen untereinander angeordnet werden. Dazu ist es notwendig, die aktuelle Größe d. h. die Anzahl der belegten Zeilen zu kennen. Zur Anwendung kommen im Vergleich die Eigenschaften *UsedRange* und *End*.

Im Bild unten der Entwurf des Formulars *Kopierassistent* mit vier Befehlsschaltflächen. Der Aufruf erfolgt wieder mit der Tastenkombination **Strg+m**.

Bild 9.6 Formular Kopierassistent

⯅	A	B	C	D	E		H	⯅
1	Artikelname	Listenpreis	Bestand	Warenwert		Zellen/Bereich kopieren ✕		
2	Teebeutel Minze	1,8	152	273,6				
3	Teebeutel Darjeeling	2,41	119	286,79		Zelle nach Tabelle2		
4	Teebeutel Kräutermix	1,622	17	27,574				
5	Olive Öl	3,63	60	217,8		Zelle nach Tabelle3		
6	Raps Öl	2,46	159	391,14				
7	Pirsiche	3,7	136	503,2				
8	Curry Sauce	4,25	86	365,5		Bereich nach Tabelle3		
9	Nussmix	2,25	99	222,75				
10	Frucht Cocktail	2,85	70	199,5		Zeile nach Tabelle4		
11	Chocolate Biscuits Mix	9,2	86	791,2				
12	Marmelade	1,96	180	352,8				⯆

Tabelle1 | Tabelle2 | Tabelle3 | Tabelle4 ... ⊕

In diesem Fall verzichten wir auf die „sprechenden" Namen der Schaltflächen und beachten lediglich die korrekte Zuordnung der Prozeduren.

Zelle nach Tabelle2 kopieren

Im ersten Fall benutzen wir die *UsedRange*-Eigenschaft, um das Ende der Zieltabelle (*Tabelle2*) festzustellen (Bild 9.7 auf der nächsten Seite). Durch die Verwendung der *With*-Anweisung wird der Programmcode übersichtlicher. Wenn Sie nun versuchen, alle Teesorten – zumindest die ersten drei – nach *Tabelle2* zu kopieren, werden Sie feststellen, dass bei mehrmaligem Kopieren, die *Tabelle2* nicht wächst – alles landet in Zelle A2.

Der Grund: In der ersten Zeile ist kein Eintrag vorhanden und daher geht *UsedRange* immer von der Zeilenzahl 1 aus. Vergeben Sie eine Spaltenüberschrift beispielsweise *Alle Teesorten*, dann wird die Tabelle wachsen.

Bild 9.7 Tabellenumfang mit UsedRange ermitteln

```vba
Option Explicit

Private Sub CommandButton1_Click()
'erste Zeile muss einen Wert enthalten sonst liefert UsedRange immer 1
    With Worksheets("Tabelle2")
        .Range("A" & .UsedRange.Rows.Count + 1).Value = Selection
    End With
End Sub
```

Rückwärtssuche einsetzen

Versuchen wir es mit der bereits bekannten und bewährten Rückwärtssuche. Ausgehend von der maximal möglichen Zeilenzahl in *Tabelle3* und der Eigenschaft *End(xlUp)* findet sich das Ende der Tabelle auch ohne Spaltenüberschrift am Anfang. Die erste Zeile bleibt unbeachtet und leer.

Bild 9.8 Kopieren in Tabelle 2mit der Rückwärtssuche

```vba
Private Sub CommandButton2_Click()
'erste Zeile kann leer sein - bleibt auch leer
Dim zeile As Long
    With Worksheets("Tabelle3")
        zeile = .Range("A" & .Rows.Count).End(xlUp).Row + 1
        .Range("A" & zeile).Value = Selection
    End With
End Sub
```

Bild 9.9 Als einzeilige Anweisung

Wenn man auf die Verwendung der Variablen *zeile* (aus welchem Grund auch immer) verzichten möchte, lässt sich die Anweisung quasi einzeilig schreiben.

```vba
Private Sub CommandButton2_Click()
    With Worksheets("Tabelle3")
        .Range("A" & .Range("A" & .Rows.Count).End(xlUp).Row + 1).Value = Selection
    End With
End Sub
```

Markierten Bereich nach Tabelle 3 kopieren

Als nächstes soll mit *CommandButton3* ein markierter Bereich aus *Tabelle1* nach *Tabelle3* kopiert und dort an eine eventuell vorhandene Tabelle angehängt werden. In Kenntnis der Problematik mit einer leeren ersten Zeile, vergeben wir **vor** der ersten Verwendung eine Spaltenüberschrift.

Bild 9.10 Markierten Bereich nach Tabelle3 kopieren

```vba
Private Sub CommandButton3_Click()
' Selektierten Bereich kopieren/anhängen
' Die erste Zeile muss einen Wert enthalten sonst
' wird die letzte kopierte Zeile überschrieben

    Selection.Copy
    With Worksheets("Tabelle3")
        .Range("A" & .UsedRange.Rows.Count + 1).PasteSpecial
    End With

End Sub
```

Dann markieren wir einen zusammenhängenden Bereich in *Tabelle1* (z. B. die drei Tee-sorten) und betätigen die Schaltfläche *Bereich nach Tabelle3*. Diese Methode lässt sich auch mit nicht zusammenhängenden Zellbereichen – also Anklicken einzelner Zellen mit gleichzeitig gedrückter Strg-Taste – anwenden.

Zeilen nach Tabelle4 kopieren

Fehlt noch die Möglichkeit, Einzelzeilen komplett in eine neue Tabelle (hier *Tabelle4*) zu übertragen und dort zu sammeln. Das erledigt die vierte Schaltfläche ebenfalls mit der Copy-PastSpecial-Methode.

```
Private Sub CommandButton4_Click()
Dim zeile As Long
    Rows(ActiveCell.Row).Copy
    With Worksheets("Tabelle4")
        zeile = .Range("A" & .Rows.Count).End(xlUp).Row + 1
        .Range("A" & zeile).PasteSpecial
    End With
End Sub
```

Bild 9.11 CommandBut-ton4

Als Übungsdatei steht die unten abgebildete Bestandliste in der Datei *Beispiel_Ko-pierassistent.xlsm* zur Verfügung.

	A	B	C	D	E	F	G	H
1	Artikelname	Listenpreis	Bestand	Warenwert				
2	Teebeutel Minze	1,8	152	273,6				
3	Teebeutel Darjeeling	2,41	119	286,79				
4	Teebeutel Kräutermix	1,622	17	27,574				
5	Olive Öl	3,63	60	217,8				
6	Raps Öl	2,46	159	391,14				
7	Pirsiche	3,7	136	503,2				
8	Curry Sauce	4,25	86	365,5				
9	Nussmix	2,25	99	222,75				
10	Frucht Cocktail	2,85	70	199,5				
11	Chocolate Biscuits Mix	9,2	86	791,2				
12	Marmelade	1,96	180	352,8				
13	Cola	7,25	112	812				
14	Bier	8,99	120	1078,8				
15	Langustinos	18,4	45	828				
16	Fischsuppe	4,86	30	145,8				
17	Kaffee Auslese	12,67	48	608,16				
18	Kakao	9,98	138	1377,24				
19	Trockenfrüchte	5,67	190	1077,3				
20	Langkornreis	7	198	1386				

Tabelle1 | Tabelle2 | Tabelle3 | Tabelle4 | ...

Bild 9.12 Beispieldatei Kopierassistent (Auszug)

Datei: Beispiel_Ko-pierassistent.xlsm

9.3 Formular als VBA-Wissenstest

Formulare eignen sich auch ganz hervorragend als Abfragemasken zur Selbstüberprüfung oder als Klausurfragen-Trainer. Hinterlegt werden Fragen zu einem Themengebiet und zu jeder Frage einige Antwortmöglichkeiten. Ob die Entscheidung richtig oder falsch ist, klären Abfragen nach dem „Absenden".

Das erste Beispiel im Bild unten erlaubt jeweils nur eine richtige Antwort. Die Eingabemaske startet wie gehabt beim Öffnen der Datei oder über **Strg+m**.

Bild 9.13 Das Formular

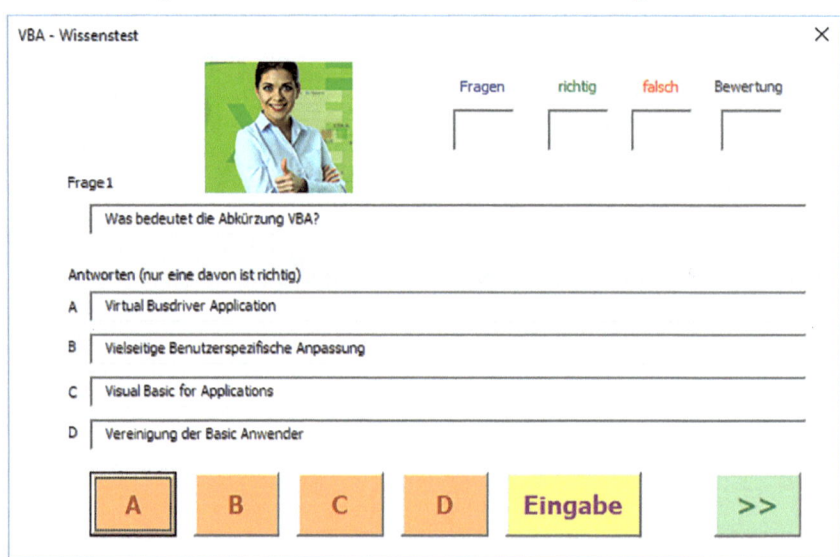

Bild 9.14 Die Fragen mit Antwortmöglichkeiten und Lösung

Die dazugehörigen Fragen, Antwortmöglichkeiten sowie der Buchstabe der richtigen Lösung sind in einer Tabelle hinterlegt.

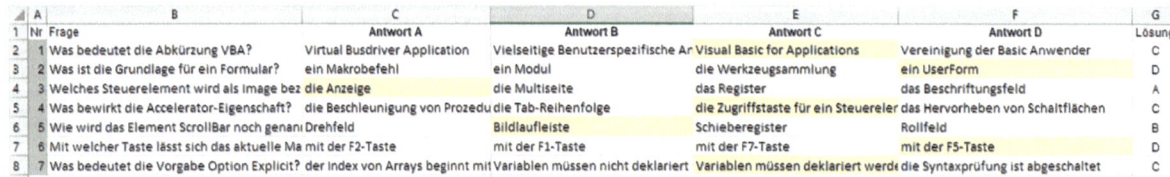

Nr	Frage	Antwort A	Antwort B	Antwort C	Antwort D	Lösung
1	Was bedeutet die Abkürzung VBA?	Virtual Busdriver Application	Vielseitige Benutzerspezifische An	Visual Basic for Applications	Vereinigung der Basic Anwender	C
2	Was ist die Grundlage für ein Formular?	ein Makrobefehl	ein Modul	die Werkzeugsammlung	ein UserForm	D
3	Welches Steuerelement wird als Image bez	die Anzeige	die Multiseite	das Register	das Beschriftungsfeld	A
4	Was bewirkt die Accelerator-Eigenschaft?	die Beschleunigung von Prozedu	die Tab-Reihenfolge	die Zugriffstaste für ein Steuereler	das Hervorheben von Schaltflächen	C
5	Wie wird das Element ScrollBar noch genan	Drehfeld	Bildlaufleiste	Schieberegister	Rollfeld	B
6	Mit welcher Taste lässt sich das aktuelle Ma	mit der F2-Taste	mit der F1-Taste	mit der F7-Taste	mit der F5-Taste	D
7	Was bedeutet die Vorgabe Option Explicit?	der Index von Arrays beginnt mit	Variablen müssen nicht deklariert	Variablen müssen deklariert werde	die Syntaxprüfung ist abgeschaltet	C

Nun sind Sie an der Reihe: Prüfen Sie Ihr VBA-Wissen. Das Betätigen der Schaltfläche mit dem vermuteten Lösungsbuchstaben markiert die nur die gewählte Antwortzeile. Mit Klick auf die Schaltfläche *Eingabe* senden Sie Ihre Antwort ab und die Bewertung wird durch Emotions angezeigt.

Die Anzahl der bearbeiteten Fragen wird registriert sowie die richtigen und falschen Antworten. Überwiegen die richtigen Antworten, erscheint das Textfeld *Bewertung* grün ansonsten rot, bei Gleichstand richtig/falsch gelb.

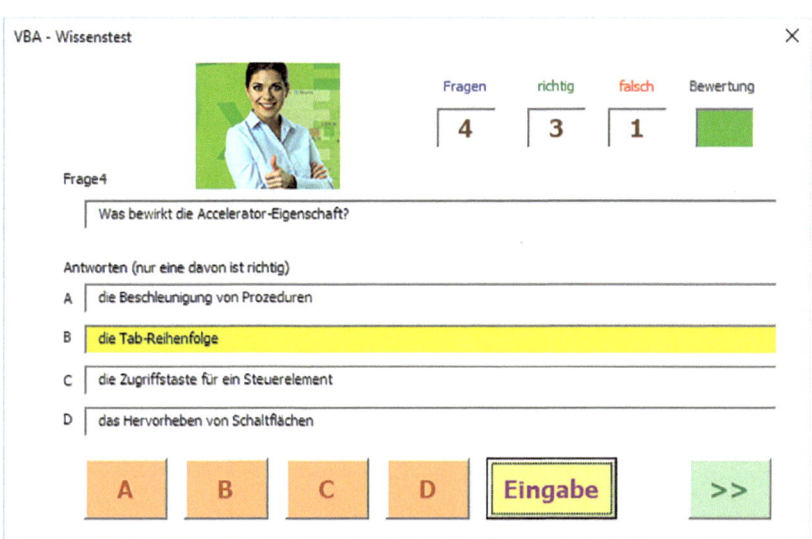

Bild 9.15 Die ausgewählte Antwort wird hervorge-hoben

Haben Sie vergessen, eine Antwort festzulegen, werden Sie beim Klicken auf *Eingabe* daran erinnert. Weiter geht es also nur, wenn eine Antwort durch *Eingabe* geprüft wurde.

Bild 9.16 Keine Antwort ausgewählt

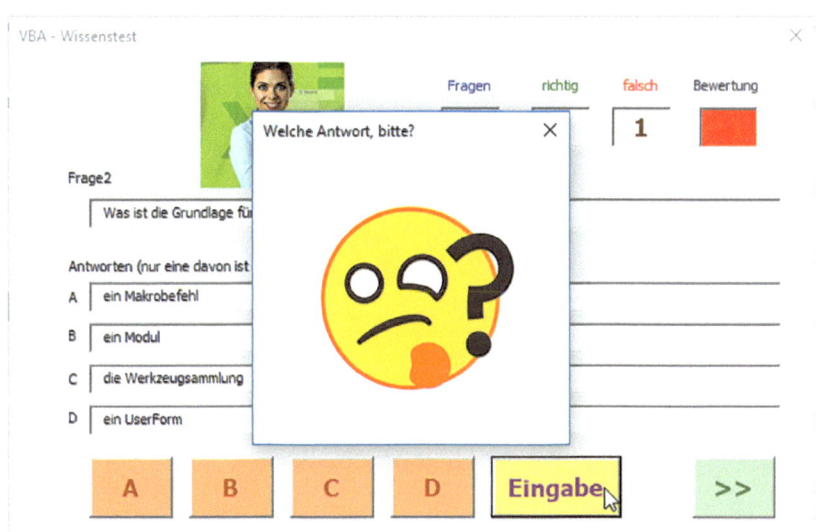

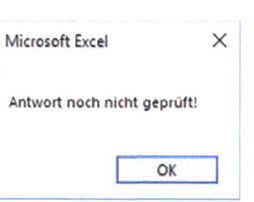

Datei: Beispiel_VBAtest. xlsm

Die Formulare und Makros finden Sie in der Datei *Beispiel_VBAtest.xlsm*.

Hinweis: Um den Blick auf die Fragen und Antworten zu verhindern, wäre es sinnvoll die Tabelle zu verstecken (Voraussetzung zum Verdecken ist eine zweite - leere - Tabelle) wie in Kap. 9.4 beschrieben. Oder über die Eigenschaft *visible = xlSheetVeryHidden*. Siehe auch das Beispiel in Kap 9.5 (Multiple Choice)

9.4 Grammatik-Trainer

Im nächsten Beispiel werden Fragen und Antworten über die Verkettung von Zeichenfolgen erzeugt. Die Sätze wurden über drei Spalten in Tabelle1 aufgeteilt. Die mittlere Spalte enthält sozusagen die korrekte Antwort.

Nach dem Öffnen der Datei erscheint die leere *Tabelle2*. Der Grammatiktest wird mit **Strg+m** gestartet. Über die Taste *weiter* kann der Fragenkatalog durchgeblättert werden.

Bild 9.17 Grammatiktest

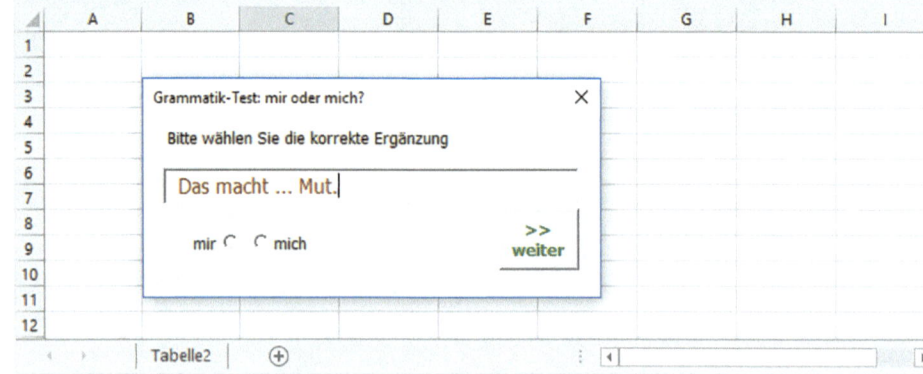

Die dazugehörigen Fragen befinden sich in der ausgeblendeten *Tabelle1*. Mit Rechtsklick auf das Tabellenregister lässt sich der Fragenkatalog sichtbar machen.

Bild 9.18 Der Fragenkatalog

	A	B	C	D	E	F
1	Das macht	mir	Mut.		mich =	Akkusativ
2	Das macht	mich	krank.		mir =	Dativ
3	Du gibst	mir	Halt im Leben.			
4	Bitte gib	mir	etwas Geld.			
5	Enttäusche	mich	nicht.			
6	Vertraue	mir	!			
7	Hörst Du	mich	rufen?			
8	Das überzeugt	mich	nicht.			

Die Fragen werden aus Spalte A, der Zeichenfolge ... (durch die Konstante *Leerfeld* vorgegeben) und dem Inhalt der Spalte C mit dem & Operator verknüpft. Vor dem Aufruf des Formulars *Maske* wird über die Variable *Nummer* die 1. Zeile als Startzeile festgelegt. Die konkrete Formulierung der Frage wird in der Prozedur *anzeigetext* generiert.

Die aktuelle Zeilennummer und die Variable *Leerfeld* werden als Parameter *nr* und *block* übergeben, wenn die UserForm initialisiert wird.

```
Public Const Leerfeld As String = " ... "
Public nummer As Integer

Sub starte_maske()
    nummer = 1
    Maske.Show
End Sub

Sub anzeigetext(nr As Integer, block As String)
    Worksheets("Tabelle1").Activate
    Maske.Textfeld.Value = Range("A" & nr).Value & block & Range("C" & nr).Value
End Sub
```

Bild 9.19 Fragenbildung

Zuvor wird eine Anweisung/Aufforderung im Beschriftungsfeld *Label1* angezeigt.

Bild 9.20 Beim Initialisieren der UserForm

```
Private Sub UserForm_Initialize()
    Me.Label1.Caption = "Bitte wählen Sie die korrekte Ergänzung"
    anzeigetext nummer, Leerfeld
End Sub
```

Um eine Voreinstellung der Optionsfelder für *mir* und *mich* zu vermeiden, wurde ein drittes Optionsfeld (neutral) eingefügt, mit den Voreinstellungen *Value = True* und verdeckt (*Visible = False*). Das zweite Beschriftungsfeld (*Label2*) ist sichtbar, aber ohne Inhalt (*Caption*). Es wird als Hinweisfeld für Dativ/Akkusativ zur Anwendung kommen.

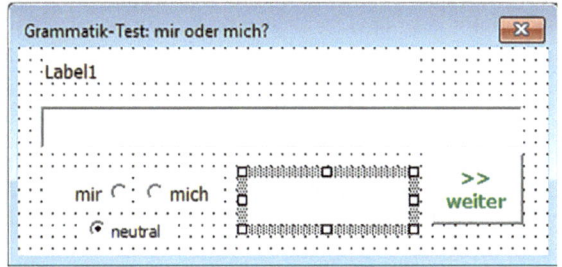

Bild 9.21 Formularansicht mit verdecktem Optionsfeld und markiertem Beschriftungsfeld Label2

Die Kontrolle, ob die Entscheidung korrekt war, erfolgt mit dem Klick in ein Optionsfeld. Die richtige Lösung wird angezeigt oder bzw. ein Fehler mit Hinweis auf den zu wählenden Fall bei einer falschen Antwort.

Bild 9.22 Die Anzeige nach richtiger und falscher Eingabe

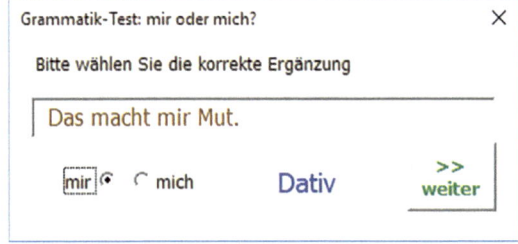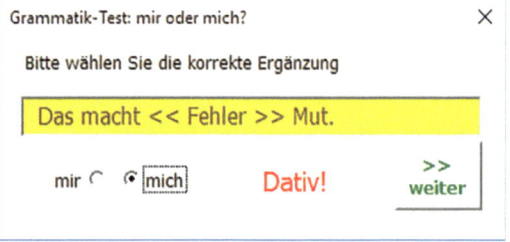

Der Klick auf *weiter* bringt die nächste Frage zur Anzeige. Die vorliegende Tabelle kann nach eigenem Belieben erweitert oder verändert werden und kann auch, wie zu Beginn wieder verdeckt werden. Die Formulare und Makros finden Sie in der Datei *Beispiel_Grammatiktest.xlsm*.

Datei: Beispiel_Grammatiktest.xlsm

9.5   Formular mit Multiple-Choice-Fragen

Die meisten Tests/Prüfungen basieren auf Multiple-Choice-Verfahren. Dabei sind alle Antwortkombinationen zwischen „Keine Antwort ist richtig" und „Alle Antworten sind richtig" möglich. Das folgende Beispiel überprüft, ob die gewählten Antworten der korrekten Kombination entsprechen.

Bild 9.23 Formular für Multiple-Choice-Fragen

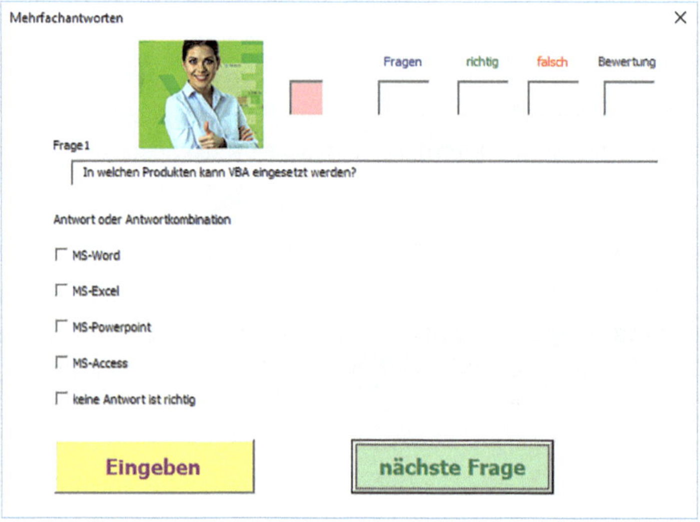

Kontrolle der Antworten

Zur Überprüfung der richtigen Antwortkombination gibt es mehrere Wege. Wir haben uns hier für die Zuordnung von Zahlenwerten entschieden, aus deren Kombination eindeutig die gesetzten Antworten ableitbar sind. Werden den vier Antwortmöglichkeiten A bis D beispielsweise die Zahlen 2, 4, 8 und 16 zugeordnet, lässt sich aus der Wertekombination eine Prüfsumme ermitteln, die der Lösungssumme entspricht. Die fünfte Antwort E „Keine Antwort ist richtig" deaktiviert alle anderen Antworten und die setzt die Lösungssumme auf 1. Ist die Lösungssumme 0, dann bedeutet das, dass keine Antwort gegeben wurde und ein entsprechender Hinweis wird angezeigt.

Bild 9.24 Antwortkombinationen

Antwortkombination					Lösung	
D	**C**	**B**	**A**	**E**	**Wert**	
$2^4 = 16$	$2^3 = 8$	$2^2 = 4$	$2^1 = 2$	$2^0 = 1$	dezimal	
0	0	0	1	0	2	
0	0	1	0	0	4	
0	0	1	1	0	6	
0	1	0	0	0	8	
0	1	0	1	0	10	
0	1	1	0	0	14	
...	...	...	...		...	
1	1	1	1	0	30	
0	0	0	0	1	1	keine Antwort ist richtig
0	0	0	0	0	0	keine Antwort gegeben

Um auch optisch die richtigen Antworten hervorzuheben – wie ja oder nein – stehen symbolisch die Zahlen 1 oder 0 in den Tabellenspalten, die für sich jeweils einen Potenzwert der Zahl 2 repräsentieren. (Eine kleine „Spielerei" im Binärbereich – die direkte Wertezuordnung ist selbstverständlich auch möglich.)

Bild 9.25 Fragen, Antwortmöglichkeiten und Lösung sind in Tabelle1 hinterlegt

⊿	A	B	C	D	E	F	G	H	I	J	K	L	M
1	Nr	Frage	Antwort A	Antwort B	Antwort C	Antwort D		A	B	C	D	E (keine)	Summe
2	1	In welchen Produkten kann	MS-Word	MS-Excel	MS-Powerpoint	MS-Access		1	1	1	1		30
3	2	Welche Elemente gehören	Kombinationsfeld (Anzeigen)	Bild (Anzeigen)	Umschaltflächen	Bezeichnungsfelder			1	1			12
4	3	Was bewirkt Application.Sc	Der Bildschirm wi	Das Programm kann be	Der Bildschirm wird für	Das Flackern beim Anzeigenwechsel wird		1			1		20
5	4	Was bedeutet die Vorgabe	Variablen müssen	Der Index von Arrays b	Es kommt grundsätzlic	Variablen werden öffentlich		1					2
6	5	Wie wird eine lokale Variat	Mit dem Zusatz "l	Mit dem Zusatz "privat	Innerhalb des Makros	Außerhalb des Makros				1			8
7	6	Wodurch sind Exceldateien	Beim Öffnen erfo	Die Dateierweiterung \	Die dateierweiterung \	Es besteht äußerlich kein Un		1	1				6
8													0

In den Spalten H bis L bestimmt eine 1 oder eine 0 (leer) die Wertigkeit der 5 Antwortmöglichkeiten. Dazu werden den Kontrollkästchen *Antwort_A* bis *Antwort_E* Potenzwerte der Zahl 2 zugeordnet und über eine Summenformel in Spalte M übernommen.

Bild 9.26 Summenbildung in Spalte M, Zeile 2

WENN ▼ : × ✓ fx $=(H2*2)+(I2*4)+(J2*8)+(K2*16)+L2$

⊿	A	H	I	J	K	L	M	N
1	Nr	A	B	C	D	E (keine)	Summe	
2	1	1	1	1	1		$=(H2*2)+(I2*4)+(J2*8)+(K2*16)+L2$	
3	2		1	1			12	UK 11
4	3		1		1		20	UK 11

Diese Vorgehensweise erlaubt eine eindeutige Interpretation aller Antwortkombinationen. Zur Verdeutlichung der Summenbildung bei unterschiedlichen Kombinationen befindet sich in der Eingabemaske ein quadratisches rötlich hinterlegtes Textfeld.

Die Dialogfelder mit den Emotions bei korrekter bzw. falscher Eingabe sind dem Beispiel aus Punkt 9.3, Formular als VBA-Wissenstest, entnommen.

Formuar testen

Die Formulare und Makros finden Sie in der Datei *Beispiel_MultiplChoice.xlsm*. Das Multiple-Choice-Formular startet automatisch beim Öffnen der Datei vor einem hellgrauen Hintergrund. Zum Beenden des Tests muss zuerst das Formular beendet werden. Die Schaltfläche *Beenden* in der linken oberen Ecke schließt die Datei.

Datei: Beispiel_MultipleChoice.xlsm

Bild 9.27 Datei schließen

Doch wie kommt man „Backstage" in die Entwicklungsumgebung? Wir möchten Ihnen das nicht vorenthalten, denn schließlich sollen die hier gezeigten Lösungsansätze Sie motivieren. Ganz bestimmt finden Sie auch noch Verbesserungsmöglichkeiten. Zur Anwendung kommen ein paar einfache „dirty tricks".

▶   Beim Öffnen der Datei werden zwei UserForms angezeigt: die Hintergrundmaske mit der Schaltfläche *Beenden* als *vbModeless* und darüber *Maske2* mit den Multiple-Choice-Fragen.

Bild 9.28 Die beiden Masken starten

```
Sub maske_starten()

    Hintergrundmaske.Show vbModeless
    antwort = ""
    Anzahl_Fragen = 0
    Anzahl_richtig = 0
    Anzahl_falsch = 0
    frage_generieren 2
    Maske2.Show

End Sub
```

Achtung: Die Hintergrundmaske ist übergroß angelegt: Height 1800, Width 2400. Daher befindet sich die *Schließen*-Schaltfläche *x* zum Beenden der Maske rechts außerhalb des sichtbaren Bildschirmbereichs, was der Anwender (sonst) nicht ahnt. Verschieben Sie also die graue Hintergrundmaske so lange nach links bis Sie über das *x* die Maske schließen können.

Bild 9.29 Eigenschaften von Tabelle1

▶   Wenn Sie sich auf diese Weise Zugang zu den Tabellen verschafft haben, finden Sie nur das Tabellenblatt *Oberfläche* mit einheitlich grauen Zellen vor. Auch diese könnte schon als Hintergrund ausreichen. Die eigentliche Tabelle mit den Fragen und Lösungen wurde aktiv versteckt, siehe Bild, Eigenschaften.

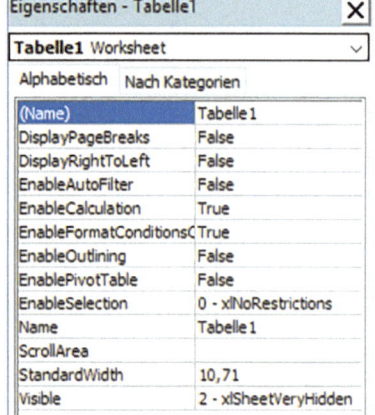

Projekt im VBA-Editor anzeigen

Wir treffen uns Backstage (Tastenkombination Alt + F11). Der VBA-Editor wird auch angezeigt, doch die Anzeige des aktuellen Projekts ist durch ein Passwort geschützt. – Es lautet „Passau" (wie sonst?). Das Projekt wurde im VBA-Editor über den Menübefehl *Extras ▸ Eigenschaften von VBAProjekt* geschützt (siehe auch Seite 124).

Bild 9.30 Kennwort zum Anzeigen des Projekts eingeben

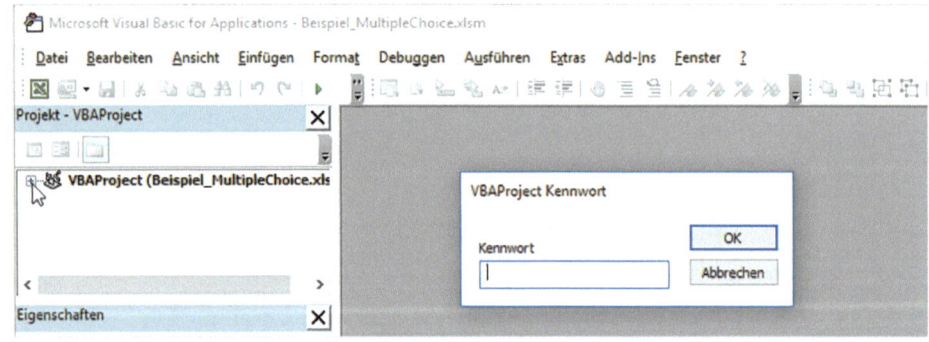

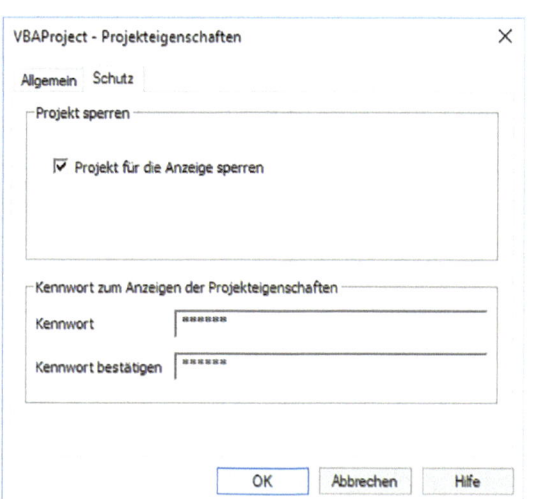

Bild 9.31 Projekt mit Kennwort für die Anzeige sperren

Die dazugehörigen Prozeduren und UserForms

Nun können Sie die Makros und UserForms einsehen. Der Programmcode zur Antwortsteuerung befindet sich im Codefenster hinter dem Formular *Maske2*. Das Modul *Einstellungen* enthält mit der Prozedur *Tabelle_zeigen* die Möglichkeit zur Sichtbarmachung von *Tabelle1*.

```vba
Sub Tabelle_verstecken()
    Worksheets("Tabelle1").Visible = xlSheetVeryHidden
End Sub

Sub Tabelle_zeigen()
    Worksheets("Tabelle1").Visible = xlSheetVisible
End Sub
```

Bild 9.32 Tabelle_verstecken und Tabelle_anzeigen

Beim Schließen der Datei, beim Ereignis *Workbook_BeforeClose* wird die *Tabelle1* wieder unsichtbar-„very unsichtbar".

```vba
Private Sub Workbook_BeforeClose(Cancel As Boolean)
    Tabelle_verstecken
    Application.Quit
End Sub

Private Sub Workbook_Open()
    maske_starten
End Sub
```

Bild 9.33 Beim Schließen der Mappe wird die Tabelle ausgeblendet

Datei: Beispiel_Multipl-Choice.xlsm

285

9.6 Farbmischpult

Sie möchten spezielle Farben zur Gestaltung von Formularen oder zur Hintergrundgestaltung einsetzen? Dann kennen Sie den Weg über die benutzerdefinierte Farbpalette. Mit dem folgenden Formular haben Sie die Möglichkeit, die Farbkomponenten Rot, Grün und Blau (*RGB*) über Schieberegler frei zu mischen. Außerdem werden die vordefinierten *VB-Farbkonstanten* angezeigt und auf Knopfdruck lassen sich die *ColorIndex*-Farbwerte in einer Tabelle darstellen.

Nach dem Öffnen der Datei *Beispiel_Farbmischpult.xlsm* wird das Formular automatisch angezeigt. Es lässt sich auch wieder mit **Strg + m** aufrufen.

Bild 9.34 Formular Farbmischpult

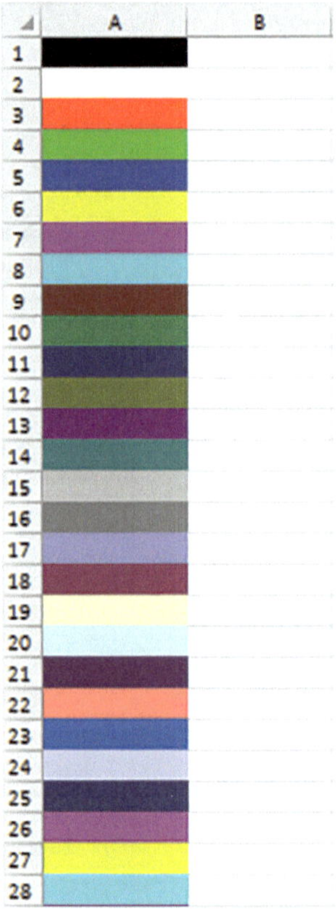

Bild 9.35 ColorIndex-Farben in Tabelle1

Datei: Beispiel_Farbmischpult.xlsm

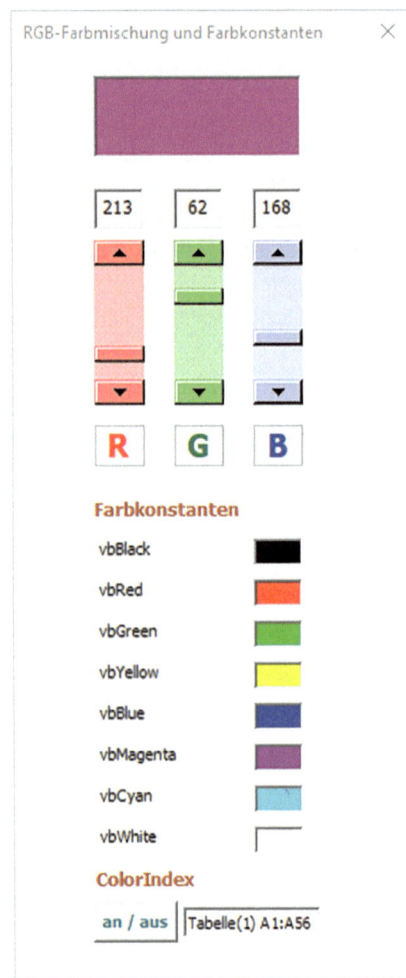

▶ Die Grundeinstellung ist ein weißes Feld in weißer Farbe (R=255, G=255, B=255). Durch Betätigen der darunter befindlichen Bildlaufleisten lassen sich Mischfarben erzeugen und die RGB-Farbwerte ablesen.

▶ Die vordefinierten VB-Farbkonstanten füllen Textfelder rechts neben ihrer Bezeichnung.

▶ Die Farbwerte 1 bis 56 für die *ColorIndex*-Eigenschaft der Hintergrundfarben (*Interior.ColorIndex*) werden durch ein Umschaltfeld (*ToggleButton*) in *Tabelle1* alternierend angezeigt bzw. gelöscht. Zum Entfernen der Farbe wird der Indexwert 0 übergeben.

Farbwerte über Bildlaufleisten festlegen

Schwerpunkt dieses Formulars sind drei Bildlaufleisten (*ScrollBars*) als Farbregler. Stufenlos lassen sich für die drei Grundfarben die Werte zwischen 0 und 255 verändern. Das Resultat wird als Hintergrund (*BackColor*) des Textfeldes darüber angezeigt. Bei jeder Änderung (*Change*-Ereignis) werden die einzelnen Farbwerte als Parameter *Rot*, *Gruen* und *Blau* an die Prozedur *Mischfarbe* und hier an die Funktion *RGB* übergeben.

```
Private Sub Mischfarbe(Rot As Integer, Gruen As Integer, Blau As Integer)
    Me.Farbflaeche.BackColor = RGB(Rot, Gruen, Blau)
End Sub
```

Bild 9.36 Mischfarbe mit der Funktion RGB

Farbindex im Tabellenblatt anzeigen/löschen

Das Umschaltfeld kennt nur zwei Zustände (wahr/falsch). Daher reicht eine einfache *If-Then-Else*-Abfrage, die mit jedem Click-Ereignis ausgelöst wird. *For-Next*-Schleifen färben oder entfärben den Hintergrund der Zellen.

Bild 9.37 Farbindex anzeigen/löschen

```
Private Sub Umschalter_ColorIndex_Click()
'ColorIndex-Farben werden alternierend in Tabelle1 Spalte A angezeigt/gelöscht
Dim i As Byte
    If Umschalter_ColorIndex.Value = True Then
        For i = 1 To 56
            Worksheets(1).Range("A" & i).Interior.ColorIndex = i
        Next i
    Else
        For i = 1 To 56
            Worksheets(1).Range("A" & i).Interior.ColorIndex = 0
        Next i
    End If
End Sub
```

```
Private Sub ExcelFarben()
    'Farbkonstanten
    Me.xf1.BackColor = vbBlack
    Me.xf2.BackColor = vbRed
    Me.xf3.BackColor = vbGreen
    Me.xf4.BackColor = vbYellow
    Me.xf5.BackColor = vbBlue
    Me.xf6.BackColor = vbMagenta
    Me.xf7.BackColor = vbCyan
    Me.xf8.BackColor = vbWhite
End Sub
```

Die Prozedur zur Darstellung der VB-Farbkonstanten wird beim Öffnen des Formulars (*UserForm_Initialize*) als letzte aufgerufen.

Bild 9.38 VB-Farbkonstanten anzeigen

Datei: Beispiel_Farbmischpult.xlsm

Tipp für Farbenfreunde

Neben den oben genannten VBA-Farbkonstanten (vB…) und *ColorIndex*-Werten hält die Enumeration *XlRgbColor* eine weitere Liste von Farbkonstanten vor. Sie umfasst über 140 festgelegte Farbwerte. Einige Farben kommen darin doppelt vor (nur ihre Bezeichnung ist unterschiedlich), andere unterscheiden sich nur gering voneinander. Insgesamt bietet sich jedoch ein weiteres Spektrum an Farben. Der Objektkatalog (*F2*) gibt Auskunft über die Farbwerte in Dezimal- und Hex-Code.

Bild 9.39 Objektbibliothek: XLRgbColor

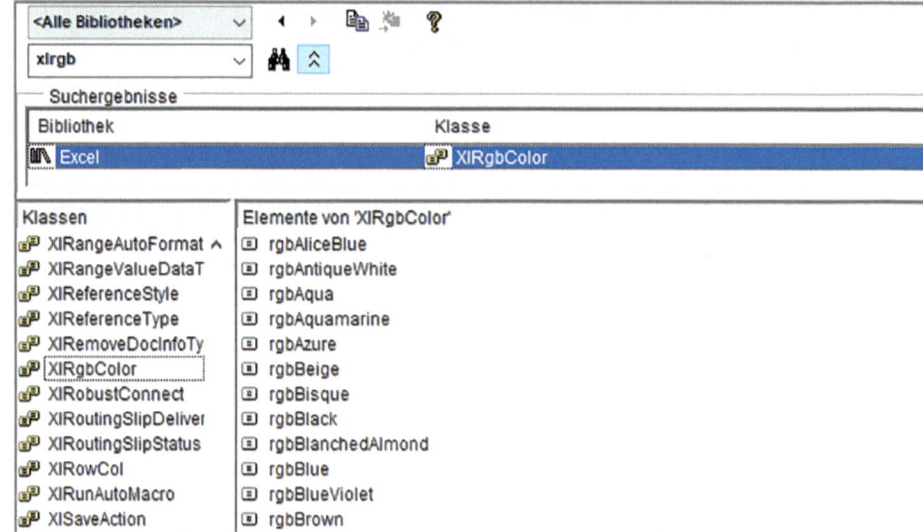

9.7 Dateiauswahl über ein Formular

Abschließend noch ein kleines Tool, das die Auswahl bestimmter Dateien in einem Verzeichnis ermöglicht. Auf komplizierte Abfragemechanismen und eine feste Ordnervorgabe wurde absichtlich verzichtet.

Datei: Beispiel_Dateien_anzeigen.xlsm

Kopieren Sie diese Übungsdatei in ein Verzeichnis Ihrer Wahl (z. B. in den Ordner Dokumente). Nach dem Öffnen der Datei können Sie (wie gewohnt) über Strg + m die Eingabemaske aufrufen. Der aktuelle Pfad der Datei (*ThisWorkbook.Path*) wird angezeigt.

▶ Wählen Sie aus der Dropdownliste des Kombinationsfeldes einen von Excel verwertbaren Dateityp aus oder lassen Sie sich alle vorhandenen Dateien anzeigen.

▶ Klicken Sie auf eine der angezeigten Dateien im Listenfeld – die Auswahl wird im Textfeld rechts angezeigt. Über die Schaltfläche lässt sich die ausgewählte Datei öffnen, wenn sie zuvor über die Typauswahl auf eine von Excel verwertbare Datei eingeschränkt wurde.

Bei der uneingeschränkten Auflistung (*.*) erscheint ein entsprechender Hinweis. Diese einfache Art der „Einschränkung" soll umfangreichere interne Abfragen umgehen, da es in dieser Übung nur um eine Vorstufe zu weiterem Handeln im Umgang mit Dateien oder deren Inhalten handelt.

▷ Nachdem die gewünschte Datei geöffnet wurde, wird die Eingabemaske aus dem Speicher entfernt. Über Strg + m kann sie erneut aufgerufen werden, da die Übungsdatei geöffnet bleibt.

> **Hinweis:** Da sich die Übungsdatei im selben Verzeichnis befindet, darf sie nicht erneut aufgerufen werden (Fehlermeldung).

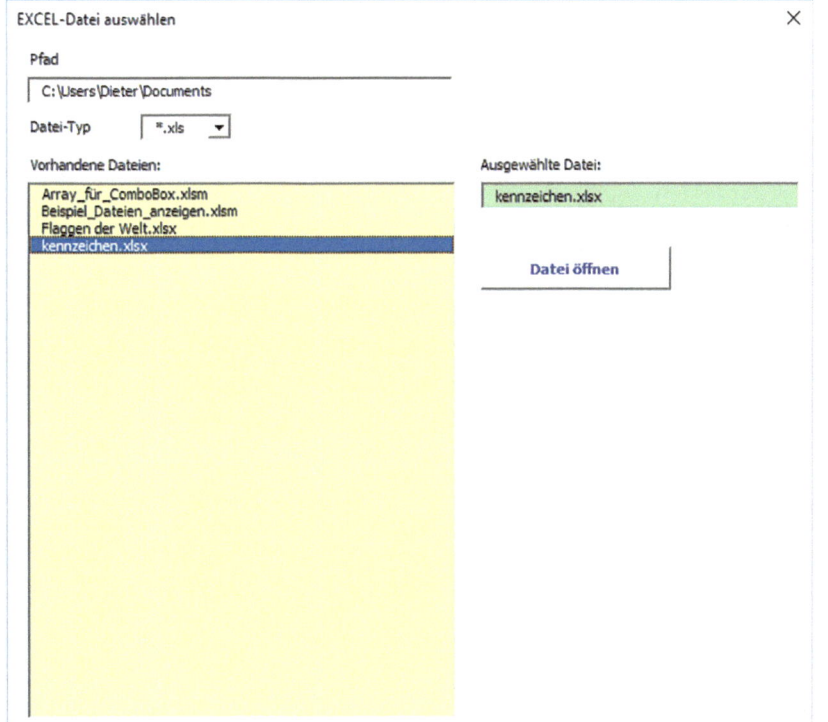

Bild 9.40 Das Formular

Datei: Beispiel_Dateien_anzeigen.xlsm

Empfehlung: Starten Sie die Übungsdatei und geben Sie im Programmcode einen bestimmten Pfad vor (z. B. C:\Pool\), der sich vom Speicherort der Übungsdatei unterscheidet.

Und noch eine Bemerkung zum Abschluss

Wir haben Ihnen in den vorangegangenen Kapitel die Grundlagen der VBA-Program-mierung und sogar einiges mehr gezeigt und außerdem einige Wege zur praktischen Verwendung von UserForms im Alltag. Wenn wir Sie damit motivieren und für VBA begeistern konnten, haben wir unser gestecktes Ziel erreicht.

Vielleicht treffen wir uns ja in einem unserer nächsten Bücher „Backstage" wieder?

Viel Erfolg!

Nützliche Tastenkombinationen im VBA-Editor

Sie möchten...	Tasten
VBA-Editor anzeigen, zwischen Arbeitsmappe und VBA-Editor wechseln	Alt + F11
Prozedur ausführen, UserForm anzeigen	F5
Prozedur abbrechen (Endlosschleife)	Strg + Pause
Codefenster zu Objekt oder UserForm anzeigen	F7
Aus Codefenster heraus Objekt/UserForm anzeigen	Shift + F7
Direkthilfe zu einer Anweisung	F1
Objektkatalog anzeigen	F2
Einzug vergrößern	Tab
Einzug verkleinern	Shift + Tab
Alles Markieren	Strg + A
Befehl Rückgängig	Strg + Z
Aktuelle Zeile löschen (ohne vorheriges Markieren)	Strg + Y
Zwischenablage: Kopieren	Strg + C
Zwischenablage: Ausschneiden	Strg + X
Zwischenablage: Einfügen	Strg + V
Schrittweise ausführen (Einzelschritt)	F8
Ausführen bis Cursor	Strg + F8
Haltepunkt ein/aus	F9
Alle Haltepunkte löschen	Strg + Shift + F9
Anzeige Quickinfo	Strg + I

Sie möchten...	Tasten
Anzeige Methoden/Eigenschaften	Strg + J
Markierten Vorschlag übernehmen	Tab
Auswahlliste „IntelliSense" (bekannte Variablen, Funktionen, Konstanten ...) anzeigen	Strg + Leertaste
Suchen	Strg + F
Suche fortsetzen	F3
Ersetzen	Strg + H
VBA-Editor schließen	Alt + Q

Stichwortverzeichnis